Zhongguo Susong Fazhi Fazhan Baogao

中国诉讼法治发展报告
（2017）

顾　　问	陈光中
主　　编	卞建林
执行编辑	高伟佳　罗海敏
编　　辑	罗海敏　张　璐　王贞会
撰　稿　人	（以姓氏拼音为序）

　　　　卞建林　高家伟　顾永忠　何　锋
　　　　胡思博　黄　河　李本森　栗　峥
　　　　罗海敏　倪　润　施鹏鹏　谭秋桂
　　　　王万华　王贞会　吴宏耀　肖建华
　　　　杨宇冠　张　璐

中国政法大学出版社

2018·北京

声　明　1. 版权所有，侵权必究。
　　　　2. 如有缺页、倒装问题，由出版社负责退换。

图书在版编目（CIP）数据

中国诉讼法治发展报告.2017/卞建林主编.—北京：中国政法大学出版社，2018.8
ISBN 978-7-5620-8535-5

Ⅰ.①中…　Ⅱ.①卞…　Ⅲ.①诉讼法-研究报告-中国-2017　Ⅳ.①D925.04

中国版本图书馆CIP数据核字(2018)第205600号

出　版　者	中国政法大学出版社	
地　　　址	北京市海淀区西土城路25号	
邮　　　箱	fadapress@163.com	
网　　　址	http://www.cuplpress.com（网络实名：中国政法大学出版社）	
电　　　话	010-58908435(第一编辑部)　58908334(邮购部)	
承　　　印	固安华明印业有限公司	
开　　　本	720mm×960mm　1/16	
印　　　张	23	
字　　　数	482千字	
版　　　次	2018年8月第1版	
印　　　次	2018年8月第1次印刷	
印　　　数	1~2000册	
定　　　价	58.00元	

编写说明

诉讼法是以宪法为核心的中国特色社会主义法律体系的重要组成部分，在我国法律体系中居于基本法律之列，由刑事诉讼法、民事诉讼法和行政诉讼法三大支柱组成。诉讼法是实现宪法规范实定化与具体化的桥梁，上通宪法，是宪法的权威注脚；下贯司法解释，是司法解释的标准尺度。诉讼法是沟通国家与公民、权力与权利的纽带，在规范国家权力行使、保障公民合法权益、维护社会公平正义、实现社会和谐稳定等方面起着决定性作用，具有不可替代的社会价值。诉讼法治、程序法治是深化司法体制改革、建设中国特色社会主义法治体系不可缺少的重要内容，是建设社会主义法治国家的司法根基和程序保障。

2017年党的十九大胜利召开，提出习近平新时代中国特色社会主义思想，明确全面依法治国是中国特色社会主义的本质要求和重要保障，深刻阐释全面依法治国的丰富内涵。发展中国特色社会主义诉讼法治，有助于完善以宪法为核心的中国特色社会主义法律体系；有助于建设中国特色社会主义法治体系，建设社会主义法治国家；有助于发展中国特色社会主义法治理论。对于统筹推进"五位一体"总体布局，协调推进"四个全面"战略布局，实现国家繁荣富强、人民安居乐业和中华民族伟大复兴具有重要意义。

为了客观全面地记录和描述2017年我国诉讼法治发展的整体状况，跟进立法脚步，追踪司法轨迹，展现研究成果，根据国家"2011计划"司法文明协同创新中心的总体要求和教育部人文社会科学重点研究基地中国政法大学诉讼法学研究院的发展规划，中国政法大学诉讼法学研究院继续汇聚全院科研之力，在有关院校诉讼法学科的大力支持下，精心编制《中国诉讼法治发展报告（2017）》，旨在为全国的法学研究者、司法实务工作者以及广大读者概要介绍2017年我国诉讼法治发展的基本状况和诉讼法学理论研究的主要成果，并为诉讼法学的教学科研人员和广大学生学习研究提供必要的参考资料。

本书对2017年司法体制改革的基本内容作了梳理和盘点，分章节阐述了2017年刑事诉讼法、民事诉讼法和行政诉讼法的立法进展、实践状况、研究状况和国际发展。为了更好地使读者了解国外诉讼法领域的最新发展动态，本书邀请有相关国家法律研习背景、长期关注有关国家诉讼法发展动态的学者和学生，简要介绍了英国、美国、法国、德国和日本等国家诉讼法治的改革动向和最新研究状况，以期开阔视野；并以"附录"形式列举国内诉讼法学领域的重要学术论文、著作、科研项目、相关高校2017年毕业博士学位论文等数据，供读者参考。希望《中国诉讼法治发展报告（2017）》在保证体系连贯性、内容完整性与资料权威性的同时，将2017年诉讼法治发展的精华予以汇总、整理、归纳、提炼，清晰地呈现给广大读者，为法律研习者、应用者省却查找之苦、检索之累、摘录之耗。

本书出版得到中国政法大学出版社的大力支持，在此感谢。对于本书编撰中的不足和疏漏之处，敬请批评指正。

中国政法大学诉讼法学研究院
2018年7月

目录

第一章　砥砺奋进的司法体制改革 ··· 1
　第一节　2017年司法体制改革概览 ··· 1
　　一、十九大报告深化依法治国实践的重大决策部署 ········· 1
　　二、2017年中央深改组有关司法体制改革的具体部署 ····· 2
　　三、2017年司法体制改革具体推进情况 ··························· 4
　第二节　以审判为中心的诉讼制度改革 ······································ 11
　　一、以审判为中心的诉讼制度改革推进情况 ··················· 11
　　二、《关于全面推进以审判为中心的刑事诉讼制度改革的实施意见》 ··················· 12
　第三节　值班律师制度改革与刑事案件律师辩护全覆盖试点 ······ 16
　　一、值班律师制度改革 ·· 16
　　二、刑事案件律师辩护全覆盖试点 ··································· 17

第二章　中国诉讼法的立法发展 ··· 20
　第一节　刑事诉讼法的立法发展 ··· 20
　　一、最高人民法院、最高人民检察院《关于适用犯罪嫌疑人、被告人逃匿、死亡案件违法所得没收程序若干问题的规定》 ····· 20
　　二、最高人民法院、最高人民检察院、公安部、国家安全部、司法部《关于开展法律援助值班律师工作的意见》 ····· 25
　　三、最高人民法院、司法部《关于开展刑事案件律师辩护全覆盖试点工作的办法》 ····· 26

四、最高人民法院印发《人民法院办理刑事案件庭前会议规程（试行）》、《人民法院办理刑事案件排除非法证据规程（试行）》和《人民法院办理刑事案件第一审普通程序法庭调查规程（试行）》（简称"三项规程"） …………………………………………………………… 30

第二节 民事诉讼法的立法发展 ……………………………………………… 44
 一、民事诉讼立法发展概况 ……………………………………………… 44
 二、《中华人民共和国民事诉讼法》的修订 ……………………………… 44
 三、最高人民法院制定的有关民事诉讼和执行的司法解释 …………… 46

第三节 行政诉讼法的立法发展 ……………………………………………… 62
 一、第十二届全国人大常务委员会第二十八次会议修改《中华人民共和国行政诉讼法》 ……………………………………………………………… 62
 二、《最高人民法院关于废止部分司法解释和司法解释性质文件（第十二批）的决定》（法释〔2017〕17号） ………………………………………… 63
 三、《最高人民法院关于审理商标授权确权行政案件若干问题的规定》（法释〔2017〕2号） ……………………………………………………… 64
 四、最高人民法院《关于进一步保护和规范当事人依法行使行政诉权的若干意见》 …………………………………………………………………… 66
 五、《最高人民法院关于行政申请再审案件立案程序的规定》（法释〔2017〕18号） ………………………………………………………………… 69

第三章 中国诉讼法的实践状况 …………………………………………… 72
第一节 刑事诉讼法的实践状况 ……………………………………………… 72
 一、刑事诉讼的基本数据 ………………………………………………… 73
 二、刑事诉讼法的实施状况 ……………………………………………… 81
 三、刑事诉讼实践中的热点问题 ………………………………………… 85
 四、典型案例 ……………………………………………………………… 93

第二节 民事诉讼法的实践状况 …………………………………………… 102
 一、民事审判执行的基本数据 ………………………………………… 102
 二、推行的主要民事司法政策 ………………………………………… 106
 三、典型案例 …………………………………………………………… 111

第三节 行政诉讼法的实践状况 …………………………………………… 141
 一、行政诉讼的基本数据 ……………………………………………… 141

二、行政诉讼法的实施状况 …………………………………………… 147
　　三、行政诉讼发展的新课题 …………………………………………… 149
　　四、典型案例 …………………………………………………………… 151

第四章　中国诉讼法的研究状况 …………………………………………… 162
第一节　刑事诉讼法学的研究状况 …………………………………………… 162
　　一、研究概况 …………………………………………………………… 162
　　二、重点研究内容 ……………………………………………………… 164
第二节　民事诉讼法学的研究状况 …………………………………………… 174
　　一、研究概况 …………………………………………………………… 174
　　二、重点研究内容 ……………………………………………………… 176
第三节　行政诉讼法学的研究状况 …………………………………………… 211
　　一、研究概况 …………………………………………………………… 211
　　二、重点研究内容 ……………………………………………………… 214
第四节　证据法学的研究状况 ………………………………………………… 225
　　一、研究概况 …………………………………………………………… 225
　　二、重点研究内容 ……………………………………………………… 226

第五章　国际诉讼法的发展动态 …………………………………………… 240
第一节　国际刑事诉讼法的发展动态 ………………………………………… 240
　　一、美国最高法院有关刑事规则的判例 ……………………………… 240
　　二、英国刑事诉讼法的最新发展 ……………………………………… 247
　　三、日本刑事诉讼法的最新动态 ……………………………………… 251
　　四、法国刑事诉讼法的最新动态 ……………………………………… 257
　　五、德国刑事诉讼法的最新动态 ……………………………………… 276
第二节　国际民事诉讼法的发展动态 ………………………………………… 283
　　一、美国民事诉讼法动态 ……………………………………………… 283
　　二、日本民事诉讼法动态 ……………………………………………… 286
　　三、加拿大民事诉讼法动态 …………………………………………… 288
第三节　国际行政诉讼法的发展动态 ………………………………………… 290
　　一、域外行政诉讼法研究动态 ………………………………………… 290
　　二、域外行政诉讼法实施动态 ………………………………………… 292

附　录 ······ 296

2017 年诉讼法学期刊论文统计 ······ 296

2017 年诉讼法学著作统计 ······ 335

2017 年诉讼法学教材统计 ······ 342

2017 年诉讼法学项目统计 ······ 343

2017 年各高校诉讼法学博士学位论文统计 ······ 357

第一章

砥砺奋进的司法体制改革*

2017年是党的十九大胜利召开之年，也是新时代继续深化司法体制改革承上启下的关键一年。在以习近平同志为核心的党中央的坚强领导下，在习近平新时代中国特色社会主义思想的指引下，我国司法体制改革砥砺奋进、闯关夺隘，稳步向前推进。

第一节　2017年司法体制改革概览

一、十九大报告深化依法治国实践的重大决策部署

2017年10月18日，中国共产党第十九次全国代表大会胜利召开。这是在我国全面建成小康社会决胜阶段、中国特色社会主义进入新时代的关键时期召开的一次十分重要的大会，是在新的历史起点上开启了党和国家事业新征程的一次大会。党的十九大全面回顾和总结了过去5年工作所取得的新成就和历史性变革，作出了中国特色社会主义进入了新时代、我国社会主要矛盾已经转化为人民日益增长的美好生活需要和不平衡不充分的发展之间的矛盾等重大政治论断，深刻阐述了新时代中国共产党的历史使命，鲜明提出了习近平新时代中国特色社会主义思想并将其写入党章，对于团结动员全党全国各族人民锐意进取、开拓创新，满怀信心为决胜全面建成小康社会、夺取中国特色社会主义伟大胜利而奋斗，具有十分重要的意义。

十九大报告明确提出了深化依法治国实践的重大决策部署，为全面推进依法治国指明了方向和路径。在十九大报告中，"坚持全面依法治国"被明确作为14条新时代坚持和发展中国特色社会主义的基本方略之一。报告指出："全面依法治国是中

---

* 本部分执笔人：中国政法大学诉讼法学研究院卞建林教授，中国政法大学诉讼法学研究院罗海敏副教授。

国特色社会主义的本质要求和重要保障。必须把党的领导贯彻落实到依法治国全过程和各方面，坚定不移走中国特色社会主义法治道路，完善以宪法为核心的中国特色社会主义法律体系，建设中国特色社会主义法治体系，建设社会主义法治国家，发展中国特色社会主义法治理论，坚持依法治国、依法执政、依法行政共同推进，坚持法治国家、法治政府、法治社会一体建设，坚持依法治国和以德治国相结合，依法治国和依规治党有机统一，深化司法体制改革，提高全民族法治素养和道德素质。"

在法治实践方面，十九大报告指出："全面依法治国是国家治理的一场深刻革命，必须坚持厉行法治，推进科学立法、严格执法、公正司法、全民守法。成立中央全面依法治国领导小组，加强对法治中国建设的统一领导。加强宪法实施和监督，推进合宪性审查工作，维护宪法权威。推进科学立法、民主立法、依法立法，以良法促进发展、保障善治。建设法治政府，推进依法行政，严格规范公正文明执法。深化司法体制综合配套改革，全面落实司法责任制，努力让人民群众在每一个司法案件中感受到公平正义。加大全民普法力度，建设社会主义法治文化，树立宪法法律至上、法律面前人人平等的法治理念。各级党组织和全体党员要带头尊法学法守法用法，任何组织和个人都不得有超越宪法法律的特权，绝不允许以言代法、以权压法、逐利违法、徇私枉法。"其中，有关"深化司法体制综合配套改革，全面落实司法责任制，努力让人民群众在每一个司法案件中感受到公平正义"的表述，指出了下一阶段司法体制改革的重点与核心内容，为司法体制改革纵深推进指明了方向。此外，为了健全党和国家的监督体系，十九大报告提出："深化国家监察体制改革，将试点工作在全国推开，组建国家、省、市、县监察委员会，同党的纪律检查机关合署办公，实现对所有行使公权力的公职人员监察全覆盖。制定国家监察法，依法赋予监察委员会职责权限和调查手段，用留置取代'两规'措施。"

二、2017年中央深改组有关司法体制改革的具体部署

2017年，中央全面深化改革领导小组共召开8次会议，其中7次会议涉及司法体制改革相关内容。在会议中，习近平总书记发表了重要讲话，作出一系列重要指示，为全面推进司法体制改革提供了根本遵循。

3月24日，中央全面深化改革领导小组召开第33次会议，会上，孟建柱就司法体制改革推进落实情况作了汇报。会议指出，主要负责同志要抓思路，统筹各项改革任务，带领大家一起定好盘子、理清路子、开对方子，对攻坚难度大、影响面广、同老百姓关系密切的改革任务要亲自上手、负责到底。会议强调，主要负责同志要有改革担当，在关键问题上要敢于拍板，只要符合党中央要求、符合基层实际、符合群众需求，就要坚决改、大胆试。会议指出，主要负责同志要做好实化细化工作，对症下药，推动改革精准落地。会议强调，主要负责同志要统筹安排改革发展稳定各项工作，学会弹钢琴，以改革的办法解决发展稳定中的问题，用改革带动和推动各项工作。

4月18日，中央全面深化改革领导小组召开第34次会议，审议通过了《关于办理刑事案件严格排除非法证据若干问题的规定》《国务院办公厅关于完善反洗钱、反恐怖融资、反逃税监管体制机制的意见》等文件。会议指出，严格排除非法证据，事关依法惩罚犯罪、保障人权。要加强对刑讯逼供和非法取证的源头预防，明确公安机关、检察机关、人民法院在各自诉讼阶段对非法证据的审查方式和排除职责，从侦查、审查逮捕和审查起诉、辩护、审判等各个环节明确排除非法证据的标准和程序，有效防范冤假错案产生。会议强调，完善反洗钱、反恐怖融资、反逃税监管体制机制，是建设中国特色社会主义法治体系和现代金融体系的重要内容。要坚持问题导向、防控为本、立足国情、依法行政原则，健全工作机制，完善法律制度，健全预防措施，严惩违法犯罪活动，探索建立以金融情报为纽带、以资金监测为手段、以数据信息共享为基础的"三反"监管体制机制。

5月23日，中央全面深化改革领导小组召开第35次会议，审议通过了《关于检察机关提起公益诉讼试点情况和下一步工作建议的报告》等文件。会议指出，经全国人大常委会授权，最高人民检察院从2015年7月起在北京等13个省区市开展为期2年的提起公益诉讼试点，在生态环境和资源保护、食品药品安全、国有资产保护、国有土地使用权出让等领域，办理了一大批公益诉讼案件，积累了丰富的案件样本，制度设计得到充分检验，正式建立检察机关提起公益诉讼制度的时机已经成熟。要在总结试点工作的基础上，为检察机关提起公益诉讼提供法律保障。

6月26日，中央全面深化改革领导小组召开第36次会议，审议通过了《关于设立杭州互联网法院的方案》等文件。会议强调，设立杭州互联网法院，是司法主动适应互联网发展大趋势的一项重大制度创新。要按照依法有序、积极稳妥、遵循司法规律、满足群众需求的要求，探索涉网案件诉讼规则，完善审理机制，提升审判效能，为维护网络安全、化解涉网纠纷、促进互联网和经济社会深度融合等提供司法保障。

7月19日，中央全面深化改革领导小组召开第37次会议，审议通过了《关于健全统一司法鉴定管理体制的实施意见》等文件。会议指出，司法鉴定制度是解决诉讼涉及的专门性问题、帮助司法机关查明案件事实的司法保障制度。健全统一司法鉴定管理体制，要适应以审判为中心的诉讼制度改革，完善工作机制，严格执业责任，强化监督管理，加强司法鉴定与办案工作的衔接，不断提高司法鉴定质量和公信力，保障诉讼活动顺利进行，促进司法公正。

8月29日，中央全面深化改革领导小组召开第38次会议，审议通过了《关于加强法官检察官正规化专业化职业化建设全面落实司法责任制的意见》《关于上海市开展司法体制综合配套改革试点的框架意见》等文件。会议强调，在总结司法责任制改革试点成功经验的基础上，加强法官检察官正规化专业化职业化建设、全面落实司法责任制，是深入推进司法体制改革的重大部署安排。要巩固和完善改革成果，把坚持党的领导贯穿始终，加强法官检察官思想政治与职业道德建设，完善员额制，落实责任制,强化监督制约,健全保障机制,为深入推进司法责任制改革提供规范明确的政策依据。会议指出,在上海市率先开展司法体制综合配套改革试点,要坚持党对司法工作的领导,坚持法治国家、法治政府、法治社会一体建设,坚持满足人民司法需求、遵循司法规律,在综合配套、整体推进上下功夫,进一步优化司法权力运行,完善司法体制和工作机制,深化信息化和人工智能等现代科技手段运用,形成更多可复制可推广的经验做法,推动司法质量、司法效率和司法公信力全面提升。

11月20日,十九届中央全面深化改革领导小组召开第1次会议,审议通过了《关于争议较大的重要立法事项引入第三方评估的工作规范》《关于加强知识产权审判领域改革创新若干问题的意见》等文件。会议指出,建立关于立法中涉及的重大利益调整论证咨询和争议较大的重要立法事项引入第三方评估的工作规范,是党的十八届四中全会部署的重要改革举措。要根据《立法法》有关规定,紧紧围绕提高立法质量这个关键,健全立法起草、论证、咨询、评估、协调、审议等工作机制,更好发挥立法机关在表达、平衡、调整社会利益方面的重要作用,努力使每一项立法都符合宪法精神、反映人民意志、得到人民拥护。会议强调,加强知识产权审判领域改革创新,要充分发挥知识产权司法保护主导作用,树立保护知识产权就是保护创新的理念,完善知识产权诉讼制度,加强知识产权法院体系建设,加强知识产权审判队伍建设,不断提高知识产权审判质量效率,优化科技创新法治环境。

三、2017年司法体制改革具体推进情况

(一)以司法责任制为核心的四项改革[1]

1. 完善司法人员分类管理。2017年,员额制改革全面落实。2017年7月3日,最高人民法院首批员额法官367人进行宪法宣誓,标志着员额改革在全国法院全面落实。各级法院坚持以案定额、按岗定员、总量控制、省级统筹,经过考试考核、遴选委员会把关、人大依法任命等程序,从原来的211 990名法官中遴选产生120 138名员额法官,占政法专项编制数的32.9%。通过这项改革,实现了85%以上法院人员向办案一线集中,资源配置更加合理,审判质效持续提升。各级法院坚持"入额必办案",建立院、庭长办案刚性约束和监督保障机制。2017年1月至9月,全国法院院、庭长人均办案量同比增长32.3%。在检察系统,坚持"以案定额"和"以职能定额"相结合,明确将员额配备给办案部门,配备给必须由检察官行使职能的岗位,并向基层一线倾斜。严格掌握入额标准和条件,真正让愿办案、能办案的

---

[1] 参见胡仕浩、马渊杰:"司改2017:滚石上山再向前!",载《人民法院报》2018年1月15日;"最高人民法院关于人民检察院全面深化司法改革情况的报告",载最高人民法院网站,http://www.court.gov.cn/zixun-xiangqing-66802.html;"最高人民检察院关于人民检察院全面深化司法改革情况的报告",载最高人民检察院网站,http://www.spp.gov.cn/zdgz/201711/t20171102_204013.shtml。

检察官入额。经过严格考试考核、遴选委员会审议、人大常委会依法任命等程序，截至 2017 年 11 月，全国检察机关遴选出员额内检察官 84 444 名，占中央政法专项编制的 32.78%。其中，2017 年 7 月，最高人民检察院机关完成首批 228 名员额内检察官遴选工作，占中央政法专项编制的 31.89%。在改革中，探索建立员额退出机制，不办案、不胜任办案工作或离开办案岗位的，及时退出员额。通过这项改革，基层检察院 85% 以上的人力资源配置到办案一线，办案力量增加 20% 以上。

与此同时，司法人员分类管理继续推进。在法院系统，法官助理、书记员职务序列改革的试点工作开始进行。例如，上海率先从法官助理中遴选法官，157 名法官助理被确定遴选为员额法官并到基层法院任职。在检察系统，最高人民检察院于 2017 年 3 月制定了建立健全检察人员职务序列的指导意见，指导各地检察机关分类定岗、规范管理。2017 年 5 月，最高人民法院会同最高人民检察院、财政部、人社部印发《人民法院、人民检察院聘用制书记员管理制度改革方案（试行）》，试行省级统筹配备聘用制书记员，书记员原则上不再占用中央政法专项编制，明确了聘用制书记员职责任务、资格条件、数量配备、管理模式和职业保障等问题，为解决司法辅助人员不足提供了政策支持。

2. 完善司法责任制。2017 年，司法责任制改革基本完成。2017 年 4 月，先后出台了《最高人民法院关于加强各级人民法院院庭长办理案件工作的意见（试行）》《最高人民法院关于落实司法责任制完善审判监督管理机制的意见（试行）》，指导各地重点解决院庭长办案、有序放权、有效监督等问题。2017 年 7 月，出台实施《最高人民法院司法责任制实施意见（试行）》，对最高人民法院推行司法责任制的基本原则、审判组织与审判人员、审判流程、审判监督与管理等内容作出系统、全面、具有操作性的规定。最高人民检察院机关于 2017 年 6 月正式启动司法责任制改革，10 月起全面推行检察官办案责任制。其间，最高人民检察院印发了《最高人民检察院机关司法责任制改革实施意见（试行）》，对最高检机关的司法办案和业务运行方式作出新的顶层设计。该实施意见按照"谁办案谁负责、谁决定谁负责"要求，坚持突出检察官主体地位与检察长领导检察院工作相统一，完善了最高检机关司法办案组织，改革了各类业务运行方式，强化了检察官司法责任，使检察权运行机制更加体现司法属性。

3. 健全司法人员职业保障。2017 年，司法人员职业保障工作进一步推进。从法院系统来看，全国所有法院已完成首批入额法官单独职务序列等级确定工作，并完成法官工资套改，按照考核情况兑现绩效考核奖金；通过与中组部积极沟通，明确了法官单独职务序列实施后干部转任交流、女干部退休年龄等政策。2017 年 2 月，最高人民法院出台《人民法院落实〈保护司法人员依法履行法定职责规定〉的实施办法》，并同步发布司法人员履职保障十大典型案例。该实施办法涉及免受干预、免责机制、救济渠道、公正考核、安全保障、休假权利、薪酬保障等内容是对《保护司法人员依法履行法定职责规定》的细化和落实，使法官依法履职保护进一步加强。

从检察系统来看，最高人民检察院相关部门推动建立并落实与检察官职务序列相配套的职业保障制度，建立与办案数量、质量直接挂钩的绩效考核办法；出台贯彻执行领导干部干预司法活动、插手具体案件处理的记录、通报和责任追究实施办法，建立检察官履行职务受到侵害保障救济机制。此外，2017年10月25日，中共中央办公厅印发了《关于加强法官检察官正规化专业化职业化建设全面落实司法责任制的意见》，这也使得司法责任制改革的贯彻落实有了更加明确的保障。

4. 推动省以下地方法院检察院人财物统一管理。按照中央统一部署，省以下地方法院检察院人财物统一管理的改革稳步推进。从法院系统看，全国21个省（区、市）已完成省以下法院编制统一管理，中级、基层法院院长已实现由省级党委（党委组织部）管理；13个省（区、市）已在辖区内实行财物省级统管改革，部分地方法院经费保障和工资水平实现"托低保高"。从检察院系统看，推进市、县检察院检察长由省级党委（党委组织部）管理，领导班子其他成员可委托市级党委管理；政法专项编制收归省级统一管理，根据人均办案量，在全省范围内统一调剂使用；吉林、湖北、广东、安徽等16个省份实现省级财物统一管理。

（二）人民法院司法改革举措

2017年，由最高人民法院牵头的18项改革任务已经完成，全面深化人民法院改革意见提出的65项改革举措全面推开，人民法院司法改革取得重要阶段性成效。[1]

除了以司法责任制为核心的四项改革、以审判为中心的诉讼制度改革以外，人民法院2017年司法改革举措主要包括[2]：

1. 设立杭州互联网法院。8月18日，杭州互联网法院正式挂牌成立，成为中国乃至全球首家互联网法院。该法院集中负责杭州市涉互联网案件的一审审理，实行网上立案、在线调解、线上取证、在线开庭等方式，力图破解传统诉讼规则不适应互联网案件特点的难题，加强网络空间司法治理，依法服务保障互联网发展。自2017年5月1日试点以来，截至2017年底，杭州互联网法院已受理网络购物、互联网金融、网络著作权纠纷等案件4859件，100%在线开庭审理，开庭平均用时25分钟，平均审理期限48天，而同样类型的案件，如果在普通法院按照传统方式审理，平均用时60分钟，平均审理期限98天。杭州互联网法院在提高审判质量效率、节省诉讼成本、减轻当事人诉累、探索互联网案件审判新模式等方面实现了跨越式发展。

2. 巡回法庭审判工作效果显著。2017年，最高人民法院六个巡回法庭全年收案12 722件，审结12 124件，结案率均超过90%，同时妥善处理巡回区内涉诉信访，

---

[1] "最高人民法院工作报告"，载新华网，http://www.xinhuanet.com/politics/2018 - 03/10/c_1122514997.htm。

[2] 参见胡仕浩、马渊杰："司改2017：滚石上山再向前！"，载《人民法院报》2018年1月15日；"最高人民法院关于人民法院全面深化司法改革情况的报告"，载最高人民法院网站，http://www.court.gov.cn/zixun - xiangqing - 66802.html。

接待群众来访 104 865 人次，登记来访案件 47 749 件，将大量矛盾纠纷吸附、化解在当地，维护了社会和谐稳定。各巡回法庭率先实行"主审法官＋法官助理＋书记员"的审判团队模式，落实主审法官、合议庭办案责任制，庭长、副庭长带头办案，案件随机分配，合议庭法官随机产生，推进扁平化管理，成为司法改革的"试验田"和"排头兵"。

3. 不断深化繁简分流、事务外分等工作机制。最高人民法院出台《最高人民法院关于民商事案件繁简分流和调解速裁操作规程（试行）》，召开全国法院案件繁简分流机制改革推进会、分调裁工作培训会，进一步推动简案快审、繁案精审。积极提升民事送达质量效率，着力解决"送达难"问题。同时，探索法院与公证跨界合作，创新送达、财产保全等工作机制，减轻司法辅助事务工作负担，提高审判效率。

4. 继续拓展跨域立案、律师调解等司法便民利民机制。探索建立京津冀三地协作立案新模式，在北京、上海、福建、江苏、浙江、山东、四川 7 省市开展跨域立案诉讼服务试点，当事人可在试点法院范围内，就近或自愿选择任一法院提交诉讼服务申请。2017 年 9 月，最高人民法院、司法部印发《关于开展律师调解试点工作的意见》，在全国 11 省市试点律师调解制度，协助纠纷各方当事人化解矛盾，取得积极成效。同时，积极推进家事审判改革，探索建立家事案件婚姻冷静期、心理测评干预、情况调查、案后跟踪回访制度，推动建立反家庭暴力整治网络，促进家庭社会和谐稳定。

5. 改革攻坚执行难取得突破。最高人民法院出台执行案件移送破产审查的规定，理顺"执转破"工作机制，使一大批"僵尸案件"从执行程序进入破产程序。广东、浙江等 10 个地区积极开展审判权和执行权相分离改革试点，执行能力水平进一步提高。覆盖四级法院的执行信息化系统已广泛应用案件督办、节点管理、委托事项办理、执行会商、网络司法拍卖等 10 余项功能。修订关于公布失信被执行人名单信息的司法解释，完成全国法院失信被执行人名单库的升级改造，推动国家发改委联合 20 个部门签署《关于对涉金融严重失信人实施联合惩戒的合作备忘录》，与国家税务总局签署《关于网络执行查控及信息共享合作备忘录》，推动北京等 38 个城市上线不动产查询功能，失信被执行人联合惩戒机制进一步完善。截至 2017 年底，累计公开失信被执行人信息 959.4 万人次，限制 936.4 万人次购买机票、367 万人次购买动车、高铁票，"一处失信、处处受限"的信用惩戒格局初步建立，慑于信用惩戒主动履行义务达 184 万例。

6. 开始试点道路交通事故损害赔偿纠纷"网上数据一体化处理"改革。2017 年 11 月，最高人民法院、公安部、司法部、中国保险监督管理委员会下发通知，在全国部分地区开展道路交通事故损害赔偿纠纷"网上数据一体化处理"改革试点，推动建立道交一体化平台，将公安交管部门的责任认定、相关主体的理赔计算、调解组织的调解、鉴定机构的鉴定、法院的诉讼、保险行业的理赔等纠纷处理流程实现在线处置、信息共享、工作联动，做到一网办案、一键理赔、快速处理，让纠纷解决更方便、更快捷、更透明。

7. 初步建成全国减刑假释信息化办案平台。2017年11月23日，最高人民法院、最高人民检察院、司法部共同召开全国减刑假释信息化办案平台开通仪式，全国减刑假释信息化办案平台初步建成并开通运行。除个别省份外，绝大多数省份法院、检察院、刑罚执行机关实现减刑假释信息化办案平台全面互联互通、网上办案、依法公开、智能支撑，实现减刑假释案件全覆盖、办案部门全覆盖、办案人员全覆盖、案件数据全覆盖，"有权人"、"有钱人"违法违规减刑假释问题得到有效遏制。

8. 在上海率先开展司法体制综合配套改革试点。2017年8月29日，中央深改组第三十八次会议审议通过《关于上海市开展司法体制综合配套改革试点的框架意见》。上海市高级人民法院制定实施方案，明确72项重点任务，全面深化司法体制综合配套改革，努力提升改革整体效能，致力于提供更多可复制可推广经验做法，完善中国特色社会主义司法制度。按照边研发、边应用、边完善的思路建设上海刑事案件智能辅助办案系统，运用大数据对7类18个具体罪名的刑事案件证明标准进行集中攻关，形成操作性强、可数据化的证据标准指引，并把统一的证据标准嵌入数据化的办案系统中，初步实现了证据的智能识别、提取以及单一证据的自动校验，走出了一条机器学习智能审查和人工审查相结合的新路径，有效防范冤假错案发生。

此外，人民法院在认罪认罚从宽制度改革、人民陪审员制度改革试点、知识产权审判领域改革创新、建立"一带一路"国际商事争端解决机制、司法公开、信息化建设等领域的工作也稳步推进，取得积极进展。

（三）人民检察院司法改革举措

2017年，党中央部署由最高人民检察院承担的29项改革任务全部完成或结项，司法改革呈现全面发力、多点突破、纵深推进的局面。[1]

除司法责任制为核心的四项改革、以审判为中心的诉讼制度改革以外，人民检察院2017年司法改革重要举措包括[2]：

1. 提起公益诉讼制度改革取得重大成果。2015年7月起在13个省区市860个检察院开展为期2年的试点，办理公益诉讼案件9053件，覆盖生态环境和资源保护、国有资产保护、国有土地使用权出让、食品药品安全等所有授权领域。2017年6月全国人大常委会修改《民事诉讼法》和《行政诉讼法》、确立检察机关提起公益诉讼制度后，又办理公益诉讼案件10 925件。

2. 跨行政区划检察院改革试点取得重要成果。2014年上海市检察院第三分院、

---

〔1〕 "最高人民检察院工作报告"，载新华网，http：//www.xinhuanet.com/2018-03/09/c_1122514711.htm。

〔2〕 "最高人民检察院关于人民检察院全面深化司法改革情况的报告"，载最高人民检察院网站，http：//www.spp.gov.cn/zdgz/201711/t20171102_204013.shtml；"最高人民检察院2018年工作报告"，载新华网，http：//www.xinhuanet.com/2018-03/09/c_1122514711.htm。

北京市检察院第四分院挂牌成立后,积极探索跨行政区划管辖范围和办案机制。办理跨地区案件和食品药品、环境资源、知识产权、海事等特殊类型案件843件1332人。

3. 人民监督员制度改革不断深化。人民监督员一律由地市级以上司法行政机关选任和管理,检察机关办理职务犯罪案件的关键环节一律接受监督,参加监督的人民监督员一律由司法行政机关随机抽选,市县检察院办理的案件一律由上一级检察机关组织监督。2014年深化改革以来,人民监督员共监督案件9241件。

4. 积极构建阳光司法机制。2017年1月,全国四级检察机关4473名新闻发言人的名单和电话向社会公布,实现新闻发言人全覆盖。同时,广泛邀请社会各界代表走进检察机关,了解监督检察工作人,实现检察开放日活动全覆盖。2017年5月,四级检察机关统一组织"防治校园欺凌"检察开放日活动。

5. 智慧检务建设迈上新台阶。各级检察机关高度重视深化改革和现代科技应用结合,全面推进网上办案,推动大数据和人工智能在检察工作中的深度运用。2017年,检察机关适应改革要求,对统一业务应用系统进行结构性、功能性升级,以软件的"硬制约"推动司法责任制改革落地。6月,最高人民检察院印发《检察大数据行动指南(2017~2020年)》,推进"一中心、四体系"建设,即建设国家检察大数据中心,建设检察大数据标准体系、应用体系、管理体系、科技支撑体系,依托大数据提升司法质量和效率。7月,制定检察人工智能创新指南,出台《全国检察机关智能语音云平台建设指导方案》,推进讯(询)问和会议语音同步转录,在新疆、西藏等民族地区开展办案和教育培训智能语音双语应用。9月,智慧检务创新研究院正式挂牌成立。此外,与中国人民大学等高校,航天科工集团、科大讯飞公司等企业加强合作,探索建设一批重点领域联合实验室。

6. 坚定支持国家监察体制改革。最高人民检察院及时传达贯彻党中央改革部署,全力配合中央纪委和北京、山西、浙江三省市开展试点工作。试点地区检察机关深入细致开展思想政治工作,严明组织纪律,做好案件线索清理、结案与移交,顺利完成机构、职能、人员转隶。最高人民检察院在党组会、全院干部大会、全国检察长会议、全国查办和预防职务犯罪等工作会议上反复强调和专门部署,明确要求非试点地区检察机关坚持惩治腐败力度决不减弱、零容忍态度决不改变,为改革创造良好氛围和环境。2017年1月至9月,非试点地区检察机关共立案查办职务犯罪43 614人,同比上升21.2%。

(四)公安改革与司法行政改革举措

2017年,各项公安改革措施继续向前推进。[1] 公安部在《关于推进以审判为中

---

[1] "'公安改革两年间':全面建设法治公安向纵深推进",载公安部网站,http://www.mps.gov.cn/n2253534/n2253535/n2253537/c5646519/content.html;"改革的脚步,法治的温度——党的十八大以来公安改革发展述评",载新华网,http://www.xinhuanet.com/politics/2017-07/06/c_1121276421.htm。

心的刑事诉讼制度改革的意见》的基础上,继续部署各地进一步细化全面客观及时收集证据、完善讯问制度措施,强化依法规范取证,有力提升了侦查工作质量和执法规范化水平,确保每一起案件事实证据经得起法律的检验;积极推动有关单位和各地公安机关出台具体裁量基准;积极推进执法办案场所规范化改造,推进执法办案中心建设,目前已基本完成执法办案场所规范化改造并建成3500多个办案中心;健全完善律师执业保障机制,各地公安机关普遍建立律师预约会见制度,辽宁等地公安机关积极探索建立公检法司机关、律师协会联席会议,在看守所设立法律援助中心驻所工作室等措施;进一步规范公安机关涉案财物管理、公安机关受理行政执法机关移送涉嫌犯罪案件的工作程序;改革完善受案立案制度,已有26个省级公安机关出台受案立案改革实施意见,13个省区市公安机关推进组建案管中心,11个省级公安机关增设案管机构;积极稳妥推动建立刑事案件法制部门"统一审核、统一出口"制度改革,已有24个省级公安机关出台专门文件,13个省级公安机关与检察机关就"两统一"联合发文。此外,公安机关在加强信息化建设、落实办案责任制完善当事人权利救济机制等方面也采取了多项措施。

2017年,司法行政改革继续推进,成效明显。[1] 截至2018年2月,共制定出台司法行政改革文件108项,已落实72项,正在持续推进落实36项。在监狱制度改革方面,司法部于2017年5月提出以改造人为中心,推动罪犯改造工作,从"不跑人"的底线安全观向为社会提供不再重新犯罪的守法公民的"治本安全观"转变,在17省份选择20个监狱率先开展试点工作,将逐步在全国推开。在社区矫正方面,加强社区服刑人员监督管理,确保社区矫正依法适用、规范运行,全国80%的县(区)建立社区矫正中心,已累计接收社区矫正人员350多万人,现有在矫社区服刑人员70万人,重新犯罪率一直处于0.2%左右的较低水平。在律师制度改革方面,加强律师行业党的建设,构建社会律师、公职律师、公司律师等优势互补、结构合理的律师队伍,推动刑事案件审判阶段律师辩护全覆盖试点工作,部署开展律师调解和律师参与城市管理执法试点工作,在全国普遍开展律师参与信访工作。在法律援助方面,落实中办、国办《关于完善法律援助制度的意见》,不断扩大法律援助覆盖面,提高法律援助质量,2017年办理法律援助案件130万余件,部署推进法律援助值班律师工作,除西藏外,各省(区、市)均已实现人民法院、看守所法律援助工作站全覆盖。此外,在公证体制、公共法律服务体系、国家统一司法考试制度、司法鉴定管理体制、人民监督员选任管理方式等方面的改革完善工作也取得了积极进展。

---

[1] 参见"司法部:抓实司法行政改革'最后一公里'促进改革成果惠民利民",载国新网,http://s.scio.gov.cn/wz/toutiao/detail_ 2018_ 02/08/894057.html。

第二节 以审判为中心的诉讼制度改革

一、以审判为中心的诉讼制度改革推进情况

推进以审判为中心的诉讼制度改革,是中央在全面推进依法治国背景下提出的重大司法改革部署,是新时期改革完善刑事诉讼制度的指导纲领。2017年,以审判为中心的诉讼制度改革扎实推进。

2月,最高人民法院发布《关于全面推进以审判为中心的刑事诉讼制度改革的实施意见》,对人民法院推进此项改革形成具体指导。

6月,最高人民法院、最高人民检察院、公安部、国家安全部、司法部联合发布《关于办理刑事案件严格排除非法证据若干问题的规定》,明确了非法证据的认定标准,完善了非法证据的排除程序,对侦查、审查起诉、辩护、审判等工作提出更高的标准、更严的要求。

6月,最高人民法院在全国18个中级人民法院及部分基层法院开展庭前会议、排除非法证据、法庭调查"三项规程"试点,并在试点基础上于11月底出台《人民法院办理刑事案件庭前会议规程(试行)》《人民法院办理刑事案件排除非法证据规程(试行)》《人民法院办理刑事案件第一审普通程序法庭调查规程(试行)》,自2018年1月1日起在全国试行。

8月,最高人民法院、最高人民检察院、公安部、国家安全部、司法部联合出台《关于开展法律援助值班律师工作的意见》,就法律援助值班律师职责、运行模式、监督管理、工作保障等作了规定,旨在发挥法律援助值班律师在刑事诉讼中的职能作用,依法保障犯罪嫌疑人、被告人的诉讼权利。

10月,最高人民法院、司法部联合发布《关于开展刑事案件律师辩护全覆盖试点工作的办法》,将在北京、上海、浙江、安徽、河南、广东、四川、山西等8省市将开展为期一年的刑事案件律师全覆盖试点。根据该办法,适用普通程序审理的一审案件、二审案件、按照审判监督程序审理的案件,被告人没有委托辩护人的,人民法院应当通知法律援助机构指派律师为其提供辩护。

此外,最高人民法院积极推广浙江温州、四川成都等地经验,推进庭审实质化,完善侦查人员、鉴定人、证人出庭作证机制,发挥庭审在查明事实、认定证据、保护诉权、公正裁判中的决定性作用;上海、贵州高级人民法院制定常见犯罪证据标准指引,促进提高刑事案件办案质量。[1] 最高人民检察院自2014年以来发布50个常见罪名批捕、起诉证据指引;重视律师促进公正司法的重要作用,发布保障律师

---

[1] "最高人民法院工作报告",载新华网,http://www.xinhuanet.com/politics/2018-03/10/c_1122514997.htm。

执业权利规定,更加充分地保障律师会见权、阅卷权、调查取证权,推动建立维护律师执业权利快速联动处置机制。这些举措都对有力推进以审判为中心的诉讼制度改革发挥了积极作用。[1]

二、《关于全面推进以审判为中心的刑事诉讼制度改革的实施意见》

2017年2月17日,最高人民法院发布《关于全面推进以审判为中心的刑事诉讼制度改革的实施意见》(以下简称《实施意见》)。《实施意见》以"确保有罪的人受到公正惩罚、无罪的人不受刑事追究"为宗旨,遵循刑事诉讼基本规律,聚焦公正审判制度难题,统筹兼顾多元诉讼价值,既是落实中央改革精神和要求的配套性措施,也是当前和今后较长一段时期指导刑事审判制度改革和刑事审判实践的关键性文件。[2]

《实施意见》分为五个部分,共计33条,具体内容如下[3]:

(一)坚持严格司法原则,树立依法裁判理念

1. 坚持证据裁判原则,认定案件事实,必须以证据为根据。重证据,重调查研究,不轻信口供,没有证据不得认定案件事实。

2. 坚持非法证据排除原则,不得强迫任何人证实自己有罪。经审查认定的非法证据,应当依法予以排除,不得作为定案的根据。

3. 坚持疑罪从无原则,认定被告人有罪,必须达到犯罪事实清楚、证据确实、充分的证明标准。不得因舆论炒作、上访闹访等压力作出违反法律的裁判。

4. 坚持程序公正原则,通过法庭审判的程序公正实现案件裁判的实体公正。发挥庭审在查明事实、认定证据、保护诉权、公正裁判中的决定性作用,确保诉讼证据出示在法庭、案件事实查明在法庭、诉辩意见发表在法庭、裁判结果形成在法庭。

(二)规范庭前准备程序,确保法庭集中审理

5. 对被告人及其辩护人申请排除非法证据,证据材料较多、案情重大复杂,或者社会影响重大等案件,人民法院可以召开庭前会议。

庭前会议在法庭或者其他办案场所进行,由审判人员主持,控辩双方参加,必要时可以通知被告人到场。

6. 人民法院可以在庭前会议中组织控辩双方展示证据,听取控辩双方对在案证据的意见,并梳理存在争议的证据。对控辩双方在庭前会议中没有争议的证据,可以在庭审中简化举证、质证。

人民法院可以在庭前会议中听取控辩双方对与审判相关问题的意见,询问控辩

---

[1] "最高人民检察院工作报告",载新华网,http://www.xinhuanet.com/2018-03/09/c_1122514711.htm。

[2] "最高法发布以审判为中心刑诉制度改革实施意见",载最高人民法院网站,http://www.court.gov.cn/zixun-xiangqing-36362.html。

[3] "最高人民法院关于全面推进以审判为中心的刑事诉讼制度改革的实施意见",载最高人民法院网站,http://www.court.gov.cn/fabu-xiangqing-36422.html。

双方是否提出申请或者异议，并归纳控辩双方的争议焦点。对控辩双方没有争议或者达成一致意见的事项，可以在庭审中简化审理。

被害方提起附带民事诉讼的，可以在庭前会议中进行调解。

7. 控辩双方对管辖、回避、出庭证人名单等事项提出申请或者异议，可能导致庭审中断的，人民法院可以在庭前会议中对有关事项依法作出处理，确保法庭集中、持续审理。

对案件中被告人及其辩护人申请排除非法证据的情形，人民法院可以在庭前会议中核实情况、听取意见。人民检察院可以决定撤回有关证据；撤回的证据，没有新的理由，不得在庭审中出示。被告人及其辩护人可以撤回排除非法证据的申请；撤回申请后，没有新的线索或者材料，不得再次对有关证据提出排除申请。

8. 人民法院在庭前会议中听取控辩双方对案件事实证据的意见后，对明显事实不清、证据不足的案件，可以建议人民检察院补充侦查或者撤回起诉。

对人民法院在庭前会议中建议撤回起诉的案件，人民检察院不同意的，人民法院开庭审理后，没有新的事实和理由，一般不准许撤回起诉。

9. 控辩双方在庭前会议中就相关事项达成一致意见，又在庭审中提出异议的，应当说明理由。

召开庭前会议应当制作笔录，由参加人员核对后签名。

审判人员应当制作庭前会议报告，说明庭前会议的基本情况、程序性事项的处理结果、控辩双方的争议焦点以及就相关事项达成的一致意见。

10. 对召开庭前会议的案件，在法庭调查开始前，法庭应当宣布庭前会议报告的主要内容，实现庭前会议与庭审的衔接。

（三）规范普通审理程序，确保依法公正审判

11. 证明被告人有罪或者无罪、罪轻或者罪重的证据，都应当在法庭上出示，依法保障控辩双方的质证权。

对影响定罪量刑的关键证据和控辩双方存在争议的证据，一般应当单独质证。

12. 法庭应当依照法定程序审查、核实、认定证据。证据未经当庭出示、辨认、质证等法庭调查程序查证属实，不得作为定案的根据。

13. 采取技术侦查措施收集的证据，当庭质证可能危及有关人员的人身安全，或者可能产生其他严重后果的，应当采取不暴露有关人员身份、不公开技术侦查措施和方法等保护措施。

法庭决定在庭外对技术侦查证据进行核实的，可以召集公诉人、侦查人员和辩护律师到场。在场人员应当履行保密义务。

14. 控辩双方对证人证言有异议，人民法院认为证人证言对案件定罪量刑有重大影响的，应当通知证人出庭作证。控辩双方申请证人出庭的，人民法院通知证人出庭后，申请方应当负责协助相关证人到庭。

证人没有正当理由不出庭作证的，人民法院在必要时可以强制证人到庭。

根据案件情况，可以实行远程视频作证。

15. 控辩双方对鉴定意见有异议，人民法院认为鉴定人有必要出庭的，应当通知鉴定人出庭作证。

16. 证人、鉴定人、被害人因出庭作证，本人或者其近亲属的人身安全面临危险的，人民法院应当采取不公开其真实姓名、住址、工作单位和联系方式等个人信息，或者不暴露其外貌、真实声音等保护措施。必要时，可以建议有关机关采取专门性保护措施。

人民法院应当建立证人出庭作证补助专项经费机制，对证人出庭作证所支出的交通、住宿、就餐等合理费用给予补助。

17. 人民法院应当依法履行指定辩护和通知辩护职责，确保被告人依法获得法律援助。

配合有关部门逐步扩大法律援助范围，健全法律援助值班律师制度，为派驻人民法院的值班律师提供办公场所及必要的工作条件。

18. 法庭应当依法保障控辩双方在庭审中的发问、质证、辩论等诉讼权利。对控辩双方当庭提出的申请或者异议，法庭应当作出处理。

法庭可以在审理过程中归纳控辩双方的争议焦点，引导控辩双方针对影响定罪量刑的实质性问题进行辩论。对控辩双方的发言与案件无关、重复或者扰乱法庭秩序等情形，法庭应当予以提醒、制止。

19. 法庭应当充分听取控辩双方的量刑建议和意见，根据查明的事实、情节，参照量刑指导意见规范量刑，保证量刑公正。

20. 法庭应当加强裁判说理，通过裁判文书展现法庭审理过程。对控辩双方的意见和争议，应当说明采纳与否的理由。对证据采信、事实认定、定罪量刑等实质性问题，应当阐释裁判的理由和依据。

（四）完善证据认定规则，切实防范冤假错案

21. 采取刑讯逼供、暴力、威胁等非法方法收集的言词证据，应当予以排除。

收集物证、书证不符合法定程序，可能严重影响司法公正，不能补正或者作出合理解释的，对有关证据应当予以排除。

22. 被告人在侦查终结前接受检察人员对讯问合法性的核查询问时，明确表示侦查阶段不存在刑讯逼供、非法取证情形，在审判阶段又提出排除非法证据申请，法庭经审查对证据收集的合法性没有疑问的，可以驳回申请。

检察人员在侦查终结前未对讯问合法性进行核查，或者未对核查过程全程同步录音录像，被告人在审判阶段提出排除非法证据申请，人民法院经审查对证据收集的合法性存在疑问的，应当依法进行调查。

23. 法庭决定对证据收集的合法性进行调查的，应当先行当庭调查。但为防止庭审过分迟延，也可以在法庭调查结束前进行调查。

24. 法庭对证据收集的合法性进行调查的，应当重视对讯问过程录音录像的审

查。讯问笔录记载的内容与讯问录音录像存在实质性差异的，以讯问录音录像为准。

对于法律规定应当对讯问过程录音录像的案件，公诉人没有提供讯问录音录像，或者讯问录音录像存在选择性录制、剪接、删改等情形，现有证据不能排除以非法方法收集证据情形的，对有关供述应当予以排除。

25. 现有证据材料不能证明证据收集合法性的，人民法院可以通知有关侦查人员出庭说明情况。不得以侦查人员签名并加盖公章的说明材料替代侦查人员出庭。

经人民法院通知，侦查人员不出庭说明情况，不能排除以非法方法收集证据情形的，对有关证据应当予以排除。

26. 法庭对证据收集的合法性进行调查后，应当当庭作出是否排除有关证据的决定。必要时，可以宣布休庭，由合议庭评议或者提交审判委员会讨论，再次开庭时宣布决定。

在法庭作出是否排除有关证据的决定前，不得对有关证据宣读、质证。

27. 通过勘验、检查、搜查等方式收集的物证、书证等证据，未通过辨认、鉴定等方式确定其与案件事实的关联的，不得作为定案的根据。

28. 收集证据的程序、方式存在瑕疵，严重影响证据真实性，不能补正或者作出合理解释的，有关证据不得作为定案的根据。

29. 证人没有出庭作证，其庭前证言真实性无法确认的，不得作为定案的根据。证人当庭作出的证言与其庭前证言矛盾，证人能够作出合理解释，并与相关证据印证的，可以采信其庭审证言；不能作出合理解释，而其庭前证言与相关证据印证的，可以采信其庭前证言。

经人民法院通知，鉴定人拒不出庭作证的，鉴定意见不得作为定案的根据。

30. 人民法院作出有罪判决，对于定罪事实应当综合全案证据排除合理怀疑。

定罪证据不足的案件，不能认定被告人有罪，应当作出证据不足、指控的犯罪不能成立的无罪判决。定罪证据确实、充分，量刑证据存疑的，应当作出有利于被告人的认定。

（五）完善繁简分流机制，优化司法资源配置

31. 推进速裁程序改革，逐步扩大速裁程序适用范围，完善速裁程序运行机制。

对被告人认罪的轻微案件，探索实行快速审理和简便裁判机制。

32. 推进认罪认罚从宽制度改革，对适用速裁程序、简易程序或者普通程序简化审理的被告人认罪案件，法庭应当告知被告人享有的诉讼权利，依法审查被告人认罪认罚的自愿性和真实性，确认被告人了解认罪认罚的性质和法律后果。

法庭确认被告人自愿认罪认罚，同意适用简化审理程序的，应当落实从宽处罚的法律制度。被告人当庭不认罪或者不同意适用简化审理程序的，应当适用普通程序审理。

33. 适用速裁程序审理的案件，应当当庭宣判。适用简易程序审理的案件，一般应当当庭宣判。适用普通程序审理的案件，逐步提高当庭宣判率。

第三节　值班律师制度改革与刑事案件律师辩护全覆盖试点

一、值班律师制度改革

法律援助值班律师工作，是指在法院、看守所派驻值班律师，为犯罪嫌疑人、刑事被告人提供法律咨询、程序选择、申请变更强制措施等法律帮助；值班律师项制度的主要目的是为进入刑事诉讼程序的犯罪嫌疑人或者被告人提供即时初步的服务，以其广覆盖、便利性等特点很好地体现了保障司法人权的刑事司法理念。[1] 在十八届四中全会以来的多部司法改革文件中，均明确要求建立法律援助值班律师制度。例如，2016 年 11 月 16 日，最高人民法院、最高人民检察院、公安部、国家安全部、司法部联合颁布的《关于在部分地区开展刑事案件认罪认罚从宽制度试点工作的办法》第 5 条第 2、3 款规定："法律援助机构可以根据人民法院、看守所实际工作需要，通过设立法律援助工作站派驻值班律师、及时安排值班律师等形式提供法律帮助。人民法院、看守所应当为值班律师开展工作提供便利工作场所和必要办公设施，简化会见程序，保障值班律师依法履行职责。犯罪嫌疑人、被告人自愿认罪认罚，没有辩护人的，人民法院、人民检察院、公安机关应当通知值班律师为其提供法律咨询、程序选择、申请变更强制措施等法律帮助。"此外，《关于在部分地区开展刑事案件速裁程序试点工作的办法》《关于推进以审判为中心的刑事诉讼制度改革的意见》也提出了建立值班律师制度的相关要求。

为了充分发挥法律援助值班律师在以审判为中心的刑事诉讼制度改革和认罪认罚从宽制度改革试点中的职能作用，依法维护犯罪嫌疑人、刑事被告人的诉讼权利，加强人权司法保障，促进司法公正，最高人民法院、最高人民检察院、公安部、国家安全部、司法部于 2017 年 8 月 28 日联合发布了《关于开展法律援助值班律师工作的意见》（以下简称《意见》）。《意见》共 10 条，依次对值班律师的设置、工作职责、遴选方式、值班方式、禁止性规定、组织实施等内容作出了具体规定。

在值班律师的职责方面，《意见》规定了五种法定职责：①解答法律咨询。②引导和帮助犯罪嫌疑人、刑事被告人及其近亲属申请法律援助，转交申请材料。③在认罪认罚从宽制度改革试点中，为自愿认罪认罚的犯罪嫌疑人、刑事被告人提供法律咨询、程序选择、申请变更强制措施等法律帮助，对检察机关定罪量刑建议提出意见，犯罪嫌疑人签署认罪认罚具结书应当有值班律师在场。④对刑讯逼供、非法取证情形代理申诉、控告。⑤承办法律援助机构交办的其他任务。同时，《意见》明确规定，法律援助值班律师不提供出庭辩护服务；符合法律援助条件的犯罪嫌疑人、

---

[1] 李万祥："值班律师为犯罪嫌疑人提供法律援助——司法部负责人就开展法律援助值班律师工作答记者问"，载《经济日报》2017 年 9 月 4 日，第 13 版。

刑事被告人，可以依申请或通知由法律援助机构为其指派律师提供辩护。

在法律援助工作站建设方面，《意见》规定，法律援助机构可以根据人民法院、人民检察院、看守所实际工作需要设立法律援助工作站。考虑到工作站是犯罪嫌疑人、刑事被告人及其近亲属获得值班律师法律帮助、了解法律及法律援助有关情况的重要场所，《意见》要求法律援助工作站悬挂统一标牌，配备必要的办公设施，设立指引标识，并放置法律援助格式文书以及相关业务介绍资料，公示法律援助范围、条件、值班律师工作职责及当日值班律师基本信息等，为当事人及其近亲属获得法律帮助提供便利。

在值班律师的值班方式方面，《意见》规定，法律援助机构通过设立法律援助工作站派驻值班律师或及时安排值班律师等形式提供法律帮助。考虑到目前我国各地律师资源不均衡的现实情况，为高效地利用律师资源，律师值班可以因地制宜，采取更加灵活的方式，既可以相对固定专人，也可以轮流值班，在律师资源短缺地区，可以探索采用现场值班和电话、网络值班相结合的方式，满足当事人需要。[1]

为了确保值班律师的服务质量，《意见》提出了一系列规范措施：①建立法律援助值班律师名册。法律援助机构应当综合考虑社会律师和法律援助机构律师政治素质、职业道德水准、业务能力、执业年限等因素，确定法律援助值班律师人选。②开展业务培训，帮助参与值班律师工作的社会律师更好地了解值班律师职责、服务内容、执业纪律、刑事诉讼法律知识等。③加强对律师提供值班律师服务的日常监督管理，对值班律师实行动态化管理。

二、刑事案件律师辩护全覆盖试点[2]

刑事诉讼案件律师辩护率低，是目前我国刑事辩护工作存在的一个主要问题。推进以审判为中心的诉讼制度改革，对在刑事诉讼中提高辩护率、完善律师辩护权提出了新的更高要求。可以说，只有大幅度提高律师刑事辩护率，推动更多的律师为犯罪嫌疑人、被告人提供辩护，才能促进以审判为中心诉讼制度的建立，才能更加有效地防范冤假错案。在此背景下，最高人民法院、司法部于2017年10月11日联合发布《关于开展刑事案件律师辩护全覆盖试点工作的办法》（以下简称《办法》），启动了刑事案件律师辩护全覆盖试点工作。开展刑事案件律师辩护全覆盖试点工作是推进司法改革的一个重大举措，是深化律师制度改革的实际步骤，也是我国人权司法保障的重大进步，对于充分发挥律师在刑事案件中的辩护职能作用，维护司法公正，彰显我国社会主义法治文明进步具有重大意义。

---

[1] 李万祥："值班律师为犯罪嫌疑人提供法律援助——司法部负责人就开展法律援助值班律师工作答记者问"，载《经济日报》2017年9月4日，第13版。

[2] "最高人民法院 司法部负责同志就《关于开展刑事案件律师辩护全覆盖试点工作的办法》答记者问"，载中国长安网，http://www.chinapeace.gov.cn/2017-10/12/content_11433287.htm，最后访问日期：2018年6月11日。

《办法》共26条,依次规定了刑事辩护全覆盖的具体要求、人民法院的告知义务与通知职责、法律援助机构的指派义务、律师资源保障与经费保障,同时还明确规定,人民法院应当依法保障辩护律师的各项诉讼权利。主要包括以下内容:

第一,有关刑事案件律师辩护全覆盖的内涵。根据《办法》第2条,刑事案件律师辩护全覆盖主要是指刑事案件审判阶段的律师辩护全覆盖,具体包括以下内容:①被告人除自己行使辩护权外,有权委托律师作为辩护人。②被告人具有《刑事诉讼法》第34条、第267条规定应当通知辩护情形,包括未成年人、盲、聋、哑人,尚未完全丧失辨认或者控制自己行为能力的精神病人,可能被判处无期徒刑、死刑的人,没有委托辩护人的,人民法院应当通知法律援助机构指派律师为其提供辩护。③除上述规定外,其他适用普通程序审理的一审案件、二审案件、按照审判监督程序审理的案件,被告人没有委托辩护人的,人民法院应当通知法律援助机构指派律师为其提供辩护。这就将通知辩护范围扩大到法院阶段适用普通程序审理的所有一审案件、二审案件和按照审判监督程序审理的案件,将使律师刑事辩护率得以大幅度提升。④适用简易程序、速裁程序审理的案件,被告人没有辩护人的,人民法院应当通知法律援助机构派驻的值班律师为其提供法律帮助。⑤在法律援助机构指派的律师或者被告人委托的律师为被告人提供辩护前,被告人及其近亲属可以提出法律帮助请求,人民法院应当通知法律援助机构派驻的值班律师为其提供法律帮助。

第二,有关刑事案件律师辩护全覆盖的保障措施。①明确工作职责、权利救济和责任追究。《办法》规定了人民法院的告知、通知辩护职责,使被告人知悉相关权利,人民法院及时通知法律援助机构指派律师为符合条件的被告人提供辩护。《办法》规定了未履行通知辩护职责的救济程序,第二审人民法院发现第一审人民法院未履行通知辩护职责,导致被告人审判期间未获得律师辩护的,应当认定符合《刑事诉讼法》第227条第3项规定的情形,裁定撤销原判,发回原审人民法院重新审判。《办法》还强化责任追究,对人民法院未履行通知辩护职责,或者法律援助机构未履行指派律师等职责,导致被告人审判期间未获得律师辩护的,依法追究有关人员责任。②加强律师资源保障。《办法》规定了司法行政机关和律师协会对律师资源的统筹调配,鼓励和支持律师开展刑事辩护业务。《办法》要求组织资深骨干律师办理刑事法律援助案件,发挥优秀律师在刑事辩护领域的示范作用,组织刑事辩护专项业务培训,开展优秀刑事辩护律师评选表彰活动,推荐优秀刑事辩护律师公开选拔为立法工作者、法官、检察官,建立律师开展刑事辩护业务激励机制,充分调动律师参与刑事辩护工作积极性。③加强经费保障。建立多层次经费保障机制,加强法律援助经费保障,确保经费保障水平适应开展刑事案件律师辩护全覆盖试点工作的需要。包括司法行政机关协调财政部门合理确定、适当提高办案补贴标准并及时足额支付;有条件的地方可以开展政府购买法律援助服务;探索实行由法律援助受援人分担部分法律援助费用。④完善工作衔接。《办法》在已有规定的基础上对相关工作程序、衔接机制作了进一步完善,包括人民法院通知辩护的程序、法律援助机构指派律师的程序、拒绝通知辩护的程序、人民法院和司法行政机关工作衔接等。

第三，有关保障刑事辩护律师执业权利的规定。《办法》对进一步保障刑事辩护律师执业权利作出了相应规定。①规定知情权。人民法院作出召开庭前会议、延期审理、二审不开庭审理、宣告判决等重大程序性决定的，应当依法及时告知辩护律师。人民法院应当依托中国审判流程信息公开网，及时向辩护律师公开案件的流程信息。②规定阅卷权。辩护律师提出阅卷要求的，人民法院应当当时安排辩护律师阅卷，无法当时安排的，应当向辩护律师说明原因并在无法阅卷的事由消除后3个工作日以内安排阅卷，不得限制辩护律师合理的阅卷次数和时间。辩护律师可以带1~2名律师助理协助阅卷。律师发现案卷材料不完整、不清晰等情况时，人民法院应当及时安排核对、补充。③规定调查取证权。辩护律师申请人民法院收集、调取证据的，人民法院应当在3日以内作出是否同意的决定，并通知辩护律师。人民法院同意的，应当及时收集、调取相关证据。人民法院不同意的，应当说明理由；辩护律师要求书面答复的，应当书面说明理由。④规定申请出庭作证权。被告人、辩护律师申请法庭通知证人、鉴定人、有专门知识的人出庭作证的，法庭认为有必要的应当同意；法庭不同意的，应当书面向被告人及辩护律师说明理由。⑤要求尊重律师辩护意见。人民法院应当重视律师辩护意见，对于律师依法提出的辩护意见未予采纳的，应当作出有针对性的分析，说明不予采纳的理由。⑥完善律师执业权利救济机制。规定建立健全维护律师执业权利快速处置机制，畅通律师维护执业权利救济渠道，明确人民法院监察部门负责受理律师投诉，要求公开受理机构联系方式。

第四，有关提高律师刑事辩护质量的规定。为了使律师辩护全覆盖真正发挥作用，《办法》对提高律师刑事辩护质量作出了规定，包括：①对律师辩护质量提出要求。规定辩护律师应当坚持以事实为依据、以法律为准绳，依法规范诚信履行辩护代理职责，勤勉尽责，不断提高辩护质量和工作水平，切实维护当事人合法权益、促进司法公正。同时，对辩护律师会见、阅卷、庭前准备、参加庭审、发表辩护意见、提交书面辩护意见等作出具体而明确的规定。②对律师辩护纪律提出要求。规定辩护律师应当遵守法律法规、执业行为规范和法庭纪律。③加强辩护律师监督指导。规定了人民法院、司法行政机关、律师协会、法律援助机构、律师事务所对辩护律师的监督指导职责。

第五，有关试点范围及时间的规定。根据《办法》，刑事案件律师辩护全覆盖工作在北京、上海、浙江、安徽、河南、广东、四川、陕西8个省（直辖市）试点，试点省（直辖市）可以在全省（直辖市）或者选择部分地区开展试点工作。试点期限为一年。

第二章
中国诉讼法的立法发展

第一节 刑事诉讼法的立法发展*

2017年发布的关于刑事诉讼程序问题的司法解释及规范性司法文件

一、最高人民法院、最高人民检察院《关于适用犯罪嫌疑人、被告人逃匿、死亡案件违法所得没收程序若干问题的规定》

2017年1月4日,最高人民法院、最高人民检察院发布《关于适用犯罪嫌疑人、被告人逃匿、死亡案件违法所得没收程序若干问题的规定》,并明确该规定自2017年1月5日起施行。

该规定系"为依法适用犯罪嫌疑人、被告人逃匿、死亡案件违法所得没收程序,根据《中华人民共和国刑事诉讼法》《中华人民共和国刑法》《中华人民共和国民事诉讼法》等法律规定"而制定,其主要内容是:

1. 明确规定适用犯罪嫌疑人、被告人逃匿、死亡案件违法所得没收程序的案件范围包括下列犯罪案件:①贪污、挪用公款、巨额财产来源不明、隐瞒境外存款、私分国有资产、私分罚没财物犯罪案件;②受贿、单位受贿、利用影响力受贿、行贿、对有影响力的人行贿、对单位行贿、介绍贿赂、单位行贿犯罪案件;③组织、领导、参加恐怖组织,帮助恐怖活动,准备实施恐怖活动,宣扬恐怖主义、极端主义、煽动实施恐怖活动,利用极端主义破坏法律实施,强制穿戴宣扬恐怖主义、极端主义服饰、标志,非法持有宣扬恐怖主义、极端主义物品犯罪案件;④危害国家安全、走私、洗钱、金融诈骗、黑社会性质的组织、毒品犯罪案件。此外,电信诈骗、网络诈骗犯罪案件,依照前述规定的犯罪案件处理。

---

* 本部分执笔人:中国政法大学诉讼法学研究院顾永忠教授。

2. 对适用该程序所涉及的如下重要概念作出了界定：

第一，在省、自治区、直辖市或者全国范围内具有较大影响，或者犯罪嫌疑人、被告人逃匿境外的，应当认定为《刑事诉讼法》第 280 条第 1 款规定的"重大"。

第二，犯罪嫌疑人、被告人为逃避侦查和刑事追究潜逃、隐匿，或者在刑事诉讼过程中脱逃的，应当认定为《刑事诉讼法》第 280 条第 1 款规定的"逃匿"。此外，犯罪嫌疑人、被告人因意外事故下落不明满 2 年，或者因意外事故下落不明，经有关机关证明其不可能生存的，依照前述规定处理。

第三，公安机关发布通缉令或者公安部通过国际刑警组织发布红色国际通报，应当认定为《刑事诉讼法》第 280 条第 1 款规定的"通缉"。

第四，通过实施犯罪直接或者间接产生、获得的任何财产，应当认定为《刑事诉讼法》第 280 条第 1 款规定的"违法所得"。违法所得已经部分或者全部转变、转化为其他财产的，转变、转化后的财产应当视为前述规定的"违法所得"。来自违法所得转变、转化后的财产收益，或者来自已经与违法所得相混合财产中违法所得相应部分的收益，应当视为第 1 款规定的"违法所得"。

第五，《刑事诉讼法》第 281 条第 3 款规定的"利害关系人"包括犯罪嫌疑人、被告人的近亲属和其他对申请没收的财产主张权利的自然人和单位。《刑事诉讼法》第 281 条第 2 款、第 282 条第 2 款规定的"其他利害关系人"是指前述规定的"其他对申请没收的财产主张权利的自然人和单位"。

3. 对于该程序如何启动作出了规定：犯罪嫌疑人、被告人死亡，依照《刑法》规定应当追缴其违法所得及其他涉案财产的，人民检察院可以向人民法院提出没收违法所得的申请。

人民检察院向人民法院提出没收违法所得的申请，应当制作没收违法所得申请书。没收违法所得申请书应当载明以下内容：①犯罪嫌疑人、被告人的基本情况；②案由及案件来源；③犯罪嫌疑人、被告人涉嫌犯罪的事实及相关证据材料；④犯罪嫌疑人、被告人逃匿、被通缉、脱逃、下落不明、死亡的情况；⑤申请没收的财产的种类、数量、价值、所在地以及已查封、扣押、冻结财产清单和相关法律手续；⑥申请没收的财产属于违法所得及其他涉案财产的相关事实及证据材料；⑦提出没收违法所得申请的理由和法律依据；⑧有无利害关系人以及利害关系人的姓名、身份、住址、联系方式；⑨其他应当载明的内容。

对于没收违法所得的申请，人民法院应当在 30 日内审查完毕，并根据以下情形分别处理：①属于没收违法所得申请受案范围和本院管辖，且材料齐全、有证据证明有犯罪事实的，应当受理；②不属于没收违法所得申请受案范围或者本院管辖的，应当退回人民检察院；③对于没收违法所得申请不符合"有证据证明有犯罪事实"标准要求的，应当通知人民检察院撤回申请，人民检察院应当撤回；④材料不全的，应当通知人民检察院在 7 日内补送，7 日内不能补送的，应当退回人民检察院。

对于上述第 3 种情形中"有证据证明有犯罪事实"的含义，界定为："同时具备以下情形的，应当认定为本规定第9条规定的'有证据证明有犯罪事实'：①有证据证明发生了犯罪事实；②有证据证明该犯罪事实是犯罪嫌疑人、被告人实施的；③证明犯罪嫌疑人、被告人实施犯罪行为的证据真实、合法。"

4. 对于人民法院受理没收违法所得的申请后的后续程序，要求应当在15日内发布公告，公告期为6个月。公告期间不适用中止、中断、延长的规定。公告应当载明以下内容：①案由、案件来源以及属于本院管辖；②犯罪嫌疑人、被告人的基本情况；③犯罪嫌疑人、被告人涉嫌犯罪的事实；④犯罪嫌疑人、被告人逃匿、被通缉、脱逃、下落不明、死亡的情况；⑤申请没收的财产的种类、数量、价值、所在地以及已查封、扣押、冻结财产的清单和相关法律手续；⑥申请没收的财产属于违法所得及其他涉案财产的相关事实；⑦申请没收的理由和法律依据；⑧利害关系人申请参加诉讼的期限、方式以及未按照该期限、方式申请参加诉讼可能承担的不利法律后果；⑨其他应当公告的情况。

对于发布公告的方式，要求公告应当在全国公开发行的报纸、信息网络等媒体和最高人民法院的官方网站刊登、发布，并在人民法院公告栏张贴。必要时，公告可以在犯罪地、犯罪嫌疑人、被告人居住地或者被申请没收财产所在地张贴。公告最后被刊登、发布、张贴日期为公告日期。人民法院张贴公告的，应当采取拍照、录像等方式记录张贴过程。

还要求，人民法院已经掌握境内利害关系人联系方式的，应当直接送达含有公告内容的通知；直接送达有困难的，可以委托代为送达、邮寄送达。经受送达人同意的，可以采用传真、电子邮件等能够确认其收悉的方式告知其公告内容，并记录在案；人民法院已经掌握境外犯罪嫌疑人、被告人、利害关系人联系方式，经受送达人同意的，可以采用传真、电子邮件等能够确认其收悉的方式告知其公告内容，并记录在案；受送达人未作出同意意思表示，或者人民法院未掌握境外犯罪嫌疑人、被告人、利害关系人联系方式，其所在地国（区）主管机关明确提出应当向受送达人送达含有公告内容的通知的，受理没收违法所得申请案件的人民法院可以决定是否送达。决定送达的，应当将公告内容层报最高人民法院，由最高人民法院依照刑事司法协助条约、多边公约，或者按照对等互惠原则，请求受送达人所在地国（区）的主管机关协助送达。

5. 对于利害关系人参加诉讼也作了规定：利害关系人申请参加诉讼的，应当在公告期间内提出，并提供与犯罪嫌疑人、被告人关系的证明材料或者证明其可以对违法所得及其他涉案财产主张权利的证据材料。

利害关系人可以委托诉讼代理人参加诉讼。利害关系人在境外委托的，应当委托具有中华人民共和国律师资格并依法取得执业证书的律师，依照《最高人民法院关于适用〈中华人民共和国刑事诉讼法〉的解释》第403条的规定对授权委托进行公证、认证。利害关系人在公告期满后申请参加诉讼，能够合理说明理由的，人民法院应当准许。

6. 对于审理程序的规定是：人民法院在公告期满后由合议庭对没收违法所得申请案件进行审理。利害关系人申请参加及委托诉讼代理人参加诉讼的，人民法院应当开庭审理。利害关系人及其诉讼代理人无正当理由拒不到庭，且无其他利害关系人和其他诉讼代理人参加诉讼的，人民法院可以不开庭审理。人民法院对没收违法所得申请案件开庭审理的，人民检察院应当派员出席。人民法院确定开庭日期后，应当将开庭的时间、地点通知人民检察院、利害关系人及其诉讼代理人、证人、鉴定人员、翻译人员。通知书应当依照前述规定第 12 条第 2 款规定的方式至迟在开庭审理 3 日前送达；受送达人在境外的，至迟在开庭审理 30 日前送达。

7. 对于开庭审理的程序规定为：出庭的检察人员应当宣读没收违法所得申请书，并在法庭调查阶段就申请没收的财产属于违法所得及其他涉案财产等相关事实出示、宣读证据。对于确有必要出示但可能妨碍正在或者即将进行的刑事侦查的证据，针对该证据的法庭调查不公开进行。利害关系人及其诉讼代理人对申请没收的财产属于违法所得及其他涉案财产等相关事实及证据有异议的，可以提出意见；对申请没收的财产主张权利的，应当出示相关证据。

犯罪嫌疑人、被告人逃匿境外，委托诉讼代理人申请参加诉讼，且违法所得或者其他涉案财产所在地国（区）主管机关明确提出意见予以支持的，人民法院可以准许。人民法院准许参加诉讼的，犯罪嫌疑人、被告人的诉讼代理人依照本规定关于利害关系人的诉讼代理人的规定行使诉讼权利。

8. 对于案件审理后的处理规定为：人民法院经审理认为，申请没收的财产属于违法所得及其他涉案财产的，除依法应当返还被害人的以外，应当予以没收；申请没收的财产不属于违法所得或者其他涉案财产的，应当裁定驳回申请，解除查封、扣押、冻结措施。

申请没收的财产具有高度可能属于违法所得及其他涉案财产的，应当认定为前述规定的"申请没收的财产属于违法所得及其他涉案财产"。

巨额财产来源不明犯罪案件中，没有利害关系人对违法所得及其他涉案财产主张权利，或者利害关系人对违法所得及其他涉案财产虽然主张权利但提供的相关证据没有达到相应证明标准的，应当视为前述规定的"申请没收的财产属于违法所得及其他涉案财产"。

9. 对不服一审裁决的二审程序作出了规定：人民检察院、利害关系人对第一审裁定认定的事实、证据没有争议的，第二审人民法院可以不开庭审理。第二审人民法院决定开庭审理的，应当将开庭的时间、地点书面通知同级人民检察院和利害关系人。第二审人民法院应当就上诉、抗诉请求的有关事实和适用法律进行审查。利害关系人非因故意或者重大过失在第一审期间未参加诉讼，在第二审期间申请参加诉讼的，人民法院应当准许，并发回原审人民法院重新审判。

第二审人民法院对不服第一审裁定的上诉、抗诉案件，经审理，应当按照下列情形分别处理：①第一审裁定认定事实清楚和适用法律正确的，应当驳回上诉或者抗诉，维持原裁定；②第一审裁定认定事实清楚，但适用法律有错误的，应当改变原裁定；③第一审裁定认定事实不清的，可以在查清事实后改变原裁定，也可以撤销原裁定，发回原审人民法院重新审判；④第一审裁定违反法定诉讼程序，可能影响公正审判的，应当撤销原裁定，发回原审人民法院重新审判。

第一审人民法院对于依照前述规定发回重新审判的案件作出裁定后，第二审人民法院对不服第一审人民法院裁定的上诉、抗诉，应当依法作出裁定，不得再发回原审人民法院重新审判。

10. 对于涉案财产的处置和执行规定为：违法所得或者其他涉案财产在境外的，负责立案侦查的公安机关、人民检察院等侦查机关应当制作查封、扣押、冻结的法律文书以及协助执行查封、扣押、冻结的请求函，层报公安、检察院等各系统最高上级机关后，由公安、检察院等各系统最高上级机关依照刑事司法协助条约、多边公约，或者按照对等互惠原则，向违法所得或者其他涉案财产所在地国（区）的主管机关请求协助执行。

被请求国（区）的主管机关提出，查封、扣押、冻结法律文书的制发主体必须是法院的，负责立案侦查的公安机关、人民检察院等侦查机关可以向同级人民法院提出查封、扣押、冻结的申请，人民法院经审查同意后制作查封、扣押、冻结令以及协助执行查封、扣押、冻结令的请求函，层报最高人民法院后，由最高人民法院依照刑事司法协助条约、多边公约，或者按照对等互惠原则，向违法所得或者其他涉案财产所在地国（区）的主管机关请求协助执行。

请求函应当载明以下内容：①案由以及查封、扣押、冻结法律文书的发布主体是否具有管辖权；②犯罪嫌疑人、被告人涉嫌犯罪的事实及相关证据，但可能妨碍正在或者即将进行的刑事侦查的证据除外；③已发布公告的，发布公告情况、通知利害关系人参加诉讼以及保障诉讼参与人依法行使诉讼权利等情况；④请求查封、扣押、冻结的财产的种类、数量、价值、所在地等情况以及相关法律手续；⑤请求查封、扣押、冻结的财产属于违法所得及其他涉案财产的相关事实及证据材料；⑥请求查封、扣押、冻结财产的理由和法律依据；⑦被请求国（区）要求载明的其他内容。

违法所得或者其他涉案财产在境外，受理没收违法所得申请案件的人民法院经审理裁定没收的，应当制作没收令以及协助执行没收令的请求函，层报最高人民法院后，由最高人民法院依照刑事司法协助条约、多边公约，或者按照对等互惠原则，向违法所得或者其他涉案财产所在地国（区）的主管机关请求协助执行。

请求函应当载明以下内容：①案由以及没收令发布主体具有管辖权；②属于生效裁定；③犯罪嫌疑人、被告人涉嫌犯罪的事实及相关证据，但可能妨碍正在或者即将进行的刑事侦查的证据除外；④犯罪嫌疑人、被告人逃匿、被通缉、脱逃、死亡的基本情况；⑤发布公告情况、通知利害关系人参加诉讼以及保障诉讼参与人依法行使诉讼权利等情况；⑥请求没收违法所得及其他涉案财产的种类、数量、价值、所在地等情况以及查封、扣押、冻结相关法律手续；⑦请求没收的财产属于违法所得及其他涉案财产的相关事实及证据材料；⑧请求没收财产的理由和法律依据；⑨被请求国（区）要求载明的其他内容。

二、最高人民法院、最高人民检察院、公安部、国家安全部、司法部《关于开展法律援助值班律师工作的意见》

为深入贯彻落实中共中央办公厅、国务院办公厅《关于完善法律援助制度的意见》（中办发〔2015〕37号），充分发挥法律援助值班律师在以审判为中心的刑事诉讼制度改革和认罪认罚从宽制度改革试点中的职能作用，依法维护犯罪嫌疑人、刑事被告人诉讼权利，加强人权司法保障，促进司法公正，2017年8月29日，两院三部制定发布《关于开展法律援助值班律师工作的意见》，主要内容是：

1. 法律援助机构在人民法院、看守所派驻值班律师，为没有辩护人的犯罪嫌疑人、刑事被告人提供法律帮助。人民法院、人民检察院、公安机关应当告知犯罪嫌疑人、刑事被告人有获得值班律师法律帮助的权利。犯罪嫌疑人、刑事被告人及其近亲属提出法律帮助请求的，人民法院、人民检察院、公安机关应当通知值班律师为其提供法律帮助。

2. 法律援助值班律师应当依法履行下列工作职责：①解答法律咨询。②引导和帮助犯罪嫌疑人、刑事被告人及其近亲属申请法律援助，转交申请材料。③在认罪认罚从宽制度改革试点中，为自愿认罪认罚的犯罪嫌疑人、刑事被告人提供法律咨询、程序选择、申请变更强制措施等法律帮助，对检察机关定罪量刑建议提出意见，犯罪嫌疑人签署认罪认罚具结书应当有值班律师在场。④对刑讯逼供、非法取证情形代理申诉、控告。⑤承办法律援助机构交办的其他任务。

法律援助值班律师不提供出庭辩护服务。符合法律援助条件的犯罪嫌疑人、刑事被告人，可以依申请或通知由法律援助机构为其指派律师提供辩护。

3. 法律援助机构可以根据人民法院、人民检察院、看守所实际工作需要，通过设立法律援助工作站派驻值班律师或及时安排值班律师等形式提供法律帮助。工作站应当悬挂统一标牌，配备必要的办公设施，设立指引标识，并放置法律援助格式文书以及相关业务介绍资料。工作站应当公示法律援助范围、条件、值班律师工作职责及当日值班律师基本信息等。

4. 法律援助机构综合社会律师和法律援助机构律师政治素质、职业道德水准、业务能力、执业年限等确定法律援助值班律师人选，建立法律援助值班律师名册。有条件的地方可以组建法律援助值班律师库。

5. 法律援助机构根据人民法院、看守所法律援助工作站法律咨询需求量和当地律师资源状况，合理安排值班律师工作时间。律师值班可以相对固定专人或者轮流值班，在律师资源短缺地区可以探索采用现场值班和电话、网络值班相结合的方式。

6. 法律援助机构应当将值班律师名册或人员信息送交或告知人民法院、人民检察院、公安机关及看守所。法律援助值班律师在人民法院、看守所法律援助工作站提供值班律师服务应持律师执业证书，实行挂牌上岗，向当事人表明法律援助值班律师身份。

值班律师在接待当事人时，应当现场记录当事人咨询的法律问题和提供的法律解答，解释法律援助的条件和范围，对认为初步符合法律援助条件的当事人引导其申请法律援助。

社会律师和法律援助机构律师应当接受法律援助机构的安排提供值班律师服务。值班律师应当遵守相关法律规定、职业道德、执业纪律，不得误导当事人诉讼行为，严禁收受财物，严禁利用值班便利招揽案源、介绍律师有偿服务及其他违反值班律师工作纪律的行为。值班律师应当依法保守工作中知晓的国家秘密、商业秘密和当事人隐私，犯罪嫌疑人、刑事被告人或者其他人准备或者正在实施危害国家安全、公共安全以及严重危害他人人身安全的犯罪事实和信息除外。

7. 法律援助机构要加强对法律援助值班律师工作运行的业务指导，组织开展对值班律师职责、服务内容、执业纪律、刑事诉讼法律知识方面的业务培训，及时统计汇总犯罪嫌疑人、刑事被告人涉嫌罪名、简要案情、咨询意见等信息，定期运用征询所驻单位意见、当事人回访等措施了解值班律师履责情况，对值班律师实行动态化管理。

法律援助机构要向律师协会通报法律援助值班律师履责情况。律师协会要将法律援助值班律师履责情况纳入律师年度考核及律师诚信服务记录。司法行政机关要加强对律师提供值班律师服务的日常监督管理，总结并不断提升值班律师服务质量水平。对律师在值班律师工作中违反职业道德和执业纪律的行为依法依规处理。

8. 人民法院、人民检察院、看守所为法律援助工作站提供必要办公场所和设施。看守所为法律援助值班律师会见提供便利。人民法院、人民检察院、公安机关、国家安全机关、司法行政机关建立刑事法律援助工作联席会议制度，定期沟通法律援助值班律师工作情况。

9. 对于律师资源短缺的地区和单位，法律援助机构要根据律师资源和刑事法律援助需求等，统筹调配律师资源，探索建立政府购买值班律师服务机制，保障法律援助值班律师工作正常有序开展。

三、最高人民法院、司法部《关于开展刑事案件律师辩护全覆盖试点工作的办法》

为了推进以审判为中心的刑事诉讼制度改革，加强人权司法保障，促进司法公正，充分发挥律师在刑事案件审判中的辩护作用，开展刑事案件审判阶段律师辩护全覆盖试点工作，最高人民法院、司法部根据《刑事诉讼法》等法律法规，结合司法工作实际，于2017年10月11日，制定发布了《关于开展刑事案件律师辩护全覆盖试点工作的办法》，主要内容是：

1. 重申被告人有权获得辩护原则，强调人民法院、司法行政机关应当保障被告人及其辩护律师依法享有的辩护权和其他诉讼权利。被告人除自己行使辩护权外，有权委托律师作为辩护人。

2. 明确在刑事审判活动中刑事案件律师辩护全覆盖的具体含义是：被告人具有《刑事诉讼法》第34条、第267条规定应当通知辩护情形，没有委托辩护人的，人民法院应当通知法律援助机构指派律师为其提供辩护。此外，其他适用普通程序审理的一审案件、二审案件、按照审判监督程序审理的案件，被告人没有委托辩护人的，人民法院应当通知法律援助机构指派律师为其提供辩护。适用简易程序、速裁程序审理的案件，被告人没有辩护人的，人民法院应当通知法律援助机构派驻的值班律师为其提供法律帮助。

在法律援助机构指派的律师或者被告人委托的律师为被告人提供辩护前，被告人及其近亲属可以提出法律帮助请求，人民法院应当通知法律援助机构派驻的值班律师为其提供法律帮助。

3. 要求人民法院自受理案件之日起3日内，应当告知被告人有权委托辩护人以及获得值班律师法律帮助。被告人具有本办法第2条第2款、第3款规定情形的，人民法院应当告知其如果不委托辩护人，将通知法律援助机构指派律师为其提供辩护。人民法院通知辩护的，应当将通知辩护公函以及起诉书、判决书、抗诉书、申诉立案通知书副本或者复印件送交法律援助机构。

通知辩护公函应当载明被告人的姓名、指控的罪名、羁押场所或者住所、通知辩护的理由、审判人员姓名和联系方式等；已确定开庭审理的，通知辩护公函应当载明开庭的时间、地点。

4. 要求法律援助机构应当自收到通知辩护公函或者作出给予法律援助决定之日起3日内，确定承办律师并函告人民法院。法律援助机构出具的法律援助公函应当载明辩护律师的姓名、所属单位及联系方式。

人民法院通知辩护公函内容不齐全或者通知辩护材料不齐全的，法律援助机构应当商请人民法院予以补充；人民法院未在开庭15日前将本办法第4条第1款规定的材料补充齐全，可能影响辩护律师履行职责的，法律援助机构可以商请人民法院变更开庭日期。

5. 对于按照本办法第2条第2款规定应当通知辩护的案件，被告人拒绝法律援助机构指派的律师为其辩护的，人民法院应当查明拒绝的原因，有正当理由的，应当准许，同时告知被告人需另行委托辩护人。被告人未另行委托辩护人的，人民法院应当及时通知法律援助机构另行指派律师为其提供辩护。

对于按照本办法第2条第3款规定应当通知辩护的案件，被告人坚持自己辩护，拒绝法律援助机构指派的律师为其辩护，人民法院准许的，法律援助机构应当作出终止法律援助的决定；对于有正当理由要求更换律师的，法律援助机构应当另行指派律师为其提供辩护。

6. 要求司法行政机关和律师协会统筹调配律师资源，为法律援助工作开展提供保障。本地律师资源不能满足工作开展需要的，司法行政机关可以申请上一级司法行政机关给予必要支持。有条件的地方可以建立刑事辩护律师库,为开展刑事案件律师辩护全覆盖试点工作提供支持。

7. 为了解决法律援助经费问题,要求建立多层次经费保障机制,加强法律援助经费保障,确保经费保障水平适应开展刑事案件律师辩护全覆盖试点工作需要。司法行政机关协调财政部门根据律师承办刑事案件成本、基本劳务费用、服务质量、案件难易程度等因素,合理确定、适当提高办案补贴标准并及时足额支付。有条件的地方可以开展政府购买法律援助服务。

此外,还要求探索实行由法律援助受援人分担部分法律援助费用。实行费用分担法律援助的条件、程序、分担标准等,由省级司法行政机关综合当地经济发展水平、居民收入状况、办案补贴标准等因素确定。

8. 为了保证充分的律师资源,要求司法行政机关、律师协会应当鼓励和支持律师开展刑事辩护业务,组织资深骨干律师办理刑事法律援助案件,发挥优秀律师在刑事辩护领域的示范作用,组织刑事辩护专项业务培训,开展优秀刑事辩护律师评选表彰活动,推荐优秀刑事辩护律师公开选拔为立法工作者、法官、检察官,建立律师开展刑事辩护业务激励机制,充分调动律师参与刑事辩护工作积极性。

9. 为了保障律师在审判活动中切实发挥辩护作用,对人民法院提出了一系列要求:

第一,人民法院应当依法保障辩护律师的知情权、申请权、申诉权,以及会见、阅卷、收集证据和发问、质证、辩论等方面的执业权利,为辩护律师履行职责,包括查阅、摘抄、复制案卷材料等提供便利。

第二,人民法院作出召开庭前会议、延期审理、二审不开庭审理、宣告判决等重大程序性决定的,应当依法及时告知辩护律师。人民法院应当依托中国审判流程信息公开网,及时向辩护律师公开案件的流程信息。

第三,辩护律师提出阅卷要求的,人民法院应当当时安排辩护律师阅卷,无法当时安排的,应当向辩护律师说明原因并在无法阅卷的事由消除后3个工作日以内安排阅卷,不得限制辩护律师合理的阅卷次数和时间。有条件的地方可以设立阅卷预约平台,推行电子化阅卷,允许刻录、下载材料。辩护律师复制案卷材料的,人民法院只收取工本费。法律援助机构指派的律师复制案卷材料的费用予以免收或者减收。辩护律师可以带1至2名律师助理协助阅卷,人民法院应当核实律师助理的身份。律师发现案卷材料不完整、不清晰等情况时,人民法院应当及时安排核对、补充。

第四,辩护律师申请人民法院收集、调取证据的,人民法院应当在3日以内作出是否同意的决定,并通知辩护律师。人民法院同意的,应当及时收集、调取相关证据。人民法院不同意的,应当说明理由;辩护律师要求书面答复的,应当书面说明理由。

第五,被告人、辩护律师申请法庭通知证人、鉴定人、有专门知识的人出庭作证的，法庭认为有必要的应当同意；法庭不同意的，应当书面向被告人及辩护律师说明理由。

第六，人民法院应当重视律师辩护意见，对于律师依法提出的辩护意见未予采纳的，应当作出有针对性的分析，说明不予采纳的理由。

第七，第二审人民法院发现第一审人民法院未履行通知辩护职责，导致被告人在审判期间未获得律师辩护的，应当认定符合《刑事诉讼法》第227条第3项规定的情形，裁定撤销原判，发回原审人民法院重新审判。

10. 对辩护律师如何发挥辩护作用也提出了明确要求：

第一，辩护律师应当坚持以事实为依据、以法律为准绳，依法规范诚信履行辩护代理职责，勤勉尽责，不断提高辩护质量和工作水平，切实维护当事人合法权益、促进司法公正。

第二，在审判阶段，接受法律援助机构指派承办刑事法律援助案件的律师应当会见被告人并制作会见笔录，应当阅卷并复制主要的案卷材料。

第三，对于人民法院开庭审理的案件，辩护律师应当做好开庭前的准备；参加全部庭审活动，充分质证、陈述；发表具体的、有针对性的辩护意见，并向人民法院提交书面辩护意见。对于人民法院不开庭审理的案件，辩护律师应当自收到人民法院不开庭通知之日起10日内向人民法院提交书面辩护意见。

第四，辩护律师应当遵守法律法规、执业行为规范和法庭纪律，不得煽动、教唆和组织被告人监护人、近亲属等以违法方式表达诉求；不得恶意炒作案件，对案件进行歪曲、有误导性的宣传和评论；不得违反规定披露、散布不公开审理案件的信息、材料，或者在办案过程中获悉的案件重要信息、证据材料；不得违规会见被告人，教唆被告人翻供；不得帮助被告人隐匿、毁灭、伪造证据或者串供，威胁、引诱证人作伪证，以及其他干扰司法机关诉讼活动的行为。

11. 要求司法行政机关和律师协会应当对律师事务所、律师开展刑事辩护业务进行指导监督，并根据律师事务所、律师履行法律援助义务情况实施奖励和惩戒。还要求法律援助机构、律师事务所应当对辩护律师开展刑事辩护活动进行指导监督，促进辩护律师依法履行辩护职责。

12. 对于人民法院、司法行政机关及律师协会在此项工作中的职责和职权，还作出了下述规定：

第一，人民法院、司法行政机关和律师协会应当建立健全维护律师执业权利快速处置机制，畅通律师维护执业权利救济渠道。人民法院监察部门负责受理律师投诉。人民法院应当在官方网站、办公场所公开受理机构名称、电话、来信来访地址，及时反馈调查处理结果，切实提高维护律师执业权利的及时性和有效性，保障律师执业权利不受侵害。

第二，人民法院未履行通知辩护职责，或者法律援助机构未履行指派律师等职责，导致被告人审判期间未获得律师辩护的，依法追究有关人员责任。

第三，人民法院在案件办理过程中发现辩护律师有违法或者违反职业道德、执业纪律的行为，应当及时向司法行政机关、律师协会提出司法建议，并固定移交相关证据材料，提供必要的协助。司法行政机关、律师协会核查后，应当将结果及时通报建议机关。

第四，人民法院和司法行政机关应当加强协调，做好值班律师、委托辩护要求转达、通知辩护等方面的衔接工作，探索建立工作对接网上平台，建立定期会商通报机制，及时沟通情况，协调解决问题，促进刑事案件律师辩护全覆盖试点工作有效开展。

13. 明确规定了开展此项工作的法律依据，办理刑事案件，本办法有规定的，按照本办法执行；本办法没有规定的，按照《中华人民共和国刑事诉讼法》《中华人民共和国律师法》《最高人民法院关于适用〈中华人民共和国刑事诉讼法〉的解释》《法律援助条例》《办理法律援助案件程序规定》《关于刑事诉讼法律援助工作的规定》《关于依法保障律师执业权利的规定》等法律法规、司法解释、规章和规范性文件执行。

14. 明确规定了本办法的适用效力及范围：本办法在北京、上海、浙江、安徽、河南、广东、四川、陕西省自发布之日起试行1年。试点省（直辖市）可以在全省（直辖市）或者选择部分地区开展试点工作。

四、最高人民法院印发《人民法院办理刑事案件庭前会议规程（试行）》、《人民法院办理刑事案件排除非法证据规程（试行）》和《人民法院办理刑事案件第一审普通程序法庭调查规程（试行）》（简称"三项规程"）

推进以审判为中心的刑事诉讼制度改革，是党的十八届四中全会作出的重大改革部署，是坚持严格司法、确保刑事司法公正的现实需要。最高人民法院、最高人民检察院、公安部、国家安全部、司法部先后印发《关于推进以审判为中心的刑事诉讼制度改革的意见》《关于办理刑事案件严格排除非法证据若干问题的规定》，提出改革完善刑事诉讼制度的总体方案。为确保中央改革要求落地见效，优化完善审判特别是庭审程序，最高人民法院在出台《关于全面推进以审判为中心的刑事诉讼制度改革的实施意见》的基础上，制定深化庭审实质化改革的"三项规程"，进一步明确和细化庭前会议、非法证据排除、法庭调查等关键环节、关键事项的基本规程，有助于解决庭审虚化、非法证据排除难、疑罪从无难等问题，有助于提高刑事审判的质量、效率和公信力。

"三项规程"内容丰富、涉及面广，对刑事审判工作将产生深远的影响。最高人民法院在起草"三项规程"过程中，立足现有法律规定，坚持问题导向和目标导向，以中央的改革精神和要求为着眼点，认真总结传统审判经验，充分吸收前期改革成果，注重理念创新和制度创新。庭前会议规程落实中央改革文件关于完善庭前会议程序的要求，确保法庭集中持续审理，提高庭审质量和效率。"三项规程"将庭前会议界定为庭审准备程序，人民法院在庭前会议中可以依法处理可能导致庭审中断的程序性事项，组织控辩双方展示证据，归纳控辩双方争议焦点，开展附带民事调解，但不得处理定罪量刑等实体性问题。需要强调的是，庭前会议的功能是为庭审顺利进行扫清障碍、打好基础，不能因庭前会议而弱化庭审，更不能以庭前会议取代庭审。非法证据排除规程是新时期加强人权司法保障、防范冤假错案、维护司法公正的重要举措，对以审判为中心的刑事诉讼制度改革具有重要助推作用。"三项规程"对中央改革文件进行了细化，重点针对非法证据排除程序适用中存在的启动难、证明难、认定难、排除难等问题，进一步明确人民法院审查和排除非法证据的具体规则和程序，规范庭前程序和庭审环节对证据合法性争议的处理程序，为司法实践提供了更为明确的指引。法庭调查规程是推进庭审实质化改革的重点，在总结传统庭审经验的基础上，将证据裁判、程序公正、集中审理和诉权保障确立为法庭调查的基本原则，规范开庭讯问、发问程序，落实证人、鉴定人出庭作证制度，完善各类证据的举证、质证、认证规则，确保诉讼证据出示在法庭、案件事实查明在法庭、诉辩意见发表在法庭、裁判结果形成在法庭。

为充分检验"三项规程"的可行性和可操作性，最高人民法院自2017年6月在全国18个中级人民法院及其辖区部分基层法院开展试点工作，其间先后在浙江湖州、广东广州召开试点法院工作座谈会，到吉林松原、浙江台州、湖北黄石等地听取意见并观摩庭审，征求了部分专家学者的意见，后经多次修改完善而成。修改后的"三项规程"自2018年1月1日起在全国试行。最高人民法院要求全国法院要认真组织学习，切实试行"三项规程"，构建更加精密化、规范化、实质化的刑事审判制度，推动以审判为中心的刑事诉讼制度改革落地见效。

（一）《人民法院办理刑事案件庭前会议规程（试行）》

为贯彻落实最高人民法院、最高人民检察院、公安部、国家安全部、司法部《关于推进以审判为中心的刑事诉讼制度改革的意见》，完善庭前会议程序，确保法庭集中持续审理，提高庭审质量和效率，根据法律规定，结合司法实际，制定本规程。主要内容是：

1. 关于召开庭前会议的案件范围及条件。人民法院适用普通程序审理刑事案件，对于证据材料较多、案情疑难复杂、社会影响重大或者控辩双方对事实证据存在较大争议等情形的，可以决定在开庭审理前召开庭前会议。

控辩双方可以申请人民法院召开庭前会议。申请召开庭前会议的，应当说明需要处理的事项。人民法院经审查认为有必要的，应当决定召开庭前会议；决定不召开庭前会议的，应当告知申请人。

被告人及其辩护人在开庭审理前申请排除非法证据，并依照法律规定提供相关线索或者材料的，人民法院应当召开庭前会议。

2. 关于召开庭前会议的目的。庭前会议中，人民法院可以就与审判相关的问题了解情况，听取意见，依法处理回避、出庭证人名单、非法证据排除等可能导致庭审中断的事项，组织控辩双方展示证据，归纳争议焦点，开展附带民事调解。

3. 关于庭前会议的参加人员。庭前会议由承办法官主持，其他合议庭成员也可以主持或者参加庭前会议。根据案件情况，承办法官可以指导法官助理主持庭前会议。

公诉人、辩护人应当参加庭前会议。根据案件情况，被告人可以参加庭前会议；被告人申请参加庭前会议或者申请排除非法证据等情形的，人民法院应当通知被告人到场；有多名被告人的案件，主持人可以根据案件情况确定参加庭前会议的被告人。被告人申请排除非法证据，但没有辩护人的，人民法院应当通知法律援助机构指派律师为被告人提供帮助。庭前会议中进行附带民事调解的，人民法院应当通知附带民事诉讼当事人到场。

被告人不参加庭前会议的，辩护人应当在召开庭前会议前就庭前会议处理事项听取被告人意见。

4. 关于庭前会议的方式、次数及地点。庭前会议一般不公开进行。根据案件情况，庭前会议可以采用视频会议等方式进行。根据案件情况，庭前会议可以在开庭审理前多次召开；休庭后，可以在再次开庭前召开庭前会议。庭前会议应当在法庭或者其他办案场所召开。被羁押的被告人参加的，可以在看守所办案场所召开。被告人参加庭前会议，应当有法警在场。

5. 关于庭前会议的准备。人民法院应当根据案件情况，综合控辩双方意见，确定庭前会议需要处理的事项，并在召开庭前会议3日前，将会议的时间、地点、人员和事项等通知参会人员。通知情况应当记录在案。

被告人及其辩护人在开庭审理前申请排除非法证据的，人民法院应当在召开庭前会议3日前，将申请书及相关线索或者材料的复制件送交人民检察院。

召开庭前会议前，人民检察院应当将全部证据材料移送人民法院。被告人及其辩护人应当将收集的有关被告人不在犯罪现场、未达到刑事责任年龄、属于依法不负刑事责任的精神病人等证明被告人无罪或者依法不负刑事责任的全部证据材料提交人民法院。人民法院收到控辩双方移送或者提交的证据材料后，应当通知对方查阅、摘抄、复制。

6. 关于庭前会议的内容。庭前会议开始后，主持人应当核实参会人员情况，宣布庭前会议需要处理的事项。有多名被告人参加庭前会议，涉及事实证据问题的，应当组织各被告人分别参加，防止串供。

庭前会议中，主持人可以就下列事项向控辩双方了解情况，听取意见：①是否对案件管辖有异议；②是否申请有关人员回避；③是否申请不公开审理；④是否申请排除非法证据；⑤是否申请提供新的证据材料；⑥是否申请重新鉴定或者勘验；⑦是否申请调取在侦查、审查起诉期间公安机关、人民检察院收集但未随案移送的证明被告人无罪或者罪轻的证据材料；⑧是否申请向证人或有关单位、个人收集、调取证据材料；⑨是否申请证人、鉴定人、侦查人员、有专门知识的人出庭，是否对出庭人员名单有异议；⑩与审判相关的其他问题。

7. 关于庭前会议对有关事项的处理。

第一，被告人及其辩护人对案件管辖提出异议，应当说明理由。人民法院经审查认为异议成立的，应当依法将案件退回人民检察院或者移送有管辖权的人民法院；认为本院不宜行使管辖权的，可以请求上一级人民法院处理。人民法院经审查认为异议不成立的，应当依法驳回异议。

第二，被告人及其辩护人申请审判人员、书记员、翻译人员、鉴定人回避，应当说明理由。人民法院经审查认为申请成立的，应当依法决定有关人员回避；认为申请不成立的，应当依法驳回申请。被告人及其辩护人申请回避被驳回的，可以在接到决定时申请复议一次。对于不属于《刑事诉讼法》第28条、第29条规定情形的，回避申请被驳回后，不得申请复议。被告人及其辩护人申请检察人员回避的，人民法院应当通知人民检察院。

第三，被告人及其辩护人申请不公开审理，人民法院经审查认为案件涉及国家秘密或者个人隐私的，应当准许；认为案件涉及商业秘密的，可以准许。

第四，被告人及其辩护人在开庭审理前申请排除非法证据，并依照法律规定提供相关线索或者材料的，人民检察院应当在庭前会议中通过出示有关证据材料等方式，有针对性地对证据收集的合法性作出说明。人民法院可以对有关证据材料进行核实；经控辩双方申请，可以有针对性地播放讯问录音录像。

人民检察院可以撤回有关证据，撤回的证据，没有新的理由，不得在庭审中出示。被告人及其辩护人可以撤回排除非法证据的申请，撤回申请后，没有新的线索或者材料，不得再次对有关证据提出排除申请。

控辩双方在庭前会议中对证据收集的合法性未达成一致意见，人民法院应当开展庭审调查，但公诉人提供的相关证据材料确实、充分，能够排除非法取证情形，且没有新的线索或者材料表明可能存在非法取证的，庭审调查举证、质证可以简化。

第五，控辩双方申请重新鉴定或者勘验，应当说明理由。人民法院经审查认为理由成立，有关证据材料可能影响定罪量刑且不能补正的，应当准许。

第六，被告人及其辩护人书面申请调取公安机关、人民检察院在侦查、审查起诉期间收集但未随案移送的证明被告人无罪或者罪轻的证据材料，并提供相关线索或者材料的，人民法院应当调取，并通知人民检察院在收到调取决定书后3日内移交。

第七，被告人及其辩护人申请向证人或有关单位、个人收集、调取证据材料，应当说明理由。人民法院经审查认为有关证据材料可能影响定罪量刑的，应当准许；认为有关证据材料与案件无关或者明显重复、没有必要的，可以不予准许。

第八，控辩双方申请证人、鉴定人、侦查人员、有专门知识的人出庭，应当说明理由。人民法院经审查认为理由成立的，应当通知有关人员出庭。控辩双方对出庭证人、鉴定人、侦查人员、有专门知识的人的名单有异议，人民法院经审查认为异议成立的，应当依法作出处理；认为异议不成立的，应当依法驳回。人民法院通知证人、鉴定人、侦查人员、有专门知识的人等出庭后,应当告知控辩双方协助有关人员到庭。

第九,庭前会议中,对于控辩双方决定在庭审中出示的证据,人民法院可以组织展示有关证据,听取控辩双方对在案证据的意见,梳理存在争议的证据。对于控辩双方在庭前会议中没有争议的证据材料,庭审时举证、质证可以简化。

人民法院组织展示证据的,一般应当通知被告人到场,听取被告人意见;被告人不到场的,辩护人应当在召开庭前会议前听取被告人意见。

第十,人民法院可以在庭前会议中归纳控辩双方的争议焦点。对控辩双方没有争议或者达成一致意见的事项,可以在庭审中简化审理。人民法院可以组织控辩双方协商确定庭审的举证顺序、方式等事项,明确法庭调查的方式和重点。协商不成的事项,由人民法院确定。

第十一,对于被告人在庭前会议前不认罪,在庭前会议中又认罪的案件,人民法院核实被告人认罪的自愿性和真实性后,可以依法适用速裁程序或者简易程序审理。

第十二,人民法院在庭前会议中听取控辩双方对案件事实证据的意见后,对于明显事实不清、证据不足的案件,可以建议人民检察院补充材料或者撤回起诉。建议撤回起诉的案件,人民检察院不同意的,人民法院开庭审理后,没有新的事实和理由,一般不准许撤回起诉。

8. 关于庭前会议记录。庭前会议情况应当制作笔录,由参会人员核对后签名。庭前会议结束后应当制作庭前会议报告,说明庭前会议的基本情况、与审判相关的问题的处理结果、控辩双方的争议焦点以及就相关事项达成的一致意见等。

9. 关于庭前会议报告及效力。对于召开庭前会议的案件,在宣读起诉书后,法庭应当宣布庭前会议报告的主要内容;有多起犯罪事实的案件,可以在有关犯罪事实的法庭调查开始前,分别宣布庭前会议报告的相关内容;对庭前会议处理管辖异议、申请回避、申请不公开审理等事项的,法庭可以在告知当事人诉讼权利后宣布庭前会议报告的相关内容。

宣布庭前会议报告后,对于庭前会议中达成一致意见的事项,法庭向控辩双方核实后当庭予以确认;对于未达成一致意见的事项,法庭可以归纳控辩双方争议焦点,听取控辩双方意见,依法作出处理。

控辩双方在庭前会议中就有关事项达成一致意见,在庭审中反悔的,除有正当理由外,法庭一般不再进行处理。

10. 关于二审程序庭前会议的召开。第二审人民法院召开庭前会议的,参照上述规定。

(二)《人民法院办理刑事案件排除非法证据规程(试行)》

为贯彻落实最高人民法院、最高人民检察院、公安部、国家安全部、司法部《关于推进以审判为中心的刑事诉讼制度改革的意见》和《关于办理刑事案件严格排除非法证据若干问题的规定》，规范非法证据排除程序，准确惩罚犯罪，切实保障人权，有效防范冤假错案，根据法律规定，结合司法实际，制定本规程。主要内容是：

1. 关于依法应当排除的非法供述。采用下列非法方法收集的被告人供述，应当予以排除：①采用殴打、违法使用戒具等暴力方法或者变相肉刑的恶劣手段，使被告人遭受难以忍受的痛苦而违背意愿作出的供述；②采用以暴力或者严重损害本人及其近亲属合法权益等进行威胁的方法，使被告人遭受难以忍受的痛苦而违背意愿作出的供述；③采用非法拘禁等非法限制人身自由的方法收集的被告人供述。

采用刑讯逼供方法使被告人作出供述，之后被告人受该刑讯逼供行为影响而作出的与该供述相同的重复性供述，应当一并排除，但下列情形除外：①侦查期间，根据控告、举报或者自己发现等，侦查机关确认或者不能排除以非法方法收集证据而更换侦查人员，其他侦查人员再次讯问时告知诉讼权利和认罪的法律后果，被告人自愿供述的；②审查逮捕、审查起诉和审判期间，检察人员、审判人员讯问时告知诉讼权利和认罪的法律后果，被告人自愿供述的。

2. 关于依法应当排除的证人证言、被害人陈述。采用暴力、威胁以及非法限制人身自由等非法方法收集的证人证言、被害人陈述，应当予以排除。

3. 关于依法应当排除的物证、书证。采用非法搜查、扣押等违反法定程序的方法收集物证、书证，可能严重影响司法公正的，应当予以补正或者作出合理解释；不能补正或者作出合理解释的，对有关证据应当予以排除。

4. 关于依法排除非法证据的含义。依法予以排除的非法证据，不得宣读、质证，不得作为定案的根据。

5. 关于排除非法证据的申请。被告人及其辩护人申请排除非法证据，应当提供相关线索或者材料。"线索"是指内容具体、指向明确的涉嫌非法取证的人员、时间、地点、方式等；"材料"是指能够反映非法取证的伤情照片、体检记录、医院病历、讯问笔录、讯问录音录像或者同监室人员的证言等。

被告人及其辩护人申请排除非法证据，应当向人民法院提交书面申请。被告人书写确有困难的，可以口头提出申请，但应当记录在案，并由被告人签名或者捺印。

人民法院向被告人及其辩护人送达起诉书副本时，应当告知其有权在开庭审理前申请排除非法证据，对提出申请的，应当告知其提供相关线索或者材料。上述情况应当记录在案。被告人申请排除非法证据，但没有辩护人的，人民法院应当通知法律援助机构指派律师为其提供辩护。被告人及其辩护人申请排除非法证据，应当在开庭审理前提出，但在庭审期间发现相关线索或者材料等情形除外。

6. 关于对排除非法证据申请的审查处理。被告人及其辩护人申请排除非法证据，并提供相关线索或者材料的，人民法院应当召开庭前会议，并在召开庭前会议3日前将申请书和相关线索或者材料的复制件送交人民检察院。被告人及其辩护人申请排除非法证据，未提供相关线索或者材料的，人民法院应当告知其补充提交。被告人及其辩护人未能补充的，人民法院对申请不予受理，并在开庭审理前告知被告人及其辩护人。上述情况应当记录在案。

对于可能判处无期徒刑、死刑或者黑社会性质组织犯罪、严重毒品犯罪等重大案件，被告人在驻看守所检察人员对讯问的合法性进行核查询问时，明确表示侦查阶段没有刑讯逼供等非法取证情形，在审判阶段又提出排除非法证据申请的，应当说明理由。人民法院经审查对证据收集的合法性没有疑问的，可以驳回申请。

驻看守所检察人员在重大案件侦查终结前未对讯问的合法性进行核查询问，或者未对核查询问过程全程同步录音录像，被告人及其辩护人在审判阶段提出排除非法证据申请，提供相关线索或者材料，人民法院对证据收集的合法性有疑问的，应当依法进行调查。

7. 关于证据收集合法性的举证责任。证据收集合法性的举证责任由人民检察院承担。人民检察院应当在第一审程序中全面出示证明证据收集合法性的证据材料。人民检察院未提供证据，或者提供的证据不能证明证据收集的合法性，经过法庭审理，确认或者不能排除以非法方法收集证据情形的，对有关证据应当予以排除。

8. 关于庭审前法院对证据收集合法性的审查。开庭审理前，承办法官应当阅卷，并对证据收集的合法性进行审查：①被告人在侦查、审查起诉阶段是否提出排除非法证据申请；提出申请的，是否提供相关线索或者材料；②侦查机关、人民检察院是否对证据收集的合法性进行调查核实；调查核实的，是否作出调查结论；③对于重大案件，人民检察院驻看守所检察人员在侦查终结前是否核查讯问的合法性，是否对核查过程同步录音录像；进行核查的，是否作出核查结论；④对于人民检察院在审查逮捕、审查起诉阶段排除的非法证据，是否随案移送并写明为依法排除的非法证据。

人民法院对证据收集的合法性进行审查后，认为需要补充证据材料的，应当通知人民检察院在3日内补送。

9. 关于庭前会议对非法证据的审查处理。在庭前会议中，人民法院对证据收集的合法性进行审查的，一般按照以下步骤进行：①被告人及其辩护人说明排除非法证据的申请及相关线索或者材料；②公诉人提供证明证据收集合法性的证据材料；③控辩双方对证据收集的合法性发表意见；④控辩双方对证据收集的合法性未达成一致意见的，审判人员归纳争议焦点。

在庭前会议中，人民检察院应当通过出示有关证据材料等方式，有针对性地对证据收集的合法性作出说明。人民法院可以对有关材料进行核实，经控辩双方申请，可以有针对性地播放讯问录音录像。

在庭前会议中，人民检察院可以撤回有关证据。撤回的证据，没有新的理由，不得在庭审中出示。被告人及其辩护人可以撤回排除非法证据的申请。撤回申请后，没有新的线索或者材料，不得再次对有关证据提出排除申请。

控辩双方在庭前会议中对证据收集的合法性达成一致意见的，法庭应当在庭审中向控辩双方核实并当庭予以确认。对于一方在庭审中反悔的，除有正当理由外，法庭一般不再进行审查。控辩双方在庭前会议中对证据收集的合法性未达成一致意见，人民法院应当在庭审中进行调查，但公诉人提供的相关证据材料确实、充分，能够排除非法取证情形，且没有新的线索或者材料表明可能存在非法取证的，庭审调查举证、质证可以简化。

10. 关于庭审中对庭前会议非法证据审查情况的报告。审判人员应当在庭前会议报告中说明证据收集合法性的审查情况，主要包括控辩双方的争议焦点以及就相关事项达成的一致意见等内容。

被告人及其辩护人在开庭审理前未申请排除非法证据，在庭审过程中提出申请的，应当说明理由。人民法院经审查，对证据收集的合法性有疑问的，应当进行调查；没有疑问的，应当驳回申请。人民法院驳回排除非法证据的申请后，被告人及其辩护人没有新的线索或者材料，以相同理由再次提出申请的，人民法院不再审查。

11. 关于法庭审理中对证据收集合法性的调查。

第一，人民法院决定对证据收集的合法性进行法庭调查的，应当先行当庭调查。对于被申请排除的证据和其他犯罪事实没有关联等情形，为防止庭审过分迟延，可以先调查其他犯罪事实，再对证据收集的合法性进行调查。在对证据收集合法性的法庭调查程序结束前，不得对有关证据宣读、质证。

第二，法庭决定对证据收集的合法性进行调查的，一般按照以下步骤进行：①召开庭前会议的案件，法庭应当在宣读起诉书后，宣布庭前会议中对证据收集合法性的审查情况，以及控辩双方的争议焦点；②被告人及其辩护人说明排除非法证据的申请及相关线索或者材料；③公诉人出示证明证据收集合法性的证据材料，被告人及其辩护人可以对相关证据进行质证，经审判长准许，公诉人、辩护人可以向出庭的侦查人员或者其他人员发问；④控辩双方对证据收集的合法性进行辩论。

第三，公诉人对证据收集的合法性加以证明，可以出示讯问笔录、提讯登记、体检记录、采取强制措施或者侦查措施的法律文书、侦查终结前对讯问合法性的核查材料等证据材料，也可以针对被告人及其辩护人提出异议的讯问时段播放讯问录音录像，提请法庭通知侦查人员或者其他人员出庭说明情况。不得以侦查人员签名并加盖公章的说明材料替代侦查人员出庭。庭审中，公诉人当庭不能举证或者为提供新的证据需要补充侦查，建议延期审理的，法庭可以同意。

第四，被告人及其辩护人可以出示相关线索或者材料，并申请法庭播放特定讯问时段的讯问录音录像。被告人及其辩护人向人民法院申请调取侦查机关、人民检察院收集但未提交的讯问录音录像、体检记录等证据材料，人民法院经审查认为该证据材料与证据收集的合法性有关的，应当予以调取；认为与证据收集的合法性无关的，应当决定不予调取，并向被告人及其辩护人说明理由。被告人及其辩护人申请人民法院通知侦查人员或者其他人员出庭说明情况，人民法院认为确有必要的，可以通知上述人员出庭。

第五，法庭对证据收集的合法性进行调查的，应当重视对讯问录音录像的审查，重点审查以下内容：①讯问录音录像是否依法制作。对于可能判处无期徒刑、死刑的案件或者其他重大犯罪案件，是否对讯问过程进行录音录像。②讯问录音录像是否完整。是否对每一次讯问过程录音录像，录音录像是否全程不间断进行，是否有选择性录制、剪接、删改等情形。③讯问录音录像是否同步制作。录音录像是否自讯问开始时制作，至犯罪嫌疑人核对讯问笔录、签字确认后结束；讯问笔录记载的起止时间是否与讯问录音录像反映的起止时间一致。④讯问录音录像与讯问笔录的内容是否存在差异。对与定罪量刑有关的内容，讯问笔录记载的内容与讯问录音录像是否存在实质性差异；存在实质性差异的，以讯问录音录像为准。

第六，侦查人员或者其他人员出庭的，应当向法庭说明证据收集过程，并就相关情况接受发问。对发问方式不当或者内容与证据收集的合法性无关的，法庭应当制止。经人民法院通知，侦查人员不出庭说明情况，不能排除以非法方法收集证据情形的，对有关证据应当予以排除。

第七，人民法院对控辩双方提供的证据来源、内容等有疑问的，可以告知控辩双方补充证据或者作出说明；确有核实必要的，可以宣布休庭，对证据进行调查核实。法庭调查核实证据，可以通知控辩双方到场，并将核实过程记录在案。对于控辩双方补充的和法庭庭外调查核实取得的证据，未经当庭出示、质证等法庭调查程序查证属实，不得作为证明证据收集合法性的根据。

12. 关于法院对证据收集合法性调查后的处理。人民法院对证据收集的合法性进行调查后，应当当庭作出是否排除有关证据的决定。必要时，可以宣布休庭，由合议庭评议或者提交审判委员会讨论，再次开庭时宣布决定。

经法庭审理，具有下列情形之一的，对有关证据应当予以排除：①确认以非法方法收集证据的；②应当对讯问过程录音录像的案件没有提供讯问录音录像，或者讯问录音录像存在选择性录制、剪接、删改等情形，现有证据不能排除以非法方法收集证据的；③侦查机关除紧急情况外没有在规定的办案场所讯问，现有证据不能排除以非法方法收集证据的；④驻看守所检察人员在重大案件侦查终结前未对讯问合法性进行核查，或者未对核查过程同步录音录像，或者录音录像存在选择性录制、剪接、删改等情形，现有证据不能排除以非法方法收集证据的；⑤其他不能排除存在以非法方法收集证据的。

人民法院对证人证言、被害人陈述、物证、书证等证据收集合法性的审查、调查程序，参照上述规定。人民法院对证据收集合法性的审查、调查结论，应当在裁判文书中写明，并说明理由。

13. 关于二审程序中非法证据的排除。

第一，人民检察院、被告人及其法定代理人提出抗诉、上诉，对第一审人民法院有关证据收集合法性的审查、调查结论提出异议的，第二审人民法院应当审查。

第二，被告人及其辩护人在第一审程序中未提出排除非法证据的申请，在第二审程序中提出申请，有下列情形之一的，第二审人民法院应当审查：①第一审人民法院没有依法告知被告人申请排除非法证据的权利的;②被告人及其辩护人在第一审庭审后发现涉嫌非法取证的相关线索或者材料的。

第三,人民检察院应当在第一审程序中全面出示证明证据收集合法性的证据材料。人民检察院在第一审程序中未出示证明证据收集合法性的证据,第一审人民法院依法排除有关证据的,人民检察院在第二审程序中不得出示之前未出示的证据,但在第一审程序后发现的除外。

第四,第一审人民法院对被告人及其辩护人排除非法证据的申请未予审查,并以有关证据作为定案的根据,可能影响公正审判的,第二审人民法院应当裁定撤销原判,发回原审人民法院重新审判。

第五,第一审人民法院对依法应当排除的非法证据未予排除的,第二审人民法院可以依法排除相关证据。排除非法证据后,应当按照下列情形分别作出处理:①原判决认定事实和适用法律正确、量刑适当的,应当裁定驳回上诉或者抗诉,维持原判;②原判决认定事实没有错误,但适用法律有错误,或者量刑不当的,应当改判;③原判决事实不清或者证据不足的,可以在查清事实后改判;也可以裁定撤销原判,发回原审人民法院重新审判。

14. 关于审判监督程序、死刑复核程序中对证据收集合法性的审查、调查。审判监督程序、死刑复核程序中对证据收集合法性的审查、调查,参照上述规定。

(三)《人民法院办理刑事案件第一审普通程序法庭调查规程(试行)》

为贯彻落实最高人民法院、最高人民检察院、公安部、国家安全部、司法部《关于推进以审判为中心的刑事诉讼制度改革的意见》,规范法庭调查程序,提高庭审质量和效率,确保诉讼证据出示在法庭、案件事实查明在法庭、诉辩意见发表在法庭、裁判结果形成在法庭,根据法律规定,结合司法实际,制定本规程。该规程由五部分组成:

1. 第一部分为"一般规定"。该部分主要规定了在刑事案件第一审普通程序中法庭应当坚持的四项原则,包括证据裁判原则、程序公正原则、集中审理原则和诉权保障原则。

2. 第二部分为"宣布开庭和讯问、发问程序"。主要内容是:

第一,对于召开庭前会议的案件,开庭后应当宣布庭前会议报告的主要内容包括对有关事项的处理结果,对于庭前会议中达成一致意见的事项,法庭可以向控辩双方核实后当庭予以确认;对于未达成一致意见的事项,法庭可以在庭审涉及该事项的环节归纳争议焦点,听取控辩双方意见,依法作出处理。

第二,公诉人宣读起诉书后,审判长应当询问被告人对起诉书指控的犯罪事实是否有异议,听取被告人的供述和辩解。对于被告人当庭认罪的案件,应当核实被告人认罪的自愿性和真实性,听取其供述和辩解。

第三,在审判长主持下,由控辩双方对被告人进行讯问和发问。其中,公诉人就起诉书指控的犯罪事实讯问被告人时,为防止庭审过分迟延,就证据问题向被告人的讯问可在举证、质证环节进行。

第四，在讯问和发问中，不同被告人供述之间存在实质性差异的，法庭可以传唤有关被告人到庭对质。根据案件审理需要，审判长可以安排被告人与证人、被害人进行对质。

第五，为解决被告人供述和辩解中的疑问，审判人员可以讯问被告人，也可以向被害人、附带民事诉讼当事人发问。

第六，被告人不认罪或者认罪后又反悔的案件，法庭应当对与定罪和量刑有关的事实、证据进行全面调查。被告人当庭认罪的案件，法庭核实被告人认罪的自愿性和真实性，确认被告人知悉认罪的法律后果后，可以重点围绕量刑事实和其他有争议的问题进行调查。

3. 第三部分为"出庭作证程序"。主要内容是：

第一，控辩双方对证人证言、被害人陈述有异议，申请证人、被害人出庭，人民法院经审查认为证人证言、被害人陈述对案件定罪量刑有重大影响的，应当通知证人、被害人出庭。

第二，控辩双方对鉴定意见有异议，申请鉴定人或者有专门知识的人出庭，人民法院经审查认为有必要的，应当通知鉴定人或者有专门知识的人出庭。

第三，控辩双方对侦破经过、证据来源、证据真实性或者证据收集合法性等有异议，申请侦查人员或者有关人员出庭，人民法院经审查认为有必要的，应当通知侦查人员或者有关人员出庭。

第四，为查明案件事实、调查核实证据，人民法院可以依职权通知上述人员到庭。人民法院通知证人、被害人、鉴定人、侦查人员、有专门知识的人等出庭的，控辩双方协助有关人员到庭。

第五，应当出庭作证的证人，在庭审期间因身患严重疾病等客观原因确实无法出庭的，可以通过视频等方式作证。证人视频作证的，发问、质证参照证人出庭作证的程序进行。该规定也适用于被害人、鉴定人、侦查人员。

第六，人民法院通知出庭的证人，无正当理由拒不出庭的，可以强制其出庭，但是被告人的配偶、父母、子女除外。强制证人出庭的，应当由院长签发强制证人出庭令，并由法警执行。必要时，可以商请公安机关协助执行。

第七，证人、鉴定人、被害人因出庭作证，本人或者其近亲属的人身安全面临危险的，人民法院应当采取不公开其真实姓名、住址和工作单位等个人信息，或者不暴露其外貌、真实声音等保护措施。决定对出庭作证的证人、鉴定人、被害人采取不公开个人信息的保护措施的，审判人员应当在开庭前核实其身份，对证人、鉴定人如实作证的保证书不得公开，在判决书、裁定书等法律文书中可以使用化名等代替其个人信息。

审判期间，证人、鉴定人、被害人提出保护请求的，人民法院应当立即审查，确有必要的，应当及时决定采取相应的保护措施。必要时，可以商请公安机关采取专门性保护措施。

第八，证人出庭后，先向法庭陈述证言，然后先由举证方发问；发问完毕后，对方也可以发问。根据案件审理需要，也可以先由申请方发问。控辩双方向证人发问完毕后，可以发表本方对证人证言的质证意见。控辩双方如有新的问题，经审判长准许，可以再行向证人发问。审判人员认为必要时，可以询问证人。法庭依职权通知证人出庭的情形，审判人员应当主导对证人的询问。经审判长准许，被告人可以向证人发问。

第九，向证人发问应当遵循以下规则：①发问内容应当与案件事实有关；②不得采用诱导方式发问；③不得威胁或者误导证人；④不得损害证人人格尊严；⑤不得泄露证人个人隐私。

第十，证人证言之间存在实质性差异的，法庭可以传唤有关证人到庭对质。审判长可以分别询问证人，就证言的实质性差异进行调查核实。经审判长准许，控辩双方可以向证人发问。审判长认为有必要的，可以准许证人之间相互发问。

第十一，证人出庭作证的，其庭前证言一般不再出示、宣读，但下列情形除外：①证人出庭作证时遗忘或者遗漏庭前证言的关键内容，需要向证人作出必要提示的；②证人的当庭证言与庭前证言存在矛盾，需要证人作出合理解释的。为核实证据来源、证据真实性等问题，或者帮助证人回忆，经审判长准许，控辩双方可以在询问证人时向其出示物证、书证等证据。

第十二，控辩双方可以申请法庭通知有专门知识的人出庭，协助本方就鉴定意见进行质证。有专门知识的人可以与鉴定人同时出庭，在鉴定人作证后向鉴定人发问，并对案件中的专门性问题提出意见。同一鉴定意见由多名鉴定人作出，有关鉴定人以及对该鉴定意见进行质证的有专门知识的人，可以同时出庭，不受分别发问规则的限制。

4. 第四部分为"举证、质证程序"。主要内容是：

第一，开庭讯问、发问结束后，公诉人先行举证。公诉人举证完毕后，被告人及其辩护人举证。公诉人出示证据后，经审判长准许，被告人及其辩护人可以有针对性地出示证据予以反驳。控辩一方举证后，对方可以发表质证意见。必要时，控辩双方可以对争议证据进行多轮质证。被告人及其辩护人认为公诉人出示的有关证据对本方诉讼主张有利的，可以在发表质证意见时予以认可，或者在发表辩护意见时直接援引有关证据。

第二，控辩双方随案移送或者庭前提交，但没有当庭出示的证据，审判长可以进行必要的提示；对于其中可能影响定罪量刑的关键证据，审判长应当提示控辩双方出示。对于案件中可能影响定罪量刑的事实、证据存在疑问，控辩双方没有提及的，审判长应当引导控辩双方发表质证意见，并依法调查核实。

第三，对于可能影响定罪量刑的关键证据和控辩双方存在争议的证据，一般应当单独举证、质证，充分听取质证意见。对于控辩双方无异议的非关键性证据，举证方可以仅就证据的名称及其证明的事项作出说明，对方可以发表质证意见。

第四，物证、书证、视听资料、电子数据等证据，应当出示原物、原件。取得原物、原件确有困难的，可以出示照片、录像、副本、复制件等足以反映原物、原件外形和特征以及真实内容的材料，并说明理由。对于鉴定意见和勘验、检查、辨认、侦查实验等笔录，应当出示原件。

第五，控辩双方出示证据，应当重点围绕与案件事实相关的内容或者控辩双方存在争议的内容进行。出示证据时，可以借助多媒体设备等方式出示、播放或者演示证据内容。

第六，控辩双方对证人证言、被害人陈述、鉴定意见无异议，有关人员不需要出庭的，或者有关人员因客观原因无法出庭且无法通过视频等方式作证的，可以出示、宣读庭前收集的书面证据材料或者作证过程录音录像。

被告人当庭供述与庭前供述的实质性内容一致的，可以不再出示庭前供述；当庭供述与庭前供述存在实质性差异的，可以出示、宣读庭前供述中存在实质性差异的内容。

第七，采用技术侦查措施收集的证据，应当当庭出示。当庭出示、辨认、质证可能危及有关人员的人身安全，或者可能产生其他严重后果的，应当采取不暴露有关人员身份、不公开技术侦查措施和方法等保护措施。法庭决定在庭外对技术侦查证据进行核实的，可以召集公诉人和辩护律师到场。在场人员应当履行保密义务。

第八，法庭对证据有疑问的，可以告知控辩双方补充证据或者作出说明；必要时，可以在其他证据调查完毕后宣布休庭，对证据进行调查核实。法庭调查核实证据，可以通知控辩双方到场，并将核实过程记录在案。对于控辩双方补充的和法庭庭外调查核实取得的证据，应当经过庭审质证才能作为定案的根据。但是，对于不影响定罪量刑的非关键性证据和有利于被告人的量刑证据，经庭外征求意见，控辩双方没有异议的除外。

第九，控辩双方申请出示庭前未移送或提交人民法院的证据，对方提出异议的，申请方应当说明理由，法庭经审查认为理由成立并确有出示必要的，应当准许。对方提出需要对新的证据作辩护准备的，法庭可以宣布休庭，并确定准备的时间。

第十，法庭审理过程中，控辩双方申请通知新的证人到庭，调取新的证据，申请重新鉴定或者勘验的，应当提供证人的基本信息、证据的存放地点，说明拟证明的案件事实、要求重新鉴定或者勘验的理由。法庭认为有必要的，应当同意，并宣布延期审理；不同意的，应当说明理由并继续审理。

第十一，人民法院向人民检察院调取需要调查核实的证据材料，或者根据被告人及其辩护人的申请，向人民检察院调取在侦查、审查起诉期间收集的有关被告人无罪或者罪轻的证据材料，应当通知人民检察院在收到调取证据材料决定书后3日内移交。

第十二，审判期间，被告人及其辩护人提出有自首、坦白、立功等法定量刑情节,或者人民法院发现被告人可能有上述法定量刑情节,而人民检察院移送的案卷中没有相关证据材料的,应当通知人民检察院移送。审判期间,被告人及其辩护人提出新的立功情节,并提供相关线索或者材料的,人民法院可以建议人民检察院补充侦查。

第十三,被告人当庭不认罪或者辩护人作无罪辩护的,法庭对定罪事实进行调查后,可以对与量刑有关的事实、证据进行调查。被告人及其辩护人可以当庭发表质证意见,出示证明被告人罪轻或者无罪的证据。被告人及其辩护人参加量刑事实、证据的调查,不影响无罪辩解或者辩护。

5. 第五部分为"认证规则"。主要内容是:

第一,经过控辩双方质证的证据,法庭应当结合控辩双方质证意见,从证据与待证事实的关联程度、证据之间的印证联系、证据自身的真实性程度等方面,综合判断证据能否作为定案的根据。证据与待证事实没有关联,或者证据自身存在无法解释的疑问,或者证据与待证事实以及其他证据存在无法排除的矛盾的,不得作为定案的根据。

第二,通过勘验、检查、搜查等方式收集的物证、书证等证据,未通过辨认、鉴定等方式确定其与案件事实的关联的,不得作为定案的根据。法庭对鉴定意见有疑问的,可以重新鉴定。

第三,收集证据的程序、方式不符合法律规定,严重影响证据真实性的,人民法院应当建议人民检察院予以补正或者作出合理解释;不能补正或者作出合理解释的,有关证据不得作为定案的根据。

第四,证人没有出庭作证,其庭前证言真实性无法确认的,不得作为定案的根据。证人当庭作出的证言与其庭前证言矛盾,证人能够作出合理解释,并与相关证据印证的,应当采信其庭审证言;不能作出合理解释,而其庭前证言与相关证据印证的,可以采信其庭前证言。

第五,经人民法院通知,鉴定人拒不出庭作证的,鉴定意见不得作为定案的根据。有专门知识的人当庭对鉴定意见提出质疑,鉴定人能够作出合理解释,并与相关证据印证的,应当采信鉴定意见;不能作出合理解释,无法确认鉴定意见可靠性的,有关鉴定意见不能作为定案的根据。

第六,被告人的当庭供述与庭前供述、自书材料存在矛盾,被告人能够作出合理解释,并与相关证据印证的,应当采信其当庭供述;不能作出合理解释,而其庭前供述、自书材料与相关证据印证的,可以采信其庭前供述、自书材料。法庭应当结合讯问录音录像对讯问笔录进行全面审查。讯问笔录记载的内容与讯问录音录像存在实质性差异的,以讯问录音录像为准。

第七,法庭认定被告人有罪,必须达到犯罪事实清楚,证据确实、充分,对于定罪事实应当综合全案证据排除合理怀疑。定罪证据不足的案件,不能认定被告人有罪,应当作出证据不足、指控的犯罪不能成立的无罪判决。定罪证据确实、充分,量刑证据存疑的，应当作出有利于被告人的认定。

第二节 民事诉讼法的立法发展[1]

一、民事诉讼立法发展概况

2017年民事诉讼立法主要体现在两个方面：一是第十二届全国人民代表大会常务委员会第二十八次会议作出修改《中华人民共和国民事诉讼法》的决定，明确人民检察院可以在法定条件下向人民法院提起民事公益诉讼。二是最高人民法院根据实践的需要对民事诉讼程序的相关问题制定了一系列司法解释。

总的来看，2017年民事诉讼立法数量少，法律规范变化不大。《中华人民共和国民事诉讼法》仅通过增加一款而修改了一个条文，最高人民法院通过的有关民事诉讼的司法解释也仅有8件。

二、《中华人民共和国民事诉讼法》的修订

2017年6月27日，中华人民共和国第十二届全国人民代表大会常务委员会第二十八次会议通过《全国人民代表大会常务委员会关于修改〈中华人民共和国民事诉讼法〉和〈中华人民共和国行政诉讼法〉的决定》，对《中华人民共和国民事诉讼法》和《中华人民共和国行政诉讼法》进行了修订。其中，《中华人民共和国民事诉讼法》的修订内容为在第55条增加1款，作为第2款："人民检察院在履行职责中发现破坏生态环境和资源保护、食品药品安全领域侵害众多消费者合法权益等损害社会公共利益的行为，在没有前款规定的机关和组织或者前款规定的机关和组织不提起诉讼的情况下，可以向人民法院提起诉讼。前款规定的机关或者组织提起诉讼的，人民检察院可以支持起诉。"《中华人民共和国民事诉讼法》根据该决定作相应修改，重新公布。同日，中华人民共和国主席习近平发布第七十一号主席令，公布了上述决定。修改后的《中华人民共和国民事诉讼法》自2017年7月1日起施行。

全国人大常委会决定修改《民事诉讼法》，明确规定人民检察院可以在生态环境和资源保护、食品药品安全领域提起民事公益诉讼，立法背景和过程如下：

1. 从1997年起，河南、湖南、山东等地方的人民检察院开始在生态环境和资源保护、国有资产保护等领域开展以原告身份提起民事公益诉讼的试点工作，取得了较好的法律效果和社会效果，也得到了理论上的支持。

2. 2012年修改《民事诉讼法》时，在是否应当规定人民检察院可以提起民事公益诉讼的问题上，有关部门形成了不同的看法并引起较为激烈的争议。最终，2012年修改的《民事诉讼法》增加规定了民事公益诉讼，但没有明确人民检察院提起民事公益诉讼的主体资格。《民事诉讼法》第55条第1款规定："对污染环境、侵害众

---

[1] 本部分执笔人：中国政法大学诉讼法学研究院谭秋桂教授。

多消费者合法权益等损害社会公共利益的行为,法律规定的机关和有关组织可以向人民法院提起诉讼。"尽管人民检察院属于"机关",但是没有人民检察院可以提起民事公益诉讼的"法律规定",所以人民检察院无法依据该条规定提起民事公益诉讼。此前地方人民检察院试点工作取得的成果无法获得立法认可,陷入了较为尴尬的境界。

3. 2014年10月24日中共中央《关于全面推进依法治国若干重大问题的决定》明确提出"探索建立检察机关提起公益诉讼制度"。2015年7月1日,第十二届全国人民代表大会常务委员会第十五次会议通过《全国人民代表大会常务委员会关于授权最高人民检察院在部分地区开展公益诉讼试点工作的决定》,授权最高人民检察院在生态环境和资源保护、国有资产保护、国有土地使用权出让、食品药品安全等领域开展提起公益诉讼试点。试点地区为北京等13个省、自治区、直辖市,试点期限为2年。授权决定明确要求,试点期满后,对实践证明可行的,应当修改完善有关法律。

4. 为了落实授权决定,2015年7月2日,最高人民检察院发布《检察机关提起公益诉讼试点方案》。2015年12月16日,最高人民检察院第十二届检察委员会第45次会议通过《人民检察院提起公益诉讼试点工作实施办法》并于2015年12月24发布施行。2016年2月22日最高人民法院审判委员会第1679次会议通过《人民法院审理人民检察院提起公益诉讼案件试点工作实施办法》,同月25日,最高人民法院以法发〔2016〕6号印发上述实施办法,规定自2016年3月1日起施行。"两高"的实施办法分别对相关具体程序作出了具体规定。

5. 截至2017年5月,各试点地区检察机关共办理公益诉讼案件7886件,其中,诉前程序案件6952件,提起诉讼案件934件。其中,生态环境和资源保护领域案件5579件、食品药品安全领域案件62件、国有资产保护领域案件1387件、国有土地使用权出让领域案件858件,覆盖所有授权领域。全部试点市(分、州)检察院和91%的基层检察院办理了诉讼案件,涵盖民事公益诉讼、行政公益诉讼、行政公益附带民事公益诉讼、刑事附带民事公益诉讼等案件类型。提起诉讼的案件中,人民法院审结236件,一、二审程序所有环节都有涉及,判决、调解、撤诉等结果方式多样。判决结案的222件案件,全部支持检察机关的诉讼请求。

6. 人民检察院提起公益诉讼的试点工作得到了各方面的肯定和认可,党中央、国务院及江西、贵州、福建等省通过的规范性文件,均明确要求积极推动检察机关提起公益诉讼。人民群众和社会各界对检察机关提起公益诉讼的做法和成效予以肯定。在2017年的全国两会上,240余位代表、委员提出议案、建议,积极评价检察机关提起公益诉讼在保护国家利益和社会公共利益方面取得的成效,认为试点完善了公益保护体系,达到了预期目标,具有可行性和优越性,建议在全国推开。

7. 2017年5月23日,中央全面深化改革领导小组第三十五次会议审议通过了《关于检察机关提起公益诉讼试点情况和下一步工作建议的报告》。会议指出,试点检察机关在生态环境和资源保护、食品药品案件、国有资产保护、国有土地使用权出让等领域，办理了一大批公益诉讼案件，积累了丰富的案件样本，制度设计得到充分检验，正式建立检察机关提起公益诉讼制度的时机已经成熟；要在总结试点工作的基础上，为检察机关提起公益诉讼提供法律保障。

8. 按照全国人民代表大会常务委员会授权决定和中央全面深化改革领导小组第三十五次会议精神，最高人民检察院在总结检察机关提起公益诉讼试点工作经验的基础上，会同有关部门反复研究，形成了《中华人民共和国行政诉讼法修正案（草案）》和《中华人民共和国民事诉讼法修正案（草案）》。2017年6月2日，最高人民检察院向全国人民代表大会常务委员会提出《最高人民检察院关于提请审议〈中华人民共和国行政诉讼法修正案（草案）〉和〈中华人民共和国民事诉讼法修正案（草案）〉的议案》。

9. 2017年6月9日，全国人民代表大会法律委员会向全国人大党组提交《全国人民代表大会法律委员会关于〈中华人民共和国行政诉讼法修正案（草案）〉和〈中华人民共和国民事诉讼法修正案（草案）〉有关情况的汇报》，建议将该议案列入十二届全国人大常委会第28次会议议程，根据常委会组成人员的审议意见和各方面的意见，对修正案草案进行修改完善后，作出相应决定。

10. 在第十二届全国人民代表大会常务委员会第二十八次会议上，最高人民检察院检察长曹建明作了《关于〈中华人民共和国行政诉讼法修正案（草案）〉和〈中华人民共和国民事诉讼法修正案（草案）〉的说明》。经审议，2017年6月27日，第十二届全国人民代表大会常务委员会第二十八次会议通过《全国人民代表大会常务委员会关于修改〈中华人民共和国民事诉讼法〉和〈中华人民共和国行政诉讼法〉的决定》。至此，检察机关提起民事公益诉讼的立法工作最终完成。

2017年《民事诉讼法》的修改，为人民检察院提起民事公益诉讼提供了法律依据，标志着我国民事公益诉讼制度更趋完善。

三、最高人民法院制定的有关民事诉讼和执行的司法解释

（一）《最高人民法院关于人民法院庭审录音录像的若干规定》（法释〔2017〕5号）

为保障诉讼参与人诉讼权利，规范庭审活动，提高庭审效率，深化司法公开，促进司法公正，根据《中华人民共和国刑事诉讼法》《中华人民共和国民事诉讼法》《中华人民共和国行政诉讼法》等法律规定，结合审判工作实际，2017年1月25日最高人民法院审判委员会第1708次会议通过《最高人民法院关于人民法院庭审录音录像的若干规定》，2017年2月22日以法释〔2017〕5号公告公布，自2017年3月1日起施行。

《最高人民法院关于人民法院庭审录音录像的若干规定》（以下简称《庭审录音录像规定》）共19条，分别规定了庭审录音录像的适用范围、适用要求、管理、查阅和播放条件、作用等内容。

根据《庭审录音录像规定》的规定，人民法院开庭审判案件，应当对庭审活动进行全程录音录像。人民法院应当在法庭内配备固定或者移动的录音录像设备。有条件的人民法院可以在法庭安装使用智能语音识别同步转换文字系统。人民法院从事其他审判活动或者进行执行、听证、接访等活动需要进行录音录像的，参照本规定执行。

庭审录音录像应当自宣布开庭时开始，至闭庭时结束。除下列情形外，庭审录音录像不得人为中断：①休庭；②公开庭审中的不公开举证、质证活动；③不宜录制的调解活动。负责录音录像的人员应当对录音录像的起止时间、有无中断等情况进行记录并附卷。

人民法院应当采取叠加同步录制时间或者其他措施保证庭审录音录像的真实和完整。因设备故障或技术原因导致录音录像不真实、不完整的，负责录音录像的人员应当作出书面说明，经审判长或独任审判员审核签字后附卷。

关于庭审录音录像的保管，《庭审录音录像规定》规定，人民法院应当使用专门设备在线或离线存储、备份庭审录音录像。因设备故障等原因导致不符合技术标准的录音录像，应当一并存储。庭审录音录像的归档，按照人民法院电子诉讼档案管理规定执行。

《庭审录音录像规定》第6条规定，人民法院通过使用智能语音识别系统同步转换生成的庭审文字记录，经审判人员、书记员、诉讼参与人核对签字后，作为法庭笔录管理和使用。

根据《庭审录音录像规定》第7~12条，诉讼参与人对法庭笔录有异议并申请补正的，书记员可以播放庭审录音录像进行核对、补正；不予补正的，应当将申请记录在案。适用简易程序审理民事案件的庭审录音录像，经当事人同意的，可以替代法庭笔录。人民法院应当将替代法庭笔录的庭审录音录像同步保存在服务器或者刻录成光盘，并由当事人和其他诉讼参与人对其完整性校验值签字或者采取其他方法进行确认。

人民法院应当通过审判流程信息公开平台、诉讼服务平台以及其他便民诉讼服务平台，为当事人、辩护律师、诉讼代理人等依法查阅庭审录音录像提供便利。对提供查阅的录音录像，人民法院应当设置必要的安全防范措施。当事人、辩护律师、诉讼代理人等可以依照规定复制录音或者誊录庭审录音录像，必要时人民法院应当配备相应设施。人民法院可以播放依法公开审理案件的庭审录音录像。

根据《庭审录音录像规定》第13~16条，诉讼参与人、旁听人员违反法庭纪律或者有关法律规定，危害法庭安全、扰乱法庭秩序的，人民法院可以通过庭审录音录像进行调查核实，并将其作为追究法律责任的证据。人民检察院、诉讼参与人认为庭审活动不规范或者违反法律规定的，人民法院应当结合庭审录音录像进行调查核实。

未经人民法院许可，任何人不得对庭审活动进行录音录像，不得对庭审录音像进行拍录、复制、删除和迁移。行为人实施前款行为的，依照规定追究其相应责任。涉及国家秘密、商业秘密、个人隐私等庭审活动的录制，以及对庭审录音录像的存储、查阅、复制、誊录等，应当符合保密管理等相关规定。

《最高人民法院关于人民法院庭审录音录像的若干规定》对规范司法行为、深化司法公开、保障当事人诉讼权利具有重要意义。

（二）《最高人民法院关于公布失信被执行人名单信息的若干规定》（法释〔2017〕7号）

2017年1月16日，最高人民法院审判委员会第1707次会议通过《最高人民法院关于修改〈最高人民法院关于公布失信被执行人名单信息的若干规定〉的决定》，对2013年7月1日最高人民法院审判委员会第1582次会议通过的《最高人民法院关于公布失信被执行人名单信息的若干规定》进行修改。2017年2月28日，最高人民法院以法释〔2017〕7号公告公布，自2017年5月1日起施行。

2017年修改后的《最高人民法院关于公布失信被执行人名单信息的若干规定》共13条，相对于2013年10月1日起施行的《最高人民法院关于公布失信被执行人名单信息的若干规定》（以下均简称《规定》）增加了6个条文，内容变化主要体现为：

1. 更改了纳入失信被执行人名单的条件。2017年修改后的《最高人民法院关于公布失信被执行人名单信息的若干规定》第1条更改了纳入失信被执行人名单的条件。2013年施行的《规定》将纳入失信被执行人名单的条件分为一般条件和选择性条件两类。其中，"被执行人具有履行能力而不履行生效法律文书确定的义务"为一般条件，选择性条件则包括以下六种：①以伪造证据、暴力、威胁等方法妨碍、抗拒执行的；②以虚假诉讼、虚假仲裁或者以隐匿、转移财产等方法规避执行的；③违反财产报告制度的；④违反限制消费令的；⑤被执行人无正当理由拒不履行执行和解协议的；⑥其他有履行能力而拒不履行生效法律文书确定义务的。根据2013年的《规定》，只有"具有履行能力而不履行生效法律文书确定的义务"并具有选择性条件之一的，才能纳入失信被执行人名单。2017年修改后的《规定》则是将"被执行人未履行生效法律文书确定的义务"作为纳入失信被执行人名单的基本条件，将"有履行能力而拒不履行生效法律文书确定的义务"作为纳入失信被执行人名单的选择性条件之一，并将2013年《规定》中作为选择性条件之一的"被执行人无正当理由拒不履行执行和解协议"修改为"无正当理由拒不履行执行和解协议"，逻辑上更顺畅。2017年修改后的《规定》第1条规定："被执行人未履行生效法律文书确定的义务，并具有下列情形之一的，人民法院应当将其纳入失信被执行人名单，依法对其进行信用惩戒：①有履行能力而拒不履行生效法律文书确定义务的；②以伪造证据、暴力、威胁等方法妨碍、抗拒执行的；③以虚假诉讼、虚假仲裁或者以隐匿、转移财产等方法规避执行的；④违反财产报告制度的；⑤违反限制消费令的；⑥无正当理由拒不履行执行和解协议的。"

2. 明确规定了纳入失信被执行人名单的期限。2017 年修改后的《规定》第 2 条增加了纳入失信被执行人名单的期限的规定。"被执行人具有本规定第 1 条第 2 项至第 6 项规定情形的,纳入失信被执行人名单的期限为 2 年。被执行人以暴力、威胁方法妨碍、抗拒执行情节严重或具有多项失信行为的,可以延长 1~3 年。失信被执行人积极履行生效法律文书确定义务或主动纠正失信行为的,人民法院可以决定提前删除失信信息。"

3. 新增了不得纳入失信被执行人名单的情形。2017 年修改后的《规定》第 3 条规定:"具有下列情形之一的,人民法院不得依据本规定第 1 条第 1 项的规定将被执行人纳入失信被执行人名单:①提供了充分有效担保的;②已被采取查封、扣押、冻结等措施的财产足以清偿生效法律文书确定债务的;③被执行人履行顺序在后,对其依法不应强制执行的;④其他不属于有履行能力而拒不履行生效法律文书确定义务的情形。"第 4 条规定:"被执行人为未成年人的,人民法院不得将其纳入失信被执行人名单。"

4. 细化了纳入失信被执行人名单的程序,增加了人民法院对申请执行人申请将被执行人纳入失信被执行人名单的审查期间,细化了人民法院将被执行人纳入失信被执行人名单的决定程序。根据 2017 年修改后的《规定》,申请执行人认为被执行人具有依法应当纳入失信被执行人名单的情形之一的,可以向人民法院申请将其纳入失信被执行人名单。人民法院应当自收到申请之日起 15 日内审查并作出决定。人民法院认为被执行人具有依法应当将其纳入失信被执行人名单的情形之一的,也可以依职权决定将其纳入失信被执行人名单。人民法院决定将被执行人纳入失信被执行人名单的,应当制作决定书,决定书应当写明纳入失信被执行人名单的理由,有纳入期限的,应当写明纳入期限。决定书由院长签发,自作出之日起生效。决定书应当按照《民事诉讼法》规定的法律文书送达方式送达当事人。

5. 新增了定向通报所列举的情形。2017 年修改后的《规定》第 8 条将 2013 年《规定》中的"失信被执行人是国家工作人员的,人民法院应当将其失信情况通报其所在单位"修改为"国家工作人员、人大代表、政协委员等被纳入失信被执行人名单的,人民法院应当将失信情况通报其所在单位和相关部门",通报的情形增加了"人大代表、政协委员",通报的对象增加了"相关部门";将向上级单位或者主管部门通报的情形在 2013 年《规定》的"国家机关、国有企业"的基础上,增加了"事业单位",通报的机关也由"上级单位或者主管部门"修改为"上级单位、主管部门或者履行出资人职责的机构"。

6. 增加了撤销、更正、删除失信信息制度。2017 年修改后的《规定》第 9 条规定:"不应纳入失信被执行人名单的公民、法人或其他组织被纳入失信被执行人名单的,人民法院应当在 3 个工作日内撤销失信信息。记载和公布的失信信息不准确的,人民法院应当在 3 个工作日内更正失信信息。"第 10 条规定:"具有下列情形之一的,人民法院应当在 3 个工作日内删除失信信息:①被执行人已履行生效法律文书确定的义务或人民法院已执行完毕的；②当事人达成执行和解协议且已履行完毕的；③申请执行人书面申请删除失信信息，人民法院审查同意的；④终结本次执行程序后，通过网络执行查控系统查询被执行人财产 2 次以上，未发现有可供执行财产，且申请执行人或者其他人未提供有效财产线索的；⑤因审判监督或破产程序，人民法院依法裁定对失信被执行人中止执行的；⑥人民法院依法裁定不予执行的；⑦人民法院依法裁定终结执行的。有纳入期限的，不适用前款规定。纳入期限届满后 3 个工作日内，人民法院应当删除失信信息。依照本条第 1 款规定删除失信信息后，被执行人具有本规定第 1 条规定情形之一的，人民法院可以重新将其纳入失信被执行人名单。依照本条第 1 款第 3 项规定删除失信信息后 6 个月内，申请执行人申请将该被执行人纳入失信被执行人名单的，人民法院不予支持。"

7. 增加了纳入失信被执行人名单信息的救济制度。2017 年修改的《规定》第 11 条规定："被纳入失信被执行人名单的公民、法人或其他组织认为有下列情形之一的，可以向执行法院申请纠正：①不应将其纳入失信被执行人名单的；②记载和公布的失信信息不准确的；③失信信息应予删除的。"第 12 条规定："公民、法人或其他组织对被纳入失信被执行人名单申请纠正的，执行法院应当自收到书面纠正申请之日起 15 日内审查，理由成立的，应当在 3 个工作日内纠正；理由不成立的，决定驳回。公民、法人或其他组织对驳回决定不服的，可以自决定书送达之日起 10 日内向上一级人民法院申请复议。上一级人民法院应当自收到复议申请之日起 15 日内作出决定。复议期间，不停止原决定的执行。"

8. 新增了人民法院工作人员责任追究规定。2017 年修改后的《规定》第 13 条规定："人民法院工作人员违反本规定公布、撤销、更正、删除失信信息的，参照有关规定追究责任。"

2017 年修改《最高人民法院关于公布失信被执行人名单信息的若干规定》，使我国公布失信被执行人名单信息制度在逻辑上更加顺畅、规范上更加完善、更加具有可操作性，对于发挥失信被执行人名单制度在民事执行实践中的作用具有重大意义。

（三）《最高人民法院关于民事执行中财产调查若干问题的规定》（法释〔2017〕8 号）

为规范民事执行财产调查，维护当事人及利害关系人的合法权益，2017 年 1 月 25 日最高人民法院审判委员会第 1708 次会议通过《最高人民法院关于民事执行中财产调查若干问题的规定》，并于 2017 年 2 月 28 日以法释〔2017〕8 号公告公布，自 2017 年 5 月 1 日起施行。

《最高人民法院关于民事执行中财产调查若干问题的规定》（以下简称《财产调查规定》）共 26 条，分别规定了执行过程中财产调查的途径，申请执行人提供被执行人财产线索的程序和效力，被执行人财产报告的程序以及被执行人拒绝报告、虚假报告或者逾期报告的后果，人民法院调查被执行人财产的方式、程序和效力，审计调查和悬赏调查的程序与效力等内容。

关于执行过程中财产调查的途径，《财产调查规定》第 1 条规定了三种基本途径：申请执行人提供被执行人财产线索、被执行人报告财产状况、人民法院调查。其中，人民法院调查又分为通过网络执行查控系统调查和通过其他方式调查两种。"执行过程中，申请执行人应当提供被执行人的财产线索；被执行人应当如实报告财产；人民法院应当通过网络执行查控系统进行调查，根据案件需要应当通过其他方式进行调查的，同时采取其他调查方式。"

关于申请执行人提供被执行人财产线索的程序与效力，《财产调查规定》第 2 条规定："申请执行人提供被执行人财产线索，应当填写财产调查表。财产线索明确、具体的，人民法院应当在 7 日内调查核实；情况紧急的，应当在 3 日内调查核实。财产线索确实的，人民法院应当及时采取相应的执行措施。申请执行人确因客观原因无法自行查明财产的，可以申请人民法院调查。"

关于被执行人财产报告程序，《财产调查规定》规定了财产报告令的发出时间、内容、被执行人报告财产的内容和形式、拒绝报告或者虚假报告或者逾期报告的法律后果等。第 3 条规定："人民法院依申请执行人的申请或依职权责令被执行人报告财产情况的，应当向其发出报告财产令。金钱债权执行中，报告财产令应当与执行通知同时发出。人民法院根据案件需要再次责令被执行人报告财产情况的，应当重新向其发出报告财产令。"第 4 条规定："报告财产令应当载明下列事项：①提交财产报告的期限；②报告财产的范围、期间；③补充报告财产的条件及期间；④违反报告财产义务应承担的法律责任；⑤人民法院认为有必要载明的其他事项。报告财产令应附财产调查表，被执行人必须按照要求逐项填写。"第 5 条规定："被执行人应当在报告财产令载明的期限内向人民法院书面报告下列财产情况：①收入、银行存款、现金、理财产品、有价证券；②土地使用权、房屋等不动产；③交通运输工具、机器设备、产品、原材料等动产；④债权、股权、投资权益、基金份额、信托受益权、知识产权等财产性权利；⑤其他应当报告的财产。被执行人的财产已出租、已设立担保物权等权利负担，或者存在共有、权属争议等情形的，应当一并报告；被执行人的动产由第三人占有，被执行人的不动产、特定动产、其他财产权等登记在第三人名下的，也应当一并报告。被执行人在报告财产令载明的期限内提交书面报告确有困难的，可以向人民法院书面申请延长期限；申请有正当理由的，人民法院可以适当延长。"第 6 条规定："被执行人自收到执行通知之日前一年至提交书面财产报告之日，其财产情况发生下列变动的，应当将变动情况一并报告：①转让、出租财产的；②在财产上设立担保物权等权利负担的；③放弃债权或延长债权清偿期的；④支出大额资金的；⑤其他影响生效法律文书确定债权实现的财产变动。"第 7 条规定："被执行人报告财产后，其财产情况发生变动，影响申请执行人债权实现的，应当自财产变动之日起 10 日内向人民法院补充报告。"第 8 条规定："对被执行人报告的财产情况，人民法院应当及时调查核实，必要时可以组织当事人进行听证。申请执行人申请查询被执行人报告的财产情况的，人民法院应当准许。申请执行人及其代理人对查询过程中知悉的信息应当保密。"第9条规定:"被执行人拒绝报告、虚假报告或者无正当理由逾期报告财产情况的,人民法院可以根据情节轻重对被执行人或者其法定代理人予以罚款、拘留;构成犯罪的,依法追究刑事责任。人民法院对有前款规定行为之一的单位,可以对其主要负责人或者直接责任人员予以罚款、拘留;构成犯罪的,依法追究刑事责任。"第10条规定:"被执行人拒绝报告、虚假报告或者无正当理由逾期报告财产情况的,人民法院应当依照相关规定将其纳入失信被执行人名单。"第11条规定:"有下列情形之一的,财产报告程序终结:①被执行人履行完毕生效法律文书确定义务的;②人民法院裁定终结执行的;③人民法院裁定不予执行的;④人民法院认为财产报告程序应当终结的其他情形。发出报告财产令后,人民法院裁定终结本次执行程序的,被执行人仍应依照本规定第7条的规定履行补充报告义务。"

关于人民法院在民事执行中的财产调查方法,《财产调查规定》第12条规定:"被执行人未按执行通知履行生效法律文书确定的义务,人民法院有权通过网络执行查控系统、现场调查等方式向被执行人、有关单位或个人调查被执行人的身份信息和财产信息,有关单位和个人应当依法协助办理。人民法院对调查所需资料可以复制、打印、抄录、拍照或以其他方式进行提取、留存。申请执行人申请查询人民法院调查的财产信息的,人民法院可以根据案件需要决定是否准许。申请执行人及其代理人对查询过程中知悉的信息应当保密。"第13条规定:"人民法院通过网络执行查控系统进行调查,与现场调查具有同等法律效力。人民法院调查过程中作出的电子法律文书与纸质法律文书具有同等法律效力;协助执行单位反馈的电子查询结果与纸质反馈结果具有同等法律效力。"

《财产调查规定》还规定,人民法院在民事执行中进行财产调查的,可以依法采取强制措施。其中,第14条规定:"被执行人隐匿财产、会计账簿等资料拒不交出的,人民法院可以依法采取搜查措施。人民法院依法搜查时,对被执行人可能隐匿财产或者资料的处所、箱柜等,经责令被执行人开启而拒不配合的,可以强制开启。"第15条规定:"为查明被执行人的财产情况和履行义务的能力,可以传唤被执行人或被执行人的法定代表人、负责人、实际控制人、直接责任人员到人民法院接受调查询问。对必须接受调查询问的被执行人、被执行人的法定代表人、负责人或者实际控制人,经依法传唤无正当理由拒不到场的,人民法院可以拘传其到场;上述人员下落不明的,人民法院可以依照相关规定通知有关单位协助查找。"第16条规定:"人民法院对已经办理查封登记手续的被执行人机动车、船舶、航空器等特定动产未能实际扣押的,可以依照相关规定通知有关单位协助查找。"

《财产调查规定》首次将审计作为民事执行中的财产调查方法加以规定,并规定了审计程序的启动、审计机构的确定、审计需要的资料的强制提交、审计费用的预交和负担等内容。第17条规定:"作为被执行人的法人或其他组织不履行生效法律文书确定的义务,申请执行人认为其有拒绝报告、虚假报告财产情况,隐匿、转移财产等逃避债务情形或者其股东、出资人有出资不实、抽逃出资等情形的，可以书面申请人民法院委托审计机构对该被执行人进行审计。人民法院应当自收到书面申请之日起 10 日内决定是否准许。"第 18 条规定："人民法院决定审计的，应当随机确定具备资格的审计机构，并责令被执行人提交会计凭证、会计账簿、财务会计报告等与审计事项有关的资料。被执行人隐匿审计资料的，人民法院可以依法采取搜查措施。"第 19 条规定："被执行人拒不提供、转移、隐匿、伪造、篡改、毁弃审计资料，阻挠审计人员查看业务现场或者有其他妨碍审计调查行为的，人民法院可以根据情节轻重对被执行人或其主要负责人、直接责任人员予以罚款、拘留；构成犯罪的，依法追究刑事责任。"第 20 条规定："审计费用由提出审计申请的申请执行人预交。被执行人存在拒绝报告或虚假报告财产情况，隐匿、转移财产或者其他逃避债务情形的，审计费用由被执行人承担；未发现被执行人存在上述情形的，审计费用由申请执行人承担。"

《财产调查规定》明确将悬赏查找作为民事执行中的财产调查方法，并规定了悬赏查找的启动程序、悬赏公告的发布、悬赏金的发放等内容。第 21 条规定："被执行人不履行生效法律文书确定的义务，申请执行人可以向人民法院书面申请发布悬赏公告查找可供执行的财产。申请书应当载明下列事项：①悬赏金的数额或计算方法；②有关人员提供人民法院尚未掌握的财产线索，使该申请执行人的债权得以全部或部分实现时，自愿支付悬赏金的承诺；③悬赏公告的发布方式；④其他需要载明的事项。人民法院应当自收到书面申请之日起 10 日内决定是否准许。"第 22 条规定："人民法院决定悬赏查找财产的，应当制作悬赏公告。悬赏公告应当载明悬赏金的数额或计算方法、领取条件等内容。悬赏公告应当在全国法院执行悬赏公告平台、法院微博或微信等媒体平台发布，也可以在执行法院公告栏或被执行人住所地、经常居住地等处张贴。申请执行人申请在其他媒体平台发布，并自愿承担发布费用的，人民法院应当准许。"第 23 条规定："悬赏公告发布后，有关人员向人民法院提供财产线索的，人民法院应当对有关人员的身份信息和财产线索进行登记；两人以上提供相同财产线索的，应当按照提供线索的先后顺序登记。人民法院对有关人员的身份信息和财产线索应当保密，但为发放悬赏金需要告知申请执行人的除外。"第 24 条规定："有关人员提供人民法院尚未掌握的财产线索，使申请发布悬赏公告的申请执行人的债权得以全部或部分实现的，人民法院应当按照悬赏公告发放悬赏金。悬赏金从前款规定的申请执行人应得的执行款中予以扣减。特定物交付执行或者存在其他无法扣减情形的，悬赏金由该申请执行人另行支付。有关人员为申请执行人的代理人、有义务向人民法院提供财产线索的人员或者存在其他不应发放悬赏金情形的，不予发放。"

财产调查是民事执行程序中的重要环节和内容，《最高人民法院关于民事执行中财产调查若干问题的规定》完善了我国民事执行程序中的财产调查制度，对于规范民事执行行为、提高民事执行效益具有重大意义。

（四）《最高人民法院关于内地与香港特别行政区法院就民商事案件相互委托提取证据的安排》（法释〔2017〕4号）

根据《中华人民共和国香港特别行政区基本法》第95条的规定，最高人民法院与香港特别行政区经协商，达成《关于内地与香港特别行政区法院就民商事案件相互委托提取证据的安排》（以下简称《安排》），并于2016年12月29日签署。本《安排》于2016年10月31日由最高人民法院审判委员会第1697次会议通过，2017年2月27日以法释〔2017〕4号公告公布。根据双方一致意见，自2017年3月1日起生效。

《安排》共12条，分别规定了双方相互委托提取证据的联络机关、委托的手续要求、可以请求协助的事项范围、委托事项一般费用的负担、委托事项的完成期限等作出了具体规定。

根据《安排》第2~5条，双方相互委托提取证据，须通过各自指定的联络机关进行。其中，内地指定各高级人民法院为联络机关；香港特别行政区指定香港特别行政区政府政务司司长办公室辖下行政署为联络机关。最高人民法院可以直接通过香港特别行政区指定的联络机关委托提取证据。受委托方的联络机关收到对方的委托书后，应当及时将委托书及所附相关材料转送相关法院或者其他机关办理，或者自行办理。如果受委托方认为委托材料不符合本辖区相关法律规定，影响其完成受托事项，应当及时通知委托方修改、补充。委托方应当按照受委托方的要求予以修改、补充，或者重新出具委托书。如果受委托方认为受托事项不属于本安排规定的委托事项范围，可以予以退回并说明原因。委托书及所附相关材料应当以中文文本提出。没有中文文本的，应当提供中文译本。委托方获得的证据材料只能用于委托书所述的相关诉讼。

内地人民法院根据本安排委托香港特别行政区法院提取证据的，请求协助的范围包括：①讯问证人；②取得文件；③检查、拍摄、保存、保管或扣留财产；④取得财产样品或对财产进行试验；⑤对人进行身体检验。香港特别行政区法院根据本安排委托内地人民法院提取证据的，请求协助的范围包括：①取得当事人的陈述及证人证言；②提供书证、物证、视听资料及电子数据；③勘验、鉴定。

受委托方应当根据本辖区法律规定安排取证。委托请求按照特殊方式提取证据的，如果受委托方认为不违反本辖区的法律规定，可以按照委托方请求的方式执行。如果委托方请求其司法人员、有关当事人及其诉讼代理人（法律代表）在受委托方取证时到场，以及参与录取证言的程序，受委托方可以按照其辖区内相关法律规定予以考虑批准。批准同意的，受委托方应当将取证时间、地点通知委托方联络机关。

内地人民法院委托香港特别行政区法院提取证据，应当提供加盖最高人民法院或者高级人民法院印章的委托书。香港特别行政区法院委托内地人民法院提取证据，应当提供加盖香港特别行政区高等法院印章的委托书。委托书或者所附相关材料应当写明：①出具委托书的法院名称和审理相关案件的法院名称；②与委托事项有关的当事人或者证人的姓名或者名称、地址及其他一切有助于联络及辨别其身份的信息；③要求提供的协助详情，包括但不限于：与委托事项有关的案件基本情况（包括案情摘要、涉及诉讼的性质及正在进行的审理程序等）；需向当事人或者证人取得的指明文件、物品及询（讯）问的事项或问题清单；需要委托提取有关证据的原因等；必要时，需陈明有关证据对诉讼的重要性及用来证实的事实及论点等；④是否需要采用特殊方式提取证据以及具体要求；⑤委托方的联络人及其联络信息；⑥有助执行委托事项的其他一切信息。

受委托方因执行受托事项产生的一般性开支，由受委托方承担。受委托方因执行受托事项产生的翻译费用、专家费用、鉴定费用、应委托方要求的特殊方式取证所产生的额外费用等非一般性开支，由委托方承担。如果受委托方认为执行受托事项或会引起非一般性开支，应先与委托方协商，以决定是否继续执行受托事项。

受委托方应当尽量自收到委托书之日起6个月内完成受托事项。受委托方完成受托事项后，应当及时书面回复委托方。如果受委托方未能按委托方的请求完成受托事项，或者只能部分完成受托事项，应当向委托方书面说明原因，并按委托方指示及时退回委托书所附全部或者部分材料。如果证人根据受委托方的法律规定，拒绝提供证言时，受委托方应当以书面通知委托方，并按委托方指示退回委托书所附全部材料。

《最高人民法院关于内地与香港特别行政区法院就民商事案件相互委托提取证据的安排》对于便利人民法院与香港特别行政区法院就民商事案件相互委托提取证据、便利当事人进行诉讼、节省司法资源具有重大的现实意义。

（五）《最高人民法院、香港特别行政区政府关于内地与香港特别行政区法院相互认可和执行婚姻家庭民事案件判决的安排》

根据《中华人民共和国香港特别行政区基本法》第95条的规定，最高人民法院与香港特别行政区政府经协商，2017年6月20日，最高人民法院常务副院长沈德咏、香港特别行政区政府律政司司长袁国强分别代表两地在香港签署《最高人民法院、香港特别行政区政府关于内地与香港特别行政区法院相互认可和执行婚姻家庭民事案件判决的安排》，就两地婚姻家庭民事案件判决的认可和执行问题作出安排。

《安排》共22条，规定了当事人向香港特别行政区法院申请认可和执行内地人民法院就婚姻家庭民事案件作出的生效判决，或者向内地人民法院申请认可和执行香港特别行政区法院就婚姻家庭民事案件作出的生效判决的范围、应当提交的材料、不予执行和认可的事由、认可和执行的程序等内容，并规定当事人向香港特别行政区法院申请认可内地民政部门所发的离婚证，或者向内地人民法院申请认可依据《婚姻制度改革条例》（香港法例第178章）第V部、第VA部规定解除婚姻的协议书、备忘录的，参照适用本安排。

根据《安排》第2条的规定，本安排所称生效判决，在内地，是指第二审判决，依法不准上诉或者超过法定期限没有上诉的第一审判决，以及依照审判监督程序作出的上述判决，包括判决、裁定、调解书；在香港特别行政区，是指终审法院、高等法院上诉法庭及原讼法庭和区域法院作出的已经发生法律效力的判决，包括依据香港法律可以在生效后作出更改的命令，包括判决、命令、判令、讼费评定证明书、定额讼费证明书。但是，双方依据其法律承认的其他国家和地区法院作出的判决均不适用本《安排》的规定。

《安排》第3条规定了本安排所称婚姻家庭民事案件的范围：

1. 在内地是指：①婚内夫妻财产分割纠纷案件；②离婚纠纷案件；③离婚后财产纠纷案件；④婚姻无效纠纷案件；⑤撤销婚姻纠纷案件；⑥夫妻财产约定纠纷案件；⑦同居关系子女抚养纠纷案件；⑧亲子关系确认纠纷案件；⑨抚养纠纷案件；⑩扶养纠纷案件（限于夫妻之间扶养纠纷）；⑪确认收养关系纠纷案件；⑫监护权纠纷案件（限于未成年子女监护权纠纷）；⑬探望权纠纷案件；⑭申请人身安全保护令案件。

2. 在香港特别行政区是指：①依据香港法例第179章《婚姻诉讼条例》第Ⅲ部作出的离婚绝对判令；②依据香港法例第179章《婚姻诉讼条例》第Ⅳ部作出的婚姻无效绝对判令；③依据香港法例第192章《婚姻法律程序与财产条例》作出的在讼案待决期间提供赡养费令；④依据香港法例第13章《未成年人监护条例》、第16章《分居令及赡养令条例》、第192章《婚姻法律程序与财产条例》第Ⅱ部、第ⅡA部作出的赡养令；⑤依据香港法例第13章《未成年人监护条例》、第192章《婚姻法律程序与财产条例》第Ⅱ部、第ⅡA部作出的财产转让及出售财产令；⑥依据香港法例第182章《已婚者地位条例》作出的有关财产的命令；⑦依据香港法例第192章《婚姻法律程序与财产条例》在双方在生时作出的修改赡养协议的命令；⑧依据香港法例第290章《领养条例》作出的领养令；⑨依据香港法例第179章《婚姻诉讼条例》、第429章《父母与子女条例》作出的父母身份、婚生地位或者确立婚生地位的宣告；⑩依据香港法例第13章《未成年人监护条例》、第16章《分居令及赡养令条例》、第192章《婚姻法律程序与财产条例》作出的管养令；⑪就受香港法院监护的未成年子女作出的管养令；⑫依据香港法例第189章《家庭及同居关系暴力条例》作出的禁制骚扰令、驱逐令、重返令或者更改、暂停执行就未成年子女的管养令、探视令。

根据《安排》第4条的规定，申请认可和执行本安排规定的判决的管辖，在内地向申请人住所地、经常居住地或者被申请人住所地、经常居住地、财产所在地的中级人民法院提出；在香港特别行政区向区域法院提出。申请人应当向符合规定的其中一个人民法院提出申请，向两个以上有管辖权的人民法院提出申请的，由最先立案的人民法院管辖。

申请认可和执行本《安排》规定的判决的，应当提交下列材料：①申请书；②经作出生效判决的法院盖章的判决副本；③作出生效判决的法院出具的证明书，证明该判决属于本安排规定的婚姻家庭民事案件生效判决；④判决为缺席判决的，应当提交法院已经合法传唤当事人的证明文件，但判决已经对此予以明确说明或者缺席方提出申请的除外；⑤经公证的身份证件复印件。申请认可本《安排》规定的离婚证或者协议书、备忘录的，应当提交下列材料：①申请书；②经公证的离婚证复印件，或者经公证的协议书、备忘录复印件；③经公证的身份证件复印件。向内地人民法院提交的文件没有中文文本的，应当提交准确的中文译本。

根据《安排》第 6 条的规定，申请书应当载明下列事项：①当事人的基本情况，包括姓名、住所、身份证件信息、通讯方式等；②请求事项和理由，申请执行的，还需提供被申请人的财产状况和财产所在地；③判决是否已在其他法院申请执行和执行情况。

根据《安排》的规定，申请认可和执行判决的期间、程序和方式，应当依据被请求方法律的规定。法院应当尽快审查认可和执行的请求，并作出裁定或者命令。

《安排》第 9 条规定，申请认可和执行的判决，被申请人提供证据证明有下列情形之一的，法院审查核实后，不予认可和执行：①根据原审法院地法律，被申请人未经合法传唤，或者虽经合法传唤但未获得合理的陈述、辩论机会的；②判决是以欺诈方法取得的；③被请求方法院受理相关诉讼后，请求方法院又受理就同一争议提起的诉讼并作出判决的；④被请求方法院已经就同一争议作出判决，或者已经认可和执行其他国家和地区法院就同一争议所作出的判决的。内地人民法院认为认可和执行香港特别行政区法院判决明显违反内地法律的基本原则或者社会公共利益，香港特别行政区法院认为认可和执行内地人民法院判决明显违反香港特别行政区法律的基本原则或者公共政策的，不予认可和执行。申请认可和执行的判决涉及未成年子女的，在根据上述规定审查决定是否认可和执行时，应当充分考虑未成年子女的最佳利益。《安排》第 10 条规定，被请求方法院不能对判决的全部判项予以认可和执行时，可以认可和执行其中的部分判项。

《安排》第 11 条规定，对于香港特别行政区法院作出的判决，一方当事人已经提出上诉，内地人民法院审查核实后，可以中止认可和执行程序。经上诉，维持全部或者部分原判决的，恢复认可和执行程序；完全改变原判决的，终止认可和执行程序。内地人民法院就已经作出的判决裁定再审的，香港特别行政区法院审查核实后，可以中止认可和执行程序。经再审，维持全部或者部分原判决的，恢复认可和执行程序；完全改变原判决的，终止认可和执行程序。

《安排》第 12 条规定，在本安排下，内地人民法院作出的有关财产归一方所有的判项，在香港特别行政区将被视为命令一方向另一方转让该财产。

《安排》第 13 条规定，被申请人在内地和香港特别行政区均有可供执行财产的，申请人可以分别向两地法院申请执行。两地法院执行财产的总额不得超过判决确定的数额。应对方法院要求，两地法院应当相互提供本院执行判决的情况。第 14 条规定，内地与香港特别行政区法院相互认可和执行的财产给付范围，包括判决确定的给付财产和相应的利息、迟延履行金、诉讼费,不包括税收、罚款。其中,诉讼费在香港特别行政区是指讼费评定证明书、定额讼费证明书核定或者命令支付的费用。

《安排》第 15 条规定,被请求方法院就认可和执行的申请作出裁定或者命令后,当事人不服的,在内地可以于裁定送达之日起 10 日内向上一级人民法院申请复议,在香港特别行政区可以依据其法律规定提出上诉。

根据《安排》第 16、17 条的规定,在审理婚姻家庭民事案件期间,当事人申请认可和执行另一地法院就同一争议作出的判决的,应当受理。受理后,有关诉讼应当中止,待就认可和执行的申请作出裁定或者命令后,再视情终止或者恢复诉讼。审查认可和执行判决申请期间,当事人就同一争议提起诉讼的,不予受理;已经受理的,驳回起诉。判决获得认可和执行后,当事人又就同一争议提起诉讼的,不予受理。判决未获认可和执行的,申请人不得再次申请认可和执行,但可以就同一争议向被请求方法院提起诉讼。

《安排》第 18、19 条规定,被请求方法院在受理认可和执行判决的申请之前或者之后,可以依据其法律规定采取保全或者强制措施。申请认可和执行判决的,应当依据被请求方有关诉讼收费的法律和规定交纳费用。

《安排》的签署和生效,完善了内地和香港特别行政区的民事司法互助的内容,有利于便利当事人行使权利、维护当事人合法权益。

(六)《最高人民法院关于因申请诉中财产保全损害责任纠纷管辖问题的批复》(法释〔2017〕14 号)

2017 年 7 月 17 日,最高人民法院审判委员会第 1722 次会议通过《最高人民法院关于因申请诉中财产保全损害责任纠纷管辖问题的批复》,2017 年 8 月 1 日最高人民法院以法释〔2017〕14 号公告公布,自 2017 年 8 月 10 日起施行。

《最高人民法院关于因申请诉中财产保全损害责任纠纷管辖问题的批复》是针对浙江省高级人民法院的请示的批复,明确因申请诉中财产保全损害责任纠纷之诉,由作出诉中财产保全裁定的人民法院管辖。《批复》全文如下:

浙江省高级人民法院:

你院《关于因申请诉中财产保全损害责任纠纷管辖问题的请示》〔(2015)浙立他字第 91 号〕收悉。经研究,批复如下:

为便于当事人诉讼,诉讼中财产保全的被申请人、利害关系人依照《中华人民共和国民事诉讼法》第一百零五条规定提起的因申请诉中财产保全损害责任纠纷之诉,由作出诉中财产保全裁定的人民法院管辖。

此复。

《批复》明确了因诉中财产保全损害责任纠纷案件的管辖,对于便利当事人行使诉讼权利、明确人民法院的职责、提高诉讼效率具有重要意义。

（七）《最高人民法院关于审理仲裁司法审查案件若干问题的规定》（法释〔2017〕22号）

为正确审理仲裁司法审查案件，依法保护各方当事人合法权益，根据《中华人民共和国民事诉讼法》《中华人民共和国仲裁法》等法律规定，2017年12月4日，最高人民法院审判委员会第1728次会议通过《最高人民法院关于审理仲裁司法审查案件若干问题的规定》，2017年12月26日最高人民法院以法释〔2017〕22号公告公布，自2018年1月1日起施行。

《最高人民法院关于审理仲裁司法审查案件若干问题的规定》共22条，分别规定了仲裁司法审查的案件范围、管辖、申请确认的程序以及应当提交的材料、法院受理和审查的程序、审查的主要标准等内容。

根据《规定》，仲裁司法审查案件，包括：①申请确认仲裁协议效力案件；②申请执行我国内地仲裁机构的仲裁裁决案件；③申请撤销我国内地仲裁机构的仲裁裁决案件；④申请认可和执行香港特别行政区、澳门特别行政区、台湾地区仲裁裁决案件；⑤申请承认和执行外国仲裁裁决案件；⑥其他仲裁司法审查案件。

申请确认仲裁协议效力的案件，由仲裁协议约定的仲裁机构所在地、仲裁协议签订地、申请人住所地、被申请人住所地的中级人民法院或者专门人民法院管辖。涉及海事海商纠纷仲裁协议效力的案件，由仲裁协议约定的仲裁机构所在地、仲裁协议签订地、申请人住所地、被申请人住所地的海事法院管辖；上述地点没有海事法院的，由就近的海事法院管辖。外国仲裁裁决与人民法院审理的案件存在关联，被申请人住所地、被申请人财产所在地均不在我国内地，申请人申请承认外国仲裁裁决的，由受理关联案件的人民法院管辖。受理关联案件的人民法院为基层人民法院的，申请承认外国仲裁裁决的案件应当由该基层人民法院的上一级人民法院管辖。受理关联案件的人民法院是高级人民法院或者最高人民法院的，由上述法院决定自行审查或者指定中级人民法院审查。外国仲裁裁决与我国内地仲裁机构审理的案件存在关联，被申请人住所地、被申请人财产所在地均不在我国内地，申请人申请承认外国仲裁裁决的，由受理关联案件的仲裁机构所在地的中级人民法院管辖。申请人向两个以上有管辖权的人民法院提出申请的，由最先立案的人民法院管辖。

申请人向人民法院申请确认仲裁协议效力的，应当提交申请书及仲裁协议正本或者经证明无误的副本。申请书应当载明下列事项：①申请人或者被申请人为自然人的，应当载明其姓名、性别、出生日期、国籍及住所；为法人或者其他组织的，应当载明其名称、住所以及法定代表人或者代表人的姓名和职务；②仲裁协议的内容；③具体的请求和理由。当事人提交的外文申请书、仲裁协议及其他文件，应当附有中文译本。

申请人向人民法院申请执行或者撤销我国内地仲裁机构的仲裁裁决、申请承认和执行外国仲裁裁决的，应当提交申请书及裁决书正本或者经证明无误的副本。申请书应当载明下列事项：①申请人或者被申请人为自然人的，应当载明其姓名、性别、出生日期、国籍及住所;为法人或者其他组织的,应当载明其名称、住所以及法定代表人或者代表人的姓名和职务;②裁决书的主要内容及生效日期;③具体的请求和理由。当事人提交的外文申请书、裁决书及其他文件,应当附有中文译本。

申请人提交的文件不符合规定的,经人民法院释明后提交的文件仍然不符合规定的,裁定不予受理。申请人向对案件不具有管辖权的人民法院提出申请,人民法院应当告知其向有管辖权的人民法院提出申请,申请人仍不变更申请的,裁定不予受理。申请人对不予受理的裁定不服的,可以提起上诉。人民法院立案后发现不符合受理条件的,裁定驳回申请。裁定驳回申请的案件,申请人再次申请并符合受理条件的,人民法院应予受理。当事人对驳回申请的裁定不服的,可以提起上诉。人民法院受理仲裁司法审查案件后,作出裁定前,申请人请求撤回申请的,裁定准许。

对于申请人的申请,人民法院应当在 7 日内审查决定是否受理。人民法院受理仲裁司法审查案件后,应当在 5 日内向申请人和被申请人发出通知书,告知其受理情况及相关的权利义务。人民法院受理仲裁司法审查案件后,被申请人对管辖权有异议的,应当自收到人民法院通知之日起 15 日内提出。人民法院对被申请人提出的异议,应当审查并作出裁定。当事人对裁定不服的,可以提起上诉。在中华人民共和国领域内没有住所的被申请人对人民法院的管辖权有异议的,应当自收到人民法院通知之日起 30 日内提出。

人民法院审查仲裁司法审查案件,应当组成合议庭并询问当事人。

仲裁协议或者仲裁裁决具有《最高人民法院关于适用〈中华人民共和国涉外民事关系法律适用法〉若干问题的解释(一)》第 1 条规定情形的,为涉外仲裁协议或者涉外仲裁裁决。当事人协议选择确认涉外仲裁协议效力适用的法律,应当作出明确的意思表示,仅约定合同适用的法律,不能作为确认合同中仲裁条款效力适用的法律。人民法院根据《中华人民共和国涉外民事关系法律适用法》第 18 条的规定,确定确认涉外仲裁协议效力适用的法律时,当事人没有选择适用的法律,适用仲裁机构所在地的法律与适用仲裁地的法律将对仲裁协议的效力作出不同认定的,人民法院应当适用确认仲裁协议有效的法律。仲裁协议未约定仲裁机构和仲裁地,但根据仲裁协议约定适用的仲裁规则可以确定仲裁机构或者仲裁地的,应当认定其为《中华人民共和国涉外民事关系法律适用法》第 18 条中规定的仲裁机构或者仲裁地。人民法院适用《承认及执行外国仲裁裁决公约》审查当事人申请承认和执行外国仲裁裁决案件时,被申请人以仲裁协议无效为由提出抗辩的,人民法院应当依照该公约第 5 条第 1 款(甲)项的规定,确定确认仲裁协议效力应当适用的法律。

人民法院对申请执行我国内地仲裁机构作出的非涉外仲裁裁决案件的审查,适用《中华人民共和国民事诉讼法》第 237 条的规定。人民法院对申请执行我国内地仲裁机构作出的涉外仲裁裁决案件的审查,适用《中华人民共和国民事诉讼法》第 274 条的规定。

《中华人民共和国仲裁法》第 58 条第 1 款第 6 项和《中华人民共和国民事诉讼

法》第 237 条第 2 款第 6 项规定的仲裁员在仲裁该案时有索贿受贿，徇私舞弊，枉法裁决行为，是指已经由生效刑事法律文书或者纪律处分决定所确认的行为。

人民法院在仲裁司法审查案件中作出的裁定，除不予受理、驳回申请、管辖权异议的裁定外，一经送达即发生法律效力。当事人申请复议、提出上诉或者申请再审的，人民法院不予受理，但法律和司法解释另有规定的除外。人民法院受理的申请确认涉及香港特别行政区、澳门特别行政区、台湾地区仲裁协议效力的案件，申请执行或者撤销我国内地仲裁机构作出的涉及香港特别行政区、澳门特别行政区、台湾地区仲裁裁决的案件，参照适用涉外仲裁司法审查案件的规定审查。

《最高人民法院关于审理仲裁司法审查案件若干问题的规定》明确了仲裁司法审查案件的受理、审理和裁判规范，对于人民法院依法审理仲裁司法审查案件、统一裁判尺度、维护当事人的合法权益、保障仲裁发展，具有重要意义。

（八）《最高人民法院关于仲裁司法审查案件报核问题的有关规定》（法释〔2017〕21 号）

2017 年 11 月 20 日，最高人民法院审判委员会第 1727 次会议通过《最高人民法院关于仲裁司法审查案件报核问题的有关规定》。2017 年 12 月 26 日，最高人民法院以法释〔2017〕21 号公告公布，自 2018 年 1 月 1 日起施行。

《最高人民法院关于仲裁司法审查案件报核问题的有关规定》共 8 条，分别规定了仲裁司法审查案件的范围、报核的程序与效力、处理审核结果的方式等内容。

《规定》第 1 条规定，本规定所称仲裁司法审查案件，包括下列案件：①申请确认仲裁协议效力案件；②申请撤销我国内地仲裁机构的仲裁裁决案件；③申请执行我国内地仲裁机构的仲裁裁决案件；④申请认可和执行香港特别行政区、澳门特别行政区、台湾地区仲裁裁决案件；⑤申请承认和执行外国仲裁裁决案件；⑥其他仲裁司法审查案件。

根据《规定》，各中级人民法院或者专门人民法院办理涉外涉港澳台仲裁司法审查案件，经审查拟认定仲裁协议无效，不予执行或者撤销我国内地仲裁机构的仲裁裁决，不予认可和执行香港特别行政区、澳门特别行政区、台湾地区仲裁裁决，不予承认和执行外国仲裁裁决，应当向本辖区所属高级人民法院报核；高级人民法院经审查拟同意的，应当向最高人民法院报核。待最高人民法院审核后，方可依最高人民法院的审核意见作出裁定。各中级人民法院或者专门人民法院办理非涉外涉港澳台仲裁司法审查案件，经审查拟认定仲裁协议无效，不予执行或者撤销我国内地仲裁机构的仲裁裁决，应当向本辖区所属高级人民法院报核；待高级人民法院审核后，方可依高级人民法院的审核意见作出裁定。非涉外涉港澳台仲裁司法审查案件，高级人民法院经审查拟同意中级人民法院或者专门人民法院认定仲裁协议无效，不予执行或者撤销我国内地仲裁机构的仲裁裁决，在下列情形下，应当向最高人民法院报核，待最高人民法院审核后，方可依最高人民法院的审核意见作出裁定：①仲裁司法审查案件当事人住所地跨省级行政区域；②以违背社会公共利益为由不予执行或者撤销我国内地仲裁机构的仲裁裁决。

下级人民法院报请上级人民法院审核的案件,应当将书面报告和案件卷宗材料一并上报。书面报告应当写明审查意见及具体理由。上级人民法院收到下级人民法院的报核申请后,认为案件相关事实不清的,可以询问当事人或者退回下级人民法院补充查明事实后再报。上级人民法院应当以复函的形式将审核意见答复下级人民法院。

在民事诉讼案件中,对于人民法院因涉及仲裁协议效力而作出的不予受理、驳回起诉、管辖权异议的裁定,当事人不服提起上诉,第二审人民法院经审查拟认定仲裁协议不成立、无效、失效、内容不明确无法执行的,须按照本规定第2条的规定逐级报核,待上级人民法院审核后,方可依上级人民法院的审核意见作出裁定。

《最高人民法院关于仲裁司法审查案件报核问题的有关规定》对于正确审理仲裁司法审查案件,统一裁判尺度,依法保护当事人合法权益,保障仲裁发展,具有重大意义。

第三节 行政诉讼法的立法发展[1]

一、第十二届全国人大常务委员会第二十八次会议修改《中华人民共和国行政诉讼法》

2017年6月27日,第十二届全国人民代表大会常务委员会第二十八次会议通过了《全国人民代表大会常务委员会关于修改〈中华人民共和国民事诉讼法〉和〈中华人民共和国行政诉讼法〉的决定》(下文简称《决定》),自2017年7月1日起施行。

《决定》对《中华人民共和国行政诉讼法》作出的修改为在第25条增加1款作为第4款:"人民检察院在履行职责中发现生态环境和资源保护、食品药品安全、国有财产保护、国有土地使用权出让等领域负有监督管理职责的行政机关违法行使职权或者不作为,致使国家利益或者社会公共利益受到侵害的,应当向行政机关提出检察建议,督促其依法履行职责。行政机关不依法履行职责的,人民检察院依法向人民法院提起诉讼。"

《行政诉讼法》第25条为行政诉讼原告资格的规定,本次修法以赋予人民检察院具有行政公益诉讼原告资格的方式规定了检察院提起行政公益诉讼制度的基本框架:①提起行政公益诉讼的主体是人民检察院,公民、法人或者其他组织无权提起行政公益诉讼。②行政公益诉讼案件来源为人民检察院在履行法律监督职责过程中

---

[1] 本部分执笔人:中国政法大学诉讼法学研究院王万华教授,中国政法大学法学院硕士生杨绮、硕士生霍彩。

发现的案件。③明确了行政公益诉讼所涉及的四类行政管理领域为生态环境和资源保护、食品药品安全、国有财产保护、国有土地使用权出让。④行政公益诉讼针对的对象是行政机关违法行使职权或者不作为。⑤诉前程序前置。人民检察院在向人民法院提起诉讼之前应当向行政机关提出检察建议，督促其依法履行职责。行政机关不依法履行职责的，人民检察院才提起行政公益诉讼。

二、《最高人民法院关于废止部分司法解释和司法解释性质文件（第十二批）的决定》（法释〔2017〕17号）

自《中华人民共和国行政诉讼法》修改施行以后，为适应形势发展变化，保证国家法律统一正确适用，最高人民法院对1988年至2013年期间单独发布的有关行政诉讼的司法解释和司法解释性质文件进行了清理，共决定废止15件司法解释和司法解释性质文件。《最高人民法院关于废止部分司法解释和司法解释性质文件（第十二批）的决定》（以下简称"《决定》"）于2017年5月8日由最高人民法院审判委员会第1716次会议通过，自2017年10月1日起施行。

《决定》废止的司法解释、司法解释性质文件及废止原因如下：

1. 《最高人民法院关于药品行政案件管辖问题的答复》，废止理由是：与《中华人民共和国药品管理法》相冲突。

2. 《最高人民法院关于人民法院审理行政案件对地方性法规的规定与法律和行政法规不一致的应当执行法律和行政法规的复函（节录）》，废止理由是：与《中华人民共和国渔业法》相冲突。

3. 《最高人民法院行政审判庭对广东省高院〔1997〕粤高法行请字第3号请示问题的答复》，废止理由是：收容审查制度已废止，答复不再适用。

4. 《最高人民法院行政审判庭关于对雇工引起草原火灾的，可否追究雇主的连带经济责任的答复》，废止理由是：其解释的《草原防火条例》相关内容已修改、答复不再适用。

5. 《最高人民法院关于人民法院是否受理乡政府申请执行农民承担村提留、乡统筹款行政决定案件的复函》，废止理由是：情况已变化，实际已失效。

6. 《最高人民法院行政审判庭关于人民法院受理劳动教养行政案件是否需要复议前置问题的答复》，废止理由是：劳动教养制度已废止，答复不再适用。

7. 《最高人民法院行政审判庭对〈关于审理公证行政案件中适用法规问题的请示〉的答复》，废止理由是：与《中华人民共和国公证法》相冲突。

8. 《最高人民法院行政审判庭关于人民法院审理劳动教养行政案件是否遵循〈刑事诉讼法〉确立的基本原则的请示的答复》，废止理由是：劳动教养制度已废止，答复不再适用。

9. 《最高人民法院对福建省高级人民法院〈关于福建省地方税务局稽查分局是否具有行政主体资格的请示报告〉的答复意见》，废止理由是：与《中华人民共和国税收征收管理法》《中华人民共和国税收征收管理法实施细则》相冲突。

10.《最高人民法院行政审判庭关于胡家兴与胡家华土地权属纠纷申诉案的请示报告的答复》，废止理由是：已被《最高人民法院关于执行〈中华人民共和国行政诉讼法〉若干问题的解释》吸收。

11.《最高人民法院行政审判庭关于对保险公司不正当竞争行为如何确定监督检查主体的答复》，废止理由是：已被《最高人民法院关于审理涉及保险公司不正当竞争行为的行政处罚案件时如何确定行政主体问题的复函》代替。

12.《最高人民法院行政审判庭关于人民法院在审理劳动教养行政案件时就有关实体问题能否进行审查的电话答复》，废止理由是：劳动教养制度已废止，答复不再适用。

13.《最高人民法院行政审判庭关于〈外商投资企业清算办法〉适用中有关清算问题请示的答复》，废止理由是：已被《中华人民共和国公司法》的相关内容代替。

14.《最高人民法院关于能否对仅有一次盗窃行为的公民实施劳动教养问题的答复》，废止理由是：劳动教养制度已废止，答复不再适用。

15.《最高人民法院关于车辆挂靠其他单位经营车辆实际所有人聘用的司机工作中伤亡能否认定为工伤问题的答复》，废止理由是：已被《最高人民法院关于审理工伤保险行政案件若干问题的规定》吸收。

三、《最高人民法院关于审理商标授权确权行政案件若干问题的规定》（法释〔2017〕2号）

近年来商标授权确权行政案件数量增长迅速，近两年来增幅尤为迅猛。此类案件不仅数量大，而且社会关注度高，所涉及的商标法条文众多，对统一法律适用标准提出了很高要求。为了正确审理商标授权确权行政案件，《最高人民法院关于审理商标授权确权行政案件若干问题的规定》（以下简称《规定》）于2016年12月12日由最高人民法院审判委员会第1703次会议通过，自2017年3月1日起施行。《规定》共31条，主要内容包括：

（一）商标授权确权行政案件的定义及案件审理范围

1. 商标授权确权行政案件是指相对人或者利害关系人因不服国务院工商行政管理部门商标评审委员会（以下简称商标评审委员会）作出的商标驳回复审、商标不予注册复审、商标撤销复审、商标无效宣告及无效宣告复审等行政行为，向人民法院提起诉讼的案件。

2. 商标授权确权行政案件的审理范围一般应根据原告的诉讼请求及理由确定；原告在诉讼中未提出主张，但商标评审委员会相关认定存在明显不当的，人民法院在各方当事人陈述意见后，可以对相关事由进行审查并作出裁判。

（二）显著特征判断

1. 显著性判断的基本原则。人民法院审查诉争商标是否具有显著特征，应当根据商标所指定使用商品的相关公众的通常认识，判断该商标整体上是否具有显著特征。

2. 外文标志的显著性判断。诉争商标为外文标志时，人民法院应当根据中国境内相关公众的通常认识，对该外文商标是否具有显著特征进行审查判断。

3. 三维标志的显著性判断。仅以商品自身形状或者自身形状的一部分作为三维标志申请注册商标，一般不具有作为商标的显著特征；即使该形状系申请人所独创或者最早使用，也并不能当然导致其具有作为商标的显著特征；但这种标志可通过长期或广泛使用，并在相关公众能够通过该标志识别商品来源时，认定其已经获得显著性。

（三）驰名商标保护

1. 对"诉争商标是否容易对未注册驰名商标构成混淆"的判定。主要包括：商标标志的近似程度，商品的类似程度，请求保护商标的显著性和知名程度，相关公众的注意程度和其他相关因素；商标申请人的主观意图以及实际混淆的证据也可以作为判断混淆可能性的参考因素。

2. 对"诉争商标是否足以使相关公众认为其与已注册驰名商标具有相当程度的联系，从而误导公众，致使驰名商标注册人的利益可能受到损害"的判定。主要包括：引证商标的显著性和知名程度，商标标志是否足够近似，指定使用的商品情况，相关公众的重合程度及注意程度，以及与引证商标近似的标志被其他市场主体合法使用的情况或者其他相关因素。

3. 已注册驰名商标保护条款的转换适用。当事人主张诉争商标构成对其已注册的驰名商标的复制、摹仿或者翻译而不应予以注册或者应予无效，商标评审委员会裁决支持其主张的，如果诉争商标注册未满 5 年，人民法院在当事人陈述意见之后，可以按照《商标法》第 30 条的规定进行审理；如果诉争商标注册已满 5 年，应当适用《商标法》第 13 条第 3 款进行审理。

（四）著作权、姓名权等在先权利保护

1. 著作权作为在先权利的保护。当事人主张诉争商标损害其在先著作权的，人民法院应当依照著作权法等相关规定进行审查。同时，《规定》列举了可以证明著作权归属的初步证据，特别强调商标公告、商标注册证等可以作为确定商标申请人为有权主张商标标志著作权的利害关系人的初步证据，为争议多年、分歧较大的该问题提供了新的思路和规则。

2. 姓名权作为在先权利的保护。人民法院认定诉争商标侵害了某一自然人的姓名权需满足"相关公众认为该商标标志指代了该自然人"和"相关公众容易认为标记有该商标的商品系经过该自然人许可或者与该自然人存在特定联系"这两个条件。当事人以其笔名、艺名、译名等特定名称主张姓名权，则需符合"该特定名称具有一定的知名度，与该自然人建立了稳定的对应关系，相关公众以其指代该自然人"的条件。

3. 对字号和企业名称的简称的在先保护。保护要件为"具有一定的市场知名度"、"诉争商标与该字号或企业名称的简称相同或者近似"以及"容易导致相关公众对商品来源产生混淆"。

4. 对作品名称及作品中的角色名称的在先保护。保护要件为：具有较高知名度，且将其作为商标使用在相关商品上容易导致相关公众误认为其经过权利人的许可或者与权利人存在特定联系。

（五）与程序有关的规定

1. 对"违反法定程序"的认定。主要包括：遗漏当事人提出的评审理由，对当事人权利产生实际影响的；评审程序中未告知合议组成员，经审查确有应当回避事由而未回避的；未通知适格当事人参加评审，该方当事人明确提出异议的；其他违反法定程序的情形。

2. 情势变更时的处理。人民法院审理商标授权确权行政案件的过程中，商标评审委员会对诉争商标予以驳回、不予核准注册或者予以无效宣告的事由不复存在的，人民法院可以依据新的事实撤销商标评审委员会的相关裁决，并判令其根据变更后的事实重新作出裁决。

3. 对"一事不再理"的认定。当事人依据在原行政行为之后新发现的证据，或者在原行政程序中因客观原因无法取得或在规定的期限内不能提供的证据，或者新的法律依据提出的评审申请，不属于以"相同的事实和理由"再次提出评审申请；商标评审委员会在商标驳回复审程序中就两个商标作出不近似或者不类似的认定后，仍然允许引证商标所有人再次就此问题提出异议或申请宣告无效。

4. 对"循环诉讼"的处理。人民法院生效裁判对于相关事实和法律适用已作出明确认定，相对人或者利害关系人对于商标评审委员会依据该生效裁判重新作出的裁决提起诉讼的，人民法院依法裁定不予受理；已经受理的，裁定驳回起诉。

（六）与商标法修改有关的条款

例如，《规定》第5条明确了《商标法》第10条第1款第8项关于"其他不良影响"的认定，第10条明确了《商标法》第11条第1款第1项关于"通用名称"的认定，第16条明确了《商标法》第15条第2款关于"其他关系"的认定，第24条明确了《商标法》第44条第1款关于"其他不正当手段"的认定等。

（七）其他来源于司法实践且处理规则较为一致的条款

例如，《规定》第3条明确了同中华人民共和国的国家名称等"相同或者近似"的理解和适用［来源于2010年最高法院判决的（2010）行提字第4号"中国劲酒"案］，第29条明确了对"一事不再理"的判定［来自最高法院（2010）知行字第53号"六味地"商标案的裁定］，第9条明确了三维标志的显著性判断规则（有多个案例给出了类似规则），第17条明确了地理标志的保护范围和条款的选择适用（也有多个案例给出了类似规则）等。

四、最高人民法院《关于进一步保护和规范当事人依法行使行政诉权的若干意见》

为贯彻落实新行政诉讼法和立案登记制的要求，更好地保护和规范当事人依法行使诉权，引导当事人合理表达诉求，促进行政争议实质化解，最高人民法院于2017年8月31日发布了《关于进一步保护和规范当事人依法行使行政诉权的若干意见》（法发〔2017〕25号）（以下简称《意见》）。《意见》具体提出了以下保护和规范当事人依法行使诉权的要求。

（一）进一步强化诉权保护意识，积极回应人民群众的合理期待，有力保障当事人依法合理行使诉权

1. 高度重视诉权保护。《意见》要求各级人民法院坚持以宪法和法律为依据，以满足人民群众需求为导向，以实质化解行政争议为目标，对于依法应当受理的行政案件，一律登记立案，做到有案必立、有诉必理，切实维护和保障公民、法人和其他组织依法提起行政诉讼的权利；

2. 坚决落实立案登记制度。包括：①对于符合法定起诉条件的，应当当场登记立案；严禁在法律规定之外，以案件疑难复杂、部门利益权衡、影响年底结案等为由，不接收诉状或者接收诉状后不出具书面凭证。②对于不属于复议前置的案件，人民法院不得以当事人的起诉未经行政机关复议为由不予立案或者不接收起诉材料。③当事人的起诉可能超过起诉期限的，人民法院应当进行认真审查，确因不可抗力或者不可归责于当事人的自身原因耽误起诉期限的，人民法院不得以超过起诉期限为由不予立案。

3. 不断提高保护公民、法人和其他组织依法行使诉权的意识。《意见》指出，对于需要当事人补充起诉材料的，应当一次性全面告知当事人需要补正的内容、补充的材料及补正期限等；对于当事人欠缺法律知识的，人民法院必须做好诉讼引导和法律释明工作。

4. 坚决清理限制当事人诉权的"土政策"。包括：①避免在立案环节进行过度审查，违法将当事人提起诉讼的依据是否充分、事实是否清楚、证据是否确凿、法律关系是否明确等作为立案条件。②对于不能当场作出立案决定的，应当严格按照行政诉讼法和司法解释的规定，在7日内决定是否立案。③人民法院在7日内既不立案、又不作出不予立案裁定，也未要求当事人补正起诉材料的，当事人可以向上一级人民法院起诉，上一级人民法院认为符合起诉条件的，应当立案、审理或指定其他下级人民法院立案、审理。

5. 进一步提高诉讼服务能力。《意见》指出，要充分利用"大数据""互联网+""人工智能"等现代技术，继续推进诉讼服务大厅、诉讼服务网络、12368热线、智能服务平台等建设，不断创新工作理念，完善服务举措，为人民群众递交材料、办理手续、领取文书以及立案指导、咨询解答、信息查询等提供一站式、立体化服务，为人民群众依法行使诉权提供优质、便捷、高效的诉讼引导和服务。

6. 依法保障经济困难和诉讼实施能力较差的当事人的诉权。《意见》提出，要通过法律援助、司法救助等方式，让行使诉权确有困难的当事人能够顺利进入法院参与诉讼；同时，要积极建立与律师协会、法律援助中心等单位的沟通交流和联动

机制，为当事人提供及时有效的法律援助，提高当事人的诉讼实施能力。

7. 及时制止和纠正干扰依法立案、故意拖延立案、人为控制立案等违法违规行为。《意见》指出，要严格执行中共中央办公厅、国务院办公厅印发的《领导干部干预司法活动、插手具体案件处理的记录、通报和责任追究规定》和中央政法委印发的《司法机关内部人员过问案件的记录和责任追究规定》，对于阻碍和限制当事人依法行使诉权、干预人民法院依法受理和审理行政案件的机关和个人应当如实记录，并按规定报送同级党委政法委，同时可以向其上级机关或监察机关进行通报、提出处理建议。

（二）正确引导当事人依法行使诉权，严格规制恶意诉讼和无理缠诉等滥诉行为

1. 正确理解立案登记制的精神实质，在防止过度审查的同时，也要注意坚持必要审查。《意见》指出，人民法院除对 2017 年《行政诉讼法》第 49 条规定的起诉条件依法进行审查外，对于起诉事项没有经过法定复议前置程序处理、起诉确已超过法定起诉期限、起诉人与行政行为之间确实没有利害关系等明显不符合法定起诉条件的，人民法院依法不予立案，但应当向当事人说明不予立案的理由。

2. 引导当事人依法行使诉权。包括：①对于没有新的事实和理由，针对同一事项重复、反复提起诉讼，或者反复提起行政复议继而提起诉讼等违反"一事不再理"原则的起诉，人民法院依法不予立案，并向当事人说明不予立案的理由；②当事人针对行政机关未设定其权利义务的重复处理行为、说明性告知行为及过程性行为提起诉讼的，人民法院依法不予立案，并向当事人做好释明工作，避免给当事人造成不必要的诉累。

3. 准确把握 2017 年《行政诉讼法》第 25 条第 1 款规定的"利害关系"的法律内涵。《意见》要求依法审查行政机关的行政行为是否确与当事人权利义务的增减得失密切相关，当事人在诉讼中是否确实具有值得保护的实际权益，不得虚化、弱化利害关系的起诉条件。对于确与行政行为有利害关系的起诉，人民法院应当予以立案。

4. 明确对当事人在特定情形下提起诉讼的处理规则。包括：①当事人因请求上级行政机关监督和纠正下级行政机关的行政行为，不服上级行政机关作出的处理、答复或者未作处理等层级监督行为提起诉讼，或者不服上级行政机关对下级行政机关作出的通知、命令、答复、回函等内部指示行为提起诉讼的，人民法院在裁定不予立案的同时，可以告知当事人可以依法直接对下级行政机关的行政行为提起诉讼。上述行为如果设定了当事人的权利义务或者对当事人权利义务产生了实际影响，人民法院应当予以立案。②当事人因投诉、举报、检举或者反映问题等事项不服行政机关作出的行政行为而提起诉讼的，人民法院应当认真审查当事人与其投诉、举报、检举或者反映问题等事项之间是否具有利害关系，对于确有利害关系的，应当依法予以立案，不得一概不予受理。对于明显不具有诉讼利益、无法或者没有必要通过司法渠道进行保护的起诉，比如，当事人向明显不具有事务、地域或者级别管辖权

的行政机关投诉、举报、检举或者反映问题，不服行政机关作出的处理、答复或者未作处理等行为提起诉讼的，人民法院依法不予立案。

5. 正确区分当事人请求保护合法权益和进行信访之间的区别。《意见》指出，当事人因不服信访工作机构依据《信访条例》作出的处理意见、复查意见、复核意见或者不履行《信访条例》规定的职责提起诉讼的，人民法院依法不予立案。但信访答复行为重新设定了当事人的权利义务或者对当事人权利义务产生实际影响的，人民法院应当予以立案。

6. 依法制止滥用诉权、恶意诉讼等行为。滥用诉权、恶意诉讼消耗行政资源，挤占司法资源，影响公民、法人和其他组织诉权的正常行使，损害司法权威，阻碍法治进步。《意见》指出，对于以危害国家主权和领土完整、危害国家安全、破坏国家统一和民族团结、破坏国家宗教政策为目的的起诉，人民法院依法不予立案；对于极个别当事人不以保护合法权益为目的，长期、反复提起大量诉讼，滋扰行政机关，扰乱诉讼秩序的，人民法院依法不予立案。

7. 协调好政府信息公开和公民知情权保护之间的关系。包括：①充分尊重和保护公民、法人或者其他组织的知情权，依法及时审理当事人提起的涉及申请政府信息公开的案件。②对于当事人明显违反《中华人民共和国政府信息公开条例》立法目的，反复、大量提出政府信息公开申请进而提起行政诉讼，或者当事人提起的诉讼明显没有值得保护的与其自身合法权益相关的实际利益，人民法院依法不予立案。③公民、法人或者其他组织申请公开已经公布或其已经知晓的政府信息，或者请求行政机关制作、搜集政府信息或对已有政府信息进行汇总、分析、加工等，不服行政机关作出的处理、答复或者未作处理等行为提起诉讼的，人民法院依法不予立案。

8. 从严掌握滥用诉权、恶意诉讼的认定标准。《意见》强调，要从当事人提起诉讼的数量、周期、目的以及是否具有正当利益等角度，审查其是否具有滥用诉权、恶意诉讼的主观故意。对于属于滥用诉权、恶意诉讼的当事人，要探索建立有效机制，依法及时有效制止。

五、《最高人民法院关于行政申请再审案件立案程序的规定》（法释〔2017〕18号）

最高人民法院于 2017 年 12 月 1 日发布《最高人民法院关于行政申请再审案件立案程序的规定》（法释〔2017〕18 号）（以下简称《再审立案规定》）。《再审立案规定》自 2018 年 1 月 1 日起施行，全文共 15 条。为了保障当事人申请再审的权利以及规范人民法院行政申请再审案件立案工作，《再审立案规定》对于行政申请再审案件立案程序主要规定了以下内容：

（一）再审申请条件

1. 再审申请应当符合的条件。①再审申请人是生效裁判文书列明的当事人，或者其他因不能归责于本人的事由未被裁判文书列为当事人，但与行政行为有利害关系的公民、法人或者其他组织。同时，《再审立案规定》第 3 条规定，委托他人代为申请再审的，诉讼代理人应为下列人员：律师、基层法律服务工作者；当事人的近亲属或者工作人员；当事人所在社区、单位以及有关社会团体推荐的公民。②受理再审申请的法院是作出生效裁判的上一级人民法院。③申请再审的裁判属于《行政诉讼法》第 90 条规定的生效裁判。④申请再审的事由属于《行政诉讼法》第 91 条规定的情形。

2. 人民法院不予立案的情形。①再审申请被驳回后再次提出申请的。②对再审判决、裁定提出申请的。③在人民检察院对当事人的申请作出不予提出检察建议或者抗诉决定后又提出申请的。对于第一、二种情形，人民法院应当告知当事人可以向人民检察院申请检察建议或者抗诉。

（二）再审申请材料

1. 应当提交的材料。申请再审，应当提交下列材料：①再审申请书，并按照被申请人及原审其他当事人的人数提交副本。②再审申请人是自然人的，应当提交身份证明复印件；再审申请人是法人或者其他组织的，应当提交营业执照复印件、组织机构代码证书复印件、法定代表人或者主要负责人身份证明；法人或者其他组织不能提供组织机构代码证书复印件的，应当提交情况说明。③委托他人代为申请再审的，应当提交授权委托书和代理人身份证明。④原审判决书、裁定书、调解书，或者与原件核对无异的复印件。⑤法律、法规规定需要提交的其他材料。

2. 一般应提交的材料。当事人申请再审，一般还应提交下列材料：①一审起诉状复印件、二审上诉状复印件；②在原审诉讼过程中提交的主要证据材料；③支持再审申请事由和再审请求的证据材料；④行政机关作出相关行政行为的证据材料；⑤其向行政机关提出申请，但行政机关不作为的相关证据材料；⑥认为需要提交的其他材料。

3. 再审申请书应当载明的事项。①再审申请人、被申请人及原审其他当事人的基本情况。②原审人民法院的名称，原审判决、裁定或者调解书的案号。③具体的再审请求。④申请再审的具体法定事由及事实、理由。⑤受理再审申请的人民法院名称。⑥再审申请人的签名、捺印或者盖章。⑦递交再审申请书的日期。

4. 再审申请人提交再审申请书等材料时，应当填写送达地址确认书，并可同时附上相关材料的电子文本。

（四）再审申请期限

1. 申请期限。当事人申请再审，应当在判决、裁定、调解书发生法律效力后 6 个月内提出。

2. 期限的计算。申请再审期间为人民法院向当事人送达裁判文书之日起至再审申请人向上一级人民法院申请再审之日止。

3. 申请再审期间为不变期间，不适用中止、中断、延长的规定。

4. 再审申请人对 2015 年 5 月 1 日《行政诉讼法》实施前已经发生法律效力的判决、裁定、调解书申请再审的，人民法院依据《最高人民法院关于执行〈中华人民共和国行政诉讼法〉若干问题的解释》第 73 条规定的 2 年确定申请再审的期间,但该期间在 2015 年 10 月 31 日尚未届满的,截止到 2015 年 10 月 31 日。

(四)人民法院对再审申请的处理

1. 再审申请符合要求的处理。

(1)出具《诉讼材料收取清单》。再审申请人提交的再审申请书等材料符合上述要求的,人民法院应当出具《诉讼材料收取清单》,注明收到材料日期,并加盖专用收件章。《诉讼材料收取清单》一式两份,一份由人民法院入卷,一份由再审申请人留存。

(2)予以立案。对符合条件的再审申请,人民法院应当及时立案,并应自收到符合条件的再审申请书等材料之日起 5 日内向再审申请人发送受理通知书,同时向被申请人及原审其他当事人发送应诉通知书、再审申请书副本及送达地址确认书。

因通讯地址不详等原因,受理通知书、应诉通知书、再审申请书副本等材料未送达当事人的,不影响案件的审查。

被申请人可以在收到再审申请书副本之日起 15 日内向人民法院提出书面答辩意见,被申请人未提出书面答辩意见的,不影响人民法院审查。

2. 再审申请不符合要求的处理。

(1)申请材料不符合要求的处理。①当场告知。再审申请人提出的再审申请不符合《再审立案规定》的,人民法院应当当场告知再审申请人。②退回补正或驳回申请。再审申请人提交的再审申请书等材料不符合要求的,人民法院应当将材料退回再审申请人,并一次性全面告知其在指定的合理期限内予以补正。再审申请人无正当理由逾期不予补正且仍坚持申请再审的,人民法院应当裁定驳回其再审申请。

人民法院不得因再审申请人未提交一般应提交的相关材料,认定其提交的材料不符合要求。

(2)受理法院不符合要求的处理。再审申请人向原审人民法院申请再审或者越级申请再审的,原审人民法院或者有关上级人民法院应当告知其向作出生效裁判的人民法院的上一级法院提出。

(3)申请期限不符合要求的处理。人民法院认为再审申请不符合法定申请再审期间要求的,应当告知再审申请人。再审申请人认为未超过法定期间的,人民法院可以要求其在 10 日内提交生效裁判文书的送达回证复印件或其他能够证明裁判文书实际生效日期的相应证据材料。再审申请人拒不提交上述证明材料或逾期未提交,或者提交的证据材料不足以证明申请再审未超过法定期间的,人民法院裁定驳回再审申请。

3. 撤回申请的处理。再审申请人申请撤回再审申请,尚未立案的,人民法院退回已提交材料并记录在册;已经立案的,人民法院裁定是否准许撤回再审申请。人民法院准许撤回再审申请或者按撤回再审申请处理后,再审申请人再次申请再审的,人民法院不予立案,但有《行政诉讼法》第 91 条第 2 项、第 3 项、第 7 项、第 8 项规定等情形,自知道或者应当知道之日起 6 个月内提出的除外。

第三章
中国诉讼法的实践状况

第一节 刑事诉讼法的实践状况*

2017年是我国司法体制改革的决战之年。党的十八届三中全会、四中全会决定提出了一系列司法改革任务。随着这些改革任务的逐步贯彻落实,中国司法改革的主体框架已经基本形成。为了持续推进司法体制改革的深入,年初的中央政法工作会议指出,2017年将"通过深入推进以审判为中心的诉讼制度改革、设立跨行政区划法院检察院、深化律师制度改革等举措推动司法改革向纵深发展。此外,2017年政法机关还将重拳出击经济犯罪,织密织牢公共安全网,进一步增强人民群众安全感"。

2017年10月18日,中国共产党第十九次全国代表大会胜利召开。十九大报告指出:"经过长期努力,中国特色社会主义进入了新时代,这是我国发展新的历史方位。""中国特色社会主义进入新时代,我国社会主要矛盾已经转化为人民日益增长的美好生活需要和不平衡不充分的发展之间的矛盾。我国稳定解决了十几亿人的温饱问题,总体上实现小康,不久将全面建成小康社会,人民美好生活需要日益广泛,不仅对物质文化生活提出了更高要求,而且在民主、法治、公平、正义、安全、环境等方面的要求日益增长。"在法治实践方面,十九大报告指出:"全面依法治国是国家治理的一场深刻革命,必须坚持厉行法治,推进科学立法、严格执法、公正司法、全民守法。成立中央全面依法治国领导小组,加强对法治中国建设的统一领导。加强宪法实施和监督,推进合宪性审查工作,维护宪法权威。推进科学立法、民主立法、依法立法,以良法促进发展、保障善治。建设法治政府,推进依法行政,严

---

* 本部分执笔人:中国政法大学吴宏耀教授,中国政法大学诉讼法学研究院倪润副教授。

格规范公正文明执法。深化司法体制综合配套改革，全面落实司法责任制，努力让人民群众在每一个司法案件中感受到公平正义。加大全民普法力度，建设社会主义法治文化，树立宪法法律至上、法律面前人人平等的法治理念。各级党组织和全体党员要带头尊法学法守法用法，任何组织和个人都不得有超越宪法法律的特权，绝不允许以言代法、以权压法、逐利违法、徇私枉法。"为了健全党和国家的监督体系，十九大报告提出："深化国家监察体制改革，将试点工作在全国推开，组建国家、省、市、县监察委员会，同党的纪律检查机关合署办公，实现对所有行使公权力的公职人员监察全覆盖。制定国家监察法，依法赋予监察委员会职责权限和调查手段，用留置取代'两规'措施。"

为持续推进司法体制改革取得决定性胜利，尤其是，为切实贯彻落实党的十九大精神，我国刑事司法制度、刑事诉讼制度及其实践呈现出崭新的发展局面。以下试图从刑事诉讼基本数据、刑事诉讼法的实施状况、刑事诉讼中的热点问题和典型案例共四个部分对2017年度刑事诉讼法及其实践状况进行梳理和总结。

一、刑事诉讼的基本数据

以下将对刑事侦查工作、刑事检察工作和刑事审判工作的基本数据进行总结梳理。

（一）刑事侦查工作数据

2017年的刑事侦查工作以"更快地破大案、更多地破小案、更准地办好案、更好地控发案，提高防范打击新型犯罪的能力和水平，进一步增强人民群众安全感"为目标。其中，对电信网络诈骗犯罪、侵犯公民个人信息违法犯罪活动、传销犯罪等进行了严厉打击。

1. 深入打击电信网络诈骗犯罪。2017年以来，全国公安机关按照国务院打击治理电信网络新型违法犯罪工作部际联席会议统一部署，深入推进打击治理电信网络新型违法犯罪工作。初步实现了查处违法犯罪嫌疑人数量明显上升、破案数明显上升、发案数明显下降、人民群众财产损失明显下降"两升两降"的目标。数据显示[1]：2017年，全国公安机关共立案侦办跨国电信网络诈骗案件3万余起，同比下降36.9%，北京、江苏、浙江、上海、广东等地此类案件降幅高达50%以上。

2. 全面整治侵犯公民个人信息违法犯罪活动。近年来，侵犯公民个人信息的违法犯罪活动猖獗，不仅严重侵害群众的隐私权，也易诱发电信网络诈骗、盗刷银行卡等下游犯罪，群众反映强烈。2017年以来，公安部组织全国公安机关深入推进打击整治网络侵犯公民个人信息犯罪专项行动，侦破了一批大要案件，有力打击了犯罪分子的嚣张气焰，有效肃清网络环境，切实保护公民合法权益。截至2017年12月

---

[1] 法制日报："全国公安机关聚焦新时代新要求展现新气象新作为"，http://www.mps.gov.cn/n2254098/n4904352/c5980708/content.html，最后访问时间：2018年3月28日。

20日[1],全国公安机关当年累计侦破侵犯公民个人信息案件4911起,抓获犯罪嫌疑人15 463名,打掉涉案公司164个。

3. 坚决遏制传销犯罪。2017年7月至8月,4名大学生由于误入传销陷阱而失去生命。针对传销犯罪,公安部加大力量投入,采取强力措施,集中打击以"虚拟货币"等为包装的网络传销和传统的聚集型传销,坚决遏制传销犯罪的蔓延势头。2017年1月至9月,全国公安机关共立案侦办传销犯罪案件5983起,同比上升118.5%,涉案金额近300亿元[2]。

(二)刑事检察工作数据

1. 建设平安中国。2013年至2017年,全国检察机关共批捕各类刑事犯罪嫌疑人453.1万人,较前5年下降3.4%;起诉717.3万人,较前5年上升19.2%。[3] 主要起诉刑事犯罪案件类型如图3-1所示：

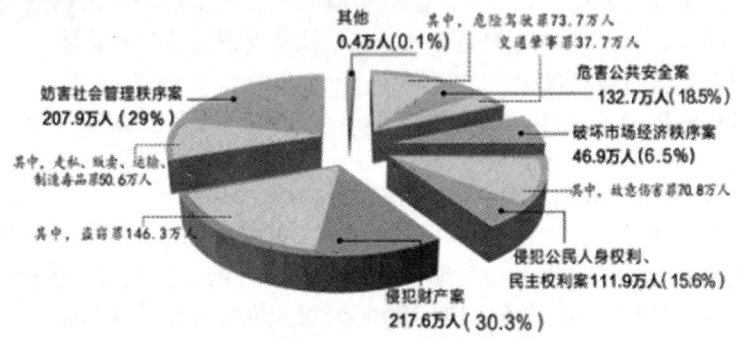

图3-1 2013~2017年全国检察机关起诉的刑事犯罪案件类型比例

(1) 坚决维护国家安全。深入开展反分裂、反渗透、反间谍、反邪教斗争,坚决维护国家政治安全,特别是政权安全、制度安全。积极投入严厉打击暴恐活动专项行动,从最高人民检察院和浙江、山东、广东等地检察机关多次选派业务骨干赴反恐一线指导、参与办案,北京、云南、新疆等地检察机关从快批捕起诉天安门"10·28"、昆明"3·01"、莎车"7·28"等一批重大暴恐案件。

(2) 切实保护公民人身权、财产权、人格权。全国检察机关共起诉故意杀人、

---

[1] 法制日报:"'内鬼'监守自盗致侵害公民信息案多发", http://epaper.legaldaily.com.cn/fzrb/content/20180110/Articel03002GN.htm, 最后访问时间:2018年7月23日。

[2] 法制日报:"全国公安机关聚焦新时代新要求展现新气象新作为", http://www.mps.gov.cn/n2254098/n4904352/c5980708/content.html, 最后访问时间:2018年3月28日。

[3] 2018年为国家机构换届之年,最高人民法院、最高人民检察院工作报告主要体现了5年(即2013~2017年)的总数据。至本书截稿时,2017年的年度司法数据尚未公布,故本部分数据口径与往年《中国诉讼法治发展报告》的数据口径有所不同。

绑架、放火等严重暴力犯罪40.5万人，甘肃、浙江等地检察机关从快批捕起诉甘蒙"8·05"系列强奸杀人案、蓝色钱江保姆纵火案等重大恶性案件。深入推进扫黑除恶、缉枪治爆、禁毒扫黄等专项斗争，起诉刘汉、刘维等为非作歹、欺压百姓的黑社会性质组织犯罪8932人，立案侦查为黑恶势力充当"保护伞"的国家工作人员333人。坚决惩治抢劫、抢夺、盗窃等多发性侵财犯罪，起诉172.4万人。同步介入天津港特别重大火灾爆炸事故等安全生产事故调查，起诉重大责任事故、危险物品肇事等犯罪1.4万人，查处事故背后失职渎职等职务犯罪4368人，较前5年分别上升10.4%和80.1%。起诉侮辱、诽谤、诬告陷害等犯罪1472人，依法保护公民人格尊严。[1]

（3）突出惩治电信网络诈骗犯罪。2016年与公安部、工信部、人民银行等共同发布通告，与公安部共同挂牌督办"徐玉玉案"等62起重大案件，2年来共起诉电信网络诈骗犯罪5.1万人。加强境外司法合作，广东、北京、江苏检察机关提前介入侦查，及时批捕起诉崔培明等130人、张凯闵等85人、邱上岂等61人特大跨境电信诈骗案。

（4）坚决惩治涉医犯罪。2013年温岭杀医案发生后，立即部署打击涉医违法犯罪专项行动。2014年起，又连续3年与公安部、国家卫生计生委等共同发布意见，坚决惩处涉医犯罪，维护医疗秩序，推进构建和谐医患关系。对暴力伤医案快速反应、挂牌督办。2016年以来，共起诉故意伤害医务人员、在医院聚众滋事等犯罪7816人，天津、江苏、黑龙江等地检察机关从快批捕起诉苏英明、赵连生、齐洪生等暴力伤医案。

（5）推进平安校园建设。针对严重危害学生身心健康的欺凌和暴力问题，与中央综治办等共同发布指导意见，推进综合治理，保障校园安全。2016年以来，共起诉侵害在校学生的暴力犯罪1万余人。依法惩治"校园贷"涉及的诈骗、敲诈勒索等犯罪。与教育部联合部署"法治进校园"全国巡讲，重庆"莎姐"、武汉"秦雨"、泸州"纳爱"、慈溪"花季关护"、南阳"冬云"等大批优秀检察官团队走进中小学开展法治教育，已巡讲4万余场。在上海携程亲子园虐童案等重大敏感案件发生后，检察机关第一时间介入侦查活动引导侦查取证，依法及时对犯罪嫌疑人逮捕、起诉。同时，最高检下发《关于依法惩治侵害幼儿园儿童犯罪全面维护儿童权益的通知》，要求各地检察机关严厉惩治侵害儿童犯罪，最大限度维护儿童权益，积极促进校园安全建设。[2] 2017年前11个月，检察机关共批准逮捕强奸、猥亵、拐卖、故意伤害等侵害未成年人犯罪案件3.14万人，起诉4.24万人。

---

[1]《最高人民检察院工作报告》，载新华网，http://www.xinhuanet.com/2018-03/09/c_1122514711.htm。

[2] 中国长安网："两年来，检方共批捕'侵童'幼儿园工作人员69人公诉77人"，http://www.chinapeace.gov.cn/2017-12/28/content_11443768.htm，最后访问时间：2018年3月29日。

同时，检察机关加大了对未成年犯罪嫌疑人的教育挽救的力度，数据显示，2017年前11个月，全国共对未成年犯罪嫌疑人批捕2.61万人、不批捕1.31万人、起诉3.9万人、不起诉0.88万人，不捕、不诉率分别为33.4%和18.4%，同比上升1.8个百分点和3.4个百分点。"坚持宽容不纵容，从有利于教育挽救出发办理未成年人涉嫌犯罪案件。"为保障未成年犯罪嫌疑人的合法权利，提升帮教效果，2017年前11个月，检察机关共开展社会调查1.44万人，适用附条件不起诉4798人，达成刑事和解后不起诉1508人，同比分别上升18%、24.8%和47.7%。此外，还为2.61万没有聘请辩护人的未成年人提供法律援助。[1]

（6）深入推进检察环节社会治安综合治理。突出整治"村霸"和宗族恶势力犯罪，积极推进乡村治理。突出惩治网络造谣、网络贩枪、网络黄赌毒、侵犯公民个人信息等犯罪，北京、江苏等地检察机关依法起诉"快播"案、"名流汇"网络直播平台聚众吸毒案等案件，促进网络空间治理、维护网络安全。开展核查纠正监外执行罪犯脱管漏管专项检察，对严重违反监管规定或监外执行条件消失的，监督收监执行1.5万人。全面开展检察法律文书释法说理、检察官以案释法，加强典型案件发布和法制宣传。坚持民主参与、人民监督、检察监督、权利救济相结合，推进信访法治化建设，建立律师参与化解和代理涉法涉诉信访案件制度，保障合法合理诉求依照法律规定和程序得到合法合理的结果。

2. 保障经济民生。

（1）坚决防范和化解经济金融风险。积极投入互联网金融风险专项整治，起诉破坏金融管理秩序、金融诈骗犯罪14.4万人，是前5年的2.2倍。[2] 突出惩治非法吸收公众存款、集资诈骗、传销等涉众型经济犯罪，起诉8.2万人，北京、上海、湖南等地检察机关依法妥善办理"e租宝""中晋系""善心汇"等重大案件；严厉打击证券期货领域犯罪，广东、山东、上海等地检察机关依法办理马乐案、徐翔案、伊世顿公司操纵期货市场案等重大案件，坚决维护经济金融安全。

（2）加强企业平等保护和产权司法保护。在司法办案中，重视完善公有制与非公有制经济平等保护的司法政策，坚持严格规范公正文明司法，坚持"三个慎重"、区分"五个界限"，最大限度减少对企业正常生产经营的影响。2016年制定保障和促进非公有制经济健康发展意见，推广湖北"鄂检十条"、湖南"除虫护花"、安徽"问需解难"和福建泉州"亲清护企"等经验，严惩侵犯非公有制企业和非公有制经济人士的合法权益犯罪，推动构建亲清新型政商关系。2017年先后发布加强产权司法保护、依法保护企业家合法权益等政策文件，明确要求对企业因经营不规范引发

---

[1] 中国长安网："前11月，检察机关逮捕侵害未成年人犯罪3.14万人，起诉4.24万人"，http：//www.chinapeace.gov.cn/2017-12/28/content_11443791.htm，最后访问时间：2018年3月29日。

[2] 《最高人民检察院工作报告》，载新华网，http：//www.xinhuanet.com/2018-03/09/c_1122514711.htm。

的问题,严格遵循法不溯及既往、罪刑法定、从旧兼从轻等原则,已过追诉时效的不再追究,罪与非罪不清的按无罪处理。专项部署涉产权刑事申诉案件清理,对赛格集团申诉案等21件案件依法甄别纠正。最高人民检察院成立张文中案、顾雏军案专门办案组,与最高人民法院同步审查,依法提出检察意见。

(3) 优化科技创新法治环境。坚持保护知识产权就是保护创新的理念,强化知识产权司法保护,广东、四川、宁夏等30个省区市建成打击侵权假冒执法司法信息共享平台,起诉制售伪劣商品、侵犯知识产权犯罪12万余人,是前5年的2.1倍。连续5年发布保护知识产权年度十大案例,突出打击重点。深入研究科技创新领域新情况,严格区分合法兼职获利、股权分红、科技成果转化收益与利用职权索贿受贿、挪用公款,一般违纪违法与犯罪等界限,尊重和保护社会创造力及发展活力。

(4) 加大生态环境司法保护力度,守护绿水青山蓝天。连续4年开展专项立案监督,从严惩治污染大气、水源、土壤以及进口"洋垃圾"、非法占用耕地、破坏性采矿、盗伐滥伐林木等破坏环境资源犯罪,起诉13.7万人,较前5年上升59.3%。现场督办腾格里沙漠排污案、祁连山破坏环境资源案。与环保部、公安部共同推动环保领域行政执法与刑事司法衔接,挂牌督办垃圾跨省倾倒太湖西山案、静海坑塘污染案等64起重大案件。办理生态环境领域公益诉讼1.3万件,督促5972家企业整改,督促恢复被污染、破坏的耕地、林地、湿地、草原总面积14.3万公顷,索赔治理环境、修复生态等费用4.7亿元。[1] 福建、江西、贵州检察机关持续开展专项监督,服务国家生态文明试验区建设。吉林、甘肃、青海、陕西检察机关分别部署长白山、祁连山、三江源、秦岭生态环境保护专项工作。

(5) 保障食品安全。推动食品药品领域行政执法与刑事司法衔接,紧盯问题奶粉、地沟油、病死猪肉、非法疫苗等人民群众反映强烈的突出问题,连续4年开展专项立案监督,挂牌督办庞红卫等人非法经营疫苗系列案等986起重大案件;办理食品药品领域公益诉讼731件;起诉制售假药劣药、有毒有害食品等犯罪6.3万人,是前5年的5.7倍。

(6) 坚决惩治恶意欠薪。起诉拒不支付劳动报酬犯罪7957人,支持农民工起诉9176件。2017年12月部署农民工讨薪问题专项监督,至春节前,全国共受理农民工讨薪法律援助案件3万余件,受援人4万余人次,实际追讨欠薪金额3亿余元。2017年全国共办理农民工法律援助案件44万余件,农民工受援人达49万余人次,为农民工讨薪83亿余元。[2]其中,检察机关共支持5566名农民工提起诉讼,帮助追回劳动报酬4605万余元;同时向有关部门发出检察建议370份,督促依法履行职责,帮

---

[1]《最高人民检察院工作报告》,载新华网,http://www.xinhuanet.com/2018-03/09/c_1122514711.htm。

[2] 中国长安网:"司法部:法律援助去年为农民工讨薪83亿元",http://www.chinapeace.gov.cn/2018-02/04/content_11448646.htm,最后访问时间:2018年7月23日。

助 2 万余名农民工追索被拖欠的劳动报酬 3.4 亿元,让辛苦一年的农民工兄弟回家过好年。

3. 贯彻反腐工作。2013 年至 2017 年,检察机关共立案侦查职务犯罪 254 419 人,较前 5 年上升 16.4%,为国家挽回经济损失 553 亿余元。其中,涉嫌职务犯罪的县处级国家工作人员 15 234 人、厅局级 2405 人。在党中央统一领导下,党的十八大以来,检察机关对周永康、孙政才、令计划、苏荣等 120 名原省部级以上干部立案侦查,对 105 名原省部级以上干部提起公诉。依法办理衡阳破坏选举案、南充拉票贿选案、辽宁拉票贿选案涉及的职务犯罪。坚持受贿行贿一起查,严肃查办国家工作人员索贿受贿犯罪 59 593 人、"围猎"干部的行贿犯罪 37 277 人,较前 5 年分别上升 6.7% 和 87%。严肃查办不作为、乱作为的渎职侵权犯罪 62 066 人,依法查处"万吨小麦霉变""地铁问题电缆"等事件背后的渎职等犯罪。[1]

(1) 坚决惩治"小官大贪"和"微腐败"。持续开展查办和预防发生在群众身边、损害群众利益职务犯罪专项工作,在涉农资金管理、征地拆迁、社会保障、扶贫等民生领域查办"蝇贪"62 715 人。会同国务院扶贫办部署为期 5 年的集中整治和加强预防扶贫领域职务犯罪专项工作,对易地扶贫搬迁重点工程开展预防监督,部署"精准扶贫、廉洁为民"专题警示教育基层行活动。

(2) 坚持不懈开展职务犯罪国际追逃追赃。在中央纪委统一领导下,2014 年 10 月起持续开展专项行动,与相关部门密切协作,加强与有关国家、地区司法合作,已从 42 个国家和地区劝返、遣返、引渡外逃职务犯罪嫌疑人 222 人,包括杨秀珠、李华波、王国强、黄玉荣等 35 名"百名红通人员"。与公安部、人民银行等共同开展预防打击利用离岸公司和地下钱庄转移赃款专项行动。检察机关对任润厚等 45 起职务犯罪嫌疑人逃匿、死亡案件及时启动没收违法所得程序,决不让腐败分子躲进"避罪天堂",决不让腐败分子在经济上捞到好处。

4. 对刑事诉讼的法律监督。

(1) 一批重大冤错案件得到纠正。对受理申诉或办案中发现的"张氏叔侄强奸杀人案""沈六斤故意杀人案""卢荣新强奸杀人案""李松故意杀人案"等 18 起重大冤错案件,及时提出抗诉或再审检察建议,人民法院均改判无罪。对人民法院再审的聂树斌案、呼格吉勒图案、王力军无证收购玉米案等案件,检察机关同步成立专案组,重新复核证据、明确提出纠正意见,共同纠错。对冤错案件首先深刻反省自己,倒查追究批捕、起诉环节把关不严责任,吸取沉痛教训。颁布履行检察职能纠防冤错案件等系列指导意见,建立刑事申诉案件异地审查等制度。

(2) 坚决纠正违法减刑、假释、暂予监外执行。对提请"减假暂"不符合法定条件或程序,以及裁定或决定不当的,监督纠正 11.8 万人。针对人民群众反映强烈

---

[1]《最高人民检察院工作报告》,载新华网,http://www.xinhuanet.com/2018 - 03/09/c_ 1122514711. htm。

的"以权减刑""提钱出狱"等问题,以职务犯罪、金融犯罪、涉黑犯罪为重点,强化对异地调监、计分考核、病情鉴定等环节监督,共监督有关部门对2244名罪犯收监执行,其中,原厅局级以上干部121人。

(3)坚持不懈清理久押不决案件。在中央政法委统一领导下,检察机关牵头,对政法各机关羁押3年以上仍未办结的案件集中清理。经政法各机关共同努力,2013年核查出的4459人,至2016年10月全部清理纠正完毕。

(4)监督纠正判处实刑罪犯未执行刑罚的突出问题。针对检察机关发现的一些罪犯被判处实刑后未入狱、流散社会甚至重新犯罪问题,2016年与公安部、司法部等共同开展专项清理,核查出11 379人并逐一跟踪监督。现已监督纠正9222人,其中收监执行7162人。对仍逃匿或下落不明的1181人,督促开展追逃。[1]

(三)刑事审判工作数据

2013年至2017年,各级法院依法惩治刑事犯罪,审结一审刑事案件548.9万件,判处罪犯607万人,努力保障社会安定有序、人民安居乐业。[2]

1. 审理刑事案件。

(1)严惩危害国家安全、暴力恐怖等犯罪。把维护国家政治安全特别是政权安全、制度安全放在第一位,加大反恐怖反分裂反邪教斗争力度,依法严惩煽动分裂国家、颠覆国家政权等犯罪,切实维护国家安全。会同有关部门出台办理暴力恐怖和宗教极端刑事案件意见,依法严惩天安门"10·28"、昆明"3·01"等暴恐犯罪,维护社会大局稳定。

(2)严惩贪污贿赂犯罪。坚持"打虎拍蝇"不放松,对腐败犯罪始终保持高压态势,健全职务犯罪案件审判机制,严厉打击和震慑腐败分子。会同最高人民检察院制定办理贪污贿赂案件司法解释,审结贪污贿赂等案件19.5万件、26.3万人,其中,被告人原为省部级以上干部101人,厅局级干部810人。依法审理周永康、薄熙来、郭伯雄、令计划、苏荣等重大职务犯罪案件,在白恩培案中首次依法适用终身监禁,彰显党中央惩治腐败的坚强决心。依法惩治行贿犯罪,判处罪犯1.3万人。依法审理贪污扶贫款、农资补贴等犯罪案件,严惩发生在群众身边的腐败。完善犯罪嫌疑人、被告人逃匿、死亡案件违法所得没收程序,依法审理任润厚等案件,决不让腐败分子在经济上得到好处。依法审理"红通1号"杨秀珠等案件,决不让腐败分子逃脱正义的审判。

(3)严惩严重危害群众生命财产安全犯罪。制定办理盗窃、敲诈勒索、抢夺、抢劫等刑事案件司法解释,审结相关案件131.5万件,判处罪犯153.8万人。严厉打

---

[1]《最高人民检察院工作报告》,载新华网,http://www.xinhuanet.com/2018-03/09/c_1122514711.htm。

[2]《最高人民法院工作报告》,载新华网,http://www.xinhuanet.com/politics/2018-03/10/c_1122514997.htm。

击黑恶势力犯罪，依法审结刘汉、刘维等 36 人组织、领导、参加黑社会性质组织等案件。严惩重大责任事故、危险驾驶等危害公共安全犯罪，审结相关案件 127.1 万件。积极参与禁毒斗争，审结毒品犯罪案件 57.1 万件。会同有关部门出台维护正常医疗秩序的意见，依法惩治暴力伤医犯罪，保护患者合法权益，推动构建和谐医患关系。会同有关部门发布办理传销案件等意见，审结传销、非法经营等经济犯罪案件 28.2 万件，维护良好市场经济秩序。

（4）严惩侵害妇女儿童权益犯罪。加大妇女儿童权益保护力度，会同有关部门出台指导意见，坚决惩治针对妇女儿童的暴力、虐待、性侵害行为，审结相关案件 13.1 万件。制定审理拐卖妇女儿童犯罪案件司法解释，对偷盗婴幼儿等行为依法从严惩处，审结拐卖妇女儿童犯罪案件 4685 件。会同教育部等出台防治校园欺凌的意见，积极开展送法进校园活动，推进平安校园建设。

（5）严惩危害食品药品安全、污染环境犯罪。加大对危害食品药品安全犯罪的惩治力度，各级法院审结相关案件 4.2 万件，努力保障人民群众生命健康权和"舌尖上的安全"。制定办理环境污染刑事案件司法解释，依法从严惩治污染环境犯罪，审结相关案件 8.8 万件。

（6）严惩电信网络犯罪。会同有关部门出台办理网络犯罪案件的意见，依法惩治网上造谣、传播淫秽物品等犯罪，净化网络空间，决不让网络成为法外之地。坚决打击电信网络诈骗犯罪，会同公安部等部门出台适用法律意见，审结徐玉玉被诈骗等案件 1.1 万件。出台办理侵犯公民个人信息案件司法解释，严惩泄露个人信息、非法买卖信息等犯罪行为，维护公民信息安全。

（7）积极参与社会治安综合治理。坚持和发扬"枫桥经验"，大力推广陕西富县"群众说事、法官说法"、江西寻乌法院参与乡村治理等经验。针对审判中发现的新情况新问题，及时提出司法建议，促进社会风险防控。认真落实普法责任制，在审理于欢故意伤害案等社会关注的案件中，加强以案释法，既体现法律尺度，又体现司法温度，实现法理情有机融合，让热点案件审判成为全民共享的法治公开课。

2. 坚持严格公正司法。坚决纠正和防范冤假错案。坚持实事求是、有错必纠，加强审判监督，以对法律负责、对人民负责、对历史负责的态度，对错案发现一起、纠正一起，再审改判刑事案件 6747 件，依法纠正重大冤错案件，并依法予以国家赔偿，让正义最终得以实现，以纠正错案推动法治进步。深刻汲取教训，出台防范刑事冤假错案指导意见，落实罪刑法定、证据裁判、疑罪从无等原则，对 2943 名公诉案件被告人和 1931 名自诉案件被告人依法宣告无罪，确保无罪的人不受刑事追究、有罪的人受到公正惩罚。[1]

3. 加强人权司法保障。完善人权司法保障措施。认真落实习近平主席特赦令和

---

[1]《最高人民法院工作报告》，载新华网，http://www.xinhuanet.com/politics/2018-03/10/c_112251 4997.htm。

全国人大常委会决定,依法特赦罪犯31 527人。落实公开审判、法庭辩论等诉讼制度,切实保障当事人各项诉讼权利。贯彻宽严相济刑事政策,确保该严则严、当宽则宽。严把死刑案件质量关,确保死刑只适用于极少数罪行极其严重的犯罪分子。联合司法部开展刑事案件律师辩护全覆盖试点,开展法律援助值班律师工作。加强涉未成年人案件审判,完善社会调查、轻罪记录封存等机制,积极开展回访帮教工作,未成年人犯罪案件数量连续5年下降,有力保护未成年人健康成长。出台加强司法救助意见,发放司法救助金26.7亿元,帮助无法获得有效赔偿的受害人摆脱生活困境,加强权利救济,传递司法温暖。[1]

二、刑事诉讼法的实施状况

在刑事司法实践中,围绕认罪认罚从宽试点,中央司法机关先后联合出台了一系列规范性解释,推动值班律师制度、刑事辩护全覆盖等多项改革。以下主要从认罪认罚从宽制度试点、刑事案件律师辩护全覆盖、法律援助制度三个方面,对我国2017年刑事诉讼法的实施状况予以概述。

(一)认罪认罚从宽制度试点

诉讼制度改革作为司法体制改革的重要组成部分,是优化司法资源配置、提高司法质量效率的必由之路。目前,我国正在18个城市开展刑事案件认罪认罚从宽制度试点。2018年中央政法工作会议提出,2018年9月试点到期后,要及时总结试点经验,推动刑事诉讼法等有关法律修改,构建起中国特色轻罪诉讼制度体系。[2]

2017年12月23日,最高人民法院院长周强代表最高人民法院,并受最高人民检察院委托,向全国人大常委会作《最高人民法院、最高人民检察院关于在部分地区开展刑事案件认罪认罚从宽制度试点工作情况的中期报告》。报告列出了多个数据,形象地展示出试点工作的"成绩单"。[3]

1. 共确定试点法院检察院各281个。截至2017年11月底,18个试点地区共确定试点法院、检察院各281个,适用认罪认罚从宽制度审结刑事案件91 121件103 496人,占试点法院同期审结刑事案件的45%。其中检察机关建议适用的占98.4%。

2. 看守所法律援助工作站覆盖率达97%。坚持证据裁判,强化权利保障,确保从快不降低标准、从简不减损权利。充分保障犯罪嫌疑人、被告人的辩护权和其他诉讼权利,落实值班律师制度,完善权利告知程序,探索证据展示制度,确保犯罪嫌疑人、被告人充分知悉法律后果、获得法律帮助、自愿认罪认罚。

试点地区法律援助机构在看守所、法院、检察院设立法律援助工作站630个,其

---

[1]《最高人民法院工作报告》,载新华网,http://www.xinhuanet.com/politics/2018-03/10/c_1122514997.htm。

[2] 中国长安网:"十九大后首次中央政法工作会议传递六大新信号",http://www.chinapeace.gov.cn/zhuanti/2018-02/05/content_11448761.htm,最后访问时间:2018年3月28日。

[3] 中国长安网:"认罪认罚从宽制度试点一年审结刑案91 121件103 496人",http://www.chinapeace.gov.cn/2017-12/24/content_11443344.htm,最后访问时间:2018年3月28日。

中，设在看守所、法院的法律援助工作站覆盖率分别为 97% 和 82%。对于符合条件的犯罪嫌疑人、被告人，依法通知法律援助机构指派律师为其提供辩护。

探索值班律师转任辩护人机制，北京、广州、杭州、福州等地法院对可能判处 3 年有期徒刑以上刑罚的认罪认罚案件，协调指派值班律师出庭辩护，提高法律帮助质量。

建立被告人反悔程序回转机制，判决前否认犯罪的，及时转为普通程序。推进庭审实质化，既审查认罪认罚的自愿性，又对事实证据进行全面审查，防止犯罪嫌疑人、被告人被迫认罪、替人顶罪。

3. 判处 3 年有期徒刑以下刑罚占 96.2%。在试点工作中，宽严相济刑事政策得到充分体现，促进了社会和谐稳定。检察机关对认罪认罚案件依法提出从宽量刑建议，其中，建议量刑幅度的占 70.6%，建议确定刑期的占 29.4%，法院对量刑建议的采纳率为 92.1%。认罪认罚案件犯罪嫌疑人、被告人被取保候审、监视居住的占 42.2%，不起诉处理的占 4.5%；免予刑事处罚的占 0.3%，判处 3 年有期徒刑以下刑罚的占 96.2%，其中，判处有期徒刑缓刑、拘役缓刑的占 33.6%，判处管制、单处附加刑的占 2.7%，非羁押强制措施和非监禁刑适用比例进一步提高。

认罪认罚从宽制度从实体处理到程序适用，均更好地体现了坦白从宽、宽严相济的刑事政策，有利于罪犯改造、回归社会，最大限度减少社会对立面，促进社会和谐稳定和国家长治久安。

4. 速裁案件当庭宣判率达 93.8%。试点中，司法资源得到合理配置，促进了刑事诉讼效率的明显提升。

对于认罪认罚案件，检察机关审查起诉平均用时 26 天，人民法院 15 日内审结的占 83.5%。适用速裁程序审结的占 68.5%，适用简易程序审结的占 24.9%，适用普通程序审结的占 6.6%；当庭宣判率为 79.8%，其中速裁案件当庭宣判率达 93.8%。

通过速裁程序、简易程序、普通程序分流处理，司法资源配置进一步优化，办案效率进一步提升，既确保了及时有效惩治犯罪，也为构建科学的刑事诉讼体系积累了实践经验。

5. 39.6% 侵犯公民人身权利案件达成和解谅解。坚持依法从宽、适度从宽，不枉不纵、公正司法，确保办案法律效果和社会效果相统一。强化犯罪嫌疑人、被告人的诉讼主体地位，保障其获得公正、及时审判的权利。认真听取被害人及其代理人意见，并将是否达成和解协议或者赔偿被害人损失、取得谅解，作为量刑的重要考虑因素，切实保障被害人合法权益。

试点法院审结的侵犯公民人身权利案件中，达成和解谅解的占 39.6%。检察机关抗诉率、附带民事诉讼原告人上诉率均不到 0.1%，被告人上诉率仅为 3.6%。

(二) 值班律师制度[1]

值班律师制度是当前认罪认罚从宽制度改革的基础性配套措施之一。值班律师制度的主要目的是为进入刑事诉讼程序的犯罪嫌疑人或者被告人提供即时、初步的服务,具有覆盖面广、服务便捷等优势。相较传统的法律援助形式,值班律师制度因为可以以较少的司法资源投入让更多的个人获得初步的基础性法律服务而备受改革者的青睐。在四中全会以来的相关司法改革中,多部司法解释(《关于在部分地区开展刑事案件速裁程序试点工作的办法》《关于推进以审判为中心的刑事诉讼制度改革的意见》《关于在部分地区开展刑事案件认罪认罚从宽制度试点工作的办法》等)均明确要求建立法律援助值班律师制度。在某种意义上,值班律师制度已经成为相关改革试点的"标配"。例如,2016年11月16日,两高三部颁布的《关于在部分地区开展刑事案件认罪认罚从宽制度试点工作的办法》(2016年11月16日印发,法〔2016〕386号)第5条第2、3款规定:"法律援助机构可以根据人民法院、看守所实际工作需要,通过设立法律援助工作站派驻值班律师、及时安排值班律师等形式提供法律帮助。人民法院、看守所应当为值班律师开展工作提供便利工作场所和必要办公设施,简化会见程序,保障值班律师依法履行职责。犯罪嫌疑人、被告人自愿认罪认罚,没有辩护人的,人民法院、人民检察院、公安机关应当通知值班律师为其提供法律咨询、程序选择、申请变更强制措施等法律帮助。"

为积极回应司法改革的现实需要,规范值班律师制度建设,2017年8月28日,最高人民法院、最高人民检察院、公安部、国家安全部、司法部联合发布了《关于开展法律援助值班律师工作的意见》(以下简称《意见》)。《意见》共10条,依次对值班律师的设置、工作职责、遴选方式、值班方式、禁止性规定、组织实施等内容作出了具体的规定。

其中,关于值班律师的职责,《意见》第2条规定了5种法定职责:①解答法律咨询。②引导和帮助犯罪嫌疑人、刑事被告人及其近亲属申请法律援助,转交申请材料。③在认罪认罚从宽制度改革试点中,为自愿认罪认罚的犯罪嫌疑人、刑事被告人提供法律咨询、程序选择、申请变更强制措施等法律帮助,对检察机关定罪量刑建议提出意见,犯罪嫌疑人签署认罪认罚具结书应当有值班律师在场。④对刑讯逼供、非法取证情形代理申诉、控告。⑤承办法律援助机构交办的其他任务。同时,《意见》明确规定,法律援助值班律师不提供出庭辩护服务。

为了确保值班律师的服务质量,《意见》提出了一系列规范措施:①建立法律援助值班律师名册。法律援助机构应当综合考虑社会律师和法律援助机构律师政治素质、职业道德水准、业务能力、执业年限等因素,确定法律援助值班律师人选。②开展业务培训,帮助参与值班律师工作的社会律师更好地了解值班律师职责、服

---

[1] 中国长安网:"法律援助值班律师工作出新规(附《意见》全文)",http://www.chinapeace.gov.cn/2017-08/28/content_11427746.htm,最后访问时间:2018年5月15日。

务内容、执业纪律、刑事诉讼法律知识等。③加强对律师提供值班律师服务的日常监督管理，对值班律师实行动态化管理。

为积极推进法律援助值班律师制度，2017年9月28日上午，司法部举行新闻发布会。在新闻发布会上，司法部法律援助工作司司长白萍、最高人民法院立案庭副庭长续文钢、最高人民检察院研究室主任万春、公安部监所管理局副局长游蓉就"法律援助值班律师制度"的相关问题回答了记者的提问。其中，司法部法律援助工作司司长白萍女士首先系统介绍了我国法律援助的基本情况：2017年全国共办理法律援助案件130.7万余件，提供法律咨询超过838万人次。截至2017年底，除西藏外，全国各省、自治区、直辖市均已实现看守所法律援助工作站全覆盖。2017年间，各地法律援助值班律师共为犯罪嫌疑人、被告人解答咨询26.4万余人次，转交法律援助申请3.6万件。

（三）刑事案件律师辩护全覆盖试点

为推进以审判为中心的刑事诉讼制度改革，切实保障犯罪嫌疑人、被告人的刑事辩护权，扩大刑事法律援助的覆盖面，2017年10月11日，最高人民法院、司法部联合发布了《关于开展刑事案件律师辩护全覆盖试点工作的办法》（以下简称《办法》）。《办法》共计26条，依次规定了刑事辩护全覆盖的具体要求、人民法院的告知义务与通知职责、法律援助机构的指派义务、律师资源保障与经费保障，同时还明确规定，人民法院应当依法保障辩护律师的各项诉讼权利。

根据《办法》第2条第3款的规定，对于适用普通程序审理的一审案件、二审案件、按照审判监督程序审理的案件，被告人没有委托辩护人的，人民法院都应当通知法律援助机构指派律师为其提供辩护。因此，刑事辩护全覆盖的第一层意义是指：在普通程序中，法律援助将不再局限于《刑事诉讼法》第34条、第267条规定的5种法定情形，而是覆盖所有适用普通程序审理的刑事案件。

对于适用简易程序、刑事速裁程序审理的案件，《办法》第2条第4款规定，如果被告人没有辩护人，人民法院应当通知法律援助机构派驻的值班律师为其提供法律帮助。因此，刑事辩护全覆盖的第二层含义是：在简易程序、刑事速裁程序中，如果被告人没有聘请辩护律师也没有法律援助律师的协助，那么，法院应当通知值班律师为其提供法律帮助。换句话说，在上述情形下，尽管被告人无法获得法律援助律师提供的完整的刑事辩护，但是依然可以获得值班律师的帮助，如法律咨询、协助实施具体的诉讼行为等。

为了切实保障刑事辩护全覆盖的要求能够得以实现，《办法》第11条、第12条就此规定了明确的法律责任。人民法院未履行通知辩护职责，或者法律援助机构未履行指派律师等职责，导致被告人审判期间未获得律师辩护的，依法追究有关人员责任。而且，第一审人民法院未履行通知辩护职责，导致被告人在审判期间未获得律师辩护的，应当认定符合《刑事诉讼法》第227条第3项规定的情形，属于重大程序违法，第二审法院应当裁定撤销原判，发回原审人民法院重新审判。

同时,《办法》第 13 条还明确规定:"人民法院应当依法保障辩护律师的知情权、申请权、申诉权,以及会见、阅卷、收集证据和发问、质证、辩论等方面的执业权利,为辩护律师履行职责,包括查阅、摘抄、复制案卷材料等提供便利。"同时,就辩护律师的各项诉讼权利作出了更为细致的规定。

刑事辩护全覆盖的试点工作,在北京、上海、浙江、安徽、河南、广东、四川、陕西展开,为期 1 年。[1]

三、刑事诉讼实践中的热点问题

（一）监察体制改革对刑事诉讼法的影响

为深入推进党风廉政建设和反腐败斗争,建立集中统一、权威高效的监察体系,自 2016 年全国人大常委会《关于在北京市、山西省、浙江省开展国家监察体制改革试点工作的决定》表决通过以来,监察体制改革不断跟进。伴随着监察体制改革工作的进行,《中华人民共和国监察法》的立法工作也在不断向前推进。2017 年 11 月,《中华人民共和国监察法（草案）》在中国人大网公开向社会征求意见;同年 12 月,立法部门针对所征求的意见再次提请全国人大常委会审议;2018 年 3 月,第十三届全国人大一次会议表决通过《中华人民共和国监察法》（以下简称《监察法》）。

根据《监察法》与《刑事诉讼法（修正草案）》,各级监察委员会对所有行使公权力的公职人员进行监察,调查职务违法和职务犯罪,意味着现行《刑事诉讼法》第 18 条第 2 款"人民检察院对贪污贿赂等案件行使侦查权"的规定与第 106 条第 1 项关于"侦查"的定义需要调整,以与《监察法》相衔接。同时,《刑事诉讼法》第 37 条第 3 款"危害国家安全犯罪、恐怖活动犯罪、特别重大贿赂犯罪案件,在侦查期间辩护律师会见在押的犯罪嫌疑人,应当经侦查机关许可"亦随之进行调整,"特别重大贿赂犯罪案件"侦查期间律师会见已不适用此条规定。

在《刑事诉讼法》第一编第六章"强制措施"方面,《刑事诉讼法》第 73 条"对于涉嫌危害国家安全犯罪、恐怖活动犯罪、特别重大贿赂犯罪,在住处执行可能有碍侦查的,经上一级人民检察院或者公安机关批准,也可以在指定的居所执行"与第 148 条第 2 款"人民检察院在立案后,对于重大的贪污、贿赂犯罪案件以及利用职权实施的严重侵犯公民人身权利的重大犯罪案件,根据侦查犯罪的需要,经过严格的批准手续,可以采取技术侦查措施,按照规定交有关机关执行"需要进行调整,"贪污贿赂犯罪"等职务犯罪案件由监察委员会进行调查;由于《监察法》第 22 条对"留置被调查人于特定场所"进行规定,《刑事诉讼法》尚未对留置措施与刑事强制措施之间的衔接机制进行规定。《监察法》第 47 条规定:"对监察机关移送的案件,人民检察院依照《中华人民共和国刑事诉讼法》对被调查人采取强制措施",《刑事诉讼法》需要对此进行回应,对人民检察院审查起诉监察机关移送的案件进行

---

[1] 曹雅静:"推动刑事案件律师辩护全覆盖 促进司法公正彰显法治文明",载《人民法院报》2017 年 10 月 13 日,第 3 版。

规定，以对《监察法》进行衔接。

（二）庭审录音录像规定实施

近年来，随着科学技术手段的不断升级，庭审现代化受到理论界、实务界的不断重视。从2010年8月最高人民法院通过的《关于庭审活动录音录像的若干规定》（以下简称"旧《规定》"）到2013年11月党的十八届三中全会通过的《中共中央关于全面深化改革若干重大问题的决定》都对庭审录音录像进行了相关的规定。在此背景下，最高人民法院在2017年1月通过了《最高人民法院关于人民法院庭审录音录像的若干规定》（以下简称"新《规定》"），并自2017年3月1日起施行。该规定的出台不仅是庭审录音录像的重大改革，还是"以审判为中心"刑事诉讼制度改革的重要内容，更是人民法院信息化建设的一个重要的进步。新《规定》共19条，对庭审录音录像的标准、功能、作用都进行了具体的明确与规定。

新《规定》亮点主要体现在以下几个方面[1]：①提高了规范性文件的效力等级。具体而言，旧《规定》是最高人民法院制定的规范性文件，是以人民法院内部行为为适用范围的管理性规范；而新《规定》则是有法律效力的司法解释，其效力适用于各级人民法院。②扩大了庭审录音录像的适用范围。旧《规定》对庭审录音录像主要强调适用于开庭审理第一审普通程序和第二审程序刑事、民事和行政案件。当前，人民法院信息化建设迅猛推进，对于人民法院全部的庭审活动进行录音录像的基本条件已经具备，因此新《规定》就对庭审活动进行录音录像作了无例外性的规定，也就是说，人民法院开庭审理任何程序案件，都应当对庭审活动进行全程录音录像。③对庭审录音录像的要求更加完备。一是同步转换生成文字记录的功能。新《规定》要求"人民法院应当在法庭内配备固定或者移动的录音设备，有条件的人民法院可以在法庭内安装智能语音识别同步转换文字系统"，"通过智能语音识别同步转换成的庭审文字记录，经审判人员、书记员、诉讼参与人核对签字后，作为法庭笔录管理和使用"。二是直接由录音录像替代法庭笔录。新《规定》要求："适用简易程序审理民事案件的庭审录音录像，经当事人同意的，可以替代法庭笔录。"④拓展庭审录音录像的新功能。一是可以将庭审录音录像放在诉讼平台供查阅。新《规定》要求："人民法院应当通过审判流程信息公开平台，诉讼服务平台以及其他便民诉讼服务平台，为当事人、辩护律师、诉讼代理人等依法查阅庭审录音录像提供便利。"二是当事人及律师可以复制录音或者誊录庭审录音录像。新《规定》明确了"当事人、辩护人、代理人等可以依照规定复制录音或者誊录庭审录音录像"的权利。三是"人民法院可以播放依法公开审理案件的庭审录音录像"。新《规定》的实施将是我国诉讼制度改革的重要进步，正如新《规定》中所言，能够实现"为保障诉讼参与人诉讼权利，规范庭审活动，提高庭审效率，深化司法公开，促进司法

---

[1] 范明志："庭审录音录像规则的创新发展"，载 https://www.chinacourt.org/article/detail/2017/05/id/2851943.shtml，最后访问时间：2018年5月19日。

公正。"

(三)《未成年人刑事检察工作指引(试行)》发布

为细化未成年人刑事检察工作具体标准和操作程序,最高人民检察院于 2017 年 3 月初发布《未成年人刑事检察工作指引(试行)》(以下简称《指引》),以提高未成年人刑事检察工作专业化与规范化水平。《指引》全文共计 6 章、26 节、238 条,分为总则、特殊制度落实、讯问未成年犯罪嫌疑人、询问未成年被害人与证人、审查逮捕与审查起诉六部分内容。

在总则部分,《指引》规定,人民检察院未检部门实行捕、诉、监、防一体化工作模式,以针对未成年人案件情况和身心状况开展帮助与教育。其次,人民检察院应当建立配备相关装备和设施的适合未成年人身心特点的未检专用工作室。最后,《指引》规定,人民检察院在办理未成年人刑事案件时应遵循特殊、优先保护、平等对待、教育挽救、诉讼权利保障等基本要求。《指引》对未检工作中的特殊检察制度作出了具体规定,主要包括法律援助、社会调查、法定代理人或合适成年人到场、亲情会见、心理测评与心理疏导、当事人和解、被害人救助以及犯罪记录封存等。在讯问未成年犯罪嫌疑人部分,《指引》强调,人民检察院在讯问时不仅需查明犯罪事实、核实主体身份及量刑情节,听取其辩解,还应深入了解其成长经历、犯罪原因、监护教育等相关情况,以充分获取其不良行为、违法犯罪、是否曾经遭受侵害以及回归社会的实际需求、有利条件、不利因素等方面的信息,并适时对未成年犯罪嫌疑人进行教育引导。同时,人民检察院在讯问过程中应充分照顾不同年龄段未成年人的身心特点,进行耐心倾听与理性引导。在询问未成年被害人与证人部分,《指引》主要规定了有别于成年人讯问、询问的基本要求、程序环节和注意要点等问题,有效保护其身心健康。在审查逮捕部分,《指引》对于案件审查中需要注意把握的要素(如社会调查、年龄、社会危险性、监护审查等)作出了详细规定,并对应当不捕、证据不足不捕、无社会危险性不捕以及应当逮捕、可以转捕的具体情形进行明确。在审查起诉部分,《指引》对未成年人犯罪案件起诉条件、分案起诉、量刑建议以及相对不起诉、附条件不起诉的适用原则、具体情形均作出进一步规定。[1]

(四)看守所法修改热议

1990 年颁布实施的《看守所条例》是根据 1979 年《刑事诉讼法》制定的。1996 年和 2012 年,《刑事诉讼法》曾经历两次修改,但与之配套实施的《看守所条例》却并未随之改动。2017 年 6 月 15 日,公安部公布了《中华人民共和国看守所法(公开征求意见稿)》,向社会公开征求意见,亮点主要体现在以下几个方面:①《意见稿》第 1 条将"尊重和保障人权"规定为该法的立法目的之一,这对于尊重和保障在押人员的人权是有重要意义的。②意见稿将 1990 年《看守所条例》中的"人犯"

---

[1] 检察日报:"最高检下发《未成年人刑事检察工作指引(试行)》",载 http://www.spp.gov.cn/zdgz/201703/t20170306_183542.shtml,最后访问时间:2018 年 5 月 19 日。

改为"犯罪嫌疑人、被告人",与《刑事诉讼法》保持了一致,这同时也是"任何人在未经依法判决有罪之前,应视其无罪"的精神体现。③规定在押人员可以与近亲属或监护人会见或通信。在此之前,这一直是法律界诟病审前羁押不符合保障人权精神的一点,此次在意见稿中得到了回应。④体现对未成年在押人员的保护,如"讯问未成年犯罪嫌疑人、被告人,应当有其法定代理人、其他成年亲属或者所在学校、单位、居住地基层组织或者未成年人保护组织的代表在场。讯问女性未成年犯罪嫌疑人、被告人,应当有女性工作人员在场"。⑤体现对孕期和哺乳期在押妇女及其胎儿、婴儿的特殊保护,如"哺乳自己不满一周岁婴儿的在押人员可以将婴儿带入监室哺养"等。⑥体现对可能判处重刑的在押人员的人权保护,如"对可能判处无期徒刑、死刑的案件或者其他重大犯罪案件,应当对讯问过程进行全程录音或者录像"。

基于此,意见稿受到实务界、学界的广泛关注,讨论热点主要集中于以下几个方面:一是注重保障在押人员的基本生活条件;二是明确看守所仅是刑事羁押机关的职能;三是注重防止牢头狱霸的现象。《看守所法》是《刑事诉讼法》实施的重要的配套法律,同时也是《宪法》《立法法》中人权保障内容的直接体现,是我国刑事诉讼制度中的重要内容,其出台具有不可忽视的重要意义。

（五）《人民法院组织法（修订草案）》

2017年8月28日,《人民法院组织法（修订草案）》（以下简称《草案》）提请十二届全国人大常委会第29次会议审议。此次修改是自1980年《人民法院组织法》颁布以来的第一次修改,《草案》将现行《人民法院组织法》的3章结构扩展为6章,条文从40条增加到66条。

《草案》的修改,紧扣深化司法体制改革的有关成果,具体分为人民法院的性质、任务和基本原则,人民法院的设置和职权,人民法院的审判组织,人民法院的组成人员和其他人员,以及人民法院行使职权的保障这六个大章。《草案》在总则中规定了人民法院独立行使审判权、适用法律人人平等、司法公正、司法民主、司法公开和司法责任制等基本原则。在"人民法院的设置和职权"一章中,规定可以增设跨区法院、海事法院和知识产权法院、巡回法庭。在人民法院内部,人民法院根据审判工作需要,可以设必要的审判庭。法官员额较少的中级人民法院和基层人民法院,可以设综合审判庭或者不设审判庭。人民法院可以设必要的审判辅助机构和司法行政管理机构,也可以让社会力量参与审判辅助工作和司法行政工作。在"人民法院的审判组织"一章中,规定了不同审判组织的人员组成和责任承担,将办案责任制落实其中。在"人民法院的组成人员和其他人员"一章中,规定:"人民法院由院长一人,副院长、审判委员会委员和其他法官若干人组成。"与现行《人民法院组织法》相比,改变以往庭长在内的组成结构,体现了"以审判为中心"的改革方向。此外,《草案》还增加了对司法人员进行分类管理、对法官实行员额制等相关内容。在"人民法院行使职权的保障"一章中,增加维护法庭秩序和审判权威的规定,增加完善法官职业保障，履职保障的规定。同时注重司法审判紧跟时代脚步，提出了加强信息化建设，运用互联网、大数据等现代信息技术，提高工作效率，保障司法公正的要求。

（六）《人民检察院组织法（修订草案）》

2017年8月28日，《人民检察院组织法（修订草案）》（以下简称《草案》）提请十二届全国人大常委会第29次会议审议。《草案》将现行人民检察院组织法的3章结构扩展为6章，将现行人民检察院组织法的40条规定增加到66条。《草案》围绕人民检察院的性质和任务，检察工作的基本原则和工作体制，机构设置和办案组织，适应国家监察体制改革新要求，检察院人员分类管理和检察官员额制，检察院行使职权的制度保障等主要内容进行规定。并结合全国人大及其常委会有关人民检察院的新规定，融入深化司法体制改革的有关成果进行修改和完善。具体包括以下亮点内容：

第一，《草案》对人民检察院的任务进行了修改并增加了基本原则的规定。在工作机制方面，草案坚持现行人民检察院组织法检察工作体制的规定，体现检察一体化原则，新增司法责任制改革的内容，《草案》规定"检察长、检察委员会对案件作出决定的，承担相应责任"，体现了"谁决定谁负责"的原则。

第二，在人民检察院的机构设置上，《草案》规定"可以设立跨行政区划人民检察院，办理跨地区案件"，增加"新疆维吾尔自治区生产建设兵团人民检察院"的规定。同时，根据检察工作需要，并征求有关部门意见后，可以在检察院内部设立办案机构、综合业务机构、检察辅助机构和司法行政机构。

第三，检察官办案组和独任检察官处理案件需遵循司法责任制的要求。草案对检察官办案组的组成、主任检察官和独任检察官的办案权限、法律文书的签发等作出规定，并根据"谁办案谁负责"的要求，规定检察官对其职权范围内就案件作出的决定负责。

第四，新增人民检察院派驻检察室的规定。"人民检察院根据检察工作需要，可以在监狱等场所设立检察室，行使派出它的人民检察院的部分职权。"

第五，为适应国家监察体制改革要求，《草案》将现行《人民检察院组织法》规定的"对于直接受理的刑事案件，进行侦查"，修改为"对依照法律规定由其办理的刑事案件行使侦查权"。

第六，增加检察院人员分类管理和检察官员额制的规定，要求对人民检察院的检察官、检察辅助人员和司法行政人员实行分类管理，对检察官录用和遴选，检察官助理、书记员、司法警察的基本职责作出区别规定。

第七，增加监察官履职保障，检察院工作人员职业保障和信息化建设的规定，为人民检察院行使职权营造一个更加完善的制度环境。

（七）人民监督员管理信息系统建立

为加强人民监督员工作信息化建设，深化人民监督员制度改革，司法部会同最高人民检察院组织研发了人民监督员管理信息系统。2017年10月,最高检办公厅、司法部办公厅联合印发《关于全国人民监督员管理信息系统部署运行的通知》(以下简称《通知》),部署该系统运行工作,要求于2017年年底之前建立全国范围内人民监督员信息库,2018年全国各地的人民监督员选任管理和选用衔接工作全部在线操作。

要实现人民监督员工作信息化建设,有必要对人民监督员管理信息系统进一步部署运行,并建立全国人民监督员信息库,从而实现人民监督员选任管理、选用衔接工作在线处理,促进司法行政机关和检察机关信息共享和协同联动,推动人民监督员工作规范化、便捷化。加快实现人民监督员管理信息系统的建设与全面运行,是贯彻党中央关于深化人民监督员制度改革决策部署,推进人民监督员工作信息化建设的重要工作。本次人民监督员管理信息系统采用中央级平台部署和省级平台部署两级部署模式。中央级平台部署在司法部,面向司法部法制司、最高检办公厅等用户提供全国数据总览查询、统计分析等功能。省级平台部署于各省(区、市)司法厅(局),根据权限设置,可以实现以下几种功能:①面向省、市两级司法行政机关用户、检察机关用户提供选任管理、履职抽选及情况反馈、数据统计分析等功能;②面向人民监督员用户提供履职通知、个人信息管理等功能;③面向社会公众用户提供选任报名等功能。

2017年9月,人民监督员管理信息系统开始在山西、吉林等11个省(区、市)开展试运行。10月21日起,试点地区检察机关开始邀请人民监督员参加案件监督、履职情况反馈,司法行政机关选任管理、履职抽选等工作,应全部通过系统完成。截至2017年12月底前,已经完成全国省市两级人民监督员基础信息录入工作,并建立全国人民监督员信息库。2018年1月1日起,全国的人民监督员选任管理和选用衔接工作全部在线操作。《通知》要求,检察机关、司法行政机关要加强组织领导、工作协调,加大保障力度等。检察机关要及时做好人民监督员监督评议案件和参加其他检务活动等信息填报工作,依托系统完善人民监督员履职信息库。[1]

(八)全国减刑假释信息化办案平台开通

全国减刑假释信息化平台于2017年11月23日正式开通,在这一平台开通之后,全国的减刑假释案件将统一在这一平台进行办理,使得减刑假释案件的办理流程更加严格规范,手续更加公开透明,质效更加巩固提升。全国减刑假释信息化办案平台是最高人民法院、最高人民检察院、司法部为贯彻落实党中央关于严格规范减刑假释工作,提高司法公信力而联合建设的跨部门、跨地区的全国性减刑假释网络化、

---

[1] 检察日报:"全国人民监督员管理信息系统试运行",载http://www.spp.gov.cn/zdgz/201710/t20171018_202695.shtml,2018年5月19日访问。

阳光化、智能化办案平台。[1] 为此，最高人民法院积极推进减刑假释信息化办案平台建设，将信息化办案平台建设作为完善减刑、假释、暂予监外执行公开制度的重要举措写入人民法院"四五"改革纲要，并会同检察机关、刑罚执行机关在前期试点工作基础上，进一步深化减刑假释信息化办案平台建设试点工作，取得了重要成果。[2]

在平台开通当天，最高人民法院召开全国减刑假释信息化办案平台建设情况新闻发布会，介绍这一平台建设相关情况并回答了记者的提问。最高人民法院审监庭庭长夏道虎、最高人民法院信息中心副主任钱晓晨、最高人民检察院刑事执行检察厅副厅长周伟、司法部监狱管理局局长王进义出席发布会并介绍了有关情况，最高人民法院新闻发言人林文学主持发布会。

最高人民法院审判监督庭庭长夏道虎介绍，该平台的基本结构是"三纵三横"，"三纵"是指：最高人民法院与各高级人民法院以及承担减刑假释办案任务的中级人民法院之间实现互联互通；司法部与各省级监狱管理机关以及所辖监狱之间实现互联互通；最高人民检察院与各省级人民检察院以及承担减刑假释法律监督职能的市级人民检察院之间实现互联互通。"三横"是指：最高人民法院、各高级人民法院、承担减刑假释办案任务的中级人民法院分别与同级人民检察院、同级司法行政机关及相关监狱实现互联互通。[3] 同时，该平台将实现"四个全面"和"四个全覆盖"。"四个全面"即全面互联互通、全面网上办案、全面依法公开、全面智能支撑。"四个全覆盖"即减刑假释案件全覆盖、办案部门全覆盖、办案人员全覆盖、案件数据全覆盖。

值得一提的是，该平台具有远程视频庭审功能，可以实现法院、检察院和监狱之间的远距离视频开庭，也可以对减刑假释案件的庭审过程进行网上直播，使得案件审理依法全程公开并接受监督，确保减刑假释案件审理在阳光下进行，让司法腐败无处藏身，使人民群众在每一个司法案件中感受到公平正义。该信息化平台的建设运行是贯彻落实习近平总书记重要指示精神和党中央关于严格规范减刑假释工作部署的重要举措，是全面推进司法改革、提升司法公信力的重要举措，是将司法活动与现代科技深度融合，推进智慧法院、智慧检务、智慧司法建设的重要举措，是解决减刑假释工作中存在的问题，积极回应人民群众关切的重要举措，也是贯彻落

---

[1] 人民法院新闻传媒总社："最高法通报全国减刑假释信息化办案平台建设情况"，载 http：//www. court. gov. cn/zixun – xiangqing – 70252. html，2018 年 2 月 24 日访问。
[2] 中国法院网："最高法举行减刑假释办案平台信息化建设发布会"，载 https：//www. chinacourt. org/article/detail/2017/11/id/3084838. shtml，2018 年 2 月 24 日访问。
[3] 网易新闻："（法治）严格规范、全程留痕——全国减刑假释信息化办案平台开通"，载 http：//news. 163. com/17/1123/19/D3UU3R1J00018AOQ. html，2018 年 2 月 24 日访问。

实党的十九大精神,深化依法治国实践的重要举措。[1]

(九) 国际刑事司法协助立法热议

随着涉外严重刑事案件不断增多,出于推进反腐败国际追逃追赃与加强国际合作打击跨国犯罪的需要,为进一步规范和完善我国刑事司法协助体制,突破刑事司法协助国际合作的法律障碍,制定一部内容完善、卓有成效的国际刑事司法协助法显得尤为必要。2017年12月22日,十二届全国人大常委会第三十一次会议对《国际刑事司法协助法(草案)》(以下简称《草案》)进行审议,由全国人大外事委员会主任委员傅莹对《草案》进行说明。《草案》着眼于为我国与外国的国际刑事司法协助提供必要的法律依据,以解决合作中的实际问题为导向,以服务反腐败国际追逃追赃为目的,对刑事司法协助请求的提出、接收和处理,送达文书,调查取证,安排证人作证或者协助调查,涉案财物的查封、扣押、冻结,违法所得的没收、返还和分享,刑事诉讼结果通报等作出规范,并对开展协助的原则、依据、对外联系机关、主管机关和办案机关以及经费保障和费用承担等问题进行规定。[2]

在国际刑事司法协助调查取证方面,《草案》对我国向外国、外国向我国提出调查取证请求的事项和程序作出具体规定,包括:两种情况下提出、接收和处理刑事司法协助请求的程序、请求书要件、我国拒绝提供协助的情形、附加条件、结果通知;我国向外国提出调查取证请求的事项程序、外国向我国提出调查取证请求在我国执行的程序和拒绝安排的情形、调查取证请求书的要件、证据材料和物品的返还;送达文书的要件、范围、效力以及请求、请求执行程序;安排证人或协助调查请求程序及请求书要件等具体规定。[3] 为解决刑事司法协助实践中我国司法机关开展"查扣冻"国际合作中存在的法律障碍难题,《草案》对我国向外国提出查封、扣押、冻结涉案财物请求,没收、返还、分享违法所得请求的程序和要件,以及外国向我国提出此类请求的审查、执行程序进行规定。[4]

(十) 认罪认罚制度中期报告

为完善刑事诉讼制度、优化司法资源配置、依法及时有效惩罚犯罪、加强人权司法保障,2016年7月,中央全面深化改革领导小组第二十六次会议审议通过《关于认罪认罚从宽制度改革试点方案》(以下简称《试点方案》),为认罪认罚从宽制度改革试点指明方向;2016年9月,十二届全国人大常委会第二十二次会议通过

---

[1] 中国法院网:"最高法举行减刑假释办案平台信息化建设发布会",载 https://www.chinacourt.org/article/detail/2017/11/id/3084838.shtml,2018年2月24日访问。

[2] 人民日报:"我国拟立法促进反腐败,国际追逃追赃合作",载 http://www.npc.gov.cn/npc/lfzt/rlyw/2017-12/23/content_2034562.htm,2018年2月24日访问。

[3] 新华网:"我国拟立法对国际刑事司法协助调查取证作出规定",载 http://www.npc.gov.cn/npc/lfzt/rlyw/2017-12/23/content_2034563.htm,2018年2月24日访问。

[4] 新华网:"国际刑事司法协助法草案拟用'查扣冻'新规破解国际追赃难题",载 http://www.npc.gov.cn/npc/lfzt/rlyw/2017-12/23/content_2034561.htm,2018年2月24日访问。

《关于授权最高人民法院、最高人民检察院在部分地区开展刑事案件认罪认罚从宽制度试点工作的决定》（以下简称《授权决定》），授权在18个地区开展刑事案件认罪认罚从宽制度试点；2016年11月，最高人民法院、最高人民检察院反复研究论证，会同公安部、国家安全部、司法部印发《关于在部分地区开展刑事案件认罪认罚从宽制度试点工作的办法》，正式启动试点工作。一年来，认罪认罚从宽制度改革试点工作稳步开展，并取得阶段性成效。2017年12月23日，在第十二届全国人民代表大会常务委员会第三十一次会议上，最高人民法院院长周强对以上方案和决定的实施情况的汇报和总结，作了《最高人民法院、最高人民检察院关于在部分地区开展刑事案件认罪认罚从宽制度试点工作情况的中期报告》（以下简称《中期报告》）。

根据《中期报告》，经过一年的试点探索，认罪认罚从宽制度实施效果逐步显现，主要包括三个方面：一是宽严相济刑事政策得到充分体现，促进了社会和谐稳定；二是司法资源得到合理配置，促进了刑事诉讼效率明显提升；三是当事人权利得到有效保障，促进了司法公正。但与此同时，认罪认罚从宽制度试点工作仍存在一些问题和困难：一是有的试点地区思想认识不够到位，对改革的意义、改革的内容、改革的要求认识不清、领会不透，如将"认罚"与赔偿被害人经济损失简单等同起来，或将"从宽"绝对化、简单化，对案件具体情节区分不够；二是试点工作整体推进不够平衡，有的地区试点案件数量偏少、比例偏低，试点案件类型和适用程序过于集中，对普通程序中的适用问题探索不够；三是一些环节协调配合还不够顺畅，办案规程、工作机制尚需进一步完善等。[1]

为进一步加大督察指导力度，确保改革试点圆满完成，《中期报告》指出，最高人民法院、最高人民检察院将在以习近平同志为核心的党中央坚强领导下，在全国人大及其常委会有力监督下，按照《试点方案》和《授权决定》的要求，开展下一步工作措施。主要包括以下四个方面：一是进一步提高认识，深入学习贯彻党的十九大精神，坚持以习近平新时代中国特色社会主义思想为指导；二是进一步加强改革督察，进一步加强对认罪认罚从宽制度试点中法官、检察官自由裁量权的依法监督；三是进一步完善制度机制，认真贯彻宽严相济刑事政策；四是进一步提升试点实效，加强沟通协调，充分调动试点参与各方积极性。[2]《中期报告》通过对试点工作开展情况、初步成效及存在问题以及下一步的工作措施进行汇报，使得广大人民对刑事案件认罪认罚从宽制度试点工作情况有充分了解，并对其未来发展完善充满信心。

四、典型案例

2018年初，多家法律类媒体进行了2017年度十大案件评选。最高人民法院、中

---

[1] 参见周强："最高人民法院、最高人民检察院关于在部分地区开展刑事案件认罪认罚从宽制度试点工作情况的中期报告"，http://www.dffyw.com/sifashijian/ziliao/201712/43583.html。

[2] 参见周强："最高人民法院、最高人民检察院关于在部分地区开展刑事案件认罪认罚从宽制度试点工作情况的中期报告"，http://www.dffyw.com/sifashijian/ziliao/201712/43583.html。

央电视台联合评选的"2017推动法律进程十大事件"包括：徐玉玉被电信诈骗案、于欢故意伤害案、王力军无证收购玉米被宣告无罪案、简阳市政府被诉公告违法案、王老吉加多宝红罐装潢纠纷案、全国首例"毒跑道"公益诉讼案、全国首例电商平台打假案、奢侈"包包女"拒不执行判决被搜查案、"百名红通"1号杨秀珠回国受审案、卢荣新无罪释放案。《人民法院报》编辑部评选的"2017年度人民法院十大刑事案件"包括：于欢故意伤害案、徐玉玉被电信诈骗案、内蒙古农民收购玉米案、赵春华涉枪案、卢荣新无罪释放案、任润厚受贿贪污巨额财产来源不明违法所得申请案、"e租宝"非法集资案、山东非法疫苗案、组织刷单入刑第一案、彭宇华李明哲颠覆国家政权案。《检察日报》评选的"2017十大法律监督案例"包括：于欢辱母杀人案、祁连山环境污染案、孙政才受贿案、核准追诉周涛案、肯尼亚押解回国人员特大电信诈骗案、西安地铁问题电缆案、丁国勤被改判无罪案、赵连生暴力伤医案、内蒙古农民收购玉米案、长江口非法倾倒垃圾案。根据评选结果与其他刑事典型案例，就以下重要案件进行扼要介绍：

1. 白银连环杀人案。

【案情简介】1988年5月至2002年2月间，高承勇在甘肃省白银市、内蒙古自治区包头市采取尾随女性、入室作案等方式，杀害女性共11名，引发社会恐慌。2016年甘肃省公安厅通过建设DNA的大数据库，将10万多份血样全部进行重新检测，并利用DNA-Y技术进行筛查，锁定高承勇为犯罪嫌疑人。2016年12月，高承勇案被移送审查起诉。2017年7月18日至19日，高承勇一案在白银市中级人民法院不公开开庭审理，两天庭审过程中，被告人高承勇对公诉人指控的事实没有异议，对指控的四项罪名全部认罪，公诉人在庭审调查阶段采用多媒体示证系统进行了示证，同时借助地图和实景照片还原了案发现场与相关细节。2018年3月30日，甘肃省白银市中级人民法院一审宣判"白银连环杀人案"，被告人高承勇被判故意杀人罪、强奸罪、抢劫罪、侮辱尸体罪，数罪并罚判处死刑，另判决赔偿附带民事诉讼原告人物质损失。被告人高承勇当庭表示服判，不提起上诉。

【影响性】自2016年3月公安部刑侦局组织开展疑难命案积案攻坚行动以来，山西绛县"4·19"3名女学生被杀案、贵州贵阳"2011·12~2012·2"系列杀人案、甘肃白银——内蒙古包头"1988·5~2002·2"等在全国有重大影响的系列案件相继成功告破。在本案中，公安部工作组先后4次带领刑侦专家赴白银市、包头市研讨案件，认真分析犯罪嫌疑人特征，对其活动地域进行科学判定，选择利用新科技手段对原有生物物证再利用的主攻方向。甘肃省公安厅通过DNA—Y染色体检验，初步确定了犯罪嫌疑人，再经指纹与DNA进一步比对，最终锁定犯罪嫌疑人。[1]证据裁判主义是现代诉讼制度的基石，科学技术的发展和在诉讼证明中的应

---

[1] "堂叔被采血样，染色体鉴定锁定恶魔"，载http：//news.163.com/16/0829/14/BVL30T2800014Q4P.html，2018年2月24日访问。

用为实现客观真实提供了更宽广的前景。多种高科技手段在刑事诉讼中得到应用，证据的收集方式与来源范围不断扩大，为查明案件事实真相提供了有力助力。在这一大背景下，如何进一步探索现代科技在刑事诉讼中的应用，解决刑事司法与现代科技融合中遇到的问题，是值得继续探讨的新领域。而现代科技与保障司法公正、提高诉讼效率、节约诉讼资源之间如何协调发展，也对不断完善相关立法，推动实践和学术研究提出了新课题、新挑战。

2. 最高检核准追诉周涛案。

【案情简介】1993 年 9 月 20 日，四川省什邡市发生了一起杀人案，但由于当时的技术条件和侦查能力所限，案件并未被侦破。2014 年 2 月 25 日，什邡市公安机关通过 DNA 与指纹库的比对，锁定周涛为该案的犯罪嫌疑人。2014 年 12 月 29 日，周涛因涉嫌故意杀人罪被刑事拘留。2015 年 1 月 28 日，什邡市公安局以周涛的行为涉嫌抢劫罪，报请检察机关核准追诉，但由于证据问题存在瑕疵，按照核准追诉案件的有关规定，四川省人民检察院将该案报请最高检审查是否核准追诉。2015 年 12 月，最高检侦查监督厅受理周涛抢劫追诉案后，先后三次向公安机关提出补充完善证据的要求，经过三次补充侦查，全案证据最终达到核准追诉的证明标准。2016 年 1 月 18 日，最高检经检察委员会讨论决定对涉嫌抢劫杀人的犯罪嫌疑人周涛予以核准追诉。2016 年 12 月 19 日，四川省德阳市中级人民法院一审以抢劫罪判处周涛无期徒刑，剥夺政治权利终身。周涛提出上诉。2017 年 3 月 20 日，四川省高级人民法院作出终审判决，认为本案事实清楚，证据确实、充分，驳回周涛上诉，维持原判。

【影响性】这一案件由于历经的时间跨度较大，所以在调查初期存在着证据薄弱、缺乏证明力等关键性问题。但检察机关没有因为历史原因造成的证据不足和瑕疵而降低该案的证明标准，而是三次补充完善证据，使案件达到了"犯罪事实清楚，证据确实、充分"的证明标准。法治的生命在于公正，对于追诉案件的核准必须极为谨慎，作出的结论既要符合法律的规定，又要经得起历史的检验。最高检在办理这一案件的过程中，在注重有罪证据补强的同时，也加强了对侦查活动的监督与对证据合法性的审查，敬畏法律、还原事实。在保障被告人合法诉讼权利的前提下，经过对全部证据的收集、审查、分析，以客观性证据为基石，还原了案件的事实真相。

3. 聂树斌无罪获赔案。

【案情简介】1994 年 8 月 11 日，在河北省石家庄西郊方台村附近的玉米地内，液压件厂女工康某某尸体被发现。1994 年 10 月 1 日，犯罪嫌疑人聂树斌被刑事拘留。1995 年 3 月 15 日，石家庄市中级人民法院一审以故意杀人罪、强奸罪判处聂树斌死刑；4 月 25 日，河北省高级人民法院二审维持原判；4 月 27 日，聂树斌被执行死刑。2005 年 1 月，多次实施强奸杀人的王书金被缉拿归案，自述是"聂树斌案"真凶。2013 年 9 月 22 日，河北省高级人民法院裁定王书金非聂树斌案真凶，驳回王金书上诉、维持原判。2014 年 12 月 12 日，最高人民法院指令山东省高级人民法院复查此案。2015年4月，山东省高级人民法院召开聂树斌案听证会。2016年6月6日，最高人民法院决定提审聂树斌案。2016年12月2日，最高人民法院第二巡回法庭对原审被告人聂树斌故意杀人、强奸妇女再审案公开宣判，以事实不清、证据不足为由，宣告撤销原审判决，改判聂树斌无罪。2017年3月30日，河北省高院就聂树斌家属聂学生、张焕枝申请国家赔偿案作出赔偿决定，并判决其获赔268.139 91万元人民币，其中，人身自由赔偿金5.257 91万元，死亡赔偿金、丧葬费126.482万元，张焕枝的个人生活费6.4万元，精神损害抚慰金130万元。

【影响性】随着司法改革的逐步推进，一批批冤假错案得到纠正，这既体现了我国对人权司法保障的重视，也表明了司法机关勇于纠错的态度和决心。聂树斌案的平反再一次彰显了"让人民群众在每一个司法案件中感受到公平正义"的司法理念，必将对今后冤假错案的平反产生深远的影响。虽然聂树斌无罪判决获得的国家赔偿虽远远未及其家人所主张的赔偿金额诉求，但130万元的精神损害赔偿金却创下了国内冤假错案中精神损害赔偿金额的最高纪录，体现了国家司法对个人生命自由的尊重，符合公平正义的基本要求，开创了国家赔偿领域新的里程碑。国家赔偿并非在为个人自由和生命定价，而是在公正、平等地守护法律的底线。聂树斌无罪获赔案，创下了国家赔偿精神损害抚慰金的历史新高，开启了司法领域人权保护的新起点。

4. 孙氏三兄弟涉黑案。

【案情简介】1996年3月12日，孙宝国、孙宝民、孙宝东三兄弟携带现金购买钢材，抵达鞍山市火车站后遭遇出租司机等十余人持械围殴，致一死四伤。1997年，辽宁省鞍山市铁东区人民法院对孙氏三兄弟以故意伤害罪（防卫过当）判处有期徒刑并适用缓刑。1999年至2002年三年间，孙氏兄弟等人先后实施了故意伤害、非法拘禁等多种罪名。2011年11月，吉林市中级人民法院对主犯孙宝国以故意杀人罪和组织、领导黑社会性质组织罪等13项罪名判处死刑，剥夺政治权利终身。对孙宝东以故意杀人罪和参加黑社会性质组织罪等5项罪名判处无期徒刑，剥夺政治权利终身。2013年，吉林省高级人民法院二审审理此案，认定孙宝国犯故意杀人罪和组织、领导黑社会性质组织罪等罪名，数罪并罚，决定执行死刑并缓期二年执行；认定孙宝东犯故意杀人罪等罪数罪并罚，决定执行有期徒刑19年。孙宝民犯敲诈勒索罪等罪名决定执行有期徒刑10年6个月。二审终审后，孙氏三兄弟申诉、上访不断。2015年12月16日、17日，最高人民法院对该案作出再审决定。2016年9月19日，最高院第二巡回法庭就本案的管辖、回避等问题召开庭前会议。2017年1月22日，最高院第二巡回法庭当庭宣告孙氏三兄弟等9人无罪。其后，吉林省高院根据《国家赔偿法》依法对其作出赔偿决定。

【影响性】党的十八大以来，以习总书记为核心的党中央领导集体，深入推进全面依法治国的基本方略，坚持全面深化司法改革的决心，大力加强人权司法保障并高度关注冤假错案的防范与纠正。正是在这一法治环境和背景之下，孙氏三兄弟涉黑案得以再审昭雪，时隔二十年后正义得以彰显。本案的再审宣告无罪体现了党中央纠正冤假错案的决心，确保了案件经得起历史和时间的考验，是对疑罪从无原则的贯彻落实。2016 年 9 月，国务院新闻办公室发表《中国司法领域人权保障的新进展》白皮书，指出"中国贯彻疑罪从无原则，积极防范和纠正冤假错案"。纠正冤假错案正是严格、公正司法的体现，表明了司法领域的人权保障，同时也增强了人民群众对法治建设的信心。此外，孙氏三兄弟再审被宣告无罪表明各级人民法院在司法实践中应当坚持证据裁判原则，使司法判决奠定在客观、关联、合法的证据体系基础之上；要落实程序公正的理念，确保案件的实体公正；应重视人权司法保障，保护犯罪嫌疑人、被告人的合法权益。本案是使人民群众进一步深入地感受到公平正义的经典案例。

5. "红通"一号杨秀珠回国受审案。

【案情简介】1996 年 12 月至 1999 年 5 月，杨秀珠在担任温州铁路房地产开发有限公司董事长、温州市市长助理、副市长、浙江省建设厅副厅长等职务期间，利用职务上的便利，侵吞公款人民币一千九百余万元，收受请托单位与个人的财物共计折合人民币七百余万元。2003 年 4 月，在获悉犯罪行为败露后，杨秀珠从上海出发，经由香港前往新加坡外逃。2015 年 4 月 22 日，国际刑警组织中国国家中心局集中公布针对 100 名涉嫌犯罪的外逃国家工作人员、重要腐败案件涉案人员等的红色通缉令，杨秀珠名列第 1 号，国际刑警组织红色通缉令号码 A－745/7－2003〔1〕 2016 年 7 月 11 日，杨秀珠提出愿意回国自首，"无条件回国接受法律惩处"，向美方请求撤销避难申请，同年 8 月，美国移民法庭裁决同意杨秀珠撤销避难申请，并当庭判发遣返令。2016 年 11 月 16 日，潜逃海外 13 年之久的"百名红通人员"头号嫌犯杨秀珠回国投案自首。2017 年 10 月 13 日，浙江省杭州市中级人民法院公开宣判"百名红通"1 号人员杨秀珠贪污、受贿案，判处执行有期徒刑 8 年，并处罚金 80 万元；追缴杨秀珠贪污、受贿所得 2639.9455 万元。

【影响性】历经 13 年，窜逃 6 个国家，3 次申请政治避难，最终选择回国投案并接受审判，"百名红通"1 号人物杨秀珠案受到高度关注。自 2014 年中央追逃办成立后，31 个省区市和新疆生产建设兵团参照中央模式建立省、地市两级追逃追赃机构。追逃追赃机构纵向贯通中央、省区市、地市三级，横向跨纪检、司法、外交、金融等领域，形成上下联动、左右互通、信息共享、动态追踪的工作机制，高度整合各方力量，使得个案追击的效果更加明显。杨秀珠回国受审后，人民法院在审理过程中坚持追逃追赃并重，确定了"人赃俱获，罪罚兼备"的工作目标，严格依照法律与追逃追赃政策作出最终判决，以行动证明国家对于追逃追赃的坚定信心，向外逃

---

〔1〕 "'百名红通'1 号杨秀珠获刑 8 年，外逃 13 年终回国自首，犯贪污罪、受贿罪被数罪并罚"，载 http://news.163.com/17/1014/09/D0MRR6T300018AOR.html#p=D0M0KR1U00AN0001NOS，2018 年 2 月 24 日访问。

人员证明了海外不是避罪天堂,推动国家反腐工作进入一个新时代。据最高检公布的统计数据,自 2014 年 10 月起,各级检察机关已从 42 个国家和地区劝返遣返、引渡包括杨秀珠、李华波、王国强、黄玉荣等 35 名"百名红通人员"在内的外逃职务犯罪嫌疑人 222 人。追逃追赃,是正义所向,背后是有高效运作机制支撑的国家意志,对于那些仍在负隅顽抗的外逃腐败分子而言,他们面对的不是哪个具体的人,也不是哪个具体的部门,而是整个国家的力量。〔1〕

6. 卢荣新无罪释放案。

【案情简介】2014 年 6 月 9 日,卢荣新被西双版纳傣族自治州中级人民法院一审以故意杀人罪、强奸罪数罪并罚,判处死刑缓期二年执行,剥夺政治权利终身,并赔偿附带民事诉讼原告人相应损失。2015 年 4 月 2 日,云南省高级人民法院以部分事实不清、证据不足为由裁定发回重审。2015 年 12 月 20 日,西双版纳傣族自治州中级人民法院作出刑事附带民事判决,以卢荣新犯故意杀人罪、强奸罪,数罪并罚,判处死刑缓期二年执行,剥夺政治权利终身,并赔偿附带民事诉讼原告人相应损失。宣判后,卢荣新不服提出上诉。2017 年 1 月 6 日,云南省高级人民法院作出终审判决,认定本案一审据以定案的证据不符合相关法律规定应予以排除,不能作为定案证据,且经公安机关在二审阶段重新侦查,发现本案不排除他人作案的可能,宣判卢荣新无罪并予以当庭释放。〔2〕2017 年 9 月 5 日,西双版纳傣族自治州中级人民法院与卢荣新达成赔偿协议,支付赔偿请求人卢荣新人身自由赔偿金 406 457.3 元与精神抚慰金 203 228.65 元,共计 609 686 元。

【影响性】卢荣新无罪释放案作为近年来纠正的一起典型的冤假错案,与赵作海案、陈满案、聂树斌案等冤错案件相类似,归因于办案机关非法取证以及审判机关未对证据作实质性分析。故云南省高级人民法院将西双版纳傣族自治州中级人民法院在一审中据以定案的不符合相关法律规定的证据予以排除,正是对非法证据排除原则与疑罪从无原则的贯彻。近年来,随着多起冤假错案的曝光,为破除司法实践中"留有余地的裁判方式"现象,刑事司法进行了一系列改革并不断予以完善。2016 年 10 月"两高三部"公布的《关于推进以审判为中心的刑事诉讼制度改革的意见》规定"证据不足,不能认定被告人有罪的,应当按照疑罪从无原则,依法作出无罪判决";2017 年 6 月,"两高三部"公布《关于办理刑事案件严格排除非法证据若干问题的规定》,明确侦查、起诉、辩护、审判阶段非法证据的认定标准和排除程序;2017 年 12 月 11 日,最高人民法院印发"三项规程",明确人民法院庭前会议、

---

〔1〕 中纪委机关刊:"外逃标志人物杨秀珠已归案,其他人没理由例外",载 https://news.qq.com/a/20161208/038435.htm,2018 年 2 月 24 日访问。

〔2〕 人民法治:"'2017 年推动法治进程十大案件'之卢荣新无罪释放案",载 http://mp.weixin.qq.com/s?__biz=MzA5NjEwNDg3OA==&mid=2649990405&idx=3&sn=436f46faf85bd6f912f9e9ed656358c4&chksm=88b23dc4bfc5b4d2e7d73c860011ed9012a51d0b4124e95c156e47692adbec1e354aaeeb7d8b&mpshare=1&scene=24&srcid=0223X2BGqGKWZODNFCpjnVUZ#rd,2018 年 2 月 24 日访问。

非法证据排除以及一审普通程序调查程序,切实防范冤假错案的产生。随着司法改革的不断深入,司法作为"维护社会公平正义的最后一道防线"的地位更加名副其实。

7. "三聚氰胺奶粉敲诈案"改判无罪案。

【案情简介】因女儿曾食用含三聚氰胺的"施恩"牌奶粉,2009年6月13日,施恩公司与郭利达成和解协议,施恩公司补偿郭利一方人民币40万元,郭利出具书面材料表示不再追诉并放弃赔偿要求。同年6月29日,施恩公司及其控股股东广东雅士利公司派员主动与郭利取得联系。在双方沟通的过程中,郭利提出要求对方再赔偿300万元。施恩公司及广东雅士利认为,郭利此行为属敲诈勒索,并于6月30日向警方报案。2010年1月,广东省潮安县人民法院一审认定被告人郭利犯敲诈勒索罪,判处有期徒刑5年,潮州中级人民法院二审及再审均维持原判。经郭利父母申诉,广东省高级人民法院审查后按照审判监督程序提审该案。2017年4月7日,广东高级人民法院再审认为,从本案发生、发展的过程看,尚不能认定郭利的行为性质超出民事纠纷的范畴。现有证据不足以证明郭利具有非法占有他人财物的目的,也不足以证明郭利实施了敲诈勒索行为。故判决撤销潮州中级人民法院及潮安县人民法院原裁决,改判原审被告人郭利无罪。审判长当庭告知郭利可依法申请国家赔偿。

【影响性】全面推进以审判为中心的刑事诉讼制度改革,旨在确保有罪的人受到公正惩罚、无罪的人不受刑事追究,为实现司法公正、防止产生冤错案件作了制度上的规定。通过本案的纠错,我们看到了实现个案公正的目标正在落实,看到了人权刑事司法保障的逐步完善,也看到了我国法治的不断进步。[1] 本案再审法院审判长认为,敲诈勒索罪是以非法占有为目的,实施威胁、要挟的方法,迫使被害人交出数额较大财物的行为,郭利作为消费者,通过媒体对产品质量进行舆论监督是行使其产品质量监督权的合法方式,且郭利提出300万元索赔前,政府部门已向社会公布了相关奶粉的质量问题,不具备实施要挟行为的条件;此外,郭利虚构妻子流产、患病等事实,不足以引发施恩公司一方产生恐惧、害怕等精神上的强制效果,不足以认定构成威胁、要挟行为。综上,本案现有证据既不足以证明郭利具有非法占有他人财物的目的,也不足以证明郭利实施了敲诈勒索行为,根据《刑事诉讼法》第195条第3项之规定,"对证据不足,不能认定被告人有罪的,应当作出证据不足、指控的犯罪不能成立的无罪判决",广东省高级人民法院改判原审被告人郭利无罪。在本案中,正义虽然迟到,但却没有缺席,依法纠正冤错案件,司法机关在不断努力。

---

[1] 网易新闻:"'三聚氰胺奶粉敲诈案'父亲被改判无罪",载http://news.163.com/17/0408/04/CHFKUNFA00018AOP.html,2018年6月26日访问。

8. 任润厚违法所得申请案。

【案情简介】任润厚系原山西省副省长，2014年9月20日因严重违纪被免职，同年9月30日因病死亡。根据最高人民法院的指定管辖决定，扬州市中级人民法院于2016年12月受理了申请没收任润厚违法所得一案。经庭审认定，犯罪嫌疑人任润厚犯受贿罪、贪污罪、巨额财产来源不明罪。2017年7月25日，扬州市中级人民法院对此案公开宣判，裁定没收任润厚违法所得人民币1 295.562 708万元、港币42.975 768万元、美元104.294 699万元、欧元21.320 057万元、加元1万元及孳息，以及物品135件予以没收，上缴国库。宣判后，利害关系人未提出上诉，裁定现已生效。

【影响性】2017年，反腐风暴继续推进，反映了中共中央反腐败的决心以及依法治国的执政理念及"法律面前人人平等"的原则，体现出反腐败工作法制化的特点。我国刑事法律中并未规定缺席审判制度，所以，在过去的司法实践中，当涉嫌贪污贿赂犯罪的犯罪嫌疑人因逃匿或者死亡而无法到案时，诉讼程序就无法进行。这直接导致了该类犯罪违法所得无法追缴，既不利于打击腐败犯罪、震慑犯罪分子，也不利于维护国家与被害人的合法权益。2012年《刑事诉讼法》增加了犯罪嫌疑人、被告人逃匿、死亡案件违法所得的没收程序；2017年1月5日，《最高人民法院、最高人民检察院关于适用犯罪嫌疑人、被告人逃匿、死亡案件违法所得没收程序若干问题的规定》正式实施。该案也是我国第一起因犯罪嫌疑人死亡而适用违法所得没收程序的省部级领导干部职务犯罪案件。这一程序的适用，不仅体现了司法机关在反腐工作中的重要作用，也彰显了中共中央对于腐败犯罪一追到底的决心与态度。

9. 内蒙古农民收购玉米案。

【案情简介】2014年11月，王力军未办理粮食收购许可证，且未经工商行政管理机关核准登记颁发执照，便开始无证照违法收购玉米，截至2015年1月底，将所购买的玉米卖给巴彦淖尔市粮油公司杭锦后旗蛮会分库，经营数额218 288.6元，非法获利6000元。2016年4月15日，巴彦淖尔市临河区人民法院依法对王力军作出刑事判决，以非法经营罪判处其有期徒刑1年，缓刑2年。一审判决宣告后，王力军未上诉，检察机关未抗诉，原一审判决生效。2016年12月16日，最高人民法院依法对该案作出再审决定，指令内蒙古自治区巴彦淖尔市中级人民法院对此案再审。2017年2月13日，巴彦淖尔市中院依法组成合议庭公开审理了本案，并依法认定王力军的行为虽然具有行政违法性，但不具备《刑法》第225条规定的非法经营行为相当的社会危害性和刑事处罚的必要性，不构成非法经营罪，遂依法作出了无罪判决。

【影响性】随着刑事法治的发展、人权观念的树立，尤其是近年来一些刑事冤假错案的曝光，刑事诉讼中的人权保障逐步受到重视。内蒙古农民收购玉米案的尘埃落定体现了法院判决对罪刑法定原则的遵守，亦彰显了刑事司法的公平正义。作为非法经营罪中"其他严重扰乱市场秩序的非法经营行为"的兜底条款，在司法实务的适用中，应当特别慎重，严格遵循罪刑法定的基本原则。王力军非法经营案的再审宣判，预示着农民无证收粮违法已经成为历史，同时也警示我们法律制度、审批制度的改革应当适应市场发展。财产权是人权的重要组成部分。长期以来，我国司法实践对刑事诉讼中的财产权保障关注不足，犯罪嫌疑人、被告人财产权被侵犯的情况时有发生。王力军收购玉米被宣告无罪，使得广大农民能够放心收购玉米，有效促进农产品的流通，有利于服务保障经济社会的持续健康发展。

10. 起诉肯尼亚押解回国人员特大电信诈骗案。

【案情简介】被告人张凯闵、林金德等50人于2015年6月至2016年4月间，被告人张家祥等35人于2014年6月至11月间，先后在印度尼西亚共和国、肯尼亚共和国参加针对中国大陆居民进行电信诈骗的犯罪集团，对中国大陆居民进行电信诈骗，总计骗取185名被害人钱款2900余万元。2016年11月，此案移送北京市检察院第二分院进行审查，同时，最高人民检察院公诉厅和北京市检察院公诉部门全程指导督办。2017年12月21日，北京市第二中级人民法院以诈骗罪判处被告人张凯闵、林金德有期徒刑15年；判处韩刚、张家祥、徐伟伦等83人有期徒刑14年至1年9个月不等刑罚，并处剥夺政治权利及罚金。在被告人中，有70余人系公安部组织北京市公安局于2016年4月从肯尼亚押解回国人员，其中张凯闵等44人为台湾居民。

【影响性】电信诈骗犯罪与人民生活密切相关，加大对电信诈骗犯罪活动的打击力度已成为国际社会的普遍共识。对于从肯尼亚押解回国人员特大电信诈骗案的起诉与宣判，体现了我国司法机关打击电信诈骗犯罪的坚定决心与积极态度。同时，该案的部分被告人为台湾居民，根据《公安机关办理刑事案件程序规定》，结合该案的实际情况，公安部指定由北京市公安机关侦办此案。按照两岸协商达成的有关共识，本着打击犯罪、保护受害人利益、实现司法公正的目的，大陆公安机关将有关情况通报了台方。对于严重侵害我国人民财产权益，影响人民安全感的电信诈骗犯罪，嫌疑人是谁、无论跑到哪里，公安司法机关都将坚决追捕、依法严惩，切实保障群众的财产安全和合法权益。

11. 于欢辱母杀人案。

【案情简介】2016年4月14日，于欢在母亲苏银霞与自己被11名催债人殴打侮辱一小时之后，用水果刀刺伤4人，其中1人因抢救无效死亡。2017年2月17日，山东省聊城市中级人民法院一审以故意伤害罪判处于欢无期徒刑，引发了舆论的广泛关注。在一审宣判后，附带民事诉讼原告人杜洪章、许喜灵、李新新等人与被告人于欢均不服一审判决，分别提出上诉。2017年3月24日，山东省高级人民法院受理了上诉。2017年5月27日，山东省高级人民法院公开审理于欢故意伤害案。2017年6月23日，山东省高级人民法院对该案公开宣判，认定被告人于欢刺死1人的行为系防卫过当，将刑期由无期徒刑改为有期徒刑5年。

【影响性】于欢案引发广泛的舆论关注始于媒体的报道，体现了媒体与舆论对司法的监督，而监察机关作为法律监督机关也在第一时间对这一案件做出了回应。2017年3月26日，最高人民检察院派调查员赴山东阅卷，同时听取山东省检察机关汇报，对案件事实与证据进行了全面审查，推动二审程序中将被告人于欢由无期徒刑改为有期徒刑5年。在这一案件中，监察机关积极发挥诉讼监督职能，提出检查监督意见，将激昂的民意转化为严谨的法律判断，体现了检察机关维护法律尊严与捍卫公平正义的决心。

12. 祁连山环境污染系列批捕案。

【案情简介】2017年1月16日，央视曝光甘肃省祁连山生态环境的系列问题，随后甘肃省检察院及时下发了《甘肃省检察机关充分履行检察职能服务和保障祁连山生态环境保护工作的意见》，并派出工作组在张掖、酒泉、武威等地进行保护区实地督导，采取一系列有力的监督措施，并取得了显著的办案成效。截至2017年10月，甘肃省检察机关共批捕祁连山破坏环境资源犯罪案件8件16人，建议行政执法机关移送破坏环境资源犯罪案件23件30人，监督公安机关立案侦查破坏环境资源犯罪案件14件15人。此外，甘肃省检察机关侦监部门在服务和保障祁连山生态环境保护工作中，共向民行部门移交公益诉讼案件线索13件，向反贪反渎部门移交职务犯罪案件线索13件。可以说，一年以来，甘肃省检察机关在祁连山生态环境保护工作中，积极发挥两法衔接的优势共享职能，形成监督合力，取得了良好的政治效果、法律效果和社会效果。

【影响性】党的十九大以来，我国的社会矛盾已经转化为人民日益增长的美好生活需要和不平衡不充分的发展之间的矛盾，这就要求我们全力推进绿色发展，着力解决突出环境问题，加大生态系统保护力度，并大力改革生态环境监管体制。建设美丽中国，必须满足人民日益增长的优美生态环境的需要，不忘初心，牢记使命。祁连山作为我国西部的重要生态安全屏障、重要的水源产流地，以及我国生物多样性保护优先区域，对我国生态资源的多样性保护、人民和谐生活的创建、生态经济的健康发展都起着至关重要的作用。祁连山环境污染批捕案是2017年度最高检十大法律监督案件之一，由最高检指导督办，体现了党中央对祁连山生态、资源以及环境保护的重视程度，以此为起点，相信未来在司法领域必会进一步加大对破坏环境、生态资源行为的打击力度，更加重视环境资源的保护，为建设美丽、和谐的中国助力。

第二节　民事诉讼法的实践状况*

一、民事审判执行的基本数据[1]

（一）2017年上半年全国法院民事审判执行的基本数据

根据最高人民法院审判管理办公室公布的数据，2017年上半年，全国各级人民

---

* 本部分执笔人：中国政法大学诉讼法学研究院谭秋桂教授。

[1] 2018年是换届年，最高人民法院工作报告提供的司法数据为5年（即2013年至2017年）的总数据，至本书截稿时2017年的年度数据尚未公布，故本节数据口径与往年《中国诉讼法治发展报告》的数据口径有所不同。

法院受理案件1458.6万件，结案888.7万件，结案率60.9%，未结案件599万件。与2016年上半年同比，全国法院受理案件数量增加11.4%，新收案件上升14.8%，结案数上升9.88%，未结案件数上升13.54%。其中，新收民事案件681.24万件，占全国新收案件的58.92%。在审结的民事案件中，排名靠前的案由主要有民间借贷、离婚纠纷、机动车交通事故责任纠纷、金融借款合同纠纷、物业服务合同纠纷、劳动争议、信用卡纠纷、房屋买卖合同纠劳务合同纠纷。全国法院旧存执行案件113.03万件，新收执行案件345.28万件，结案229.45万件，未结案件228.86万件，分别较2016年同期上升15.93%、31%、17.89%、36.86%。在已结案件中，以终结本次执行程序执结的案件74.02万件，同比下降6.87%；以执行完毕方式结案的案件78.12万件，同比上升18.16%；执行标的到位金额5553.97亿元，同比上升53.12%；执行保全到位金额2239.80亿元。最高人民法院2017年上半年受理各类案件15 400件，结案9594件，结案率62.3%，未结案件5806件。六个巡回法庭合计新收案件5730件，占最高人民法院新收案件总数的44.83%；审结4162件，占最高人民法院审结案件总数的43.48%。[1]

（二）2017年度北京、上海、广东、重庆等地审判执行基本数据

2017年全国各级法院新收和结案数量普遍增长显著。例如，北京市人民法院2017年新收案件769 817件，结案774 618件，比2012年分别上升86.3%、89.1%，全市法官人均结案达255.7件，与2016年相比上升28.6%，有的法院法官人均结案超过500件，朝阳法院收案、结案数量均突破13万件；[2]上海全市法院2017年受理各类案件80.43万件，审结80.21万件，同比上升12.5%和12.8%；[3]广东全省法院2017年共新收各类案件178.9万件，审结178.7万件，分别比2016年上升15.0%和19.7%，法官人均结案246.2件；[4]重庆市审结与经济发展密切相关的一审民商事案件258 190件，结案标的额1335.5亿元，审结一审知识产权案件5441件，审理破产案件391件，审结一审环境资源案件1688件，审结涉及教育、就业、住房、医疗等一审民事案件140 561件，审结婚姻家庭、抚养赡养等纠纷案件54 600件。[5]

---

[1] "最高法发布今年上半年审判执行数据，全国法院受理案件数突破一千四百万"，载《人民法院报》2017年8月1日（记者：乔文心）。

[2] 杨万明："北京市高级人民法院工作报告——2018年1月28日在北京市第十五届人民代表大会第一次会议上"。

[3] 崔亚东："上海市高级人民法院工作报告——2018年1月25日在上海市第十五届人民代表大会第一次会议上"。

[4] 龚稼立："广东省高级人民法院工作报告——2018年1月28日在广东省第十三届人民代表大会第一次会议上"。

[5] 杨临萍："重庆市高级人民法院工作报告——2018年1月28日在重庆市第五届人民代表大会第一次会议上"。

（三）2013 年至 2017 年全国法院民事审判执行的基本数据

2013 年至 2017 年，最高人民法院受理案件 82 383 件，审结 79 692 件，分别比前 5 年上升 60.6% 和 58.8%。地方各级人民法院受理案件 8896.7 万件，审结、执结 8598.4 万件，结案标的额 20.2 万亿元，同比分别上升 58.6%、55.6% 和 144.6%。

2013 年至 2017 年，地方各级人民法院审结一审商事案件 1643.8 万件，同比上升 53.9%。全国各级法院审结的商事案件中，破产案件 1.2 万件，买卖合同案件 410.6 万件，房地产纠纷案件 132.1 万件，借款、保险、证券等案件 503 万件，民间借贷案件 705.9 万件，互联网金融案件 15.2 万件。

2013 年至 2017 年，全国各级人民法院审结一审民事案件 3139.7 万件，同比上升 54.1%。其中，审结劳动争议、食品药品纠纷、消费者权益保护等关案件 232.5 万件，为农民工追回欠薪 294.4 亿元；审理涉及承包地"三权分置"、征地补偿等案件 126.1 万件；在山西、江苏、贵州、新疆等地 118 个法院开展家事审判方式改革试点，探索建立家事案件冷静期、心理测评服务等制度；审结老年人追索赡养费案件 12.6 万件；全面实施《反家庭暴力法》，发出人身安全保护令 2154 份；审结婚姻家庭案件 854.6 万件。

2013 年至 2017 年，全国各级人民法院审结一审知识产权案件 68.3 万件，审结环境民事案件 48.7 万件。审理生态环境损害赔偿案件 1.1 万件、检察机关提起的环境公益诉讼案件 1383 件、社会组织提起的环境公益诉讼案件 252 件，宁夏法院审结腾格里沙漠环境污染公益诉讼系列案，责令 8 家企业投入 5.69 亿元修复受损生态环境。

2013 年至 2017 年，全国各级人民法院审结涉外民商事案件 7.5 万件，审结一审海事案件 7.2 万件，办理国际司法协助案件 1.5 万件，审结涉港澳台、涉侨案件 8.1 万件，办理涉港澳台司法协助互助案件 5.8 万件。

2013 年至 2017 年，各级法院加大执行工作力度，着力破解执行难，受理执行案件 2224.6 万件，执结 2100 万件，执行到位金额 7 万亿元，同比分别上升 82.4%、74.4% 和 164.1%。最高人民法院与公安部、银监会等十多个单位建立网络执行查控系统，通过信息化、网络化、自动化手段查控被执行人及其财产，共查询案件 3910 万件次，冻结款项 2020.7 亿元，极大提高了执行效率。建立全国统一的网络司法拍卖平台，2017 年 3 月上线以来，共进行网络拍卖 36.9 万次，成交额 2545.3 亿元，溢价率 52%，为当事人节省佣金 78 亿元。联合国家发改委等 60 多个单位构建信用惩戒网络，形成多部门、多行业、多手段共同发力的信用惩戒体系，全国法院累计公开失信被执行人信息 996.1 万人次，限制 1014.8 万人次购买机票，限制 391.2 万人次乘坐动车和高铁，221.5 万人慑于信用惩戒主动履行义务；加大对抗拒执行行为惩治力度，以拒不执行判决裁定罪判处罪犯 9824 人。

2017 年，最高人民法院巡回法庭共审结案件 1.2 万件，占最高人民法院办案总数的 47%。巡回法庭共接待群众来访 4.6 万人次，最高人民法院本部接待来访总量下降33.2%。

全国法院从211 990名法官中遴选产生120 138名员额法官,其中,最高人民法院遴选产生367名员额法官。积极开展法官助理、书记员职务序列改革,充实审判辅助力量,实现85%以上人员向办案一线集中。根据全国人大常委会授权,在黑龙江、广西、重庆等地50个法院实行人民陪审员制度改革试点,提高陪审员的广泛性和代表性,让人民参与司法、监督司法。完善陪审员参审机制,全国陪审员共参审案件1295.7万件。

推进矛盾纠纷多元化解和案件繁简分流,坚持合法自愿原则,各级法院通过调解方式处理案件1396.1万件,全国基层法院适用简易程序和小额诉讼程序审结案件3241.6万件。[1]

根据最高人民法院工作报告公布的数据,2013年至2017年全国各级法院审结的一审民事案件数量情况如图3-2:

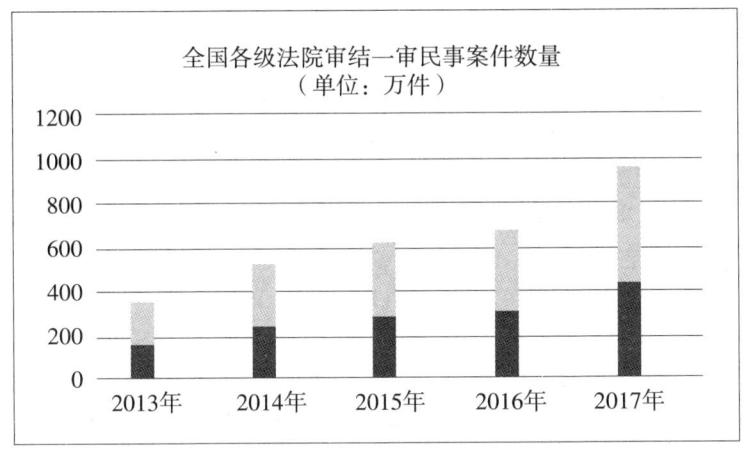

图3-2 2013~2017年全国各级法院审结一审民事案件数量

在民事审判领域,近年来,知识产权案件数量增长速度较快。为了适应实践的需要,最高人民法院决定设立北京、上海、广州知识产权法院和天津、南京、武汉等15个知识产权法庭。图3-3为近5年来全国法院审结一审知识产权案件数量情况。

---

[1] 周强:"最高人民法院工作报告——2018年3月9日在第十三届全国人民代表大会第一次会议上"。

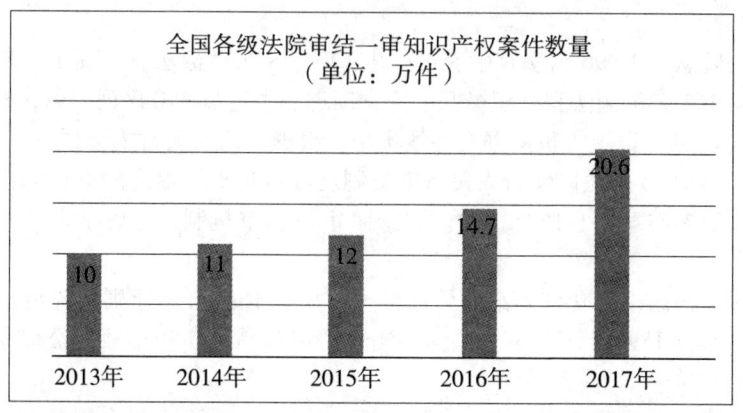

图 3-3 2013~2017 年全国法院审结一审知识产权案件数量

二、推行的主要民事司法政策

（一）规范执行案件移送破产的审查工作

2015 年颁行的《最高人民法院关于适用〈中华人民共和国民事诉讼法〉的解释》规定了执行程序与破产程序的衔接机制，为了促进和规范执行案件移送破产审查工作，保障执行程序与破产程序的有序衔接，根据《中华人民共和国企业破产法》《中华人民共和国民事诉讼法》《最高人民法院关于适用〈中华人民共和国民事诉讼法〉的解释》等规定，2017 年 1 月 20 日，最高人民法院印发《关于执行案件移送破产审查若干问题的指导意见》（法发〔2017〕2 号，以下简称《指导意见》）。

《指导意见》分为 6 个部分，共 21 条。分别规定了执行案件移送破产审查的工作原则、条件与管辖，执行法院的征询、决定程序，移送材料及受移送法院的接收义务，受移送法院破产审查与受理，受移送法院不予受理或驳回申请的处理，执行案件移送破产审查的监督等内容。

推进执行案件移送破产审查工作，有利于健全市场主体救治和退出机制，有利于完善司法工作机制，有利于化解执行积案，是人民法院贯彻中央供给侧结构性改革部署的重要举措，是当前和今后一段时期人民法院服务经济社会发展大局的重要任务。《指导意见》的颁行，对于各级人民法院正确理解执行案件移送破产的意义、规范执行案件移送破产的审查工作、确保依法审查和规范处理具有重要意义。

（二）规范执行款物管理工作

为规范人民法院对执行款物的管理工作，维护当事人的合法权益，最高人民法院对 2006 年 5 月 18 日发布施行的《关于执行款物管理工作的规定（试行）》（法发〔2006〕11 号）进行了修订，并于 2017 年 2 月 27 日发布修改后的《关于执行款物管理工作的规定》（法发〔2017〕6 号）。

修改后的《关于执行款物管理工作的规定》（以下简称《规定》）共 29 条，自

2017年5月1日起施行。《规定》明确了执行款物管理的原则，执行款物管理的权限分工，执行款物归集管理方法，执行款项的支付方式与手续，执行款的核算与结算，执行款发放的程序、方式及期限，财务部门办理执行款支付手续的审核职责，执行款提存的事由与程序，被执行人将执行依据确定交付、返还的物品直接交付申请执行人的程序与方式，人民法院对查封、扣押的物品的清点、登记、保管义务，对季节性商品、鲜活、易腐烂变质以及其他不宜长期保存的物品的处理程序等作出了具体规定。

《规定》创设了一案一账户的执行款项管理制度，严格了各种执行款物的管理规范，对于规范人民法院执行行为、维护执行当事人合法权益、确保执行款物安全具有十分重要的意义。

（三）加强巡回法庭审判管理工作

为进一步深入贯彻落实巡回审判、司法责任制、司法公开、网上办案等各项工作要求，切实加强巡回法庭审判管理工作，有效确保巡回法庭办案工作的质量和效率，充分发挥巡回法庭示范效应，最高人民法院于2017年4月6日发布《最高人民法院巡回法庭审判管理工作指导意见》（法发〔2017〕9号，以下简称《指导意见》），对巡回法庭在收立案阶段、审理阶段、结案阶段的审判管理工作的内容、方式、要求等作出了具体规定，并明确了审判管理的其他事项。《指导意见》共35条，对于统一和规范巡回法庭的审判管理工作和办案流程、方便当事人进行诉讼具有重要作用。

（四）指导加快智慧法院建设

为深入贯彻党的十八大和十八届三中、四中、五中、六中全会精神、十二届全国人大五次会议决议，全面落实《国家信息化发展战略纲要》和《"十三五"国家信息化规划》对智慧法院建设的总体要求，确保完成《人民法院信息化建设五年发展规划（2016~2020）》提出的2017年总体建成、2020年深化完善人民法院信息化3.0版的建设任务，以信息化促进审判体系和审判能力现代化，努力让人民群众在每一个司法案件中感受到公平正义，最高人民法院于2017年4月12日发布《最高人民法院关于加快建设智慧法院的意见》（法发〔2017〕12号，以下简称《意见》）。

《意见》分为6大部分，共23条，主要包括"充分认识加快建设智慧法院的意义、目标和要求""推进系统建设，提供坚强的信息化基础支撑""推进业务应用，大力提升审判工作质效""推进'互联网+阳光司法'，促进法院工作透明便民""运用大数据和人工智能技术，按需提供精准智能服务""强化工作保障，促进持续健康发展"等内容。根据《意见》，建设智慧法院，就是要构建网络化、阳光化、智能化的人民法院信息化体系，支持全业务网上办理，全流程审判执行要素依法公开，面向法官、诉讼参与人、社会公众和政务部门提供全方位智能服务，使信息化切实服务审判执行，让司法更加贴近人民群众，用先进信息技术不断提高各级人民法院的科学管理水平。

(五) 落实司法责任制，完善审判监督管理

为全面落实司法责任制改革，正确处理充分放权与有效监管的关系，规范人民法院院庭长审判监督管理职责，切实解决不愿放权、不敢监督、不善管理等问题，根据《最高人民法院关于完善人民法院司法责任制的若干意见》等规定，最高人民法院于2017年4月12日发布《最高人民法院关于落实司法责任制完善审判监督管理机制的意见（试行）》（法发〔2017〕11号，以下简称《意见（试行）》），就完善人民法院审判监督管理机制提出9条具体意见，自2017年5月1日起试行。

《意见（试行）》明确：

第一，各级人民法院在法官员额制改革完成后，必须严格落实司法责任制改革要求，确保"让审理者裁判，由裁判者负责"。除审判委员会讨论决定的案件外，院庭长对其未直接参加审理案件的裁判文书不再进行审核签发，也不得以口头指示、旁听合议、文书送阅等方式变相审批案件。

第二，各级人民法院应当逐步完善院庭长审判监督管理权力清单。院庭长审判监督管理职责主要体现为对程序事项的审核批准、对审判工作的综合指导、对裁判标准的督促统一、对审判质效的全程监管和排除案外因素对审判活动的干扰等方面。院庭长可以根据职责权限，对审判流程运行情况进行查看、操作和监控，分析审判运行态势，提示纠正不当行为，督促案件审理进度，统筹安排整改措施。院庭长行使审判监督管理职责的时间、内容、节点、处理结果等，应当在办公办案平台上全程留痕、永久保存。

第三，各级人民法院应当健全随机分案为主、指定分案为辅的案件分配机制。根据审判领域类别和繁简分流安排，随机确定案件承办法官。已组建专业化合议庭或者专业审判团队的，在合议庭或者审判团队内部随机分案。承办法官一经确定，不得擅自变更。因存在回避情形或者工作调动、身体健康、廉政风险等事由确需调整承办法官的，应当由院庭长按权限审批决定，调整理由及结果应当及时通知当事人并在办公办案平台公示。有下列情形之一的，可以指定分案：①重大、疑难、复杂或者新类型案件，有必要由院庭长承办的；②原告或者被告相同、案由相同、同一批次受理的2件以上的批量案件或者关联案件；③本院提审的案件；④院庭长根据个案监督工作需要，提出分案建议的；⑤其他不适宜随机分案的案件。指定分案情况，应当在办公办案平台上全程留痕。

第四，依法由合议庭审理的案件，合议庭原则上应当随机产生。因专业化审判需要组建的相对固定的审判团队和合议庭，人员应当定期交流调整，期限一般不应超过2年。各级人民法院可以根据本院员额法官和案件数量情况，由院庭长按权限指定合议庭中资历较深、审判驾驭能力较强的法官担任审判长，或者探索实行由承办法官担任审判长。院庭长参加合议庭审判案件的时候，自己担任审判长。

第五，对于符合《最高人民法院关于完善人民法院司法责任制的若干意见》第24条规定情形之一的案件，院庭长有权要求独任法官或者合议庭报告案件进展和评

议结果。院庭长对相关案件审理过程或者评议结果有异议的,不得直接改变合议庭的意见,可以决定将案件提请专业法官会议、审判委员会进行讨论。独任法官或者合议庭在案件审理过程中,发现符合上述个案监督情形的,应当主动按程序向院庭长报告,并在办公办案平台全程留痕。符合特定类型个案监督情形的案件,原则上应当适用普通程序审理。

第六,各级人民法院应当充分发挥专业法官会议、审判委员会总结审判经验、统一裁判标准的作用,在完善类案参考、裁判指引等工作机制基础上,建立类案及关联案件强制检索机制,确保类案裁判标准统一、法律适用统一。院庭长应当通过特定类型个案监督、参加专业法官会议或者审判委员会、查看案件评查结果、分析改判发回案件、听取辖区法院意见、处理各类信访投诉等方式,及时发现并处理裁判标准、法律适用等方面不统一的问题。

第七,各级人民法院应当强化信息平台应用,切实推进电子卷宗同步录入、同步生成、同步归档,并与办公办案平台深度融合,实现对已完成事项的记录跟踪、待完成事项的提示催办、即将到期事项的定时预警、禁止操作事项的及时冻结等自动化监管功能。

第八,各级人民法院应当认真落实党风廉政建设主体责任和监督责任,自觉接受权力机关法律监督、人民政协民主监督、检察监督、舆论监督和社会监督,不断提高公正裁判水平。组织人事、纪检监察、审判管理部门与审判业务部门应当加强协调配合,形成内部监督合力,坚持失责必问、问责必严。

第九,院庭长收到涉及审判人员的投诉举报或者情况反映的,应当按照规定调查核实。对不实举报应当及时了结澄清,对不如实说明情况或者查证属实的依纪依法处理。所涉案件尚未审结执结的,院庭长可以依法督办,并按程序规定调整承办法官、合议庭组成人员或者审判辅助人员;案件已经审结的,按照诉讼法的相关规定处理。

2017年7月25日,最高人民法院根据《最高人民法院关于完善人民法院司法责任制的若干意见》,结合最高人民法院工作实际,发布《最高人民法院司法责任制实施意见(试行)》(法发〔2017〕20号,以下简称《实施意见(试行)》)。《实施意见(试行)》共73条,自2017年8月1日起施行。《实施意见(试行)》明确了最高人民法院落实司法责任制的基本原则,规定了最高人民法院审判组织与人员的组成、职责范围、工作方式、与审判委员会的关系以及最高人民法院审判案件的流程、审判监督与管理等内容。

(六)继续推进家事审判方式改革

为加强对家事审判方式和工作机制改革的组织领导和统筹协调,强化部门间协作配合,及时研究解决工作中面临的重大问题,最高人民法院与中央综治办等15家单位联合决定建立家事审判方式和工作机制改革联席会议(以下简称联席会议)制度,并于2017年7月19日发布《最高人民法院、中央综治办、最高人民检察院、教育部、公安部、民政部、司法部、国家卫生计生委、新闻出版广电总局、国务院妇儿工委办公室、全国总工会、共青团中央、全国妇联、中国关工委、全国老龄办关于建立家事审判方式和工作机制改革联席会议制度的意见》（法〔2017〕18号，以下简称《意见》）。

《意见》明确了联席会议的主要职能、成员单位、工作规则、工作要求等内容。联席会议由最高人民法院、中央综治办、最高人民检察院、教育部、公安部、民政部、司法部、国家卫生计生委、新闻出版广电总局、国务院妇儿工委办公室、全国总工会、共青团中央、全国妇联、中国关工委、全国老龄办等15个部门和单位组成，最高人民法院为牵头单位。每个单位都有明确分工。

根据《意见》，联席会议的主要职能是：在中央政法委领导下，统筹协调推进家事审判方式和工作机制改革工作。研究制定家事案件纠纷化解政策措施和年度工作计划，探索家事审判程序改革，向全国人大提出家事特别程序立法建议；推动部门沟通与协作，明确职责任务分工，加强政策衔接和工作对接，推进多元化纠纷解决机制完善；推进家事审判工作专业化和群众路线相结合；督促、检查婚姻家庭纠纷化解工作落实，及时通报工作进展情况；完成中央交办的其他事项。

联席会议原则上每年召开一次全体会议，由召集人或召集人委托的同志主持。根据工作需要，可以召开临时会议。在全体会议召开之前，召开联络员会议，研究讨论联席会议议题和需提交联席会议议定的事项。联席会议以会议纪要形式明确会议议定事项。会议纪要经与会单位同意后印发有关方面，同时抄报国务院和中央政法委。重大问题经联席会议讨论后，由联席会议牵头单位报中央政法委决定。

各成员单位要按照职责分工，主动研究家事审判方式和工作机制改革工作及婚姻家庭纠纷化解工作的有关问题，及时向牵头单位提出需联席会议讨论的议题；积极参加联席会议，认真落实联席会议确定的工作任务和议定事项，及时处理需要跨部门协调解决的问题。各成员单位要互通信息，相互配合，相互支持，形成合力，充分发挥联席会议的作用，共同做好家事审判方式和工作机制改革有关工作。

（七）加强民事送达工作

送达是民事案件审理过程中的重要程序事项，是保障人民法院依法公正审理民事案件、及时维护当事人合法权益的基础。近年来，随着我国社会经济的发展和人民群众司法需求的提高，送达问题已经成为制约民事审判公正与效率的瓶颈之一，"送达难"的问题不但没有解决，反而呈愈发严重的态势。2017年7月19日，最高人民法院发布《关于进一步加强民事送达工作的若干意见》（法发〔2017〕19号，以下简称《意见》），要求各级人民法院要切实改进和加强送达工作，在法律和司法解释的框架内，创新工作机制和方法，全面推进当事人送达地址确认制度，统一送达地址确认书格式，规范送达地址确认书内容，提升民事送达的质量和效率，将司法为民切实落到实处。

《意见》共17条，分别规定了送达地址确认书应当包括的内容，当事人填写送达地址确认书时人民法院的告知义务以及应当告知的内容，当事人确认送达地址的时间及其适用的范围，当事人提供的送达地址不准确、拒不提供送达地址、送达地址变更未书面告知人民法院的法律后果，当事人拒绝确认送达地址或以拒绝应诉、拒接电话、避而不见送达人员、搬离原住所等躲避、规避送达，人民法院不能或无法要求其确认送达地址的处理办法，送达地址推定，电子送达的要求等内容。《意见》明确，人民法院可以根据实际情况，有针对性地探索提高送达质量和效率的工作机制，确定由专门的送达机构或者由各审判、执行部门进行送达，在不违反法律、司法解释规定的前提下，可以积极探索创新行之有效的工作方法；在送达工作中，可以借助基层组织的力量和社会力量，加强与基层组织和有关部门的沟通、协调，为做好送达工作创造良好的外部环境；要树立全国法院一盘棋意识，对于其他法院委托送达的诉讼文书，要认真、及时进行送达。鼓励法院之间建立委托送达协作机制，节约送达成本，提高送达效率。有条件的地方可以要求基层组织协助送达，并可适当支付费用。《意见》明确，要严格适用民事诉讼法关于公告送达的规定，加强对公告送达的管理，充分保障当事人的诉讼权利。只有在受送达人下落不明，或者用《民事诉讼法》第一编第七章第二节规定的其他方式无法送达的，才能适用公告送达。

（八）推动和规范民商事案件繁简分流

为贯彻落实最高人民法院《关于进一步推进案件繁简分流优化司法资源配置的若干意见》《关于人民法院进一步深化多元化纠纷解决机制改革的意见》，推动和规范人民法院民商事案件繁简分流、先行调解、速裁等工作，依法高效审理民商事案件，实现简案快审、繁案精审，切实减轻当事人诉累，根据《中华人民共和国民事诉讼法》及有关司法解释，结合人民法院审判工作实际，最高人民法院于2017年5月8日印发《最高人民法院关于民商事案件繁简分流和调解速裁操作规程（试行）》（法发〔2017〕14号，以下简称《操作规程（试行）》）。

《操作规程（试行）》共25条，分别规定了民商事简易纠纷解决方式的程序构成、程序分流员的职责和分流程序、程序分流的期限、程序转换的程序、先行调解告知书应当包括的内容、委托调解适用的范围与调解期限、法院专职调解员的职责、委托调解达成协议及未能达成协议的处理、调解程序与诉讼程序的衔接、第二审程序中的调解规则、先行调解诉讼费用的预交与交纳规则、诉调对接管理系统建设与内容、速裁组织的设立与适用的纠纷范围、不得适用速裁程序的纠纷范围、速裁的程序安排及裁判方式、速裁程序的审限、速裁程序应当转为普通程序的情形等内容。

《操作规程（试行）》对于规范人民法院民商事案件繁简分流、先行调解、速裁工作具有重大意义。

三、典型案例

（一）最高人民法院公布的民商事指导案例

1. 指导案例78号——北京奇虎科技有限公司诉腾讯科技（深圳）有限公司、深圳市腾讯计算机系统有限公司滥用市场支配地位纠纷案（最高人民法院审判委员会讨论通过 2017 年 3 月 6 日发布）。

【关键词】民事/滥用市场支配地位/垄断/相关市场。

【裁判要点】（1）在反垄断案件的审理中，界定相关市场通常是重要的分析步骤。但是，能否明确界定相关市场取决于案件具体情况。在滥用市场支配地位的案件中，界定相关市场是评估经营者的市场力量及被诉垄断行为对竞争影响的工具，其本身并非目的。如果通过排除或者妨碍竞争的直接证据，能够对经营者的市场地位及被诉垄断行为的市场影响进行评估，则不需要在每一个滥用市场支配地位的案件中都明确而清楚地界定相关市场。

（2）假定垄断者测试（HMT）是普遍适用的界定相关市场的分析思路。在实际运用时，假定垄断者测试可以通过价格上涨（SSNIP）或质量下降（SSNDQ）等方法进行。互联网即时通信服务的免费特征使用户具有较高的价格敏感度，采用价格上涨的测试方法将导致相关市场界定过宽，应当采用质量下降的假定垄断者测试进行定性分析。

（3）基于互联网即时通信服务低成本、高覆盖的特点，在界定其相关地域市场时，应当根据多数需求者选择商品的实际区域、法律法规的规定、境外竞争者的现状及进入相关地域市场的及时性等因素，进行综合评估。

（4）在互联网领域中，市场份额只是判断市场支配地位的一项比较粗糙且可能具有误导性的指标，其在认定市场支配力方面的地位和作用必须根据案件具体情况确定。

2. 指导案例79号——吴小秦诉陕西广电网络传媒（集团）股份有限公司捆绑交易纠纷案（最高人民法院审判委员会讨论通过 2017 年 3 月 6 日发布）。

【关键词】民事/捆绑交易/垄断/市场支配地位/搭售。

【裁判要点】（1）作为特定区域内唯一合法经营有线电视传输业务的经营者及电视节目集中播控者，在市场准入、市场份额、经营地位、经营规模等各要素上均具有优势，可以认定该经营者占有市场支配地位。

（2）经营者利用市场支配地位，将数字电视基本收视维护费和数字电视付费节目费捆绑在一起向消费者收取，侵害了消费者的消费选择权，不利于其他服务提供者进入数字电视服务市场。经营者即使存在两项服务分别收费的例外情形，也不足以否认其构成反垄断法所禁止的搭售。

3. 指导案例80号——洪福远、邓春香诉贵州五福坊食品有限公司、贵州今彩民族文化研发有限公司著作权侵权纠纷案（最高人民法院审判委员会讨论通过 2017 年 3 月 6 日发布）。

【关键词】民事/著作权侵权/民间文学艺术衍生作品。

【裁判要点】民间文学艺术衍生作品的表达系独立完成且有创造性的部分，符合《著作权法》保护的作品特征的，应当认定作者对其独创性部分享有著作权。

4. 指导案例 81 号——张晓燕诉雷献和、赵琪、山东爱书人音像图书有限公司著作权侵权纠纷案（最高人民法院审判委员会讨论通过 2017 年 3 月 6 日发布）。

【关键词】民事/著作权侵权/影视作品/历史题材/实质相似。

【裁判要点】（1）根据同一历史题材创作的作品中的题材主线、整体线索脉络，是社会共同财富，属于思想范畴，不能为个别人垄断，任何人都有权对此类题材加以利用并创作作品。

（2）判断作品是否构成侵权，应当从被诉侵权作品作者是否接触过权利人作品、被诉侵权作品与权利人作品之间是否构成实质相似等方面进行。在判断是否构成实质相似时，应比较作者在作品表达中的取舍、选择、安排、设计等是否相同或相似，不应从思想、情感、创意、对象等方面进行比较。

（3）按照《著作权法》有关保护作品的规定，人民法院应保护作者具有独创性的表达，即思想或情感的表现形式。对创意、素材、公有领域信息、创作形式、必要场景，以及具有唯一性或有限性的表达形式，则不予保护。

5. 指导案例 82 号——王碎永诉深圳歌力思服饰股份有限公司、杭州银泰世纪百货有限公司侵害商标权纠纷案（最高人民法院审判委员会讨论通过 2017 年 3 月 6 日发布）。

【关键词】民事/侵害商标权/诚实信用/权利滥用。

【裁判要点】当事人违反诚实信用原则，损害他人合法权益，扰乱市场正当竞争秩序，恶意取得、行使商标权并主张他人侵权的，人民法院应当以构成权利滥用为由，判决对其诉讼请求不予支持。

6. 指导案例 83 号——威海嘉易烤生活家电有限公司诉永康市金仕德工贸有限公司、浙江天猫网络有限公司侵害发明专利权纠纷案（最高人民法院审判委员会讨论通过 2017 年 3 月 6 日发布）。

【关键词】民事/侵害发明专利权/有效通知/必要措施/网络服务提供者/连带责任。

【裁判要点】（1）网络用户利用网络服务实施侵权行为，被侵权人依据《侵权责任法》向网络服务提供者所发出的要求其采取必要措施的通知，包含被侵权人身份情况、权属凭证、侵权人网络地址、侵权事实初步证据等内容的，即属有效通知。网络服务提供者自行设定的投诉规则，不得影响权利人依法维护其自身合法权利。

（2）《侵权责任法》第 36 条第 2 款所规定的网络服务提供者接到通知后所应采取的必要措施包括但并不限于删除、屏蔽、断开链接。"必要措施"应遵循审慎、合理的原则，根据所侵害权利的性质、侵权的具体情形和技术条件等来加以综合确定。

7. 指导案例 84 号——礼来公司诉常州华生制药有限公司侵害发明专利权纠纷案（最高人民法院审判委员会讨论通过 2017 年 3 月 6 日发布）。

【关键词】民事/侵害发明专利权/药品制备方法发明专利/保护范围/技术调查官/被诉侵权药品制备工艺查明。

【裁判要点】（1）药品制备方法专利侵权纠纷中，在无其他相反证据的情形下，应当推定被诉侵权药品在药监部门的备案工艺为其实际制备工艺；有证据证明被诉侵权药品备案工艺不真实的，应当充分审查被诉侵权药品的技术来源、生产规程、批生产记录、备案文件等证据，依法确定被诉侵权药品的实际制备工艺。

（2）对于被诉侵权药品制备工艺等复杂的技术事实，可以综合运用技术调查官、专家辅助人、司法鉴定以及科技专家咨询等多种途径进行查明。

8. 指导案例 85 号——高仪股份公司诉浙江健龙卫浴有限公司侵害外观设计专利权纠纷案（最高人民法院审判委员会讨论通过 2017 年 3 月 6 日发布）。

【关键词】民事/侵害外观设计专利/设计特征/功能性特征/整体视觉效果。

【裁判要点】（1）授权外观设计的设计特征体现了其不同于现有设计的创新内容，也体现了设计人对现有设计的创造性贡献。如果被诉侵权设计未包含授权外观设计区别于现有设计的全部设计特征，一般可以推定被诉侵权设计与授权外观设计不近似。

（2）对设计特征的认定，应当由专利权人对其所主张的设计特征进行举证。人民法院在听取各方当事人质证意见的基础上，对证据进行充分审查，依法确定授权外观设计的设计特征。

（3）对功能性设计特征的认定，取决于外观设计产品的一般消费者看来，该设计是否仅仅由特定功能所决定，而不需要考虑该设计是否具有美感。功能性设计特征对于外观设计的整体视觉效果不具有显著影响。功能性与装饰性兼具的设计特征对整体视觉效果的影响需要考虑其装饰性的强弱，装饰性越强，对整体视觉效果的影响越大，反之则越小。

9. 指导案例 86 号——天津天隆种业科技有限公司与江苏徐农种业科技有限公司侵害植物新品种权纠纷案（最高人民法院审判委员会讨论通过 2017 年 3 月 6 日发布）。

【关键词】民事/侵害植物新品种权/相互授权许可。

【裁判要点】分别持有植物新品种父本与母本的双方当事人，因不能达成相互授权许可协议，导致植物新品种不能继续生产，损害双方各自利益，也不符合合作育种的目的。为维护社会公共利益，保障国家粮食安全，促进植物新品种转化实施，确保已广为种植的新品种继续生产，在衡量父本与母本对植物新品种生产具有基本相同价值的基础上，人民法院可以直接判令双方当事人相互授权许可并相互免除相应的许可费。

10. 指导案例 92 号——莱州市金海种业有限公司诉张掖市富凯农业科技有限责任公司侵犯植物新品种权纠纷案（最高人民法院审判委员会讨论通过 2017 年 11 月 15 日发布）。

【关键词】民事/侵犯植物新品种权/玉米品种鉴定/DNA 指纹检测/近似品种/举证责任。

【裁判要点】依据中华人民共和国农业行业标准《玉米品种鉴定 DNA 指纹方法》NY/T1432-2007 检测及判定标准的规定，品种间差异位点数等于 1，判定为近似品种；品种间差异位点数大于等于 2，判定为不同品种。品种间差异位点数等于 1，不足以认定不是同一品种。对差异位点数在 2 个以下的，应当综合其他因素判定是否为不同品种，如可采取扩大检测位点进行加测、提交审定样品进行测定等，举证责任由被诉侵权一方承担。

（二）《最高人民法院公报》案例

1. 大连俸旗投资管理有限公司与中国外运辽宁储运公司等借款合同纠纷案〔（2016）最高法民终 650 号，载《最高人民法院公报》2017 年第 7 期〕。

【裁判摘要】（1）在审理动产质押监管合同纠纷案件时，应当查明质物是否真实移交监管或是否足额移交监管的基本事实，据此对相应质权是否已经设立作出准确认定。

（2）在动产质押监管合同纠纷中，如果债权人、作为出质人的债务人、质物监管人三方对质物没有真实移交监管或没有足额移交监管均存在过错，则三方对相应质权没有设立给债权人造成的损失均应承担责任。由于债务人负有移交质物的法定义务，且质物是否移交直接决定质权设立，所以其对质物没有真实移交监管或没有足额移交监管而致质权没有设立给债权人造成的损失，存在的是主要过错，应当承担主要责任。监管人虽然存在误以为质物真实移交的过错行为，但因这种过错行为不是导致质权没有设立的主要原因，所以其应对债权人损失承担次要责任。监管人的这种责任因违反约定义务而产生，性质上应认定为违约责任。

（3）在动产质押监管合同纠纷中，债权人的直接义务人是债务人和担保人，监管人仅是帮助债权人实现债权的辅助人，除因自身原因造成监管质物灭失外，其责任需依附于债务人与担保人的直接责任。如果直接责任因清偿而消灭，债权人因获得清偿而不存在损失，则监管人的监管责任也相应消灭。因此，监管人只是前述直接义务人的补充义务人，其对质物没有真实移交监管或没有足额移交监管而致质权没有设立给债权人造成的损失，应承担补充赔偿责任。

2. 伊立军与中国工商银行股份有限公司盘锦分行银行卡纠纷案〔（2017）最高法民再 174 号，载《最高人民法院公报》2017 年第 8 期〕。

【裁判摘要】银行作为办理金融业务的专业机构，在为自然人办理储蓄等业务时，居于明显的、支配的优势地位，而自然人则处于相对的、被支配的弱势地位，故银行工作人员在为客户办理业务时，理应严格遵守工作流程和业务操作规范，尽到最大的注意和风险提示义务。

3. 上海德力西集团有限公司诉江苏博恩世通高科有限公司、冯军、上海博恩世通光电股份有限公司买卖合同纠纷案〔（2016）沪 02 民终 10330 号，载《最高人民法院公报》2017 年第 11 期〕。

【裁判摘要】（1）公司减资时对已知或应知的债权人应履行通知义务，不能在未先行通知的情况下直接以登报公告形式代替通知义务。

(2) 公司减资时未依法履行通知已知或应知的债权人的义务，公司股东不能证明其在减资过程中对怠于通知的行为无过错的，当公司减资后不能偿付减资前的债务时，公司股东应就该债务对债权人承担补充赔偿责任。

4. 深圳市标榜投资发展有限公司与鞍山市财政局股权转让纠纷案（〔2016〕最高法民终802号，载《最高人民法院公报》2017年第12期）。

【裁判摘要】(1) 合同约定生效要件为报批允准，承担报批义务方不履行报批义务的，应当承担缔约过失责任。

(2) 缔约过失人获得利益以善意相对人丧失交易机会为代价，善意相对人要求缔约过失人赔偿的，人民法院应予支持。

(3) 除直接损失外，缔约过失人对善意相对人的交易机会损失等间接损失应予赔偿。间接损失数额应考虑缔约过失人过错程度及获得利益情况、善意相对人成本支出及预期利益等，综合衡量确定。

(三) 最高人民法院发布环境民事公益诉讼典型案例

2017年3月7日，最高人民法院发布10起环境公益诉讼典型案例，其中，环境民事公益诉讼案8件，环境行政公益诉讼案1件，环境行政附带民事公益诉讼案1件。最高人民法院在公布基本案情、裁判结果和典型意义的同时，配发了专家点评意见。

1. 江苏省泰州市环保联合会诉泰兴锦汇化工有限公司等水污染民事公益诉讼案。

【基本案情】2012年1月至2013年2月，被告锦汇公司等六家企业将生产过程中产生的危险废物废盐酸、废硫酸总计2.5万余吨，以每吨20~100元不等的价格，交给无危险废物处理资质的相关公司偷排进泰兴市如泰运河、泰州市高港区古马干河中，导致水体严重污染。泰州市环保联合会诉请法院判令6家被告企业赔偿环境修复费1.6亿余元、鉴定评估费用10万元。

【裁判结果】江苏省泰州市中级人民法院一审认为，泰州市环保联合会作为依法成立的参与环境保护事业的非营利性社团组织，有权提起环境公益诉讼。六家被告企业将副产酸交给无处置资质和处置能力的公司，支付的款项远低于依法处理副产酸所需费用，导致大量副产酸未经处理倾倒入河，造成严重环境污染，应当赔偿损失并恢复生态环境。2万多吨副产酸倾倒入河必然造成严重环境污染，由于河水流动，即使倾倒地点的水质好转，并不意味着河流的生态环境已完全恢复，依然需要修复。在修复费用难以计算的情况下，应当以虚拟治理成本法计算生态环境修复费用。遂判决六家被告企业赔偿环境修复费用共计1.6亿余元，并承担鉴定评估费用10万元及诉讼费用。江苏省高级人民法院二审认为，泰州市环保联合会依法具备提起环境公益诉讼的原告资格，一审审判程序合法。六家被告企业处置副产酸的行为与造成古马干河、如泰运河环境污染损害结果之间存在因果关系。一审判决对赔偿数额的认定正确，修复费用计算方法适当，六家被告企业依法应当就其造成的环境污染损害承担侵权责任。二审判决维持一审法院关于六家被告企业赔偿环境修复费用共计1.6亿余元的判项,并对义务的履行方式进行了调整。如六家被告企业能够通过技术改造对副产酸进行循环利用,明显降低环境风险,且一年内没有因环境违法行为受到处罚的,其已支付的技术改造费用可经验收后在判令赔偿环境修复费用的40%额度内抵扣。六家被告企业中的三家在二审判决后积极履行了判决的全部内容。锦汇公司不服二审判决,向最高人民法院申请再审。最高人民法院认为,环境污染案件中,危险化学品和化工产品生产企业对其主营产品及副产品均需具有较高的注意义务,需要全面了解其主营产品和主营产品生产过程中产生的副产品是否具有高度危险性,是否会造成环境污染;需要使其主营产品的生产、出售、运输、储存和处置符合相关法律规定,亦需使其副产品的生产、出售、运输、储存和处置符合相关法律规定,避免对生态环境造成损害或者产生造成生态环境损害的重大风险。虽然河水具有流动性和自净能力,但在环境容量有限的前提下,向水体大量倾倒副产酸,必然对河流的水质、水体动植物、河床、河岸以及河流下游的生态环境造成严重破坏。如不及时修复,污染的累积必然会超出环境承载能力,最终造成不可逆转的环境损害。因此,不能以部分水域的水质得到恢复为由免除污染者应当承担的环境修复责任。最高人民法院最终裁定驳回了锦汇公司的再审申请。

【典型意义】泰州水污染公益诉讼案被媒体称为"天价"环境公益诉讼案。该案由社会组织作为原告,检察机关支持起诉,参与主体特殊,涉案被告多,判赔金额大,探索创新多,借鉴价值高。一审法院正确认定泰州市环保联合会的主体资格,确认锦汇公司等六家公司主观上具有非法处置危险废物的故意,客观上造成了环境严重污染的结果,应该承担对环境污染进行修复的赔偿责任。同时,结合鉴定结论和专家证人意见认定环境修复费用计算方法,判令六家被告企业共计赔偿1.6亿余元环境修复费用。二审法院衡平企业良性发展与环境保护目标,创新了修复费用支付方式,鼓励企业加大技术改造力度,处理好全局利益与局部利益、长远利益与短期利益的关系,承担起企业环境保护主体责任和社会责任。最高人民法院肯定了二审法院创新修复费用支付方式的做法,鼓励企业积极开展技术创新和改造,促进区域生态环境质量改善。同时,明确了危险化学品和化工产品生产企业在生产经营过程中应具有较高的注意义务,应承担更多的社会责任。对于河水这种具有流动性和自净能力的环境介质,确立了水污染环境修复责任的处理原则,即污染行为一旦发生,不因水环境的自净改善而影响污染者承担修复义务。本案对水污染案件的处理具有一定的示范意义。

【点评专家】吕忠梅,十二届全国人大代表、全国政协社会与法制委员会驻会副主任,最高人民法院特邀咨询员。

【点评意见】泰州案因参与主体特殊、诉讼程序完整、因果关系判定、环境污染损害鉴定评估、赔付履行方式创新等,引人瞩目。再审裁定虽然主要是对一、二审判决的确认,但其作为国家最高司法机关的终审裁决,对今后的个案裁判乃至司法规则的确立具有里程碑意义。该案的事实认定与因果关系推定法理十分清晰。区分该案被告有直接实施污染物倾倒行为和非倾倒行为直接实施人两类不同情况,采纳"违反注意义务说"及因果关系推定规则,清晰地展示"受害人证明基础事实达到低标准证明——法官推定因果关系的存在——被推定人提出反证证明"的逻辑,妥当实现原被告间在诉讼中的平衡。该案损害后果的认定鲜明体现环境侵权特征。针对当事人双方就是否存在损害后果的严重分歧,法官基于对环境侵权后果二元性的充分认识,清晰地论证了倾倒副产酸这一污染行为所造成的污染与生态损害两种后果,正确认定河域生态系统损害及其规律。该案对环境修复费用的确定、计算以及履行方式积极探索创新。法官将倾倒副产酸的损害后果确定为污染导致的生态破坏危险,引入虚拟治理成本计算法,采用支付环境修复费用的责任承担方式并探索具体履行路径,较好地考虑了司法效果、社会效果与环境效果的统一。

2. 中国生物多样性保护与绿色发展基金会诉宁夏瑞泰科技股份有限公司等腾格里沙漠污染系列民事公益诉讼案。

【基本案情】2015年8月,中国生物多样性保护与绿色发展基金会向中卫市中级人民法院提起诉讼称:瑞泰公司等八家企业在生产过程中违规将超标废水直接排入蒸发池,造成腾格里沙漠严重污染,截至起诉时仍然没有整改完毕。请求判令:①停止非法污染环境行为;②对造成环境污染的危险予以消除;③恢复生态环境或者成立沙漠环境修复专项基金并委托具有资质的第三方进行修复;④针对第2项和第3项诉讼请求,由法院组织原告、技术专家、法律专家、人大代表、政协委员共同验收;⑤赔偿环境修复前生态功能损失;⑥在全国性媒体上公开赔礼道歉等。绿发会向法院提交了基金会法人登记证书,显示绿发会是在国家民政部登记的基金会法人。绿发会提交的2010~2014年度检查证明材料,显示其在提起本案公益诉讼前5年年检合格。绿发会提交了5年内未因从事业务活动违反法律、法规的规定而受到行政、刑事处罚的无违法记录声明。此外,绿发会章程规定,其宗旨为"广泛动员全社会关心和支持生物多样性保护和绿色发展事业,保护国家战略资源,促进生态文明建设和人与自然和谐,构建人类美好家园"。绿发会还向法院提交了其自1985年成立至今,一直实际从事包括举办环境保护研讨会、组织生态考察、开展环境保护宣传教育、提起环境民事公益诉讼等活动的相关证据材料。

【裁判结果】中卫市中级人民法院一审认为,绿发会不能认定为《环境保护法》第58条规定的"专门从事环境保护公益活动"的社会组织,对绿发会的起诉裁定不予受理。绿发会不服,提起上诉。宁夏回族自治区高级人民法院审查后裁定驳回上诉,维持原裁定。绿发会不服二审裁定,向最高人民法院申请再审。最高人民法院依法提审并审理认为,因环境公共利益具有普惠性和共享性,没有特定的法律上直接利害关系人,有必要鼓励、引导和规范社会组织依法提起环境公益诉讼,以充分发挥环境公益诉讼功能。依据《环境保护法》第58条和《最高人民法院关于审理环境民事公益诉讼案件适用法律若干问题的解释》(以下简称《环境公益诉讼司法解释》)第4条的规定,对于本案绿发会是否可以作为"专门从事环境保护公益活动"

的社会组织提起本案诉讼,应重点从其宗旨和业务范围是否包含维护环境公共利益,是否实际从事环境保护公益活动,以及所维护的环境公共利益是否与其宗旨和业务范围具有关联性等三个方面进行审查。对于社会组织宗旨和业务范围是否包含维护环境公共利益,应根据其内涵而非简单依据文字表述作出判断。社会组织章程即使未写明维护环境公共利益,但若其工作内容属于保护各种影响人类生存和发展的天然的和经过人工改造的自然因素的范畴,均应认定宗旨和业务范围包含维护环境公共利益。绿发会章程中规定的宗旨契合绿色发展理念,亦与环境保护密切相关,属于维护环境公共利益的范畴。环境保护公益活动,不仅包括植树造林、濒危物种保护、节能减排、环境修复等直接改善生态环境的行为,还包括与环境保护有关的宣传教育、研究培训、学术交流、法律援助、公益诉讼等有利于完善环境治理体系、提高环境治理能力、促进全社会形成环境保护广泛共识的活动。绿发会在本案一审、二审及再审期间提交的历史沿革、公益活动照片、环境公益诉讼立案受理通知书等相关证据材料,虽未经庭审质证,但在立案审查阶段,足以显示绿发会自1985年成立以来长期实际从事包括举办环境保护研讨会、组织生态考察、开展环境保护宣传教育、提起环境民事公益诉讼等环境保护活动,符合《环境保护法》和《环境公益诉讼司法解释》的规定。同时,上述证据亦证明绿发会从事环境保护公益活动的时间已满5年,符合《环境保护法》第58条关于社会组织从事环境保护公益活动应5年以上的规定。依据《环境公益诉讼司法解释》第4条的规定,社会组织提起的公益诉讼涉及的环境公共利益,应与社会组织的宗旨和业务范围具有一定关联。即使社会组织起诉事项与其宗旨和业务范围不具有对应关系,但若与其所保护的环境要素或者生态系统具有一定的联系,亦应基于关联性标准确认其主体资格。本案环境公益诉讼系针对腾格里沙漠污染提起。沙漠生物群落及其环境相互作用所形成的复杂而脆弱的沙漠生态系统,需要人类的珍惜利用和悉心呵护。绿发会起诉认为瑞泰公司将超标废水排入蒸发池,严重破坏了腾格里沙漠本已脆弱的生态系统,所涉及的环境公共利益维护属于绿发会宗旨和业务范围。此外,绿发会提交的基金会法人登记证书、年度检查证明材料、无违法记录声明等,证明其符合《环境保护法》第58条,《环境公益诉讼司法解释》第2条、第3条、第5条对提起环境公益诉讼社会组织的其他要求,具备提起环境民事公益诉讼的主体资格。最高人民法院再审裁定撤销一审、二审裁定,指令本案由中卫市中级人民法院立案受理。

【典型意义】最高人民法院通过审理腾格里沙漠污染系列民事公益诉讼案,针对2014年修订的《环境保护法》实施以来各地环境公益诉讼案件审理中出现的与原告主体资格有关的突出问题,就《环境保护法》第58条以及《环境公益诉讼司法解释》规定的环境公益诉讼原告主体资格相关法律适用问题,确立、细化了裁判规则。再审裁定明确对于社会组织是否具备提起环境民事公益诉讼的主体资格,应当重点从宗旨和业务范围是否包含维护环境公共利益,是否实际从事环境保护公益活动,以及所维护的环境公共利益是否与其宗旨和业务范围具有关联性等三个方面进行认定。再审裁定阐明了对于社会组织宗旨和业务范围是否包含维护环境公共利益，应根据其内涵而非简单依据文字表述作出判断；阐明了环境保护公益活动，不仅包括直接改善生态环境的行为，还包括有利于完善环境治理体系、提高环境治理能力、促进全社会形成环境保护广泛共识的活动；阐明了社会组织起诉事项与其宗旨和业务范围即便不具有对应关系，但若与其所保护的环境要素或者生态系统具有一定的联系，亦应基于关联性标准确认其主体资格。该系列案件是最高人民法院首次通过具体案例从司法层面就环境民事公益诉讼主体问题明确判断标准，推动了环境公益诉讼制度的发展，已作为最高人民法院指导性案例发布，对于环境民事公益诉讼案件的审理具有重要的指引和示范作用。

【点评专家】王树义，武汉大学教授。

【点评意见】环境民事公益诉讼的原告资格问题，是近几年来在环境民事公益诉讼司法实践中时常困扰法官们的一个实际问题。问题主要出在对《环境保护法》第58条中"专门从事环境保护公益活动"的理解。其实，《最高人民法院关于审理环境民事公益诉讼案件适用法律若干问题的解释》第4条已经解释得非常清楚，为何依然出现此类问题？主要还是涉及对"专门从事环境保护公益活动"的正确理解。如何认定一个社会组织是否属于专门从事环境保护公益活动的社会组织，主要考察两点：一是社会组织章程确定的宗旨；二是社会组织的主要业务活动范围。具体到本案，绿发会章程中明确规定，其宗旨是"广泛动员全社会关心和支持生物多样性保护与绿色发展事业，维护公众环境权益和社会公共利益"；第7条规定，其业务范围包括"⑤开展和资助维护公众环境权益和环境保护领域社会公共利益的理论研究和实践活动，推动我国环境法治"；"⑨开展和资助符合本基金会宗旨的其他项目和活动"。从绿发会的宗旨和主要业务范围看，绿发会显然应当被认定为"专门从事环境保护公益活动"的社会组织。因为，保护生物多样性、推动和支持绿色发展、开展维护公众环境权益和环境保护领域社会公共利益的实践活动，就是一种环境保护的公益活动，并且是一种重要的、应当广泛提倡和推动的环境保护公益活动。另外，绿发会起诉的事项与其宗旨及业务范围亦具有对应关系或关联性，其原告资格显而易见。最高人民法院对本案的再审裁定，对类似案件具有很好的指引和示范作用。

3. 中华环保联合会诉山东德州晶华集团振华有限公司大气污染民事公益诉讼案。

【基本案情】振华公司是一家从事玻璃及玻璃深加工产品制造的企业，位于山东省德州市区内。振华公司虽投入资金建设脱硫除尘设施，但仍有两个烟囱长期超标排放污染物，造成大气污染，严重影响了周围居民生活，被环境保护部点名批评，并被山东省环境保护行政主管部门多次处罚，但其仍持续超标向大气排放污染物。中华环保联合会提起诉讼，请求判令振华公司立即停止超标向大气排放污染物，增设大气污染防治设施，经环境保护行政主管部门验收合格并投入使用后方可进行生产经营活动；赔偿因超标排放污染物造成的损失2040万元（诉讼期间变更为2746万元）及因拒不改正超标排放污染物行为造成的损失780万元，并将赔偿款项支付至地方政府财政专户，用于德州市大气污染的治理；在省级及以上媒体向社会公开赔礼道歉；承担本案诉讼、检验、鉴定、专家证人、律师及其他为诉讼支出的费用。德州市中级人民法院受理本案后，向振华公司送达民事起诉状等诉讼材料，向社会公告案件受理情况，并向德州市环境保护局告知本案受理情况。德州市人民政府、德州市环境保护局积极支持、配合本案审理，并与一审法院共同召开协调会。通过司法机关与环境保护行政主管部门的联动、协调，振华公司将全部生产线关停，在远离居民生活区的天衢工业园区选址建设新厂，防止了污染及损害的进一步扩大，使案件尚未审结即取得阶段性成效。

【裁判结果】德州市中级人民法院一审认为，诉讼期间，振华公司放水停产，停止使用原厂区，可以认定振华公司已经停止侵害。在停止排放前，振华公司未安装或者未运行脱硫和脱硝治理设施，未安装除尘设施或者除尘设施处理能力不够，多次超标向大气排放二氧化硫、氮氧化物、烟粉尘等污染物。其中，二氧化硫、氮氧化物是酸雨的前导物，过量排放形成酸雨会造成居民人身及财产损害，过量排放烟粉尘将影响大气能见度及清洁度。振华公司超标排放污染物的行为导致了大气环境的生态附加值功能受到损害，应当依法承担生态环境修复责任，赔偿生态环境受到损害至恢复原状期间服务功能损失。同时，振华公司超标向大气排放污染物的行为侵害了社会公众的精神性环境权益，应当承担赔礼道歉的民事责任。遂判决振华公司赔偿超标排放污染物造成损失2198.36万元，用于大气环境质量修复；振华公司在省级以上媒体向社会公开赔礼道歉等。宣判后，双方当事人均未提起上诉，一审判决已生效。

【典型意义】德州大气污染公益诉讼案是2014年修订的《环境保护法》施行后，人民法院受理的首例京津冀及其周边地区大气污染公益诉讼案件。大气具有流动性，其本身具有一定的自净功能，企业超标排放是否构成生态环境损害是本案审理的难点。本案裁判明确超标过量排放二氧化硫、氮氧化物和粉尘将影响大气的生态服务功能，应当承担法律责任，可根据企业超标排放数量以及二氧化硫、氮氧化物和粉尘的单位治理成本计算大气污染治理的虚拟成本，进而作为生态环境损害赔偿的依据，具有一定的合理性。振华公司在本案审理期间主动承担社会责任，积极采取措施防止污染的持续和扩大，值得肯定。该案的审结及时回应了当前社会公众对京津冀及周边地区的大气污染治理的关切，对区域大气污染治理进行了有益的实践探索。

【点评专家】周珂，中国人民大学教授。

【点评意见】本案判决结果较充分地体现了环境司法这一新型司法领域独特的公平正义。其一，关于超标排污的正当性问题。法院判决被告超标排污的行为侵害了社会公共的环境权益，即认定了其行为的违法性和对环境公益的侵害性。这为通过环境公益诉讼的办法，使超标排污造成大气污染得到有效治理开辟了一条新的有效的途径。其二，大气污染的因果关系历来是个难点，判决不纠缠于复杂的逻辑争辩，在本案所在城市属于国内污染极为严重城市这一不需要鉴定的事实前提下，确认了鉴定报告可以作为认定事实的依据，采用了国外环境诉讼中的间接因果关系认定说，提高了审判的效率，也完全满足程序正义的要求。其三，大气污染环境公益诉讼的损害数额，全世界也没有统一的计算标准，判决认定了鉴定报告采用的"按虚拟治理成本的4倍计算被告振华公司生态损害数额"的计算方法，采用了适中的倍数。这为今后环境公益诉讼正确和有效地处理这方面的问题提供了有益的经验。其四，修改前的环保法没有赔礼道歉的规定，而判决援引了2014年修订的《环境保护法》的有关规定，认定被告应当承担赔礼道歉的民事责任，其历史意义是重大而深远的。其五，本案法院立案受理后，及时与政府部门沟通，发挥司法与行政执法协调联动作用，促进污染企业向节能环保型企业转型发展，体现了我国绿色司法追求社会经济发展与生态环境保护双赢的目标和效果。

4. 重庆市绿色志愿者联合会诉湖北恩施自治州建始磺厂坪矿业有限责任公司水库污染民事公益诉讼案

【基本案情】千丈岩水库位于重庆市巫山县、奉节县和湖北省建始县交界地带，距离长江25公里，被重庆市人民政府确认为集中式饮用水源保护区，供应周边5万居民的生活饮用和生产用水。该地区属喀斯特地貌。磺厂坪矿业公司距离千丈岩水库约2.6公里，2011年5月取得湖北省恩施土家族苗族自治州环境保护局环境影响评价批复，但该项目建设可行性报告明确指出尾矿库库区为自然成库的岩溶洼地，库区岩溶表现为岩溶裂隙和溶洞；尾矿库工程安全预评价报告建议对尾矿库运行后可能存在的排洪排水问题进行补充评价。磺厂坪矿业公司未按照报告要求修改可行性研究报告并申请补充环评。项目于2014年6月建成，8月10日开始违法生产，产生的废水、尾矿未经处理就排入临近有溶洞漏斗发育的自然洼地。2014年8月12日，巫山县红椿乡村民反映千丈岩水库饮用水源取水口水质出现异常，巫山县启动了重大突发环境事件应急预案。重庆绿联会提起诉讼，请求判令磺厂坪矿业公司停止侵害，不再生产或者避免再次造成污染，对今后可能出现的污染地下溶洞水体和污染水库的风险重新作出环境影响评价，并由法院根据环境影响评价结果，作出是否要求磺厂坪矿业公司搬迁的裁判；磺厂坪矿业公司进行生态环境修复，并承担相应费用991 000元等。

【裁判结果】重庆市万州区人民法院一审认为，磺厂坪矿业公司违法生产行为已导致千丈岩水库污染，破坏了千丈岩地区水体、地下水溶洞以及排放废水洼地等生态，造成周边居民的生活饮用水困难，损害了社会公共利益。同时，磺厂坪矿业公司的选址存在污染地下水的风险，且至今未建设水污染防治设施，潜在的污染风险和现实的环境损害同时存在。据此，一审法院判决磺厂坪矿业公司立即停止侵害，履行重新申请环境影响评价的义务，未经环境保护行政主管部门批复、环境保护设施未经验收的，不得生产；在判决生效后180日内，制定磺厂坪矿业公司洼地土壤修复方案并进行修复，逾期不履行修复义务或者修复未达到保护生态环境社会公共利益标准的，承担修复费用991 000元；在国家级媒体上赔礼道歉等。重庆市第二中级人民法院二审维持了一审判决。

【典型意义】本案涉及三峡库区饮用水资源的保护。磺厂坪矿业公司位于喀斯特地貌山区，地下裂缝纵横，暗河较多，选址建厂应当充分考虑特殊地质条件，生产对周边生态环境的影响。磺厂坪矿业公司与千丈岩水库分处两个不同的省级行政区域，导致原环境影响评价并未全面考虑生产对相邻千丈岩水库的影响。磺厂坪矿业公司在水污染防治设施尚未建成的情况下，擅自投入生产，违法倾倒生产废水和尾矿，引发千丈岩水库重大突发环境事件。本案结合污染预防和治理的需要，创新民事责任承担方式，将停止侵害的具体履行方式进一步明确为重新申请环境影响评价，未经环境保护行政主管部门批复和环境保护设施未经验收的不得生产，较好地将行政权和司法权相衔接，使判决更具可执行性，有利于及时制止违法生产行为，全面保护社会公共利益。

【点评专家】张新宝，中国人民大学教授。

【点评意见】本案属于典型的环境民事公益诉讼案，审理法院对已有的公益诉讼审判规则的把握和适用较为准确，并体现了一定的创新性。具体分析如下：其一，关于诉讼管辖规则。本案被告磺厂坪矿业公司地处湖北省建始县，而因其违法行为遭受损害的千丈岩水库位于重庆市巫山县、奉节县和湖北省建始县交界地带（被重庆市确认为集中式饮用水源保护区），根据《最高人民法院关于审理环境民事公益诉讼案件适用法律若干问题的解释》第6条、第7条，以及《重庆市关于环境资源审判组织管辖环境资源案件范围的暂行规定》可知，万州区人民法院享有第一审环境民事公益诉讼管辖权。其二，关于原告诉讼请求。鉴于磺厂坪矿业公司造成的现实环境损害与潜在的污染风险并存，本案原告重庆绿联会主张之诉讼请求合法且合理。其三，关于民事责任承担方式。法院根据事实和法律判决支持原告停止侵害诉讼请求，要求被告重新申请环境影响评价，未经环境保护行政主管部门批复和环境保护设施未经验收的不得生产。这种将诉讼请求予以具体化的原告主张方式和法院判决思路，是值得后续相应案例予以思考和借鉴的，其能够较好地实现司法权与行政权的衔接、配合，使判决更加具有可执行性。同时，《环境公益诉讼司法解释》第20条规定的生态修复可以理解为民事责任承担方式中恢复原状的一种，即法院可以依法判决被告将环境修复到损害发生之前的状态和功能，无法完全修复可准许采取替代性修复方式，并且法院可以确定被告不履行修复义务时应当承担的修复费用（也可以直接判决被告承担费用）。本案一审法院直接判处被告制定、实施生态修复方案，并在逾期不履行或修复不达标时承担修复费用，符合现行法律和司法解释规定。

5. 中华环保联合会诉江苏江阴长泾梁平生猪专业合作社等养殖污染民事公益诉讼案。

【基本案情】梁平合作社等与周边村庄相距较近，其生猪养殖项目建设未经环境影响评价、配套污染防治设施未经验收，就擅自投入生产，造成邻近村庄严重污染。中华环保联合会提起诉讼，请求法院判令梁平合作社等立即停止违法养猪、排污行为,并通过当地媒体向公众赔礼道歉;对养殖产生的粪便、沼液等进行无害化处理,排除污染环境的危险,并承担采取合理预防、处置措施而发生的费用;对污染的水及土壤等环境要素进行修复,并承担相应的生态环境修复费用;承担生态环境受到损害至恢复原状期间服务功能损失费用等。诉讼期间,梁平合作社停止了生猪养殖及排污侵害行为,向法院提交《环境修复报告》。无锡市中级人民法院组织双方进行了质证,并邀请专家到庭发表意见。专家认为,《环境修复报告》所提供的修复方案不能达到消除污染的目的。原、被告双方对专家意见均无异议,该院予以确认。经双方当事人同意,法院委托鉴定部门重新作出修复方案和监理方案。

【裁判结果】无锡市中级人民法院一审认为,经双方当事人同意,法院委托专家在现场调研和勘验的基础上,针对案涉环境地形地貌、污染状况,并结合国家、地方地表水环境质量标准、江河湖泊水功能区划水质要求,作出的技术性修复方案程序合法,依据充分,应予以确认。被告应按照该修复方案对受污染的水、土壤等环境要素进行修复,并自觉接受监理单位的监督。遂判决梁平合作社等必须严格按照修复方案明确的土地复耕方案对涉案土壤进行修复,复耕标准达到国土资源主管部门复耕要求和农林主管部门农业生产条件符合性评价指标与要求;必须严格按照修复方案对涉案污染的水环境进行修复,水环境污染物浓度应降低到《地表水环境质量标准》(GB3838-2002)Ⅴ类标准,并自觉接受监理单位的监督;在判决生效后一个月内向该院报告环境修复落实情况,法院将委托当地环境保护主管部门验收;如自行修复后经环境保护主管部门验收仍不能达到环境修复预期目标的,法院将委托第三方进行修复,由此产生的一切费用由梁平合作社等负担。宣判后,双方当事人均未提起上诉,一审判决已生效。

【典型意义】"十三五"规划纲要提出,要开展农村人居环境整治行动,建设美丽宜居乡村。国家标准委下发的《美丽乡村建设指南》明确了农村畜禽研制厂污染排放、废弃物综合利用和畜禽无害化处理等的具体标准。法院在审理本案过程中,针对被告提交的《环境修复报告》组织双方当事人质证并邀请专家出庭发表意见,充分发挥庭审功能,确保实现修复生态环境的诉讼目的。在当事人提交的《环境修复报告》不能实现修复目的的情形下,法院发挥能动作用,征得双方当事人同意,委托专家另行出具修复方案、监理方案,确保污染预防、治理方案科学合理、切实可行。该案裁判在具体判项中引入相关国家标准,使被告履行义务更加全面具体,确保污染防治能够达到国家标准的质量和水平。该案对于人民法院发挥审判职能作用,支持保障美丽宜居乡村建设,发挥了良好的示范作用。

【点评专家】王灿发,中国政法大学教授。

【点评意见】本案是一起针对畜禽养殖污染要求污染者停止污染、治理污染并修复生态环境的公益诉讼。在诉讼期间,排污者就停止了污染行为,部分诉讼目的已经实现。关键的问题是修复已经被污染破坏了的生态环境。在处理这个难题上,该案的审判具有三个方面的亮点:一是充分体现了"技术的归技术,法律的归法律的环境案件审判特点。环境案件的审判,通常会涉及许多的技术问题,作为法官,不可能对这些技术问题都了解和掌握,也难以判断其中的科学性。在这种情况下,就需要依靠科学技术机构和专家对技术问题作出判断,而法官则要在专家技术判断的基础上来适用法律,这样才能保障案件审判的科学性、合理性和公正性。二是法院对案件的审判没有停留在判断是非和法益归属上,而是延伸到了执行的监督。该案的判决,不但判令被告负责修复环境,而且对修复过程中的监理、修复后的验收作出安排。因此,可以说这是一份十分负责的判决,为今后此类环境公益诉讼案件的审判提供了范例。三是该案的审判回应了农村环境亟待司法保障的需求。随着我国经济的发展,在城市环境问题尚未得到根本解决的情况下,农村环境的污染和破坏也越来越严重。特别是由畜禽养殖造成的水污染、大气污染和土壤污染,已经达到相当严重的程度。由于农村地区环境法治观念淡薄和一些地方政府一味追求经济发展,使得农村地区的畜禽养殖大多缺乏治理措施。该公益诉讼案件的审理和判决,不仅给其他畜禽养殖污染者敲响了警钟,也对其他环保社会组织提起类似的公益诉讼作出了示范,必将有利于促进农村环境污染的预防和治理。

6. 北京市朝阳区自然之友环境研究所诉山东金岭化工股份有限公司大气污染民事公益诉讼案。

【基本案情】金岭公司下属热电厂持续向大气超标排放污染物,并存在环保设施未经验收即投入生产、私自篡改监测数据等环境违法行为。2014年至2015年间,多个环境保护主管部门先后对金岭公司进行了多次行政处罚,山东省环境保护厅责成其停产整改、限期建成脱硫脱硝设施,环境保护部对该公司进行过通报、督查。自然之友诉请人民法院判令被告停止超标排污,消除所有不遵守环境保护法律法规行为对大气环境造成的危险;判令被告支付2014年1月1日起至被告停止侵害、消除危险期间,所产生的大气环境治理费用,具体数额以专家意见或者鉴定结论为准等。

【裁判结果】在东营市中级人民法院审理本案期间,金岭公司纠正违法行为,全部实现达标排放,监测设备全部运行并通过了东营市环境保护局的验收。经法院主持调解,金岭公司自愿承担支付生态环境治理费300万元。为了保障社会公众的知情权,法院在双方当事人达成调解协议之后,依法公示调解协议内容,并在公告期间届满后,对调解协议内容是否损害社会公共利益进行了审查,确保调解符合公益诉讼目的,生态环境损害能够得到及时有效救济。该案调解书经双方当事人签收,已发生法律效力。

【典型意义】本案涉及公用事业单位超标排放的环境污染责任。金岭公司系热电企业,在生产过程中多次违法超标排放,对大气造成严重污染。诉讼中,金岭公司积极整改,停止侵害,实现达标排放,监测设备正常运行,使本案具备了调解的基础。法院依法确认该企业存在向大气超标排放污染物等违法事实,并依照《最高人民法院关于审理环境民事公益诉讼案件适用法律若干问题的解释》第25条的规定,对调解协议内容进行公示,公告期间届满又对调解协议内容进行审查后出具调解书。

该案对于督促公用事业单位在提供公共服务过程中履行环境保护责任，依法保障社会公众在环境公益诉讼案件调解程序中的知情权、参与权，做了有益的探索，具有良好的示范意义。

【点评专家】孙佑海，天津大学法学院院长、教授。

【点评意见】关于环境民事公益诉讼案件能否适用调解的问题，在制定相关司法解释时有过争论。《最高人民法院关于审理环境民事公益诉讼案件适用法律若干问题的解释》第 25 条明确规定，在办理环境民事公益诉讼案件中可以采用调解方式。本案中，山东省东营市中级人民法院根据该司法解释，采用调解方式成功解决了一起在全国有重大影响的环境民事公益诉讼纠纷，取得了良好的社会效果。在环境民事公益诉讼案件中适用调解方式，需要认真把握以下几点：一是对社会公共利益的保护不能仅仅寄希望于通过单一途径或单一方式，多元矛盾纠纷解决机制不失为另一种有效选择；二是对环境民事公益诉讼案件进行调解，符合构建社会主义和谐社会的要求，且具有成本低、效率高、社会风险小、节约司法资源等优势；三是根据权利和义务相一致的原则，既然环境民事公益诉讼的原告负担着诉讼中的一切义务，那么，其也理当享有完整的诉讼权利，包括处分权在内，否则不公平；四是鉴于该类公益诉讼的性质，应当强化监督，人民法院不仅要对调解协议依法进行公告，听取社会公众的意见和建议，公告期满后还要进行认真审查，认为调解协议或者和解协议的内容不损害社会公共利益的，才可以出具调解书。东营市中级人民法院在案件的办理中，悉心关照环境民事公益诉讼的特点，根据"有限调解"等原则，对环境民事公益诉讼调解的特殊模式予以考量，凸显环境民事公益诉讼不同于一般民事诉讼的特征，取得了宝贵的经验，对今后办理类似案件，具有良好的示范性。

7. 江苏省镇江市生态环境公益保护协会诉江苏优立光学眼镜公司固体废物污染民事公益诉讼案。

【基本案情】优立公司是江苏省丹阳市一家生产树脂眼镜镜片的企业。2006 年，丹阳市环境保护科技咨询服务中心作出的环境影响报告表认定，当地眼镜生产加工企业因树脂镜片磨边、修边工段产生的树脂玻璃质粉末废物为危险废物 HW13。2014 年 4 月至 7 月期间，优立公司将约 5.5 吨该类废物交给 3 名货车司机，倾倒于某拆迁空地，造成环境污染。丹阳市环境保护局对污染场地进行初步清理，将该废物连同被污染的土壤挖掘并予以保管。镇江公益协会提起诉讼，请求判令优立公司采取措施消除污染，承担固体废物暂存、前期清理以及验收合格的费用，或者赔偿因其环境污染所需的相关修复费用 234 400 元。

【裁判结果】镇江市中级人民法院一审经委托鉴定查明，案涉树脂玻璃质粉末废物不在《国家危险废物名录》之列，原环评报告将其评定为危险废物不符合法律规定，遂向丹阳市环境保护局、当地眼镜商会发出司法建议，建议依法重新评定该类固体废物的属性，准确定性。后经组织评定，确认该类废物不具有危险特性，可交由第三方综合利用或者以无害化焚烧等方式进行处置。一审法院根据评定报告再次提出司法建议，建议为该类废物建立集中收集处置体系。丹阳市眼镜商会采纳了该建议，参照固体废物相关环保管理要求，采取转移"五联单"的办法管理，并将该类废物运交垃圾发电厂焚烧发电。丹阳市环境保护局对新的评定报告予以认可，同意丹阳市眼镜商会提出的该类废物集中处置方案，并表示愿意监督优立公司依法处置剩余废物。一审法院遂判令优立公司在丹阳市环境保护局的监督下按照一般废物依法处置涉案废物。宣判后，双方均未上诉，一审判决已生效。

【典型意义】本案涉及固体废物污染责任的认定问题。法院在案件审理中积极采取委托鉴定、调查等方式，依照《固体废物污染环境防治法》的规定，依法确认案涉固体废物的属性，较好地发挥了司法的能动作用。鉴于对该类废物属性的确定和管理，将影响当地眼镜产业数百家企业的生产模式，以及区域危险废物处置能力的调整，法院发出司法建议，推动和督促当地眼镜商会和环境保护主管部门依法纠正了长达十余年的行业误评，鼓励、支持地方政府和行业组织采取有利于保护环境的固体废物集中处置措施，破解了治理固体废物污染的难题，促进了清洁生产和循环经济发展，对于充分发挥环境公益诉讼推动公共政策形成的功能，具有较好的示范意义。

【点评专家】王子健，中国科学院生态环境研究中心研究员，国家863计划"化学品风险管理与控制"重大项目首席科学家。

【点评意见】本案关于树脂眼镜镜片修边工艺段粉末是否具有"危险特性"的认定过程具有典型性。《国家危险废物名录》规定，可以从两个方面认定固体废物是否具有危险特性。首先看废弃物是否列入了"国家危险废物名录"。本案中，地方眼镜行业技术服务部门的环评报告将其认定为危废（HW13），但是眼镜镜片材料从属性上并不符合"非特定行业的废弃的离子交换树脂（900-015-13）"。本案中的树脂指的是镜片树脂，而不是离子交换树脂。离子交换树脂在工业上和废水处理中用来吸附重金属等阳离子或氰化物等阴离子，因此在废弃阶段可能含有毒性残留物。对固体废物是否具有"危险特性"不明确时，还可以采用《国家危险废物名录》规定的"危险废物鉴别标准和鉴别方法"予以认定，而本案的分析测试结果也表明该固体废物不具有危险性。危险废弃物危害性质的鉴别及其处理处置费用十分高昂，因此，准确鉴别固体废物的危险特性在环境损害认定和赔偿中至关重要。本案中，有机镜片树脂可分为天然树脂和合成树脂两种。其中的天然树脂不具有危害属性；合成树脂主要是烯丙基二甘醇酸酯烯（CR39）、聚碳酸酯（PC）和甲基丙烯酸甲酯（PMMA），也不具备物理、环境和健康危害特征。然而许多无毒原材料生产的物品为了达到使用功能性要求，可能会加入一些有毒化学物质，对这些化学物质的危害性质界定是需要将来在法律法规中予以明确的。

8. 江苏省徐州市人民检察院诉徐州市鸿顺造纸有限公司水污染民事公益诉讼案。

【基本案情】鸿顺公司多次被环境保护主管机关查获以私设暗管方式向连通京杭运河的苏北堤河排放生产废水，废水的化学需氧量、氨氮、总磷等污染物指标均超标。徐州市铜山区环境保护局曾两次对鸿顺公司予以行政处罚。徐州市人民检察院作为公益诉讼人,于 2015 年 12 月 28 日向徐州市中级人民法院提起环境民事公益诉讼,请求判令鸿顺公司将被污染损害的苏北堤河环境恢复原状,并赔偿生态环境受到损害至恢复原状期间的服务功能损失;如鸿顺公司无法恢复原状,请求判令其以 2600 吨废水的生态环境修复费用 26.91 万元为基准,以该基准的 3 倍至 5 倍承担赔偿责任。

【裁判结果】徐州市中级人民法院一审认为,鸿顺公司排放废水污染环境,应当承担环境污染责任。根据已查明的环境污染事实、鸿顺公司的主观过错程度、防治污染设备的运行成本、生态环境恢复的难易程度、生态环境的服务功能等因素,可酌情确定该公司应当承担的生态环境修复费用及生态环境受到损害至恢复原状期间的服务功能损失,遂判决鸿顺公司赔偿生态环境修复费用及服务功能损失共计 105.82 万元。宣判后,鸿顺公司以一审公益诉讼人徐州市人民检察院为被上诉人提起上诉。江苏省高级人民法院二审认为,污染物排放点的环境质量已经达标不能作为鸿顺公司拒绝承担生态环境修复费用的理由,一审判决以 2.035 倍作为以虚拟治理成本法计算生态环境修复费用的系数并无不当,以查明的鸿顺公司排放废水量的 4 倍计算生态环境修复费用具有事实和法律依据。二审判决驳回上诉,维持原判。

【典型意义】该案是全国人大常委会授权检察机关试点提起公益诉讼以来人民法院依法受理的首批民事公益诉讼案件,也是人民法院审理的第一起检察机关试点提起公益诉讼的二审案件。一审法院注重司法公开,体现公众参与,合议庭由审判员和人民陪审员共同组成,庭审向社会公开并进行视频、文字同步直播。庭审时邀请专家辅助人就环境保护专业技术问题提出专家意见,较好地解决了环境资源案件科学性和公正性的衔接问题。该案尝试根据被告违法排污的主观过错程度、排污行为的隐蔽性以及环境损害后果等因素,合理确定带有一定惩罚性质的生态环境修复费用,加大污染企业违法成本,有助于从源头上遏制企业违法排污。二审法院依据《民事诉讼法》《全国人民代表大会常务委员会关于授权最高人民检察院在部分地区开展公益诉讼试点工作的决定》审理检察机关提起公益诉讼的二审案件,对于完善该类案件二审程序规则起到了示范作用。

【点评专家】李浩,南京师范大学中国法治现代化研究院研究员。

【点评意见】本案是一起非常值得关注的具有典型意义的案件。这是检察机关作为公益诉讼人提起诉讼且进入第二审程序的首例民事公益诉讼案件。由于是第一案,它也提出了一些在程序上值得注意、值得重视、值得研究的问题。①在被告提起上诉的情况下,如何确定检察机关在第二审程序中的称谓?在民事诉讼法中,只有上诉人和被上诉人,检察机关在二审中如何称谓?是继续称公益诉讼人还是称被上诉人?考虑到民事诉讼第二审程序的特点,二审判决将提起诉讼的徐州市人民检察院列为被上诉人(公益诉讼人)。应当说这是相当有智慧的做法,既充分关照了民事诉讼的特点,又保留了第一审程序中检察机关公益诉讼人这一特殊称谓。②在被上诉人未提交答辩状的情况下,程序如何进行?检察机关是否需要提交答辩状?这对于检察机关来说,恐怕是第一次遇到的问题。检察机关熟悉的情形是刑事诉讼中被告提起上诉进入第二审程序。对于此种情形，虽然根据《刑事诉讼法》的规定，法院要把上诉状的副本交送同级人民检察院，但并未规定检察机关可以提交答辩状，事实上，检察机关也不会提出答辩状。但是，依照《民事诉讼法》的规定，被上诉人是可以提交答辩状的。作为被上诉人的徐州市人民检察院会作出何种选择呢？在本案中，检察机关未提交答辩状。当然，不提交答辩状，在程序上也是合法的，因为按照《民事诉讼法》的规定，答辩是被上诉人的一项权利，既然是权利，就可以放弃。对于对方当事人不提出答辩状的情形，立法者在制定《民事诉讼法》时是有预估的，在第167条中规定不提出答辩状的不影响法院对案件的审理。所以，二审法院适用《民事诉讼法》的这一规定化解了上诉案中的这一新问题。③二审是采取开庭审理还是径行裁判的方式？公益诉讼案件是社会影响大、民众关注度高的案件，所以该案在第一审中不仅由2名审判员和3名人民陪审员组成合议庭开庭审理，而且将庭审情况用图像、文字向社会进行了直播。进入第二审之后，要不要开庭审理？《民事诉讼法》第169条对二审案件规定了开庭审理和径行裁判两种审理方式，以开庭审理为原则，但经过阅卷、调查和询问当事人，对没有提出新的事实、证据或者理由，合议庭认为不需要开庭审理的，可以不开庭审理。本案虽然是公益诉讼案件，但由于上诉人在上诉时并未提出新的事实、证据或者理由，所以二审法院决定采用径行判决的方式。综上，二审法院通过适用《民事诉讼法》，妥善地解决了第一案中遇到的新的程序问题。

（四）最高人民法院公布涉民生执行典型案例

2017年1月24日，最高人民法院发布6件涉民生执行典型案例，并公布基本案情和典型意义。

1. 姜海龙拒不执行判决、裁定案——被执行人擅自处理法院查封财产，申请执行人提起刑事自诉，双方当庭达成和解协议并实际履行。

【基本案情】2012年3月17日，姜海龙驾校雇员任瑞国驾驶驾校所有的吉A7A855号大型普通客车载学员于洋等人，沿302国道由北向南行驶至639公里处，越过道路中心线逆向驶入路左侧，与由南向北行驶的吉J95117中型仓栅式货车相撞，致于洋等人受伤。任瑞国负事故全部责任。于洋经吉林大学第一医院诊断为双侧胫腓骨粉碎性骨折、左踝关节粉碎性骨折、骨盆多发骨折、尾骨骨折、骶骨右侧骨折、腹部闭合性损伤、脾脏周围血肿、局限性腹膜炎、双肾周血肿，住院治疗37天，共发生各种费用合计287 890.52元，姜海龙在于洋住院期间支付了104 500元，其余183 390.52元，双方未能自行解决，于洋遂向农安县人民法院提起诉讼。农安县人民法院受理后，于2014年12月9日作出（2013）吉农民初字第352号民事判决，判令：①中国人民财产保险股份有限公司松原市支公司于判决生效后10日内在交强险限额内赔偿于洋11 000元。②姜海龙、刘景志于判决生效后10日内赔偿于洋医疗费、伙食费、鉴定费、二次手术费等共计172 390.52元。判决生效后，保险公司自动履行了给付义务，姜海龙、刘景志未能自动履行。于洋于2015年3月10日向农安县人民法院申请强制执行。农安县人民法院受理后，于 2015 年 3 月 31 日向被执行人下发了执行通知书及报告财产令，查封了被执行人姜海龙名下 2 台轿车（一台现代、一台捷达）的车籍。2015 年 6 月 30 日，因被执行人姜海龙既不履行义务，亦不申报财产，对其实施了拘留，拘留时在其衣袋内搜出人民币 3000 元。拘留期间，被执行人提出和解。在法院的主持下，双方达成执行和解协议，被执行人拘留被释放后一次性给付申请执行人赔偿款 130 000 元。被执行人姜海龙被释放后，未履行和解协议，农安县人民法院欲对查封其名下的 2 台轿车进行评估拍卖时发现已被其转卖一台，遂于 2016 年 5 月 3 日对其实施了第二次拘留。拘留时，姜海龙极不配合，声称要钱没有，要命一条。此次拘留期届满后，姜海龙仍拒不履行给付义务。后申请执行人于洋于 2016 年 5 月 17 日向公安机关提起控告，公安机关不予受理。

2016 年 6 月 28 日，申请执行人于洋向农安县人民法院提起自诉，要求追究被执行人姜海龙拒不执行判决、裁定的刑事责任。该院经审查后于 2016 年 7 月 4 日立案，7 月 28 日对姜海龙予以逮捕。同年 8 月 17 日公开开庭进行审理。庭审过程中，姜海龙认罪态度较好，主动提出和解一次性给付 150 000 元，并当庭履行完毕。姜海龙的认罪悔罪表现，取得了于洋的谅解，于洋当庭要求撤回自诉申请，农安县人民法院当庭准许自诉人于洋撤诉，释放了被告人姜海龙。

【典型意义】 本案被执行人对生效判决确定的赔偿义务有能力履行而拒不履行，被施以拘留后仍不思悔改，擅自转卖法院查封财产，致使生效判决无法完全履行，应追究其刑事责任。本案以自诉方式启动追诉程序，最终促使被执行人履行了赔偿义务，取得了申请执行人的谅解。

2. 杨玉道拒不执行判决、裁定案——被执行人拖欠农民工劳动报酬，有履行能力却拒不执行法院生效判决，依法应予以刑事处罚。

【基本案情】 杨玉道在湖北省老河口市长期从事个体装修，长期聘请农民工朱新忠、薛道庆、杨洪刚、袁金玉、韩必立、历锁等人为其打工。杨玉道因拖欠上述 6 人劳动报酬 20 余万元发生纠纷。上述 6 人分别诉至老河口市人民法院。该院于 2014 年 10 月 15 日分别作出（2014）鄂老河口民初字第 02197、02195、02193、02196、02194 号民事调解书，确定杨玉道于 2015 年 6 月 30 日前分期分别偿还朱新忠 3.85 万元、薛道庆 4000 元、杨洪刚 3.1 万元、袁金玉 1 万元、韩必立 1.8 万元。该院又于 2015 年 6 月 26 日作出（2015）鄂老河口民初字第 00880 号民事判决书，判决被告人杨玉道于判决生效后 10 日内一次性偿还历锁 12 万元。

2015 年 1 月 6 日，朱新忠等 5 人向老河口市人民法院申请强制执行，该院于同年 2 月 11 日向杨玉道送达了执行通知书及报告财产令，但杨玉道未按执行通知书履行生效法律文书确定的义务，未报告本人财产状况。在法院主持下，双方当事人于同年 4 月 30 日就第一期债务 5.075 万元达成执行和解协议。杨玉道除执行 1.1 万元外，余额 3.975 万元及第二期债务 5.075 万元未执行。杨玉道长期从事建筑装修业务，其拥有位于老河口市洪山嘴镇洪山嘴村 2 栋 2 间三层楼房。

历锁于 2015 年 8 月 3 日向老河口市人民法院申请强制执行,该院于 2015 年 8 月 8 日向杨玉道送达了执行通知书及报告财产令,但杨玉道未按执行通知书履行生效法律文书确定的义务,未报告财产。老河口市人民法院于 2015 年 8 月 15 日对杨玉道实施司法拘留 15 日,但杨玉道在法院对其拘留后仍拒不履行法定义务。

老河口市人民法院遂将杨玉道以涉嫌拒不执行判决、裁定罪移送公安机关侦查,并由检察机关提起公诉。杨玉道被逮捕后,与历锁协商自愿用老河口市洪山嘴镇洪山嘴村 1 栋房屋抵清拖欠历锁的全部劳动报酬,同时给朱新忠、薛道庆、杨洪刚、袁金玉、韩必立出具还款保证书,分期偿还朱新忠等 5 人劳动报酬,上述被害人对杨玉道表示谅解。老河口市人民法院审理认为,被告人杨玉道有执行能力却拒不执行人民法院生效裁判,构成拒不执行判决、裁定罪,于 2016 年 11 月 15 日判决杨玉道犯拒不执行判决、裁定罪,判处有期徒刑 1 年 1 个月。

【典型意义】被执行人拖欠农民工劳动报酬,有履行能力却拒不执行人民法院生效判决,且未如实报告其财产情况,属于有执行能力而抗拒执行情形,依法应予以刑事处罚。人民法院通过办理拒执罪案件,既打击了犯罪,又维护了农民工合法权益,实现了法律效果和社会效果的有机统一。

3. 陈建跃拒不执行判决、裁定案——被执行人有履行能力而拒不履行法院判决,执行法院以涉嫌拒执犯罪向公安机关移送后,被执行人即与申请执行人达成执行和解协议并当即履行完毕。

【基本案情】2013 年 12 月 2 日 16 时 50 分许,陈建跃驾驶湘 AB1329 号重型普通货车沿 S308 线由东向西从安化县东坪镇往马路镇方向行驶,行至柘溪镇路口时,将谌席政停放在道路北侧有效路面外的湘 HP5450 号摩托车撞倒,造成谌席政严重受伤(现下身瘫痪)。安化县人民法院于 2014 年 11 月 13 日判决:陈建跃赔偿谌席政医药费等各项经济损失 518 226 元。

谌席政于 2014 年 12 月 25 日向安化县人民法院申请执行。该院立案执行后,发现被执行人有 6300 元银行存款并依法扣划,同时,查询到被执行人陈建跃有 2 台货车,车牌号码:湘 A29489 中型普通货车,湘 AB1329 重型货车。执行人员多次到被执行人陈建跃住所地岳阳市湘阴县、工作地长沙市、沅江市上门执行,陈建跃一直未见面,经调查了解,陈建跃完全有能力履行安化县人民法院(2014)安法民一初字第 868 号民事判决书所确定的义务,但其拒不履行,其行为涉嫌构成犯罪。2016 年 8 月 1 日,安化县人民法院将此案作为拒执罪典型案件移送至安化县公安局立案侦查。安化县公安局立案后立即对被执行人陈建跃进行网上追逃,不久在长沙市火车站将陈建跃抓获后刑拘。8 月 22 日,陈建跃的亲属及委托律师与谌席政达成执行和解协议并当即履行完毕,该案执行完毕。后检察机关撤回对陈建跃的起诉。

【典型意义】对有履行能力而拒不履行法院判决、裁定的被执行人,以涉嫌拒执犯罪向公安机关移送后,既能促使案件顺利执结,也可以使抗拒执行的行为人受到法律惩处,不仅对改善当前执行环境、缓解执行难具有直接推动作用,而且对强化社会诚信意识、弘扬社会主义法治精神、促进平安中国、法治中国建设，都具有重要意义。应进一步畅通该类案件移送、侦查、审查起诉、审判的渠道，为解决执行难助力。

4. 广西桂飘香有限公司拖欠劳动报酬案——被执行人以经营困难为由拖欠劳动报酬，法院将其纳入失信被执行人名单并依法对其处以罚款，迫使被执行人履行义务。

【基本案情】刘建龙、张朝英、蓝柳青、蔡彩云等四人因广西桂飘香食品有限公司拖欠其2014年8月至9月的劳动报酬13 423.1元（刘建龙4330.6元、张朝英2961.9元、蓝柳青3200元、蔡彩云2930.6元），于2014年向柳州市人力资源和社会保障局投诉。柳州市人力资源和社会保障局审查后于2015年5月25日分别作出《劳动保障监察行政处理决定书》，要求广西桂飘香食品有限公司支付刘建龙、张朝英、蓝柳青、蔡彩云等四人的劳动报酬。但是广西桂飘香食品有限公司一直以经营状况欠佳为由，拒绝向刘建龙、张朝英、蓝柳青、蔡彩云等四人支付劳动报酬。柳州市人力资源和社会保障局向柳州市城中区人民法院申请强制执行，该院审查后于2016年5月24日以（2016）桂0202执746、747、748、749号案立案受理，并于2016年6月1日向广西桂飘香食品有限公司发出执行通知和报告财产令，要求广西桂飘香食品有限公司在3日内履行。2016年7月26日，广西桂飘香食品有限公向该院报告称，其经营状况不佳且有股权纠纷（另案）拒绝履行支付劳动报酬的义务。该院通过"执行查控系统"对广西桂飘香食品有限公司银行存款、车辆、房产等财产情况多次、反复进行查询，但均未发现有可供执行的财产线索。为执行本案，维护劳动者合法权益，该院执行员到达广西桂飘香食品有限公司注册登记地柳州市柳石路382号进行调查。经核查，广西桂飘香食品有限公司的注册地生产场所系向柳州市建益电工材料有限公司租赁的厂房，现仅有办公室人员留守。本案执行因未发现被执行人可供执行财产而陷入困境。2016年10月30日，柳州市城中区人民法院依法将广西桂飘香食品有限公司纳入失信被执行人名单。2016年11月15日，本案投诉人向该院报告称，广西桂飘香食品有限公司在某商场进行产品展销。得知此线索后，院党组高度重视，2016年11月16日即对广西桂飘香食品有限公司法定代表人黄志勇进行约谈，但黄志勇仍然表示公司生产经营困难无法履行。因广西桂飘香食品有限公司拒不履行生效法律文书所确定的向刘建龙、张朝英、蓝柳青、蔡彩云等四人支付工资的义务，柳州市城中区人民法院依据《中华人民共和国民事诉讼法》第111条第1款第6项的规定对广西桂飘香食品有限公司法定代表人黄志勇作出四案共罚款计8万元的决定（每件案件罚款2万元），黄志勇当即表示愿意履行。2016年11月18日，黄志勇向刘建龙、张朝英、蓝柳青、蔡彩云等四人支付劳动报酬共计13 423.1元。至此，（2016）桂0202执746、747、748、749号柳州市人力资源和社会保障局与广西桂飘香食品有限公司行政非诉执行四案执行完毕。

【典型意义】追索劳动报酬与群众生计休戚相关，此类案件的执行也一直是法院执行工作的重心和难点。部分被执行人心存侥幸，利用无自有房屋、财产情况难以核查的客观情况,以公司经营困难为借口拒不支付劳动报酬,但这些都不是拒不履行支付劳动报酬义务的理由。本案的顺利执结表明,当事人必须自觉履行人民法院的生效裁判,不能心存侥幸,抗拒、逃避执行将承担相应的法律责任。

5. 张可嘉追索医疗费用等人身损害赔偿案——被执行人拒不履行生效法律文书确定的赔偿义务,法院加大财产查控力度,利用失信被执行人名单制度,顺利执结案件。

【基本案情】2012年5月26日,年仅6岁的小佳(化名)在辅导班学习舞蹈,在一次练习后下腰动作时蹲倒,下肢疼痛无力,难以站立,经医院和司法鉴定所鉴定属于脊髓二级伤残,东阿县人民法院于2013年12月23日作出(2012)东少民初字第15号判决书,判决朱红梅与李文才承担80%的赔偿责任,赔偿医疗费、护理费、交通费、住宿费、住院伙食补助费、伤残赔偿金、残后护理费、精神损害抚慰金等各项损失共计932 615.54元。

案件判决后,两被告未按期履行义务,小佳及其代理人于2014年5月6日向法院申请强制执行,法院立案后向被执行人下达执行通知书和财产报告令。被执行人在赔付61 520元后未再继续履行义务。执行人员依法在网络查控系统及其他金融机构中查询了两被执行人的银行账户,查询房管局、不动产登记中心及车管所,冻结了被执行人名下的工资并查封了被执行人一处房产。同时,依法将被执行人纳入失信被执行人名单,并将其失信信息投放在县中心的一处电子屏幕上,每天滚动播出。因被加入失信被执行人名单,两被执行人倍感惩戒压力,2016年6月15日,两被执行人来到法院,在执行人员的主持下,双方达成和解协议,将房产过户于小佳父亲名下,另外一次性给付现金30万元,案件得以顺利执结。

【典型意义】本案的顺利执结是法院依法运用失信被执行人名单的结果,通过将被执行人纳入失信名单,加大对被执行人法律及道德上的威慑力,促使被执行人履行生效法律文书确定的赔偿义务,在破解执行难方面具有典型性。

6. 杜开均申请执行四川科茂建筑劳务有限公司工伤赔偿纠纷案——被执行人拒不履行生效法律文书确定义务,法院将其列入失信被执行人名单,促使其与申请执行人达成执行和解协议。

【基本案情】杜开均于2013年3月底到四川科茂建筑劳务有限公司从事泥工工作,系泥工班班头。2014年4月13日,杜开均在科茂公司九楼工地施工过程中,右手被电切割机割伤。2015年3月,经泸州市人力和社会资源保障局认定为工伤。同年8月,泸州市劳动能力鉴定委员会认定杜开均伤残等级为七级,无生活自理能力。由于杜开均在科茂公司上班期间,该公司未为其办理工伤保险,科茂公司就工伤保险待遇问题与杜开均发生纠纷,并于2015年10月经泸县劳动争议仲裁委员会裁决,科茂公司承担杜开均工伤保险待遇共计226 496.5元。2015年11月,科茂公司不服该仲裁裁决向泸县人民法院提起诉讼。2016年3月,泸县人民法院作出(2016)川0521民初142号判决:杜开均因工伤致七级伤残享受工伤保险待遇共计211 496.5元,由科茂公司在判决生效后10日内支付。科茂公司不服该判决,向泸州市中级人民法院提起上诉，2016年6月二审判决驳回上诉、维持原判。

因科茂公司拒不履行判决确定义务，2016年7月，杜开均向泸县人民法院申请强制执行。泸县人民法院立即开展执行工作，通过"点对点""总对总"系统进行查控，发现被执行人账户仅余7000元；核查工商、不动产等登记情况，均未发现可执行财产线索；承办法官找到被执行人并向被执行人下达财产报告令，要求其主动履行判决确定义务，释明拒不执行可能带来的失信惩戒后果，但被执行人报告仍无财产。为此，承办法官将被执行人列入失信被执行人名单，冻结被执行人账户。2016年11月30日，在泸县人民法院的主持下，被执行人科茂公司与申请人杜开均通过协商达成和解协议，科茂公司支付150 000元，其余款项杜开均予以放弃。12月1日，杜开均终于领到第一笔工伤保险金110 000元。另外4万元工伤保险金，被执行人于12月5日支付申请执行人。

【典型意义】本案是工伤保险执行案件，此类执行案件的申请执行人多为弱势群体，经济困难，被执行人拒不支付工伤保险的行为，会使申请执行人陷入困境。本案通过将被执行人纳入失信名单，对其商誉形成压力，促使被执行人与申请执行人达成执行和解协议。

（五）最高人民法院第四巡回法庭当庭宣判十大案例

截至2017年12月23日，最高人民法院第四巡回法庭共开庭审理重大民商事案件49件，其中24件当庭宣判，当庭宣判率48.98%。为了及时总结经验教训，提升工作水平，并为实务界和理论界提供参考样本，经第四巡回法庭第八次主审法官会议集体讨论，筛选出10个具有代表性的案例，向社会发布。

1. 上诉人浙江昆仑建设集团股份有限公司与上诉人安徽新贝发制笔城有限公司建设工程施工合同纠纷案〔（2017）最高法民终25号〕。

2. 上诉人核工业金华建设工程公司与上诉人信阳新政源房地产开发有限公司建设工程施工合同纠纷案〔（2017）最高法民终3号〕。

3. 上诉人金桃园煤焦化集团有限公司与被上诉人陈某、原审被告蔚某民间借贷纠纷案〔（2017）最高法民终82号〕。

4. 上诉人中国华融资产管理有限公司河南省分公司与上诉人中国建设银行股份有限公司珠海市分行丽景支行票据回购纠纷案〔（2017）最高法民终313号〕。

5. 上诉人马鞍山小南山矿业有限公司与被上诉人交通银行股份有限公司武汉青山支行、原审被告武汉伟思科工贸有限公司、刘革等金融借款合同纠纷案〔（2017）最高法民终310号〕。

6. 上诉人金鹰国际商贸集团（中国）有限公司与被上诉人安徽古井集团有限公司、安徽瑞景商旅（集团）有限责任公司股权转让合同纠纷案〔（2017）最高法民终315号〕。

7. 再审申请人安徽省十字铺茶场与被申请人合肥建工金鸟集团有限公司建设工程合同纠纷案〔（2017）最高法民183号〕。

8. 上诉人河南泰宏纺织有限公司与上诉人开封卧龙置业有限公司、原审第三人河南新龙置业有限公司、朱某土地使用权转让合同纠纷案〔(2017) 最高法民终 669 号〕。

9. 上诉人中森华投资集团有限公司与被上诉人湖北徐东（集团）股份合作开发房地产合同纠纷案〔(2017) 最高法民终 664 号〕。

10. 上诉人安徽华冶建设工程有限公司、上诉人合肥美联恒置业有限责任公司与被上诉人合肥东部新城建设投资有限公司建设工程施工合同纠纷案〔(2017) 最高法民终 655 号〕。

（六）中国案例研究会、中国政法大学诉讼法学研究院、法治周末联合评选出 2017 年度中国十大公益诉讼案

2018 年 3 月 30 日，中国案例研究会、中国政法大学诉讼法学研究院、法治周末报社联合主办，中国公益诉讼网、清华大学案例法研究中心、中央财经大学法律援助中心联合协办的"第七届中国十大公益诉讼评选"在中国政法大学举行。经专家投票评选出"全国首例共享单车押金退还民事公益诉讼案"等 2017 年度中国十大公益诉讼案，包括民事公益诉讼案 6 件，行政公益诉讼案 3 件，刑事附带民事公益诉讼案 1 件。其中，民事公益诉讼案件、刑事附带民事公益诉讼案件分别是：

1. 全国首例共享单车押金退还民事公益诉讼案。

【案情简介】2016 年 10 月，广州悦骑信息科技有限公司宣布其经营管理"小鸣单车"完成一亿人民币 A 轮融资，领投方为运动单车品牌凯路仕。2017 年 7 月，悦骑公司创始团队退出，"小鸣单车"爆出用户退押金难问题。同年 11 月，该公司 CEO 离职，大量员工被裁，实际控制人失联。12 月 18 日，广东省消费者委员会就"小鸣单车"拖欠消费者押金、资金账户管理不规范等一系列问题，向广州市中级人民法院提起消费民事公益诉讼，这也是共享单车消费民事公益诉讼全国的第一案。2018 年 3 月，广州市中级人民法院判决被告悦骑公司按承诺向消费者退还押金，如不能满足退还押金的承诺，则对新注册消费者暂停收取押金，同时在判决生效之日起 10 日内，将收取而未退还的押金向"小鸣单车"运营地的公证机关依法提存，并向未退还押金的消费者公告。此外还要求悦骑公司于判决生效之日起 10 日内，以公众足以知晓的方式向消费者真实、准确、完整披露押金收支、使用、退还等涉及消费者押金安全的相关机制和流程等信息，将披露内容向注册地公证机关进行公证，并向注册地工商行政管理部门备案。

【入选理由】共享单车大战犹酣，最终花落谁家还未见分晓。不少经营者猛追风口，图的只是融资圈钱而非用户至上、务实经营。看似"蓝海"的市场随着资本的入局变成"红海"，转而又遭遇市场寒冬。但愿共享单车投放企业更多致力于产品投放的维护和客户服务，脚踏实地，诚信经营，不要让客户的押金最后打水漂，真正实现风险自担，经济共享！

2. 南京医疗废物污染环境刑事附带民事公益诉讼案。

【案情简介】2014 年到 2016 年间，在不具备经营医疗废物资质的情况下，张某

等人开办的垃圾回收站从南京多家医院回收混杂有已使用过的针头、皮条、棉签的输液瓶、输液袋，经简单分拣、粉碎后，销往江苏宿迁、睢宁以及浙江等地，被加工成垃圾桶、口杯、儿童玩具等成品，有些甚至被加工成利器盒等医疗用品重新进入医院。这些医疗垃圾及其制品在威胁他人健康安全的同时，也严重污染了环境。2017年9月，南京市六合区人民检察院对张某等三人提起刑事附带民事公益诉讼，要求追究三被告的刑事责任和民事责任。南京市六合区人民法院经开庭审理，于10月20日判决三名被告人犯污染环境罪，分别被判处有期徒刑1年3个月、有期徒刑6个月，缓刑1年以及有期徒刑6个月，缓刑1年的刑事处罚。同时判决三人依法承担民事侵权责任，要求三人就环境污染行为在省级媒体上公开赔礼道歉，并承担处置医疗废物的费用人民币37 014元。

【入选理由】本案暴露了医疗卫生机构在医疗垃圾管理、处置方面的漏洞以及环保行政部门在医疗废物收集、处置等多个环节的监督管理缺位，但出售医疗废物的一方并未被追责。全国已有多起医疗废物污染环境的案件宣判，所有案件都有一个共性，即移送起诉判刑的只有医疗废物收购方，而涉案医院都没受到影响。严查医疗废物，医院难逃干系。本案留给我们的余味是：必须切实斩断医疗垃圾倒卖利益链条，加大处罚措施，提高违法成本，强化医疗机构领导管理负责制，倒逼医疗机构主动作为，防堵漏洞，确保人民群众健康安全。

3. 全国首例证券支持诉讼案。

【案情简介】2016年3月，上海证监局发布行政处罚决定，认定匹凸匹金融信息服务（上海）股份有限公司（原"多伦股份"，股票代码600696）存在违法违规事实，包括未及时披露多项对外重大担保、重大诉讼事项，以及2013年年报中未披露对外重大担保事项，构成虚假陈述。刘某等14名投资者认为匹凸匹公司未及时披露其子公司对外担保事项的虚假陈述行为造成了其损失，于2016年7月将该公司及其实际控制人鲜言和时任财务总监的恽燕桦等作为共同被告诉至法院，诉请判令诸被告连带赔偿经济损失共计233万余元。本案首次由证券金融类公益机构——中证中小投资者服务中心依据《民事诉讼法》第15条支持投资者起诉，成为全国首例证券支持诉讼。2017年1月，上海市第一中级人民法院公开开庭审理了本案，同年5月作出一审判决，支持原告全部诉讼请求。

【入选理由】本案系由中证中小投资者服务中心首次依法支持投资者向上市公司及其实际控制人提起诉讼并由其负责人代理出庭的证券赔偿案件，也因此成为全国首例证券支持诉讼。这标志着投资者维权意识的强化和民间第三方支持力量介入公益诉讼的可能。中国证券投资服务机构正尝试通过强化民事追责，弥补投资者保护机制的"短板"，逐步实现对"做市"者的监督警诫功能。

4. 全国首例古树名木环境公益诉讼案。

【案情简介】2016年初，中国生物多样性保护与绿色发展基金会通过志愿者得知新郑市薛店镇花庄村1870棵古枣树被毁，这些古枣树树龄大多都在一百年以上，属于新郑市人民政府确定的文物保护范围。绿发会于 2016 年 4 月对新郑市薛店镇人民政府及新郑市薛店镇花庄村民委员会向郑州市中级人民法院提起诉讼,要求两被告依法判令被告停止损害环境;恢复被毁林地的林木、植被;赔偿造成的环境损失;建立古枣树展示园,作为生态环境保护的宣传、教育、警示基地;追回非法采伐而死亡的古树及制品;对毁坏古树名木、文物的行为,破坏生态、损害环境事件,向公众赔礼道歉。经 2016 年 12 月 9 日、2017 年 11 月 2 日两次开庭审理,郑州中院判决两被告停止继续实施违法移栽或者采伐枣树的行为,并于判决生效后 10 个月内,按被移栽致死的枣树数目 5 倍的林木,并对补种的林木抚育管护 3 年,同时共同赔偿生态环境受到损害至恢复原状期间服务功能损失 3 616 818.9 元,用于本案的生态环境修复或异地公共生态环境修复,并向公众赔礼道歉,等等,基本实现了绿发会的诉讼目的。

【入选理由】本案是我国首例古树名木保护公益诉讼案。郑州市中院的判决,开创了我国古树名木保护纳入环境民事公益诉讼的先例,这种行之有效的诉讼举措有助于遏制毁损、侵害古树名木的现象蔓延,在今后古树名木保护方面将发挥重要示范作用,具有深远的法律意义和社会影响。

5. 消费者何某诉北京移动手机游戏扣费返还纠纷案。

【案情简介】消费者何某偶然误点了手机上的"斗地主"图标,发现是游戏后迅速删除了该页面,但随后收到短信称因其点播了由杭州斯凯网络科技有限公司提供的优惠大礼包业务,中国移动通信集团北京有限公司代收代扣资费 10 元。因认为北京移动属于乱收费,何某于 2017 年 2 月将该公司诉至北京市东城区人民法院,要求退还 10 元钱及立案产生的相关费用等共计 55 元。东城法院经审理认为:本案中,原、被告系服务合同关系,原告自认系其主动点击了"街机斗地主"程序,该程序系一款付费游戏软件,故被告收取相应的费用,原告应予支付。且被告与杭州斯凯网络科技有限公司之间确系代收费关系,被告并非实际收费人,原告提供的乘坐地铁发票亦不足以证明系参加本案诉讼产生的交通费,故判决驳回原告何某的全部诉讼请求。何某不服,以"没有告知就收费就是违约"为由上诉到北京市第二中级人民法院。北京二中院经审理认为,北京移动所述的代收费系其与杭州斯凯公司之间的合同关系,具有相对性,对何某没有法律约束力;且其未能举证证明杭州斯凯公司有付款提示,亦不能证明何某同意该公司利用北京移动的渠道收取何某费用;原被告双方之间对于诉争方式的扣费、代收费并无约定,被告擅扣费用,依据不足,原判处理有误,依法改判中国移动通信集团北京有限公司退还何某代收业务费 10 元而驳回了何某的其他诉讼请求。

【入选理由】"约定必须遵守,违约必须担责",这是民商事交往的基本原则,也是我国民法、合同法的明文规定。中央电视台一年一度的"3·15"晚会多次报道手机强制预装软件和恶意扣费等问题,有关主管部门对此回应必须坚决制止,确保消费者的知情权和同意权。二审法院析理明法,依法改判,不仅有助于保护消费者合法权益，而且不啻对垄断行业经营者再一次敲响了警钟！

6. 重庆市绿色志愿者联合会诉美团、百度、饿了么等外卖平台环境公益诉讼案。

【案情简介】互联网经济助推了餐饮外卖行业的繁荣，但也带来了始料未及的环境污染问题。美团、百度、饿了么三家外卖平台在销售外卖产品时，送餐小哥随餐送来多余的塑料袋和一次性餐具，其中大部分在没有使用的情况下被随意丢弃、变成了垃圾。2017年8月，重庆市绿色志愿者联合会向北京市第四中级人民法院对三家外卖平台提起生态环境公益诉讼，诉请判令被告改变浪费资源、危害生态环境的经营模式，并对其已造成的生态环境损害进行修复或承担修复费用。本案目前正在审理中。原告方表示，他们还在尝试向上海市第三中级人民法院就环境污染责任纠纷问题起诉肯德基、麦当劳和支付宝的"口碑"版块。

【入选理由】"外卖毁三生，环境污染数百年"，餐饮外卖行业导致日益严重的"白色污染"，已经引发了环保机构和社会各界的普遍忧虑。《环境保护法》规定"一切单位和个人都有保护环境的义务"，本案是国内外卖平台首次因环境污染问题被起诉，具有标志性意义。本案无疑有助于外卖平台认清自己的环保责任，唤醒公众参与外卖污染治理的责任感，也在提醒相关主管部门和其他环保组织对外卖污染对此类污染治理问题持续关注和协同治理。

7. 惠州病死猪肉消费者权益保护公益诉讼案。

【案情简介】2015年以来，惠州市惠阳区沙田屠宰场相关人员放任无检疫合格证明的病猪、死猪入场屠宰，并将检疫合格证发放给前往屠宰生猪的客户，致使问题猪肉最终流入深圳周边市场。周某光、周某星、柯某超、冯某钦等一干人等通过不正规渠道屠宰或购买猪肉，并对猪肉喷洒或浸泡有毒有害液体后进行销售。深圳市场监管、公安等有关部门对上述行为进行查处，检察院提起公诉，法院对涉案20名被告分别判处刑罚。为维护消费者权益，加大对食品犯罪的震慑惩戒力度，广东省消委会根据法律赋予的职能，在深圳市检察院的支持下，于2017年3月8日向深圳市中级人民法院提起消费民事公益诉讼，请求法院判令20名被告承担惩罚性赔偿金1006.2万元，在省级以上新闻媒体公开赔礼道歉，并承担律师费及诉讼费用。2017年9月20日本案正式开庭审理，将择日宣判。

【入选理由】本案开创了我国"惩罚性赔偿消费公益诉讼"的先河，在社会各界引起强烈反响。不仅各大媒体大篇幅跟进报道和评论，法律界和维权组织也给予高度肯定，认为此举是"落实惩罚性巨额赔偿制度要求的有益尝试"、是"以诉讼推动制度创设，是法制史上的拓荒者"、"将载入我国消费者权益保护和公益诉讼史册"。

(七) 中国案例研究会、法律出版社、《中国法律评论》联合评出2017年度十大影响性诉讼

2018年3月26日，第十三届中国十大影响性诉讼发布会在北京举行。在公众网络投票和中国案例研究会理事匿名投票的基础上，专家组评议出2017年度中国十大影响性诉讼，民事诉讼案件和刑事诉讼案件各5件。5件民事诉讼案件分别是：

1. 全国首例电商平台打假案。

【案情简介】2016 年 5 月，淘宝与玛氏发现，淘宝店主姚某涉嫌销售假冒玛氏"Royalcanin"猫粮，遂在该店购买一袋 99 元的宠物猫主粮。经品牌方鉴定该猫粮为假货。2017 年 3 月，淘宝依据双方签订的《淘宝服务协定》，以"违背不得售假约定、侵犯平台商誉"为由，状告姚某。庭审中，淘宝认为该平台的品牌价值、消费活跃度等受损，经四种方式计算损失金额至少为 141 万元。7 月 20 日，上海市奉贤区法院一审认定姚某售假行为损害淘宝商誉，综合考虑被告经营时间、商品价格和利润等因素，判令杨某赔偿淘宝 12 万元。法院以与案件无直接关联且姚某无法预见为由，未采纳淘宝的计算损失方式；以合同未约定为由，亦未支持被告在媒体刊登声明消除影响的相关请求。该判决已生效。

【影响性】电商打假，杀一儆百。电商品质鱼龙混杂，民众深受假货之害。打假特别是互联网打假何解？本案提供了一条"源头治理"的创新思路：电商平台发起违约之诉，起到杀一儆百的效果。除了提高违法成本，还要降低维权成本，拓宽维权渠道，鼓励广大消费者和知识产权权利人拿起法律武器，推动社会共治。此外，以"大市场"思路组建的市场监督管理部门、陆续成立的互联网法院如何提升打假能力，也值得期待。

2. 陕北千亿矿权纠纷案。

【案情简介】2003 年，榆林市凯奇莱能源投资有限公司（凯奇莱）与西安地质矿产勘查开发院（西勘院）签订《合作勘查合同书》，约定以 8:2 的出资和分成比例，合作勘探陕北菠萝井田。后探得储煤 20 亿吨。该合同书向国土部门备案受阻。西勘院认为合同无效，不应继续履行，又与他人另外定约。凯奇莱诉西勘院要求后者继续履约。2006 年 10 月 19 日，陕西省高级法院一审判决：合同有效，双方应继续履行，西勘院支付违约金，并在判决生效后一个月内将探矿权转入凯奇莱名下。西勘院提起上诉。2009 年 11 月 4 日，最高人民法院以事实认定不清为由将本案发回重审。2011 年 3 月 30 日，陕西省高院以可能损害国家利益等为由，改判双方合同无效。西勘院提起上诉。2017 年 12 月 16 日，最高人民法院终审判决：双方合同有效并继续履行，而凯奇莱对探矿权转至其名下的诉请未获支持。

【影响性】依法行政与公正司法。一起普通的民事合同纠纷诉讼，拉锯了近 12 年，两度叩开最高法院之门，最终在落实中央关于保护产权制度的大背景下落判。本案的典型性在于：会议纪要、领导批示等行政方式，令政策处于不稳定状态，滋生了投资经营风险；政府致函，也给法院依法裁判带来了困扰。而在终审之后，本案如何突破"执行难"困境，我们拭目以待。

3. 吸烟被劝猝死案。

【案情简介】2017 年 5 月 2 日，医生杨某在小区电梯里劝一名老人不要抽烟，争执中老人因情绪激动突发心脏病离世。老人家属状告杨某索赔 40 万余元。2017 年 9 月 4 日，郑州市金水区法院作出一审判决，认为杨某的劝阻行为与老人之死无必然的因果关系，但酌定杨某给予1.5万元补偿。老人家属提起上诉。2018年1月23日，郑州市中级人民法院二审驳回上诉，并以适用法律错误为由撤销一审补偿1.5万元的判决。中院认为，老人患有心脏疾病，在未能控制自身情绪情况下病发身亡；杨某无侵害老人生命权的故意或过失，其劝阻行为未超出必要限度，不应承担侵权责任。一审判决让正当行使劝阻吸烟权利的公民承担补偿责任，既是对社会公共利益的损害，也与民法的立法宗旨相悖。

【影响性】让公心善意无后顾之忧。公共场合的协商理性的形成，是城市化进入新阶段的重要课题。本案的一审判决引发极大争议：有人认为这份判决扼杀了民众维护公共利益与法律尊严的积极性，也有人认为法院判决补偿的做法能够抚平老人家属的悲恸。二审虽已改判，但情与法之争尚未止息。

4. 王宝强离婚案。

【案情简介】2016年8月14日凌晨，演员王宝强发表声明，称妻子马蓉婚内与自己的经纪人宋喆发生不正当两性关系，决定解除二人婚姻关系，同时解除经纪人职务。次日，王宝强向北京市朝阳区法院立案诉讼离婚。8月16日，马蓉向朝阳法院起诉王宝强侵犯其名誉权。王宝强因发现宋喆与马蓉涉及非法处理离婚案的财产等相关问题，向警方报案。后宋喆因涉嫌职务侵占，于2017年9月12日被警方刑事拘留。2018年2月11日，朝阳法院对两案作出一审判决：法院认定马蓉与他人存在婚外不正当关系，违反夫妻忠实义务，判决解除婚姻关系，婚生子由王宝强抚养，婚生女由马蓉抚养；对于名誉权案，法院认定王宝强不构成名誉侵权，驳回马蓉的诉讼请求。目前两案处于上诉状态。

【影响性】婚姻财产制度的另类普法。本案原属个人私事，因为明星的特殊身份，意外成为婚姻法的普法"教材"。社会的探讨逐渐跳脱八卦本身，除了聚焦感情破裂的界定、子女抚养的归属、夫妻财产如何分割等传统离婚议题外，名誉权保护、公司股权分割、个人财产与公司隔离运行及可能涉及职务侵占刑事责任等话题，也进入了公众的视野。

5. 顾雏军案。

【案情简介】2015年6月，原科龙电器董事长、格林柯尔系创办人顾雏军状告海信科龙等八公司，提出索赔489亿等六项请求。2015年9月6日，广东省佛山市中级人民法院一审裁定，继续审理两项执行分配方案异议之诉，驳回巨额索赔等其他四项起诉。这起"建国以来最大金额的民事赔偿案"，由顾雏军触犯刑律引发。2005年7月，顾雏军因涉嫌挪用资金罪被查。2008年1月30日，佛山中院以虚假注册资本、挪用资金、违规披露、不披露重要信息等罪判处顾雏军有期徒刑10年。而在此前顾雏军被刑拘不久，该院以16个民事判决，判令顾和格林柯尔系赔付海信科龙系公司7亿多元。2015年5月，佛山中院作出执行分配方案，引发顾的不满。顾雏军2012年出狱后开始向最高法院提起申诉。2017年12月28日，最高法院公布将再审顾雏军案，决定由第一巡回法庭提审。

【影响性】12 年后再入选，意义已不同。本案曾入选 2005 年中国十大影响性诉讼，作为唯一特例二度入选的理由在于：本案 12 年的演变历程，是我国产权保护制度发展的历史缩影。当年的"郎顾之争"，是在产权法律法规不健全的情况下出现的。2016 年以来，中共中央国务院发布多份文件，聚焦产权制度保护，明确企业家精神的地位和价值，并要求抓紧甄别纠正一批社会反映强烈的产权纠纷申诉案件。2018 年正逢改革开放 40 周年，期待本案再审能在社会主义市场经济进程中划上完美注脚。

第三节 行政诉讼法的实践状况*

一、行政诉讼的基本数据

（一）行政审判工作的基本数据[1]

从党的十八大至 2017 年党的十九召开，5 年来，全国行政审判一审审结案件达 91.3 万件，同比上升 46.2%。[2] 其他方面，管辖制度改革继续推行，跨行政区划法院建设顺利，行政案件异地管辖、集中管辖进一步完善；通过司法审查支持等一系列制度深化"放管服"的理念；积极探索行政争议实质性解决新途径，各区地区积极配合推进行政机关负责人出庭应诉等工作，妥善审理征地拆迁等案件，健全当事人诉权保护，维护公民合法权益。

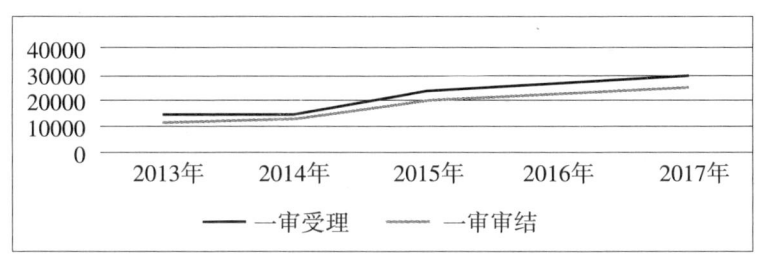

图 3-4 2013~2017 年全国行政诉讼案件一审审结数

以北京市为例，至 2017 年，北京市司法机关监督行政机关依法行政，保障行政

---

* 本部分执笔人：中国政法大学诉讼法学研究院高家伟教授，中国政法大学法学院博士研究生杨天波协助。

[1] 2018 年为国家机构换届之年，最高人民法院的工作报告主要发布了 2013 年至 2017 年的数据，本部分的数据与工作报告的数据保持一致，主要体现了这 5 年来行政审判工作的数据。

[2] 参见中国法院网："最高人民法院工作报告（摘要）"，http://www.chinacourt.org/article/detail/2018/03/id/3225373.shtml。

相对人合法权益。审结行政案件69 738件，其中，以国家部委为被告的案件9110件。强化对行政行为合法性的审查，行政机关败诉的案件约占10.9%，注重引导行政相对人正确认识权利和义务，促进行政机关完善行政行为，推动行政争议实质性化解，以当事人主动撤诉方式解决行政争议6283件，通过及时发送司法建议、每年发布行政审判白皮书等方式，助推法治政府建设，2280名行政机关负责人出庭应诉，向行政机关发送司法建议339件。[1]

以上海市为例，至2017年，上海市司法机关认真实施2014年修正的《行政诉讼法》，加强司法审查，监督行政机关履行法定职责，共审结一审行政案件2.49万件，同比上升152%。依法判决行政机关败诉912件，协调和解行政争议5653件，促进行政争议实质性解决。推进行政机关负责人出庭应诉，行政机关负责人出庭应诉3766人次。发布行政审判白皮书、司法建议439份，促进法治政府建设。[2]

以天津市为例，至2017年，天津市严格执行2014年修正的《行政诉讼法》，审结案件27 782件，同比上升52.8%。加大非诉行政案件审查力度，规范行政机关负责人出庭应诉工作，全市行政机关负责人出庭应诉案件1781件，向41个单位和部门发出司法建议57个，促进提升依法行政水平。[3]

以广东省为例，至2017年，广东省司法机关审结一审行政案件6.8万件，同比上升1.1倍。全省一审行政案件在全国率先实现跨区县审理。加强涉诉"红头文件"附带审查，支持和监督行政机关依法行政。促进行政争议实质性解决，判决或协调支持原告诉求占25.8%。坚持依法赔偿原则，审结国家赔偿案件1725件。[4]

以山东省为例，至2017年，山东省司法机共审结一审行政案件8.1万件，其中2017年审结1.5万件。判决确认行政行为违法或履行法定职责等8460件，驳回行政相对人不合法起诉或诉讼请求3.2万件。行政机关负责人出庭由2013年的236人（次）上升至2017年的5677人（次）。加强国家赔偿工作，审结国家赔偿案件1264件。[5]

---

[1] 参见北京市人大网："北京市高级人民法院工作报告"，http://www.bjrd.gov.cn/zdgz/zyfb/bg/201802/t20180207_180576.html。

[2] 参见东方网：《上海市高级人民法院工作报告》，http://sh.eastday.com/m/lh2018/u1ai11186428.html。

[3] 参见天津市人大网："天津市高级人民法院工作报告"，http://www.tjrd.gov.cn/tjsrmdbdh/system/2018/03/05/030010074.shtml。

[4] 参见广东法院网：《广东省高级人民法院工作报告》，http://www.gdcourts.gov.cn/web/content/40274-?lmdm=10753。

[5] 参见山东省高级人民法院网站：《山东省高级人民法院工作报告》，http://qdzy.sdcourt.gov.cn/sdfy/350511/350527/1842348/index.html。

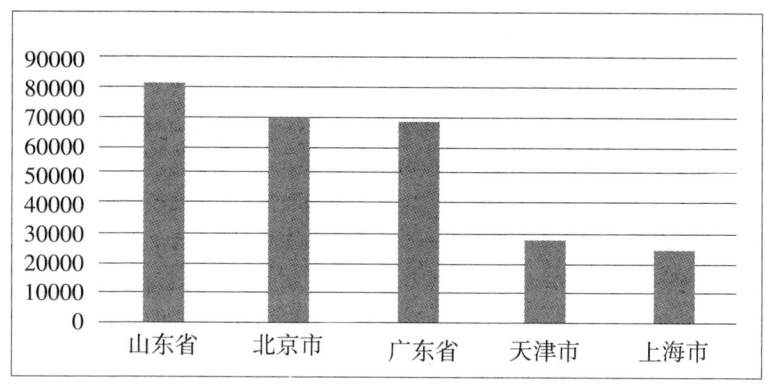

图 3-5　地方各省 2013~2017 年行政审判审结数

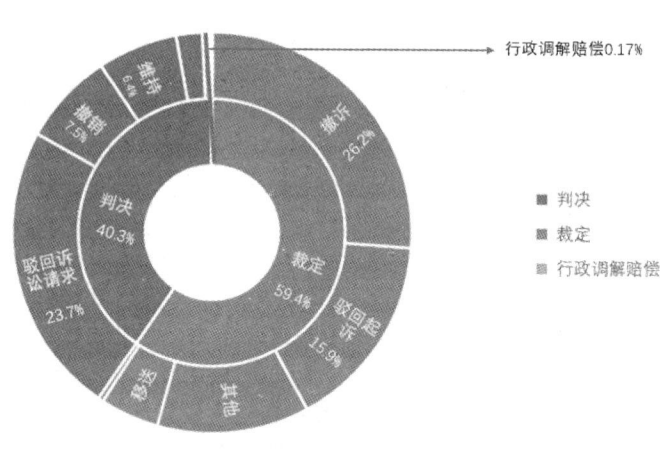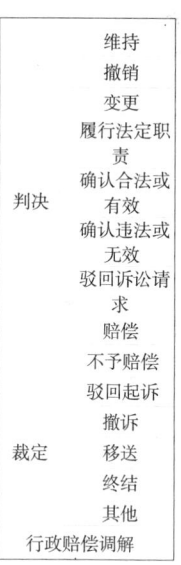

图 3-6　2013~2017 年行政诉讼结案类型[1]

---

[1]　数据来源：《中国法律年鉴》数据统计及最高人民法院司法统计公报。

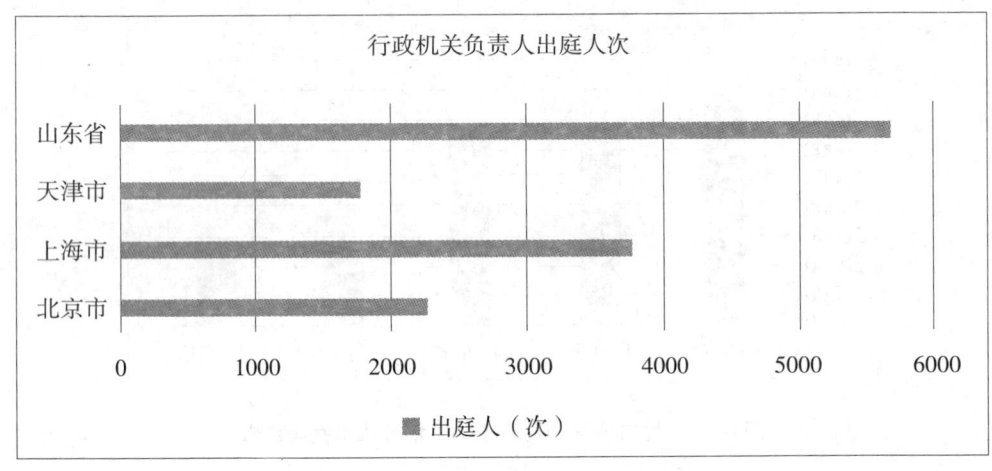

图 3-7 部分地区行政机关负责人出庭人次

（二）2017 年行政诉讼案件数据的分析

从上面列举的司法数据可以看出，2017 年的行政审判工作呈现出以下特点：

1. 行政诉讼案件整体状况：行政诉讼案件规模持续扩大，这种规模的壮大既体现在数量上，也体现在类型上。公民法律意识的提高，规制公权力的环境逐渐形成，使得更多的行政争议从过去的隐忍不发，到如今的喷薄而出，这种突然激增的行政争议纠纷解决需求，一方面是长期法治建设的结果，另一方面是因为近几年来一些新制度的设立（如立案登记制等）成为纠纷需求突然爆发的导火索。这就为行政审判带来了更大的挑战，为应对这种挑战，既要顶住行政争议数量激增的压力，也要在诉讼类型上做到完美覆盖。

在数量规模上，2017 年继续推行立案登记制，落实有案必立、有诉必理的规定，一审受理案件数达历史新高，在保障公民诉权的道路上再接再厉。2017 年 5 月 18 日立案登记制 2 周年之际，最高人民法院召开人民法院立案登记制改革 2 周年新闻发布会。

2015 年 5 月 1 日至 2017 年 3 月，全国法院登记立案数量超过 3100 万件，同比上升 33.92%。当场立案率超过 95%，上海、重庆、宁夏等地超过 98%。从各地情况看，北京、河北、辽宁、上海、江苏、浙江、安徽、福建、山东、河南、湖南、四川等 12 个地区登记立案数量超过 100 万件。其中，江苏、广东、浙江登记立案数量超过 200 万件。从登记立案增幅看，同比增长超过 50% 的地区有 8 个，增幅超过 40% 的地区有 7 个，增幅超过 20% 的地区有 14 个，增幅在 20% 以下的地区有 3 个。其中，增幅最大的为陕西，登记立案同比增长 95.84%，最小的为天津，登记立案同比增长3.97%。[1] 立案登记制推行2年来，至2017年，可以看出，立案渠道全面畅通，"有案不立、有诉不理、拖延立案、抬高门槛"问题进一步消解。

在判决类型上，从图3-6可以看出，目前的判决类型更加多样，尤其在《行政诉讼法》修改后，行政诉讼判决得到了重要的补充。这一变化与两个方面密不可分：

第一，更加复杂和繁多的纠纷解决需求，促使判决类型得到丰富，从而拓展了纠纷解决的覆盖范围。如何通过更完善的判决方式来满足现实生活中出现的不同案件，这需要完善的判决类型来完成。更多的案件可以通过合适的判决得到司法途径上的解决，以这种现实需求作为动力，诉讼实践的发展促进了新法的修改和实施。

第二，立法上的成熟使得多样化的行政争议得到高度凝练的抽象化总结。对于大陆法系国家，行政诉讼类型化的基础是行政争议的多样化。新法对判决类型的补充，可以认为是对日益多样化的行政诉讼争议情形的立法回应。从大陆法系行政诉讼发展历程来看，借助行政诉讼程序解决的行政争议种类有一个逐步发展的过程。[2] 随着不同行政活动类型的出现和不同行政争议的出现，与此种争议相对应，公法上新的诉讼类型逐渐出现。而对类型化的研究，这一传统在德国民法学中非常受重视，以卡尔·拉伦茨为代表，他对于"类型"的研究使得德国民法中的许多概念得以完善，同时，成熟的类型化研究也对于法律解释工作意义重大。所以，目前对于判决类型乃至诉讼类型的完善也将对行政诉讼体系的建构和法律解释工作带来更大的帮助。

2017年行政诉讼司法整体数据反映出的图景令人欣喜，数量规模不断扩大，说明人民法院以实际行动坚定落实中央要求，极大地方便了群众诉讼，提高了诉讼效率，积极回应群众期待，全面兑现了保障当事人诉权的承诺。同时，诉讼类型化研究的发展也显示出中国行政诉讼制度正在科学和成熟的道路上前进。作为不同行政争议的对应解决方式，判决类型的丰富说明了诉讼类型化研究的完善，它既是行政诉讼实践的宽度得以拓宽的体现，也是立法技术和质量进一步提高的写照。

2. 行政诉讼一审审结状况：2017年的一审行政案件呈现出案件撤诉率不断提高、服判息诉率高、法定审限内结案率高的局面。这说明一个重要的问题：行政纠纷实质化解机制在逐渐发挥成效。

第一，针对行政行为存在的瑕疵，司法机关能够主动建议行政机关完善行政行为，引导行政相对人正确认识权利义务，努力化解行政争议。同时，每年越来越多的行政案件以原告自愿撤诉的方式妥善解决，这说明在涉及牵涉利益广泛，疑难复杂的重要案件中，各级法院能认真履行审判职责，既维护了当事人合法权益，又保

---

[1] 参见最高人民法院网站："全国法院立案登记制改革两周年新闻发布会"，http://www.court.gov.cn/zixun-xiangqing-45022.html
[2] 参见闫尔宝："论我国行政诉讼类型化的发展趋向与课题"，载《山东审判》第33卷（总第238期）。

障了相关工程的建设。

第二,多元化解社会矛盾纠纷更加被重视。以和为贵是我国一直以来的重要传统,法院办案既要解开当事人的"法结",还要努力解开当事人的"心结"。2017年人民法院继续认真学习借鉴"枫桥经验",尽量化解当事人恩怨,缓和对抗情绪,做好行政案件协调工作,妥善化解行政争议。积极促成执行和解,最大限度地维护申请人合法权益。人民法院还进一步健全诉讼与非诉讼相衔接的矛盾纠纷解决机制,积极引导当事人先行就近、就地选择非诉讼方式解决纠纷,力争将矛盾纠纷化解在诉前。加快各地基层法院诉前调解工作室、诉调对接中心或"人民调解工作室"建设,同时注重规范调解工作,对不能调解及调解不成的,及时依法裁判,切实发挥调解和判决两种结案方式在化解矛盾中的作用。

3. 相关制度进一步落实,为诉讼活动提供了良好的环境。法律从纸面上的规定到实际运行中的规范,离不开良好的实施环境。而2014年修正的《行政诉讼法》实施以来,各种保障制度的落实为新法提供了健康的发展空间。

例如,行政机关负责人出庭应诉制度得到更好落实。行政首长出庭应诉,是2014年修正的行政诉讼法的一大亮点。根据2014年修正的《行政诉讼法》第3条第3款的规定,被诉行政机关负责人应当出庭应诉。不能出庭的,应当委托行政机关相应的工作人员出庭。这一规定解决了"告官不见官""出庭不出声"的问题。从实践效果看,行政机关负责人积极出庭应诉,提升了被诉行政机关的法治意识,增强了人民群众对法治的信心。2017年该制度成效显著,例如,不仅如图3-7所示,目前各地行政机关负责人应诉出庭数量可观,和往年相比也有明显提高,根据安徽省2017年发布的司法数据,安徽省行政机关负责人出庭应诉的比例已达到31%,较之《行政诉讼法》2014年修改前的3%有明显改观,安徽省部分县(市、区)行政机关负责人出庭应诉率达到100%。[1] 并且,国家部委为被告的案件数量增多,且败诉率提高,国家部委居于行政管理系统的高层,他们被告上法庭,往往涉及某项行政执法规则或标准,具有较强的示范效应。

再如,在庭审中引入专家证人制度。作为整建制改革试点法院,北京四中院深化审判权运行机制改革,采取的由专业人员出庭就专业知识提供说明的作证方式,让专家证人走进行政法庭,更能有效地突出以庭审为中心的诉讼理念,促进行政司法的公开透明、公平公正,让人民群众更直观地感受到案件裁判的专业和公正。

此外,针对诉权出台文件进行更好的规范,严格规制恶意诉讼和无理缠诉等滥诉行为。"任何人都不应从不当行为中获利",在2014年修正的《行政诉讼法》实施过程中,个别当事人滥用诉权现象,逐渐成为各地法院和行政机关反映强烈的问题。滥用诉讼权利是对诚信原则的极大破坏,有的提起诉讼并不存在值得保护的诉之利

---

[1] 参见中国法院网:"安徽通报全省五年行政审判工作情况",https://www.chinacourt.org/article/detail/2018/01/id/3180912.shtml。

益,有的不以保护权益为目的,随意提起或者大量提起行政诉讼,滥用行政诉权。这些滥诉行为,一方面扰乱了正常的诉讼秩序,损害了司法权威,给我国法治建设带来负面影响;另一方面挤占了有限的司法资源,损害他人的合法权益,加大了行政机关依法行政的成本,2017年8月,最高人民法院出台《最高人民法院关于进一步保护和规范当事人依法行使行政诉权的若干意见》,规范行使行政诉权,对这一现象重点整治。

可以说,2014年修正的《行政诉讼法》实施的几年来,呈现出以上良好态势与配套的相关保障制度密不可分。良法需要健康的实施环境才能达到善治的目的。不论是对诉权的规范、行政机关出庭应诉的制度化规定,还是专家证人的引入,都在不同方面、不同阶段为行政诉讼法的实施提供保障。

二、行政诉讼法的实施状况

(一)检察行政公益诉讼制度正式建立

2017年6月27日第十二届全国人民代表大会常务委员会第二十八次会议通过了关于修改《中华人民共和国行政诉讼法》的决定。[1] 学界普遍认为这是行政公益诉讼正式写入法条的标志,行政公益诉讼由此结束试点状态,进入常态化运行的状态。[2] 自2015年7月1日,检察机关提起行政公益诉讼制度开始在13个省市试点,2年试点实践表明检察机关提起行政公益诉讼制度对维护公共利益发挥了积极作用。此次新增加的条款,将2年来的实践经验和成果写入法典,检察行政公益诉讼制度正式建立。

(二)最高人民法院废止部分司法解释和司法解释性质文件[3]

2017年9月25日,为加强和规范司法解释工作,统一法律适用标准,最高人民法院公布《关于废止部分司法解释和司法解释性质文件(第十二批)的决定》。决定中所列的15件司法解释和司法解释性质文件从2017年10月1日起不再适用,但过去依据或参照这些司法解释和司法解释性质文件对有关案件作出的判决、裁定仍然有效。当事人对废止决定公布前的行政行为不服,在决定公布后提起行政诉讼或者进入再审程序的,除相关司法解释和司法解释性质文件与当时有效的法律相抵触外,人民法院可依据相关司法解释和司法解释性质文件作出裁判。[4]

---

[1] 《行政诉讼法》第25条增加1款,作为第4款:"人民检察院在履行职责中发现生态环境和资源保护、食品药品安全、国有财产保护、国有土地使用权出让等领域负有监督管理职责的行政机关违法行使职权或者不作为,致使国家利益或者社会公共利益受到侵害的,应当向行政机关提出检察建议,督促其依法履行职责。行政机关不依法履行职责的,人民检察院依法向人民法院提起诉讼。"

[2] 参见王万伦:"完善检察机关提起行政公益诉讼制度的若干问题",载《法学杂志》2018年第1期。

[3] 被废止的15项文件具体名称可以参见本报告第二章第三节行政诉讼法的立法发展部分。

[4] 参见最高人民法院网站:"最高人民法院废止一批行政诉讼司法解释",http://www.court.gov.cn/zixun-xiangqing-61442.html。

（三）军事行政诉讼"试点启动"

2017年7月，经中央军委批准，并经最高人民法院批复同意，军事行政诉讼试点工作启动。探索建立军事行政诉讼制度，先行试点、逐步推广，是中央军委《军事司法体制改革实施方案》明确的任务。解放军军事法院在深入调研论证、广泛征求意见的基础上，制定了实施方案和指导意见。按照方案，广州军事法院、北京军事法院为试点基层法院，受理第一审军事行政案件。在试点基层法院管辖范围内，军人或军队单位认为军级以下军事机关及其工作人员的军事行政行为侵犯其合法权益的，可以依法提起诉讼。当事人不服一审裁判的，可以分别向南部战区军事法院、中部战区军事法院提出上诉。试点期间，最高人民法院、解放军军事法院将依法加强监督指导，确保试点工作积极稳妥推进。

军事行政诉讼试点工作的开展，标志着我国军事行政诉讼制度迈出了实质性的一步，这不仅是改革完善军事司法体制的一件大事，也是丰富拓展国家行政诉讼制度的重大创举。

1. 2014年修正的《行政诉讼法》完善了行政诉讼的审判环境，为行政诉讼制度进入军事审判领域创造了条件。

首先，行政诉讼法多年的实施，提高了社会的诉讼维权意识，这成为军事行政诉讼案源的基础。在我国，军事领域一直是十分特殊的领域，要求官兵绝对服从，这在一定程度上压制和泯灭了官兵面对违法军事管理行为时的维权意识，难以依靠法律的手段维护自身权益。而多年的行政诉讼实践在一定程度上不仅是对普通公民法治意识的塑造，对军营内的官兵也是一种熏陶和教育，这就为行政诉讼进入军事领域奠定了思想上的基础。

同时也应看到，由于军队服从文化浓厚、秩序观念较强，如果缺乏足够的宣传教育引导，军事行政诉讼在一开始还是必然将面临没有案源的困难。这就突显出试点工作的重要性，通过试点先营造好的审判环境，为日后军事行政诉讼制度的起步创造条件。在这方面，中央军委政法委、解放军军事法院等单位采取授权媒体发布新闻通稿、印发宣传教育提纲、出台审理意见、开辟专题网页等方式积极进行舆论引导，广泛开展宣传教育，为试点活动的顺利展开创造了良好的外部环境。但由于军事行政诉讼是新生事物，官兵也有一个了解、认同和接受过程，宣传教育引导将是一项长期任务。

2. 探索军事行政诉讼特殊的适用规则是试点工作的重点。探索建立的军事行政诉讼制度要符合军队建设实际；军事行政审判，既要考虑法律效果，又要兼顾社会效果、政治效果。为此，试点工作应当在国家行政诉讼的法治框架内，探索建立一套特色鲜明的军事行政诉讼制度。将行政诉讼的普遍原理和基本适用规范与《中国共产党军队委员会工作条例》《中国共产党军队支部工作条例》等军队规范结合起来，牢牢把握军队备战打仗的根本职能和建设管理的特点规律，以维护指挥权威、确保军令畅通、指挥高效，同时也通过军事行政诉讼这一契机，建立健全对军事机关履职用权的司法监督制度机制，促进军事司法与军事行政良性互动。

军事行政诉讼试点目前只是一种探索，试点的效果不仅取决于试点过程的程序规制，也有赖于审判环境的改善，依靠行政与司法的良性互动，为军事行政诉讼制度的全面建立奠定扎实的基础，为加强对军事行政权的监督、维护官兵合法权益、促进法治军队建设开辟新的有效途径。

三、行政诉讼发展的新课题

2017年8月26日，中国行政法学研究会2017年年会于湖北武汉召开。本届年会由中国行政法学研究会主办，武汉理工大学承办。本次年会以"国家监察体制改革与监察立法"与"城市治理与行政法"为主题，主要围绕"城市治理"和"国家监察体制改革与监察立法"展开讨论。围绕上述基本议题，2017年行政诉讼法学研究的新课题在以下方面呈现：

（一）作为一种城市治理手段的行政诉讼

城市治理更多依赖的是行政机关的执法活动，行政诉讼是一种事后的救济手段，如何将其作为一种城市治理手段？其间可能需要有媒介，目前社会治理的研究中形成许多治理模式，例如"社会稳定风险评估"条款，现在已经有越来越多的这种条款进入到法律法规当中，[1] 如果行政机关在社会治理时，违反了这些法律条款，相对人是否可以运用行政诉讼进行救济？这个问题还在探讨中，就目前而言，司法采取了一种回避的态度，没有直接对这类行政行为进行判断。

这类研究其实在某种程度上是对行政诉讼目的和功能的突破，因为行政诉讼最主要的目的在于规范行政权力，维护相对人权益，但目前这种研究开始将行政诉讼作为一种社会治理手段，这其实在某种程度上赋予了行政诉讼一种行使行政权的直接性。因为我们的司法应当保持一种谨慎的克制，在本质上还应当是一种事后判断，所以，目前对违反"社会稳定风险评估"条款的行政行为，司法尚没有明确表态，但这不表明这一类的研究没有价值，相反，这种创新性的思考可能会为我们带来新的认识和启发。

（二）行政诉讼与国家监察体制的衔接

国家监察制度改革中，如何把行政诉讼纳入国家监察体系中，使之作为一种重要手段配合国家监察体系的建立，这可能是一个重要的问题。

---

[1]《国有土地上房屋征收与补偿条例》第12条规定："市县人民政府作出房屋征收决定之前，按照相关规定进行社会稳定风险评估；房屋征收决定涉及被征收人数量较多的，应当经政府常务会议讨论决定。"与之相对应，各地亦随即出台了地方层面的"国有土地上房屋征收与补偿实施办法"，其中对于社会稳定风险评估的内容与程序均有专门条款予以规定，譬如《武汉市国有土地上房屋征收与补偿实施办法》第18条规定："作出房屋征收决定前，房屋征收部门应当根据项目情况，组织拟订社会稳定风险评估报告。社会稳定风险评估报告应当说明项目情况，从合法性、合理性、可行性、可控性等方面进行分析，并报同级人民政府审核。"参见卢超："'社会稳定风险评估'的程序功能与司法判断"，载《浙江学刊》2017年第1期。

基于这种思考,学界已经从不同的角度开始思考,例如,国家监察体系中的核心是监察权,但如何界定监察权,它的外延在哪里?目前并没有明确的认识,但这个问题又很重要,因为这首先就牵涉到监察活动的范围,哪些可以纳入监察范围、哪些不可以,这需要明确监察权的外延。而从保护被监察者行政诉讼的权利角度,可以作为一个很好的切入点,通过保障被监察者在实体以及程序上的行政诉讼的权利,可以方便我们明确监察权的界限。

在2017年的年会中,有学者就以这种角度展开了讨论,指出监察委员会作为国家监察机关,其行为种类包括党内监察行为、行政行为、特殊调查及处置行为。监察权的整合对被监察者权利的影响表现为被监察者程序权利尚待明确,监察委员会处理申诉案件的权限缺乏规定,被监察者请求国家赔偿存在法律障碍等方面。被监察者权利保障制度的完善一方面应当确立监察与保障并重的原则,另一方面通过创建公务员对内部处理决定的行政复议特别程序、保障被监察者的行政诉讼权利、明确国家监察机关的赔偿责任等,畅通被监察者救济权行使的渠道。[1]

除此之外,第十七届海峡两岸行政法学学术研讨会暨第十二届东亚行政法学会国际学术大会也讨论了行政诉讼中的重要问题,学者们主要关注了"环境影响评价法制与行政诉讼"和"风险社会与行政诉讼"等议题。[2]

(三)环境影响评价法制与行政诉讼

伴随着科学技术与全球化的高度发展,人类在享受科学技术所带来便利的同时,也暴露在各种不确定、潜在的风险之中。李建良研究员的报告从环评法制的法治课题、环评实践的法治课题和环评瑕疵的法治课题进行讨论。李洪雷教授总结出大陆环评行政诉讼案例具有如下特点:绝大多数对环评批复提起行政诉讼的原告均非环评批复的相对人而是利害关系人;法院对环评批复持高度尊重的态度;法院对行政程序的审查构成高度尊重的例外,但从裁判结果来看,绝大多数被宣告存在程序瑕疵或违法的环评批复,最后仍得到维持。

(四)风险社会下的行政诉讼制度

2017年的行政法学年会上,其他各国的学者分享了行政法学研究中的新问题。高丽大学法学专门大学院河明镐教授从韩国实际出发,指出韩国的应对风险的体制大多由技术官僚中心的行政部门主导、由司法机关管制,而非在议会这一开放空间制定。河明镐教授认为,韩国应对危险的诉讼体系不完善,其行政诉讼制度仍停留在传统的权利救济体系,没有将预防性禁止诉讼和课予义务诉讼作为抗告诉讼类型,行政法院很难从公益上调整因风险社会的到来而引发的法益冲突。而来自日本名古屋大学法学研究科的下山宪治教授认为,风险制御应有相应的法律拘束,即符合预

---

[1] 参见杨红:"被监察者的权利及其保障研究",载《行政法学研究》2017年第6期。
[2] 参见崔瑜、曹鎏:"行政程序、政府数据开放以及风险规制的新课题——第十七届海峡两岸行政法学学术研讨会暨第十二届东亚行政法学会国际学术大会综述",载《行政法学研究》2017年第2期。

防比例原则、以科学技术水准为依据并遵守的义务、组织及程序法的规范。下山宪治教授以先端科学技术的不确定性为前提，讨论关于风险制御的司法审查（形式审查或实质审查）以及裁判功能。

四、典型案例

（一）2017年最高人民法院发布的指导性案例

1. 指导案例76号：萍乡市亚鹏房地产开发有限公司诉萍乡市国土资源局不履行行政协议案。

【基本案情】2004年1月13日，萍乡市土地收购储备中心受萍乡市肉类联合加工厂委托，经被告萍乡市国土资源局（以下简称市国土局）批准，在萍乡日报上刊登了国有土地使用权公开挂牌出让公告。萍乡市亚鹏房地产开发有限公司（以下简称亚鹏公司）于2006年2月12日以投标竞拍方式取得了该块土地国有土地使用权，并于2006年2月21日与被告市国土局签订了《国有土地使用权出让合同》。合同约定出让宗地的用途为商住综合用地，冷藏车间维持现状。2006年3月2日，市国土局向亚鹏公司颁发了国有土地使用证。亚鹏公司认为约定的"冷藏车间维持现状"是维持冷藏库的使用功能，并非维持地类性质，要求将其中一证地类由"工业"更正为"商住综合"；但市国土局认为"维持现状"是指冷藏车间保留工业用地性质出让，且该公司也是按照冷藏车间为工业出让地缴纳的土地使用权出让金，故不同意更正土地用途。亚鹏公司于2013年3月10日向法院提起行政诉讼，要求判令被告将萍国用（2006）第43750号国有土地使用证上的地类用途由"工业"更正为"商住综合用地"（冷藏车间维持现状）。撤销被告"关于对市亚鹏房地产有限公司TG-0403号地块有关土地用途问题的答复"中第2项关于补交土地出让金208.36万元的决定。

【裁判结果】江西省萍乡市安源区人民法院于2014年4月23日作出（2014）安行初字第6号行政判决：①被告萍乡市国土资源局在本判决生效之日起90天内对萍国用（2006）第43750号国有土地使用证上的8359.1㎡的土地用途应依法予以更正。②撤销被告萍乡市国土资源局于2013年2月21日作出的《关于对市亚鹏房地产开发有限公司TG-0403号地块有关土地用途的答复》中第2项补交土地出让金208.36万元的决定。宣判后，萍乡市国土资源局提出上诉。江西省萍乡市中级人民法院于2014年8月15日作出（2014）萍行终字第10号行政判决：驳回上诉，维持原判。

【指导意义】行政协议是行政机关为实现公共利益或者行政管理目标，在法定职责范围内与公民、法人或者其他组织协商订立的具有行政法上权利义务内容的协议，本案行政协议是市国土局代表国家与亚鹏公司签订的国有土地使用权出让合同。行政协议强调诚实信用、平等自愿，一经签订，各方当事人必须严格遵守，行政机关无正当理由不得在约定之外附加另一方当事人义务或单方变更解除。

2. 指导案例77号：罗镕荣诉吉安市物价局物价行政处理案。

【基本案情】2012年5月28日，原告罗镕荣向被告吉安市物价局邮寄一份申诉举报函,对吉安电信公司向原告收取首次办理手机卡卡费20元进行举报,要求被告责令吉安电信公司退还非法收取原告的手机卡卡费20元,依法查处并没收所有电信用户首次办理手机卡被收取的卡费,依法奖励原告和书面答复原告相关处理结果。2012年5月31日,被告收到原告的申诉举报函。2012年7月3日,被告作出《关于对罗镕荣2012年5月28日〈申诉书〉办理情况的答复》,并向原告邮寄送达。答复内容为:"2012年5月31日我局收到您反映吉安电信公司新办手机卡用户收取20元手机卡卡费的申诉书后,我局非常重视,及时进行调查,经调查核实:江西省通管局和江西省发改委联合下发的《关于江西电信全业务套餐资费优化方案的批复》(赣通局〔2012〕14号)规定:UIM卡收费上限标准:入网50元/张,补卡、换卡:30元/张。我局非常感谢您对物价工作的支持和帮助。"原告收到被告的答复后,以被告的答复违法为由诉至法院。

【裁判结果】江西省吉安市吉州区人民法院于2012年11月1日作出(2012)吉行初字第13号判决:撤销吉安市物价局《关于对罗镕荣2012年5月28日〈申诉书〉办理情况的答复》,限其在15日内重新作出书面答复。宣判后,当事人未上诉,判决已发生法律效力。

【指导意义】行政机关对与举报人有利害关系的举报仅作出告知性答复,未按法律规定对举报进行处理,不属于《最高人民法院关于执行〈中华人民共和国行政诉讼法〉若干问题的解释》第1条第6项规定的"对公民、法人或者其他组织权利义务不产生实际影响的行为",因而具有可诉性,属于人民法院行政诉讼的受案范围。举报人就其自身合法权益受侵害向行政机关进行举报的,与行政机关的举报处理行为具有法律上的利害关系,具备行政诉讼原告主体资格。

3. 指导案例89号:"北雁云依"诉济南市公安局历下区分局燕山派出所公安行政登记案。

【基本案情】原告"北雁云依"出生于2009年1月25日,其父亲名为吕晓峰,母亲名为张瑞峥。因酷爱诗词歌赋和中国传统文化,吕晓峰、张瑞峥夫妇二人决定给爱女起名为"北雁云依",并以"北雁云依"为名办理了新生儿出生证明和计划生育服务手册新生儿落户备查登记。2009年2月,吕晓峰前往燕山派出所为女儿申请办理户口登记,被民警告知拟被登记人员的姓氏应当随父姓或者母姓,即姓"吕"或者"张",否则不符合办理出生登记条件。因吕晓峰坚持以"北雁云依"为姓名为女儿申请户口登记,被告燕山派出所遂依照《婚姻法》第22条之规定,于当日作出拒绝办理户口登记的具体行政行为。

【裁判结果】济南市历下区人民法院于2015年4月25日作出(2010)历行初字第4号行政判决:驳回原告"北雁云依"要求确认被告燕山派出所拒绝以"北雁云依"为姓名办理户口登记行为违法的诉讼请求。一审宣判并送达后,原被告双方均未提出上诉,本判决已发生法律效力。

【指导意义】公民选取或创设姓氏应当符合中华传统文化和伦理观念,仅凭个人喜好和愿望在父姓、母姓之外选取其他姓氏或者创设新的姓氏，不属于《全国人民代表大会常务委员会关于〈中华人民共和国民法通则〉第九十九条第一款、〈中华人民共和国婚姻法〉第二十二条的解释》第 2 款第 3 项规定的"有不违反公序良俗的其他正当理由"。

4. 指导案例 90 号：贝汇丰诉海宁市公安局交通警察大队道路交通管理行政处罚案。

【基本案情】2015 年 1 月 31 日，贝汇丰驾驶案涉车辆沿海宁市西山路行驶，遇行人正在通过人行横道，未停车让行。海宁交警大队执法交警当场将案涉车辆截停，核实了贝汇丰的驾驶员身份，适用简易程序向贝汇丰口头告知了违法行为的基本事实、拟作出的行政处罚、依据及其享有的权利等，并在听取贝汇丰的陈述和申辩后，当场制作并送达了公安交通管理简易程序处罚决定书，给予贝汇丰罚款 100 元，记 3 分。贝汇丰不服，于 2015 年 2 月 13 日向海宁市人民政府申请行政复议。3 月 27 日，海宁市人民政府作出行政复议决定书，维持了海宁交警大队作出的处罚决定。贝汇丰收到行政复议决定书后于 2015 年 4 月 14 日起诉至海宁市人民法院。

【裁判结果】浙江省海宁市人民法院于 2015 年 6 月 11 日作出（2015）嘉海行初字第 6 号行政判决：驳回贝汇丰的诉讼请求。宣判后，贝汇丰不服，提起上诉。浙江省嘉兴市中级人民法院于 2015 年 9 月 10 日作出（2015）浙嘉行终字第 52 号行政判决：驳回上诉，维持原判。

【指导意义】礼让行人是文明安全驾驶的基本要求。机动车驾驶人驾驶车辆行经人行横道，遇行人正在人行横道通行或者停留时，应当主动停车让行，除非行人明确示意机动车先通过。公安机关交通管理部门对不礼让行人的机动车驾驶人依法作出行政处罚的，人民法院应予支持。

5. 指导案例 91 号：沙明保等诉马鞍山市花山区人民政府房屋强制拆除行政赔偿案。

【基本案情】2011 年 12 月 23 日，马鞍山市人民政府作出 2011 年 37 号《马鞍山市人民政府征收土地方案公告》，将安徽省人民政府的批复内容予以公告，并载明征地方案由花山区人民政府实施。苏月华名下的花山区霍里镇丰收村丰收村民组 B11－3 房屋在本次征收范围内。苏月华于 2011 年 9 月 13 日去世，其生前将该房屋处置给四原告所有。2012 年年初，被告组织相关部门将苏月华户房屋及地上附着物拆除。原告沙明保等四人认为马鞍山市花山区人民政府非法将上述房屋拆除，侵犯了其合法财产权，故提起诉讼。马鞍山市中级人民法院判决驳回原告沙明保等四人的赔偿请求，沙明保等四人不服，向二审法院提起上诉。

【裁判结果】马鞍山市中级人民法院于 2015 年 7 月 20 日作出（2015）马行赔初字第 00004 号行政赔偿判决：驳回沙明保等四人的赔偿请求。宣判后，沙明保等四人提出上诉，安徽省高级人民法院于 2015 年 11 月 24 日作出（2015）皖行赔终字第 00011 号行政赔偿判决：撤销马鞍山市中级人民法院（2015）马行赔初字第 00004 号行政赔偿判决；判令马鞍山市花山区人民政府赔偿上诉人沙明保等四人房屋内物品损失8万。

【指导意义】在房屋强制拆除引发的行政赔偿案件中，原告提供了初步证据，但因行政机关的原因导致原告无法对房屋内物品损失举证，行政机关亦因未依法进行财产登记、公证等措施无法对房屋内物品损失举证的，人民法院对原告未超出市场价值的符合生活常理的房屋内物品的赔偿请求，应当予以支持。

（二）2017年度重大影响案件

2017年中国案例法学研究会、中国政法大学公共决策研究中心与行政法领域的专家学者、社会公众、机关团体、新闻媒体等举办2017年度中国十大行政诉讼案件评选活动，评选出2017年度行政诉讼领域的有重要影响的案件，本报告同时结合各地高级人民法院评选的2017年度行政诉讼案件，筛选出具有代表性的行政审判案件。

1. 简阳市政府被诉公告违法案。

【基本案情】1996年8月，四川省简阳市人民政府（以下简称市政府）对240辆人力客运老年车改型为人力客运三轮车的经营者每人收取了有偿使用费3500元。1996年11月，对原有的161辆客运人力三轮车经营者每人收取了有偿使用费2000元。从1996年11月开始，市政府开始实行经营权有偿使用，有关部门对限额的401辆客运人力三轮车收取了相关的规费。1999年7月15日、7月28日，市政府针对有偿使用期限已届满2年的客运人力三轮车，发布《关于整顿城区小型车辆营运秩序的公告》（以下简称《公告》）和《关于整顿城区小型车辆营运秩序的补充公告》（以下简称《补充公告》）。其中，《公告》要求"原已具有合法证照的客运人力三轮车经营者必须在1999年7月19日至7月20日到市交警大队办公室重新登记"，《补充公告》要求"经审查，取得经营权的登记者，每辆车按8000元的标准（符合《公告》第6条规定的每辆车按7200元的标准）交纳经营权有偿使用费"。张道文等182名经营者认为市政府作出的《公告》和《补充公告》侵犯其经营自主权，向四川省简阳市人民法院提起行政诉讼。

【裁判结果】简阳法院经审理判决维持市政府作出的《公告》和《补充公告》。后本案经最高人民法院裁定提审。最高人民法院认为，本案中，四川省交通厅制定的规范性文件明确了许可期限。申请人关于本案行政许可没有期限限制的主张不能成立。虑及本案被诉行政行为作出之后，简阳市城区交通秩序得到好转，以及通过2次"惠民"行动，绝大多数三轮车主已经分批次完成置换，如果判决撤销被诉行政行为，将会给行政管理秩序和社会公共利益带来不利影响。判决确认简阳市人民政府作出的《公告》和《补充公告》违法。

【案件影响】该案例明确了行政许可具有的法定期限，行政机关在作出行政许可时，应当履行告知义务，行政相对人仅以行政机关未告知期限为由，主张行政许可没有期限限制的，人民法院不予支持。同时，该案明确了行政机关在作出行政许可没有告知期限，事后以期限届满以由终止行政相对人行政许可权益的，属于行政程序违法。该案也进一步明确了正当程序原则,有利于促进行政机关对许可事项依法进行监督管理,也有利于保障行政相对人知情权、选择权,从源头上避免和减少行政纠纷的发生。在该案例中,人民法院对情势判决的依法适用,既对被诉行为的合法性进行了审查,同时也注意到业已形成的社会公共利益,确保了公共利益和个人利益的平衡,使近20年的行政纠纷得到有效化解,为解决历史形成的类似行政纠纷案件提供了示范。

2. 于艳茹诉北京大学撤销博士学位决定案。

【基本案情】2013年于艳茹从北京大学历史系毕业,并取得历史学博士学位。2013年1月,在读博期间,她将撰写的论文"1775年法国大众新闻业的'投石党运动'"(以下简称"运动")向《国际新闻界》杂志社投稿。同年5月,临近博士学位论文答辩,她提交了答辩申请书及科研统计表,"运动"被她作为科研成果列入答辩申请书。2013年7月23日,在于艳茹拿到博士学位,毕业18天后,《国际新闻界》才刊登了"运动"一文。2014年8月17日,《国际新闻界》发布公告称,于艳茹在"运动"中大段翻译原作者的论文,其行为已构成严重抄袭。

北京大学成立专家调查小组调查于艳茹涉嫌抄袭一事。2015年1月9日,经北京大学学位评定委员会表决后,北京大学作出撤销于艳茹博士学位的决定,称其在校期间发表的"运动"存在严重抄袭。

于艳茹不服,相继向北京大学学生申诉处理委员会、北京市教育委员会提出了申诉,均未获支持。随后,她将北京大学告上法庭,请求法院撤销北京大学作出的撤销决定,并判令恢复其博士学位证书的法律效力。

【裁判结果】2017年6月,北京市第一中级人民法院作出终审判决,认定北京大学作出的撤销于艳茹博士学位决定程序违法,亦缺乏明确法律依据,撤销之前北大作出的撤销学位的决定,同时驳回了于艳茹要求恢复其博士学位证书法律效力的诉讼请求,认为这一诉求"不属于本案审理范围"。

【案件影响】"于艳茹案"是我国首个因涉嫌论文抄袭导致博士学位被撤销的行政诉讼案件,本案的争议焦点在于:北京大学作出撤销决定时是否应当适用正当程序原则,以及北京大学作出撤销决定时适用法律是否明确。

本案的意义在于重申了正当程序原则的重要性,正当程序原则的一个要求在于:在行使任何使他人遭受不利的权力前,应当听取当事人的意见,正当程序原则是裁决争端的基本原则及最低的公正标准。北京大学在作出撤销决定前,仅由调查小组约谈过一次于艳茹,至于该问题是否足以导致艳茹的学位被撤销,北京大学并没有进行相应的提示。最后,北京大学作出的撤销决定虽载明了相关法律规范的名称,但未能明确其所适用的具体条款。

本案在学术圈引起了很大反响,对最后法院的判决结果,学术界也是普遍持赞同的看法,认为学术抄袭虽然需要追究责任,但也应当享有应得的权利,不能以损害程序正义的做法去追求实质正义。

3. 深圳市斯维尔科技有限公司诉广东省教育厅侵犯公平竞争权案。

【基本案情】在2014年全国职业院校技能大赛高职组广东省选拔赛中,广东省教育厅以《工程造价基本技能赛项规程》为由,限定参赛者购买、使用其指定的广联达公司独家软件和相应设备,斯维尔公司认为广东省教育厅指定使用广联达软件的行为违法,在多次提出异议无果的情况下遂提起诉讼,请求人民法院确认广东省教育厅滥用行政权力指定或变相指定独家使用广联达公司软件的具体行政行为违法,同时要求广东省教育厅、广联达公司承担其合理维权开支1.08万元。

【裁判结果】2017年广东省高院对该案作出终审判决,认定省教育厅在"工程造价基本技能赛项"省级比赛中,指定广联达股份软件有限公司软件为独家参赛软件的行为,属于滥用行政权力,产生了排除、限制竞争的效果,违反了《反垄断法》的规定,为此驳回省教育厅和广联达的所有上诉请求,维持一审判决。

【案件影响】该案自一审以来,一直备受业界关注,被认为是反行政垄断诉讼的第一例案件。该案的焦点在于如何认定"行政垄断行为",广州市中院在一审判决当中指出,根据《反垄断法》第32条规定:"行政机关和法律、法规授权的具有管理公共事务职能的组织不得滥用行政权力,限定或者变相限定单位或者个人经营、购买、使用其指定的经营者提供的商品。"省教育厅"指定独家参赛软件"行为符合构成行政垄断的要素条件;对于"滥用行政权力",法院依据《行政诉讼法》的规定"行政机关应对自己的具体行政行为负有举证责任",认定省教育厅对自己"指定独家参赛软件"行为不能提供证据证明其合法性,为此教育厅构成"滥用行政权力"。由此,对于反行政垄断中如何认定"行政垄断行为"的问题,广东省高院为日后此类案件提供了借鉴。

4. 广州德发房产建设有限公司诉广州市地方税务局第一稽查局税务处理决定案。

【基本案情】2005年1月,广州德发房产建设有限公司委托拍卖行将其自有的位于广州市人民中路555号"美国银行中心"的房产拍卖,并取得了相应的完税凭证。2006年间,广州市地方税务局第一稽查局在检查德发公司2004年至2005年地方税费的缴纳情况时,认为德发公司的上述房产拍卖成交单价格不及市场价的一半,价格严重偏低,遂于2009年9月作出穗地税稽一处〔2009〕66号税务处理决定,决定追缴德发公司未缴纳的营业税和营业税滞纳金,以及追缴堤围防护费等费用。德发公司不服该决定,提起行政诉讼。

【裁判结果】本案一审判决驳回德发公司诉讼请求;二审维持一审判决,驳回德发公司上诉。再审判决撤销一、二审判决,并撤销被诉处理决定中加收营业税滞纳金和堤围防护费滞纳金的部分。

【案件影响】本案入选了2017年最高人民法院行政审判十大典型案例,是最高人民法院提审改判的第一起税务行政案件。案件多个焦点问题的裁判理由均具有较强的典型意义:

(1)尊重行政机关长期执法活动中形成的专业判断和行政惯例。通过司法确认的方式,认可省级以下税务局及其税务稽查局在具体执法过程中形成的不违反法律原则和精神且符合具体执法规律和特点的惯例,对今后人民法院处理类似问题提供借鉴方法。

(2)体现法院在促进依法行政方面的司法能动性,既保障国家利益不受损,也要防止税收权力的任性。进一步明确拍卖价格作为计税依据的合法性,限定税务机关行使应纳税额核定权的行使条件,厘清特定税收专业领域行政机关职权和市场主体自治的界限。

(3)贯彻"法无明文规定不可为"的法治理念,确保当事人合法权益不受行政机关无法律依据的剥夺。行政权的行使应当严格限定在法律明确规定的范围内,在法律没有规定的情况下,行政机关不得作出影响行政相对人合法权益或者增加行政相对人义务的决定。

(三)最高人民法院发布的环境行政公益诉讼典型案例

1. 贵州省六盘水市六枝特区人民检察院诉贵州省镇宁布依族苗族自治县丁旗镇人民政府环境行政公益诉讼案。

【基本案情】丁旗镇政府将位于镇宁县与六枝特区交界处的原龙岩飞机制造厂用地后山地块约5亩场地作为丁旗镇生活垃圾临时堆放场,其辖区内的龙滩村村委会也组织将该村生活垃圾集中倾倒至垃圾堆放场附近。2015年11月,六盘水市六枝特区人民检察院向丁旗镇政府发出检察建议书,建议丁旗镇政府在一个月内将倾倒的垃圾清理完毕,并恢复地块原状,责令龙滩村村委会停止垃圾倾倒。因丁旗镇政府未按期进行回复,六枝特区人民检察院作为公益诉讼人提起行政公益诉讼,请求确认被告未依照法律规定选址垃圾堆放场的行政行为违法;判令被告履行法定职责,责令其辖区内的龙滩村村委会停止在该地块倾倒垃圾;判令被告采取补救措施,将该地块的垃圾清除,恢复该地块原状。2016年2月,丁旗镇政府向龙滩村村委会发出通知,禁止该村倾倒垃圾,并组织人员、车辆将临时堆放场的垃圾清运完毕。

【裁判结果】清镇市人民法院一审认为,丁旗镇政府选址堆放该镇生活垃圾的行为,是其实施社会管理和公共服务职能的行为,但其选址未经环境卫生行政主管部门指定,垃圾堆放场亦未采取防扬散、防渗漏、防流失、防雨等防治措施,造成较严重的环境污染。公益诉讼人在发现违法行为后,向丁旗镇政府发出检察建议,但丁旗镇政府并未积极进行整改,在本案审理过程中,丁旗镇政府才履行其管理职能将垃圾清运,但还未达到使生态环境明显改善的效果。由于本案受理后,丁旗镇政府已向其辖区内的龙滩村村委会下达通知,禁止该村在该地块倾倒垃圾并将原有垃圾清理覆土,一审法院遂判决确认丁旗镇政府选址垃圾堆放场的行政行为违法;限丁旗镇政府按照专家意见及建议继续采取补救措施,确保该区域生态环境明显改善;驳回公益诉讼人的其他诉讼请求。宣判后,双方当事人均未上诉,一审判决已生效。

【典型意义】本案是《全国人民代表大会常务委员会关于授权最高人民检察院在部分地区开展公益诉讼试点工作的决定》施行后首例由人民法院跨行政区划管辖的

检察机关提起公益诉讼试点案件。对环境公益诉讼案件实行跨行政区划管辖，有利于克服地方保护、督促行政机关依法履职，对于保护生态环境具有积极的作用。在本案审理过程中，被告积极履行其行政管理职能，公益诉讼人的诉讼目的部分得以实现，人民法院在公益诉讼人未明确申请撤回该部分诉讼请求的情况下，对该部分诉讼请求未予支持，符合《行政诉讼法》的规定。该案对于人民法院在《行政诉讼法》《民事诉讼法》和全国人大授权决定的框架下依法稳妥有序审理检察机关提起的公益诉讼案件，具有示范意义。

【点评专家】马怀德，中国政法大学副校长、最高人民法院特邀咨询员。

【点评意见】行政公益诉讼是一种全新的事物。根据全国人大常委会关于检察机关在生态环境和资源保护等领域开展提起公益诉讼试点的授权，对相关行政行为进行监督，是检察机关行使监督权的一种新形式。正确认识行政公益诉讼试点工作，需要把握好三个关键词，一是"公益"，公益诉讼一定是代表公共利益，维护公共利益，而不是维护私人利益；二是"诉讼"，公益诉讼人必须通过诉讼的方式来实现维护公益的目的，尽管其本身具有法律监督的职责，但是一旦进入了诉讼，就要符合诉讼的规律和要求；三是"检察机关"，检察机关的法律监督职能和公共利益的诉讼代表人这两种职能发生某种意义上的重叠或者结合之后，确实有别于民事公益诉讼中社会组织提起的公益诉讼，在诉讼中坚持正当程序原则，不仅是对裁判者、审理者的约束，也适用于任何一方诉讼参加人。本案公益诉讼人起诉后，行政机关主动履职，检察机关提起公益诉讼所发挥的监督效果十分明显，较好地实现了立法机关的授权目的。审理者关照公益诉讼的特点，根据生态环境是否得到明显改善等，对行政机关履行法定职责范围的判断标准进行了探索和创新，并注意在法律授权的框架内开展试点，坚持正当程序基本规则，在作出对一方当事人不利裁决前，充分听取其辩论意见，作出行政机关已履行其行政管理职能、公益诉讼目的部分实现的认定，对类案处理发挥了较好的示范效应。

2. 吉林省白山市人民检察院诉白山市江源区卫生和计划生育局、白山市江源区中医院环境行政附带民事公益诉讼案。

【基本案情】白山中医院新建综合楼时，未建设符合环保要求的污水处理设施就投入使用。白山市人民检察院调查发现白山中医院通过渗井、渗坑排放医疗污水。经对白山中医院排放的医疗污水及渗井周边土壤取样检验，化学需氧量、五日生化需氧量等均超过国家标准。白山市卫生和计划生育局在白山中医院未提交环评合格报告的情况下，对其《医疗机构执业许可证》校验为合格。白山市人民检察院提起诉讼，请求判令白山市卫生和计划生育局于2015年5月18日为白山中医院校验《医疗机构执业许可证》的行为违法；白山市卫生和计划生育局履行法定监管职责，责令白山中医院限期对医疗污水净化处理设施进行整改；白山中医院立即停止违法排放医疗污水。

【裁判结果】白山市中级人民法院一审认为，在白山中医院未提交环评合格报告的情况下，白山市卫生和计划生育局对其《医疗机构执业许可证》校验合格，违反相关法律法规规定，该校验行为违法。白山中医院违法排放医疗污水，导致周边地下水及土壤存在重大污染风险，白山市卫生和计划生育局未及时制止，其怠于履行监管职责的行为违法。白山中医院未安装符合环保要求的污水处理设备，通过渗井、渗坑实施了排放医疗污水的行为，产生了周边地下水及土壤存在重大环境污染风险的损害结果，应当承担侵权责任。遂判决确认白山市卫生和计划生育局于2015年5月18日对白山中医院《医疗机构执业许可证》校验合格的行政行为违法；责令其履行监管职责，监督白山中医院在3个月内完成医疗污水处理设施的整改；白山中医院立即停止违法排放医疗污水。一审宣判后，双方当事人均未上诉，一审判决已生效。

【典型意义】本案涉及卫生行政许可及医疗污水污染地下水水体、土壤等环境要素的保护问题，系检察机关提起的全国首例行政附带民事公益诉讼，对检察机关提起公益诉讼的程序进行了有益探索和实践。人民检察院依法创新环境公共利益司法保护方式，积极提起行政附带民事公益诉讼，督促行政机关依法履行监管职责，监督行政管理相对人履行环境保护法定义务并承担停止侵害的民事责任，避免了重大环境污染事件的发生，取得了良好的法律效果和社会效果。人民法院采取了行政公益诉讼与民事公益诉讼分别立案，由同一审判组织一并审理、分别裁判的方式，在行政诉讼中将白山中医院作为行政诉讼第三人，充分保障了行政管理相对人发表意见的权利，同时通过民事诉讼程序依法确定白山中医院的民事责任，对于妥善协调同一污染行为引发的行政责任和民事责任具有示范意义。

【点评专家】肖建国，中国人民大学教授，最高人民法院特邀咨询员。

【点评意见】这是基于环境污染引发的全国首例行政附带民事公益诉讼案件，行政公益诉讼判决与民事公益诉讼判决由法院同一合议庭于同日分别作出，两案当事人都服判息诉，判决均已发生法律效力。而且诉讼提起后，被告行政机关积极采取补救措施，筹措资金，监督中医院污水处理设施的整改工作。可见，该案对于矫正行政机关在履行法定职责时的懈怠行为，强化依法行政理念，防止行政相对人因违法排放医疗污水而造成重大环境污染风险，具有重要的现实意义，法律效果和社会效果良好。本案凸显了行政附带民事公益诉讼在审理程序上的巨大优势：在两种诉讼中存在着某些共同的事实和证据问题时，通过附带诉讼的方式，由同一审判组织在同一程序中查明这些事实、认定这些证据，既可以节省时间，又能够避免相互矛盾的判断。当然，对于两种诉讼中相异的事实及证据，合议庭可以行使诉讼指挥权，将两种程序分开处理，同时或先后分别作出两个判决。不过，该案附带民事公益诉讼的被告是一家公立医院，自身承担着救死扶伤的公益职能。法院判决被告"立即停止违法排放医疗污水"，可能引发公众对医院是否会因此受到影响关门整顿、病人无法正常诊疗就医、生命健康权受到损害的质疑。因此，附带诉讼的判决说理中，只有阐明保护环境公益的必要性和紧迫性，以及裁判内容的可执行性和妥当性，裁判结果才具有正当性和说服力。

(四) 中国案例研究会、中国政法大学诉讼法学研究院、法治周末联合评选出2017年度中国十大公益诉讼案

由中国案例研究会、中国政法大学诉讼法学研究院、法治周末报社联合主办、中国公益诉讼网、清华大学案例法研究中心、中央财经大学法律援助中心联合协办的"第七届中国十大公益诉讼评选"中，入选2017年度中国十大公益诉讼案中的行政诉讼案包括：

1. 张某等诉简阳市人民政府侵犯客运人力三轮车经营权行政诉讼案。

【案情简介】1996年8月，四川省简阳市人民政府（以下简称市政府）对240辆人力客运老年车改型为人力客运三轮车的经营者每人收取了有偿使用费3500元。1996年11月，对原有的161辆客运人力三轮车经营者每人收取了有偿使用费2000元。从1996年11月开始，市政府开始实行经营权有偿使用，有关部门对限额的401辆客运人力三轮车收取了相关的规费。1999年7月15日、7月28日，市政府针对有偿使用期限已届满2年的客运人力三轮车，发布《关于整顿城区小型车辆营运秩序的公告》，要求原已具有合法证照的客运人力三轮车经营者"重新登记"，每辆车按8000元的标准交纳"经营权有偿使用费"。张道文等182名经营者认为市政府作出的《公告》和《补充公告》侵犯其经营自主权，向简阳市人民法院提起行政诉讼。简阳市人民法院经审理，认为市政府以公告形式决定其重新登记并支付有偿使用费的行为，并无不当，判决维持市政府作出的《公告》和《补充公告》。张道文等不服上诉。四川省资阳地区中级人民法院以与一审基本相同的理由判决驳回上诉，维持原判。

本案经最高人民法院裁定提审，于2017年作出终审判决，认为行政机关作出行政许可等授益性行政行为时，应当明确告知行政许可的期限。市政府1996年的经营权许可在程序上存在明显不当，直接导致与其存在前后承继关系的本案被诉行政程序明显不当，关于本案行政许可没有期限限制的主张不能成立，判决确认简阳市人民政府作出的《公告》和《补充公告》违法。

【入选理由】本案的典型意义在于，进一步明确了行政机关应当遵循正当行政程序和人民法院审理行政案件要注意公私利益平衡的问题。一方面，程序正义是看得见的正义，行政机关在作出行政行为时应当履行正当的行政程序，履行特定的告知义务；另一方面，化解行政争议是行政诉讼的重要目标。本案中，法院为化解多年来形成的"官"民矛盾做了大量的协调工作，为本案妥善解决奠定了良好基础，近20年的行政纠纷得以彻底化解。本案在办理过程中实现了法律效果和社会效果的统一，也为解决历史形成的类似案件提供了良好范本。

2. 外地车驶入长安街不服处罚行政诉讼案。

【案情简介】2016年10月16日，青岛车主王女士驾驶山东牌照小汽车驶入北京市东长安街，因违反"每天6时至22时，禁止外省、区、市核发号牌（含临时号

牌）的载客汽车在长安街及延长线新兴桥（不含）至国贸桥（不含）之间等路段通行"的规定，被东城区交通支队帅府园大队执勤民警拦下处罚款100元、记3分。王女士以该规定区别性对待公民，违反了《宪法》第33条的平等原则为由向法院提起行政诉讼。2017年9月，王女士收到东城区法院判决，驳回其诉讼请求。王女士提起上诉，目前案件还在审理中。

【入选理由】本案虽小，却颇受关注。近年来，我国不少大型城市采取了汽车限牌、限号、限行政策，甚至住房也有限购政策，社会影响巨大，热议不断。公共政策的制定与私权保障如何合理平衡且不逾法律正轨，考验着管理者的智慧，值得有关方面反思。本案将这些公共政策的合法性及合理性，从舆论讨论层面纳入了理性对话的司法程序，无论胜败，其终审结果都值得期待。

3. 公安县检察院诉公安县环保局怠于履行法定监管职责行政公益诉讼案。

【案情简介】2016年3月，湖北省荆州市公安县人民检察院就佳乐佳豆制品加工厂向长江直排废水事件向公安县环保局下发检察建议。县环保局回复称，已对企业作出停止生产和罚款1万元处理。检察建议提出后，县环保局再次责令该厂停止生产并处以罚款1.9万元。此后，该涉案企业仍然生产不停、排污不断、罚款不交。2017年3月，公安县人民检察院向县法院提起公益诉讼，诉县环保局怠于履行法定监管职责，县人民检察院检察长及副检察长作为公益诉讼人出庭参加诉讼。2017年4月20日，公安县人民法院作出判决，确认被告怠于履行监管职责违法，对涉案企业的违法行为继续履行监管职责。公安县环境保护局表示不上诉，认真履行法院判决，并向社会作出诚恳道歉。

【入选理由】行政机关在解决环境问题时手段单一、一罚了之的现象屡见不鲜，环保部门的怠政、懒政往往也导致涉事企业有恃无恐。本案判决无疑对政府相关部门敲响了警钟。发现环境问题、解决环境问题是其法定职责，对危害环境的企业不仅要罚，更要督促整改，否则自身就要承担履职不力的责任。本案经最高人民检察院批准，已成为国家检察官学院行政公益诉讼的经典教学案例。

第四章
中国诉讼法的研究状况

第一节 刑事诉讼法学的研究状况[*]

一、研究概况

2017年,刑事诉讼法学研究及时把握全面深化改革与全面推进依法治国的前沿动态,服务于国家改革创新和法治建设大局,朝向发展中国特色社会主义刑事程序法治理论的目标坚实迈进。理论界与实务界协同创新、成果丰硕,相关研究领域主要集中在刑事诉讼法学基础理论、认罪认罚从宽制度改革、以审判为中心的刑事诉讼制度改革、非法证据排除规则与证明理论、冤错案件预防与再审问题、国家监察制度改革等。

在研究成果方面,根据不完全统计,2017年刑事诉讼法学共在CSSCI(2017-2018)收录的23种法学期刊和《中国社会科学》上发表学术文章约200篇(不含证据法学文章),其中,在三大权威期刊《中国社会科学》《法学研究》《中国法学》上发表论文19篇;出版教材、著作一百余部。[1] 研究内容涉及刑事诉讼原理、制度和程序等各个方面,还有许多探讨刑事司法改革的优秀成果。在科研项目方面,2017年刑事诉讼法学领域共获得国家或省部级以上各类项目立项134项,其中,国家社会科学基金项目23项(含国家社科基金重大项目2项);教育部人文社会科学研究项目7项;最高人民检察院检察理论研究课题53项;司法部国家法治与法学理

---

[*] 本部分执笔人:中国政法大学诉讼法学研究院卞建林教授、王贞会副教授,中国政法大学刑事司法学院博士研究生谢澍。

[1] 以国内在法学领域较有影响的10家出版社出版的著作和教材为数据统计来源。包括法律出版社、中国法制出版社、中国民主法制出版社、人民法院出版社、中国检察出版社、中国政法大学出版社、北京大学出版社、清华大学出版社、中国人民大学出版社、中国人民公安大学出版社。

论研究课题 16 项；中国法学会部级法学研究课题 30 项。刑事诉讼法学在其他省部级单位资助课题和各省市社会科学基金项目中的立项情况并未统计在内。

在学术交流与合作方面，2017 年 11 月 18 日－19 日，中国刑事诉讼法学研究会 2017 年年会在厦门顺利召开。此次年会由中国刑事诉讼法学研究会主办，厦门大学法学院承办，厦门大学经济犯罪研究中心协办。中国法学会鲍绍坤副会长兼秘书长出席会议并讲话，福建省委常委、政法委书记、省法学会会长王洪祥，最高人民法院副院长张述元，最高人民检察院副部级专委陈国庆，中国刑事诉讼法学研究会名誉会长陈光中、会长卞建林，厦门大学党委副书记林东伟等出席开幕式。年会主题为"司法改革背景下刑事诉讼制度的完善"。来自全国各地的刑事诉讼法学理论和实务界的专家、学者 260 余人参加了会议。在此次年会的专题报告环节，最高人民法院张述元副院长、最高人民检察院副部级专职委员陈国庆同志、司法部律师公证工作指导司周院生司长分别了作了主旨报告，介绍中央政法机关过去一年的主要工作与未来重点工作方向。在小组讨论中，与会代表分成 4 个小组，围绕着监察体制改革与刑事诉讼法的衔接、认罪认罚从宽改革、以审判为中心的改革等重点话题进行了富有成效的交流与讨论。2015 年底，经中国法学会批准，中国刑事诉讼法学研究会先后成立了少年司法专业委员会、刑事辩护专业委员会和侦查制度专业委员会三个专业委员会。在过去一年里，这三个专业委员会针对各自研究领域中的热点、难点问题，踊跃召开学术研讨等活动，社会反响热烈。2017 年，少年司法专业委员会先后在上海、北京、山东等地组织了"完善未成年人相关法律专家研讨会"、"未成年人检察社会服务中心"交流研讨会、"全国未成年人保护多部门联动机制与网络平台建设研讨现场会"、"未成年人保护处分制度研讨会"等学术研讨活动，并在多地司法实务部门建立了研究基地。刑事侦查制度专业委员会于 2017 年 8 月底在吉林省延吉市召开了"审判为中心与侦查制度改革"主题研讨会。刑事辩护专业委员会于 2017 年 5 月在广州主办了"刑事诉讼制度改革背景下值班律师制度的构建"研讨会；于 2017 年 10 月在武汉召开了"法律职业共同体背景下的刑事辩护制度高端论坛"。作为研究方阵的重要活动之一，"2017 年度中国刑事诉讼法治与司法改革研究方阵高端论坛"于 2017 年 6 月 24 日在重庆顺利召开。来自学界、司法实务界的代表 40 人及 9 位征文入选代表出席论坛。与会代表围绕试点地区认罪认罚从宽制度改革工作现状、存在的问题、完善的路径、域外经验的借鉴等具体问题展开了深入探讨，为深化认罪认罚从宽制度改革提出了许多有针对性的建议。2017 年 11 月 11 日，由中国刑事诉讼法学研究会和中国法学会宪法学研究会联合主办的"国家监察体制改革：宪法学与刑事诉讼法学的对话"研讨会在北京召开。出席本次研讨会的有来自北京大学、清华大学、中国人民大学、中国政法大学、中国社科院法学研究所、首都师范大学、武汉大学、湖南大学、华东政法大学、山东大学、四川大学等高校、科研机构的专家学者三十多人。本次研讨会是在学习贯彻十九大报告精神、全面推进依法治国的背景下举行的，与会嘉宾为完善《中华人民共和国监察法（草案）》建言献策,提出了宝贵的意见。

国际交流方面,2017年9月13日至14日,由国家"2011计划"司法文明协同创新中心主办、中国政法大学诉讼法学研究院协办的"中德刑事诉讼法学高端论坛"在北京举行。来自德国慕尼黑大学的许乃曼教授、联邦最高法院法官莫斯巴赫先生等德方代表和来自中国政法大学、中国人民大学、西南政法大学、四川大学、中国社会科学院法学研究所、清华大学、浙江大学等院校的中方学者,共30余人参加了本次论坛。会议围绕"公正审判与认罪协商"的主题,以主题报告、自由讨论加点评的方式,分"公正审判原则""认罪协商的制度实践""认罪协商中的疑难问题"等单元进行了深入研讨,取得丰硕成果。2017年9月6日,中国人民大学法学院陈卫东教授率代表团一行9人赴韩参加由韩国刑事诉讼法学会主办的第十届"中韩刑事诉讼法学会国际学术大会"。会议主题为"审判中心主义与证据规则",中韩多位教授作了主旨发言和主题发言。此次研讨会是2008年以来中韩两国刑事诉讼法学界每年轮流举办的重要学术活动之一,该交流活动已成为两国刑事诉讼法学界和司法实务界增进了解、加强合作的重要学术平台,在中韩两国刑诉法学界产生了积极影响。

二、重点研究内容

(一) 刑事诉讼法学基础理论

刑事程序是评价国家法治程度的标杆,通过程序的监督与约束,能有效地保障司法的公正和高效,避免法外因素对司法活动的干扰,防止公权力的滥用,维护公民的合法权益和尊严,构建司法权威与法律秩序。有学者进一步指出,基于现代社会的程序性特征和主体性特征,刑事程序法治现代化之品质首先应有两点:一是对基本人权的尊重,二是对程序正义的强调。而刑事程序以国家权力为主导、以国家强制力作后盾,考虑到权力本就具有天然的膨胀倾向,因而需要将国家权力导入程序规则从而避免其膨胀和滥用,在此意义上,刑事程序法治现代化之品质还应具备另外两点:权力制约和权利救济。质言之,人权保障、程序正义、权力制约和权利救济,是评价刑事程序法治现代化的基本标尺。[1] 还有观点认为,我国刑事司法的制度和程序经过不断改革和完善,其在发现事实真相、惩罚犯罪和保证无罪的公民不受刑事追究方面反映出工具合理性的不断增强。无论在制度、程序建设方面,还是在刑事司法的实践层面,都强调惩罚犯罪与保障人权相统一,实体公正与程序公正相兼顾,现代刑事司法的价值得到了高度的尊重。我国刑事司法制度在惩罚犯罪和保障人权方面取得了良好的社会效果,刑事司法公正性程度和司法效率水平已有显著提高。[2]

---

[1] 卞建林、谢澍:"'以审判为中心'与刑事程序法治现代化",载《法治现代化研究》2017年第1期。

[2] 李建明:"刑事错案预防视野下的刑事司法理念现代化",载《法治现代化研究》2017年第3期。

关于刑事诉讼的目的与价值，有学者认为，其与社会主义核心价值观是完全一致的。尤其是有关"自由、平等、公正、法治"之内容，完全符合刑事诉讼目的的要求和价值的追求。通过刑事诉讼使社会主义核心价值观落地生根，引领社会公平正义，就必须严格规范公正文明执法。一要明确和把握诉讼目的，正确处理惩罚犯罪与保障人权的辩证关系，坚决克服重打击、轻保护的片面做法；二要树立严格依法履行职责、法律面前人人平等和尊重与保障人权三大观念；三要把建设优质、高效、权威的司法体制和机制的司法改革进行到底。结合司法实践和办案实际工作，在刑事诉讼的过程中，必须克服就事论事、机械司法、选择执法等错误倾向和做法，一定要用诉讼目的和诉讼价值追求作为指导，用刑事诉讼的逻辑关系，即"目的—任务—程序"统领办案过程，经办的每一个案件，经过的每个环节和程序，都在诉讼目的、任务的指导下，把公平正义的价值追求做到极致。[1]

关于刑事诉讼模式，有观点提出引入协同主义诉讼模式，这一模式虽然原本是民事诉讼法学研究中的一种诉讼模式理论，但在我国推动刑事诉讼模式的现代化转型过程中的导入有利于重构控辩审三者之间的关系，使之向着协同的方向发展，节约司法资源，提高诉讼效率，顺利实现审判中心主义下的诉讼制度的改革目标。在刑事诉讼制度中探究协同主义诉讼模式，有必要在理论的层面上阐明协同主义诉讼模式与交往行为理论以及博弈理论的关系。此外，应在明确控辩审三方合理的角色定位的基础上，构建控辩审三方在协同主义诉讼模式下具体的协同路径。[2]还有学者重新反思帕克提出的犯罪控制与正当程序模式，认为由于刑事诉讼内部的复杂性，在刑事诉讼制度改革中对复杂的社会因素加以考量的必要性凸显，这方便我们用更广阔的视角对刑事诉讼应否改革以及如何改革等决策前景作出判断。[3]

关于刑事诉讼文化，有学者指出，其当代变迁与刑事诉讼的制度变革相伴共生、交互影响，深刻反映并体现了现代化与市场经济发展进程中当代中国的社会变迁。在与当代中国政治、经济和司法实践相互适应、有效互动的过程中，刑事诉讼话语体系实现了从以阶级为核心到以人权为核心的转变，价值观念、思维方式、社会心理也发生了相应的转变。刑事诉讼文化的未来发展不仅是对不得强迫自证其罪等普遍适用的刑事诉讼观念的进一步认同，还需要对实质正义理念等传统诉讼文化中合理因素进行继受，对刑事和解等当下司法实践经验进行总结与提升，追求中国特色的刑事诉讼话语体系，实现刑事诉讼文化的转型创新。[4]

（二）认罪认罚从宽制度改革

2016年11月，两高三部印发了《关于在部分地区开展刑事案件认罪认罚从宽制

---

[1] 樊崇义："刑事诉讼的目的与社会主义核心价值观"，载《人民法治》2017年第3期。
[2] 杨婷："论协同主义诉讼模式在刑事诉讼中的导入"，载《法学评论》2017年第2期。
[3] 左卫民："冲突与竞合：刑事诉讼的模式分析——读帕克教授的《刑事制裁的界限》"，载《政法论坛》2017年第5期。
[4] 李麒："刑事诉讼文化的当代变迁"，载《北方法学》2017年第5期。

度试点工作的办法》，认罪认罚从宽制度试点开始步入正轨，而相关研究也逐步深入。认罪认罚从宽制度是对过往经验的具体化和系统化，以契合中国刑事司法实践需要和特点为基本导向。[1] 有论者指出，完善认罪认罚从宽制度，不能仅局限于认罪认罚的实体从宽、程序从简。应当以认罪认罚在刑事程序中的证据价值为基础，坚持无罪推定、权利保障、职权规制等原则，研究解决相关权利保障问题、职权部门之间的制约问题，以及刑事证明要求在认罪认罚从宽制度中的问题等。[2] 有学者则认为，认罪认罚从宽制度改革应致力于解决被追诉人认罪认罚却得不到适当、有效从宽处理的实践难题，因此，这一改革应主要从实体法层面着手，明确认罪认罚后从宽处理的具体规则；在程序法方面，则应完善认罪认罚从宽案件审理的程序构造，更好地保障实体从宽的实现，并防止相关改革设计与相关举措过度追求效率。[3]

关于程序简化和程序分流，有论者提出，应当确立全流程简化诉讼程序的改革思路，对被告人认罪认罚的案件，采用跳跃中间诉讼程序和简化内部审批环节的办法，以加快刑事诉讼的流程。[4] 而犯罪嫌疑人、被告人基于诉讼合意放弃公正审判权，被有的学者认为是该制度中程序简化的正当性基础，同时，罪刑的严重程度及控辩双方的合意程度决定了程序简化的程度。[5] 有观点指出，犯罪嫌疑人、被告人是否自愿认罪将作为程序分流的实质要件，决定着案件的走向以及适用什么样的程序。认罪认罚案件的程序分流应当包括两个层面的分流：诉与不诉的案件分流，审判程序的繁简分流。[6] 还有研究认为，认罪认罚从宽打破了我国刑事诉讼中初步形成的"普通程序——简易程序——速裁程序"三级"递简"格局，变横向区块式的程序适用模式为以被追诉人认罪认罚为触发点的对抗与合作二元并行的程序适用模式。[7] 另有学者强调，审判在刑事诉讼的各种程序中都处于中心地位，不能因"以审判为中心"在不同程序中有不同的表现形式、庭审实质化在不同程序中作分层次的要求，而怀疑办理认罪认罚案件的诉讼程序仍应"以审判为中心"。[8]

对于认罪认罚从宽制度的实践效果，有论者强调，试点过程中要注意以下几个重点问题：特殊情形下的不起诉或撤案问题；被害人权利保障的问题；检察机关量刑建议的效力问题。[9] 有观点认为，刑事速裁程序试点过程中积累的经验与教训在

---

[1] 孙谦："全面依法治国背景下的刑事公诉"，载《法学研究》2017年第3期。
[2] 王敏远："认罪认罚从宽制度疑难问题研究"，载《中国法学》2017年第1期。
[3] 左卫民："认罪认罚何以从宽：误区与正解"，载《法学研究》2017年第3期。
[4] 陈瑞华："认罪认罚从宽制度的若干争议问题"，载《中国法学》2017年第1期。
[5] 闵春雷："认罪认罚从宽制度中的程序简化"，载《苏州大学学报（哲学社会科学版）》2017年第2期。
[6] 吴宏耀："论认罪认罚从宽制度"，载《人民检察》2017年第5期。
[7] 郭志媛："认罪认罚从宽制度的理论解析与改革前瞻"，载《法律适用》2017年第19期。
[8] 朱孝清："认罪认罚从宽制度中的几个理论问题"，载《法学杂志》2017年第9期。
[9] 陈卫东："认罪认罚从宽制度试点中的几个问题"，载《国家检察官学院学报》2017年第1期。

制度安排与试点方案上对于认罪认罚从宽制度之完善具有重要参考价值。认罪认罚从宽的制度设计应当重视控辩双方关系的协商性，并通过提升犯罪嫌疑人、被告人的协商能力以确保其认罪认罚的自愿性。[1] 有学者根据对 12 666 份速裁案件裁判文书样本的分析发现，虽然速裁案件的审判效率有显著提高，但审前效率的提高并不显著；速裁案件量刑在有期徒刑、拘役的裁量上基本保持均衡，但在缓刑的适用上存在犯罪类别之间、试点城市之间的较大偏差；速裁程序试点中虽然建立了值班律师制度，但被告人聘请律师辩护的比例很低。[2] 同时，有实证研究指出，我国地方性刑事司法规则表明基层试点的速裁程序在启动要件、运行流程、权利保障等环节具有多元复杂性的特质，进步与局限共存。[3] 亦有学者担忧，本来我国刑事诉讼程序属于经过长时期验证的制度性架构，总体而言，案件处理机器运转尚可。然而，对于未来将处理相当大比例刑事案件的认罪认罚从宽制度的楔入，在未有长期跟踪调查或相关配套制度并未落实的情况下，可能会造成整体架构的功能性损伤。[4]

2017 年，最高人民法院与司法部联合发布了《关于开展刑事案件律师辩护全覆盖试点工作的办法》，有学者强调，认罪认罚从宽制度应当确保律师参与，确保认罪认罚的自愿性，确保认罪认罚确有事实依据，确保庭审方式简化但不违反诉讼原则。[5] 有观点指出，应强化值班律师制度的落实与完善，明确其辩护人的定位，肯定值班律师的阅卷权及量刑协商等权利，保障其尽职尽责履行辩护职责，使其成为认罪认罚程序积极有效的参与者而非消极的"见证人"。[6] 另有学者认为，应赋予值班律师以"准辩护人"的身份，突出其"量刑结果协商者"及"诉讼程序监督者"而非"司法机关合作者"的功能定位，合理解决值班律师角色定位与协商功能、监督功能与"站台效应"、诉讼功能与制度激励之间的矛盾。[7]

(三) 以审判为中心的诉讼制度改革

有观点指出，应当将刑事程序法治现代化上升至国家治理现代化的高度加以认识，而从"以侦查为中心"转向"以审判为中心"不仅是我国刑事诉讼制度改革的基本方向，亦是我国刑事程序法治现代化的突破口。[8] 但有学者担忧，迄今为止，刑事司法改革并未对侦查中心主义带来的一系列负面后果产生实质性触动。要真正

---

[1] 刘方权："认罪认罚从宽制度的建设路径"，载《中国刑事法杂志》2017 年第 3 期。
[2] 李本森："刑事速裁程序试点实效检验"，载《法学研究》2017 年第 5 期。
[3] 林喜芬："认罪认罚从宽制度的地方样本阐释"，载《东方法学》2017 年第 4 期。
[4] 宋远升："认罪认罚从宽制度设计的困境与边界"，载《探索与争鸣》2017 年第 1 期。
[5] 顾永忠、肖沛权："'完善认罪认罚从宽制度'的亲历观察与思考、建议"，载《法治研究》2017 年第 1 期。
[6] 闵春雷："认罪认罚案件中的有效辩护"，载《当代法学》2017 年第 4 期。
[7] 姚莉："认罪认罚程序中值班律师的角色与功能"，载《法商研究》2017 年第 6 期。
[8] 卞建林、谢澍："'以审判为中心'与刑事程序法治现代化"，载《法治现代化研究》2017 年第 1 期。

推动审判中心主义改革,就必须对侦查中心主义给予认真的对待,并逐步抛弃这一问题重重的诉讼构造。[1] 此外,有论者认为,"审判中心主义"与"以审判为中心"是两种不同的话语体系,但它们在制度愿景、改革内容、价值定位、推进路径等方面存在诸多分歧,导致理论研究和改革实践之间发生错位,无法形成有效互动、共识与合力推进。[2]

以审判为中心之视角下,控审职能之间的区分应从形式走向实质。控审之间的良性制约关系应依托控诉、法定、调查、直接、法律保留等诸原则,以及起诉审查、强制起诉、司法审查、事后审查之上诉审等程序予以贯彻。[3] 同时,有学者提出,应当改革变更公诉制度,重构变更公诉的实体控制模式,确立诉因构造基础上的变更公诉制度;厘定变更公诉的程序边界,将不利于被告人的变更公诉限定在一审判决前,健全检法权力相互制衡机制,完善被告人权利保障机制。[4]

有研究发现,庭审实质化改革试点中,"意外"的裁判结果不断出现,其产生的真实原因是直接言词的调查方式对书面调查方式的替代。庭审实质化改革的本质是以实质真实观替代形式真实观,以审判卷宗替代侦查卷宗,从而摆脱侦查证据对审判的决定作用,使刑事程序真正从以侦查为中心转变为以审判为中心。[5] 但也有学者指出,我国审判实践中却存在着很多阻碍直接言词原则贯彻的情况,如证人出庭率过低、诉讼资源短缺、法官能力参差等。[6] 根据试点和调研的经验,为改变当前证人出庭制度的困境,应通过重新确定必须出庭证人的范围、明确证人无需出庭的案件类型、加强强制证人出庭制度实施、规定完整的亲属免证特权并允许其自愿作证、完善证人出庭保障机制、将伪证罪的适用限于针对故意作出的庭上伪证等改革措施加以完善,从而符合庭审实质化的要求。[7]

关于"以审判为中心"与有效辩护,有观点认为,以审判为中心的精神内涵在于形成判决基础的信息应当有机会得到反驳性检验,推进以审判为中心,必然以有效辩护为最终落脚点。完善有效辩护制度,一方面应当确立并保障被告人的对质权,另一方面需要落实辩护律师的调查取证权。[8] 还有学者指出,庭审实质化改革与律师辩护相互促进,在庭审实质化改革中,尤其需要保障辩护律师申请证人出庭的权利、调取新证据的权利,以及在必要时申请重新鉴定的权利。制定基本证据标准指

---

[1] 陈瑞华:"论侦查中心主义",载《政法论坛》2017年第2期。
[2] 樊崇明:"审判中心论的话语体系分歧及其解决",载《法学研究》2017年第5期。
[3] 孙远:"'分工负责、互相配合、互相制约'原则之教义学原理",载《中外法学》2017年第1期。
[4] 周长军:"刑事诉讼中变更公诉的限度",载《法学研究》2017年第2期。
[5] 马静华:"庭审实质化:一种证据调查方式的逻辑转变",载《中国刑事法杂志》2017年第5期。
[6] 刘玫:"论直接言词原则与我国刑事诉讼载",载《法学杂志》2017年第4期。
[7] 陈光中等:"完善证人出庭制度的若干问题探析",载《政法论坛》2017年第4期。
[8] 魏晓娜:"审判中心视角下的有效辩护问题",载《当代法学》2017年第3期。

引,有助于强化律师辩护的可预期性,但应防止因司法僵化制约律师辩护的有效性。[1] 有研究发现,我国法院已经开始将律师的无效辩护纳入程序性制裁的对象,并通过向司法行政机关发出司法建议书,来对不履行辩护职责的律师启动纪律惩戒程序,这尽管发生在个案之中,却具有普遍的推广价值。[2]

关于"以审判为中心"与证明标准,有观点认为,"以审判为中心"的刑事诉讼制度应当呈现"正向递进关系"和"反向指引作用",而我国当前立法采"刑事证明标准形式一元化"之模式,由此导致"动态诉讼程序"与"静态证明标准"之间出现紧张关系。推进"以审判为中心"的刑事诉讼制度改革并不意味着要统一证明标准或定罪标准前移,反而需要通过递进式诉讼程序形塑递进式证明(证据)标准。[3] 还有学者指出,统一证据标准应指在证据的合法性、真实性、关联性方面侦查、起诉和审判采用同一标准,在证明程度方面虽然都是事实清楚、证据确实充分,但因为证明方式之差异、"排除合理怀疑"之主体转换,而存在实际的差别。[4]

(四)非法证据排除规则与诉讼证明问题

2017年,中央全面深化改革领导小组第三十四次会议审议通过的《关于办理刑事案件严格排除非法证据若干问题的规定》(以下简称《规定》)正式颁布,有学者指出,这一规定对我国非法证据排除规则实施中的现实问题作出了有针对性的正面回应,多处规定"严格"力度较大,包括进一步界定了非法言词证据的范围,明确了重复自白应当如何排除,强调了非法证据排除的及时性和侦查监督的同步性,重视对过程证据的收集和运用,发挥庭前会议中证据收集合法性审查的作用,等等。但非法证据排除规则的功能与价值不仅在于防范冤假错案,更应体现于程序正义的彰显、司法行为的规范和人权保障的强调。[5] 有观点强调,排除非法证据不是目的,通过排除证据遏制非法取证行为才是目的,因此,排除制度达到的是扬汤止沸还是釜底抽薪的实践效果,值得追问,也需要缜密观察。[6] 还有学者指出,《规定》的出台,重点赋予检察机关在审查、排除非法证据和推动庭审实质化等方面新的职责内涵,为检察改革新发展提供难得的有利机遇。[7] 有观点则质疑,当前实务中亟待解决的一些争议问题,如疲劳审讯、超期羁押以及引诱、欺骗性取供,《规定》都未从正面予以明确规定;对于庭前会议中能否排非、如何保障辩护方排非的权利,以

---

[1] 熊秋红:"审判中心视野下的律师有效辩护",载《当代法学》2017年第6期。
[2] 陈瑞华:"有效辩护问题的再思考",载《当代法学》2017年第6期。
[3] 谢澍:"论刑事证明标准之实质递进性",载《法商研究》2017年第3期。
[4] 杨宇冠:"论中国刑事诉讼定罪证明标准",载《浙江工商大学学报》2017年第5期。
[5] 卞建林、谢澍:"我国非法证据排除规则的重大发展——以《严格排除非法证据规定》之颁布为视角",载《浙江工商大学学报》2017年第5期。
[6] 张建伟:"排除非法证据的价值预期与制度分析",载《中国刑事法杂志》2017年第4期。
[7] 陈卫东:"《严格排除非法证据规定》下的检察发展新机遇",载《中国刑事法杂志》2017年第4期。

及侦查人员出庭后的身份问题等，还存在一些缺憾。[1] 对于疲劳审讯的认定，有研究指出，需厘清"必要的休息时间"和两次讯问间隔时长的关系，对剥夺饮食和夜间讯问能否归入疲劳审讯，也需做出明确回答。[2] 还有学者提出实质解释论，认为凡是侵犯到公民基本权利的行为，都属于"刑讯逼供等非法方法"；对于实物证据，基于对物证、书证等取得程序之"实质性瑕疵"的类型化，凡是侵犯到公民基本权利的取证行为，均应当属于实质性瑕疵。[3]

关于事实认定与证明理论，有论者认为，事实认定者通过"证据之镜"所获得的事实真相，是对事实之可能性的判断，达不到绝对的确定性，却具有盖然性或似真性。法庭认识论是控辩审三方的证据信息加工过程，事实真相产生于三方主体相互作用的合力。法庭认识论的任务是求真，动力是控辩审三方互动，形式是理由论证。[4] 而在实践中，"印证"是被主要倚仗的证明方法，正如有学者指出的那样，存在对印证证明的误用，包括：违法取证，强求印证；只看印证事实，忽略对案件的"综观式验证"；违背证明规律，忽略心证功能。印证模式的改革方向是坚持印证主导，加强心证功能，注重追证作用，发挥验证功效。[5] 但也有论者认为，印证并非证明模式，只是一种证据分析方法，其本身的精细化、科学化应该得到特别的强调。[6] 有研究进一步发现，印证在我国司法适用中的问题与其粗疏的理论建构难脱干系，但问题的根源却在于我国刑事诉讼程序机制的缺陷及公安司法机关对印证规则的不当适用。[7] 针对电子证据的采信，有观点同样认为，应当通过创设关于电子证据的"孤证绝对否定""不同节点印证""属性痕迹补强""区间权衡"等规则，打造虚拟空间的印证体系。[8]

（五）冤错案件预防与再审问题

聂树斌案再审是 2016 年中国司法领域最受社会关注的法治事件。该案再审审判长胡云腾特地在 2017 年撰文对本案进行了回顾，并认为根据法律规定和再审程序的性质，合议庭认为聂树斌案再审中只审理本案的证据材料、不审理王书金相关供述不影响对案件作出公正裁判；基于有利于被告的原则，在法律选择上适用现行《刑事诉讼法》；根据司法解释的精神且基于聂树斌已经死亡的事实，该案再审中采取了不开庭审理的方式；聂树斌案按照疑罪处理，既符合法律规定，也比较主动、

---

[1] 万毅："何为非法 如何排除?"，载《中国刑事法杂志》2017 年第 4 期。
[2] 董坤："论疲劳审讯的认定及其所获证据之排除"，载《现代法学》2017 年第 3 期。
[3] 易延友："非法证据排除规则的立法表述与意义空间"，载《当代法学》2017 年第 1 期。
[4] 张保生："事实、证据与事实认定"，载《中国社会科学》2017 年第 8 期。
[5] 龙宗智："刑事印证证明新探"，载《法学研究》2017 年第 2 期。
[6] 杨波："审判中心下印证证明模式之反思"，载《法律科学》2017 年第 3 期。
[7] 向燕："'印证'证明与事实认定"，载《政法论坛》2017 年第 6 期。
[8] 刘品新："印证与概率：电子证据的客观化采信"，载《环球法律评论》2017 年第 4 期。

稳妥。[1]

对于聂树斌案再审判决以"王某一案不属于本案审理范围"为由，避开对王书金自认真凶这一证据事实的评价。有学者质疑，这一做法虽符合审理对象特定性的要求，且可避免与王书金案裁判的明显冲突，但妨碍了改判理由的充分性及裁判方式的正当性，亦不能避免与王书金案裁判的"实质冲突"。为保证对案件的充分审理，根据证据相关性和审判法庭独立性原则，因本案事实认定需要，可以对证明非本案嫌疑人、被告人的人可能系本案作案人的证据进行法庭调查和证据评价。[2] 有论者同样指出，聂树斌虽获改判无罪，但该案的申诉审查、申诉复查、再审程序均值得检讨。已决案件因发现新证据而出现重大疑点时，如权利人提出申诉，法院应当启动再审程序予以纠错。[3]

有学者发现，在我国刑事诉讼中，无辜者一旦被错误认定为有罪，往往很难获得有效救济。造成这一问题的直接原因在于审判监督程序的启动极其困难，以及法院审判很难纠正侦查、起诉阶段的错误。其深层原因在于：侦查、起诉、审判三阶段的纵向结构严重扭曲；地方党政部门介入具体案件的处理，削弱甚至取消了刑事诉讼的内在制约机制；对申诉再审的审判与审查机关的规定不合理，导致当事人申诉很难启动再审程序；《国家赔偿法》对赔偿义务机关的规定不合理，导致办案机关为逃避赔偿义务而拒绝纠正错案；公安司法机关绩效考核指标设置不合理，导致司法机关都片面追求证明有罪。[4] 为了完善冤错案件的防范与纠正机制，有学者提出，在保障审判权独立运行的基础上，应当推进以审判为中心的诉讼制度改革，在法律上确立无罪推定原则，完善刑事再审启动程序，探索启动模式的法治化转型，并明确《刑事诉讼法》适用遵循"从新兼有利"原则。[5] 还有论证提出，应加快完成刑事司法理念从传统到现代的转型升级，牢固确立防止冤枉无辜优先于防止放纵犯罪的理念，重点保障被追诉人诉讼人权的理念，依法独立行使司法职权的理念，严格遵从法定程序的理念、以审判为中心的理念。[6]

（六）国家监察制度与刑事诉讼法的衔接问题

2017年《中华人民共和国监察法（草案）》面向社会征求意见，引发热议。国家监察制度改革涉及面广，与刑事诉讼关系密切。正如有学者指出的那样，为确保职务犯罪调查工作在法治框架内开展，监察法的规定与刑事诉讼法需要进行有效的衔接，刑事调查活动应受刑事诉讼法基本原理规制。与此同时，职务犯罪的监察权还应与我国检察权、审判权有效衔接，接受检察机关的法律监督，遵循审判中心的

---

[1] 胡云腾："聂树斌案再审：由来、问题与意义"，载《中国法学》2017年第4期。
[2] 龙宗智："评聂树斌案再审判决回避王书金"，载《中外法学》2017年第5期。
[3] 刘计划："刑事冤错案件的程序法分析"，载《比较法研究》2017年第3期。
[4] 陈永生："冤案为何难以获得救济"，载《政法论坛》2017年第1期。
[5] 汪海燕："刑事冤错案件的制度防范与纠正"，载《比较法研究》2017年第3期。
[6] 李建明："刑事错案预防视野下的刑事司法理念现代化"，载《法治现代化研究》2017年第3期。

诉讼模式。[1] 有论者则强调，在刑事诉讼中，监察委员会和检察机关的关系属于分工负责、互相配合、互相制约的关系。虽然纪委作为党的反腐败领导机构，对反腐败工作拥有组织协调的职权，但是不得因此违规干预检察院和法院依法独立行使职权，并且调查活动应当允许律师介入。[2] 有观点则认为，监察委具有政务违纪违法调查和职务犯罪调查的复合性权力，其运行应遵循程序分离原则，并重视不同调查机构在人员配备、专业培训、工作机制、证据使用等方面的衔接。[3]

关于监察调查，有学者指出，因监察调查对象包括职务违法和职务犯罪，不能统称为监察侦查，但其中对职务犯罪的调查具有侦查性质，应当遵循《刑事诉讼法》的规定，或《监察法》作出与《刑事诉讼法》一致的规定。监察调查，应当确立罪刑法定原则、程序法治原则、人权保障原则、证据裁判原则和公正调查原则。[4] 有论者进而认为，国家监察机关行使的犯罪调查权，无疑是一种刑事司法权力，并具有典型的侦查权性质。监察委的刑事调查行为属于刑事司法行为，监察机关是承担职务犯罪侦查职能的刑事司法机关，其调查行为属于刑事侦查行为，因此应当纳入刑事程序进行调整。[5] 还有学者通过比较研究指出，监察委员会的侦查权不应是原有反腐败机构权力的简单相加，而应从我国现行法律出发，参照新加坡及其他地区的经验和刑事司法国际标准进行具体甄别；在监察体制改革中，应注意避免"只转权力、不转权利"的片面思维，完善对监察委调查权进行监督和制约的机制。[6] 对此，有观点认为，需要确立中立的司法审查机制；确立调查手段的比例原则；确立流畅的侦、诉、审程序体制的衔接。[7]

关于国家监察权的制约与监督，有学者指出，应当遵循有利于国家监察权的依法独立行使、国家制约与社会监督并重、外部制约监督与内部制约监督相结合以及依法制约与监督的原则。需要配套采取大力推进监察信息公开，保障检察权、审判权的依法独立行使，以及保障律师在国家监察机关的调查活动中依法执业的权利等措施。[8] 监察委改革对检察机关的影响已成既定事实，检察机关的职能重整成为二者对接的重要前提，这也是检察机关在新条件下强化检察监督职能的又一契机。[9] 有学者则指出，需要考虑将检察机关的法律监督延伸至国家监察委员会的调查领域。另外，建议保留人民检察院对于渎职侵权案件的侦查权，形成监察权和侦查权的相

---

[1] 汪海燕："监察制度与《刑事诉讼法》的衔接"，载《政法论坛》2017 年第 6 期。
[2] 陈光中："关于我国监察体制改革的几点看法"，载《环球法律评论》2017 年第 2 期。
[3] 冯俊伟："国家监察体制改革中的程序分离与衔接"，载《法律科学》2017 年第 6 期。
[4] 卞建林："监察机关办案程序初探"，载《法律科学》2017 年第 6 期。
[5] 龙宗智："司法改革：回顾、检视与前瞻"，载《法学》2017 年第 7 期。
[6] 熊秋红："监察体制改革中职务犯罪侦查权比较研究"，载《环球法律评论》2017 年第 2 期。
[7] 施鹏鹏："国家监察委员会的侦查权及其限制"，载《中国法律评论》2017 年第 5 期。
[8] 谭世贵："论对国家监察权的制约与监督"，载《政法论丛》2017 年第 5 期。
[9] 樊崇义："检察机关深化法律监督发展的四个面向"，载《中国法律评论》2017 年第 5 期。

互制约关系。[1] 正如有论者所言，监察制度没有最好的模式，只有最适合的模式，完善和改革监察制度要从本国历史文化传统、政治制度现状和现实政治需求等方面出发，建立适合国情的监察制度，并积极汲取国际监察制度发展的经验教训，积极参与国际监察合作。[2]

（七）关于域外制度的比较研究

有学者研究发现，《美国宪法第六修正案》中，被告人享有快速审判的权利，在美国被告人基本权利的宪法司法检验中别具特点。这项权利本身的多元价值取向导致美国联邦最高法院在对该权利的宪法检验过程中更具复杂性。美国联邦最高法院在 1972 年的 Barker 案件中提出关于该权利检验的双重路径和四要素标准，为该权利的司法审查提供了基础性参照标准。美国国会在 1974 年通过的《联邦快速审判法案》吸收了美国联邦法院司法判例中形成的相关规则，将该权利通过成文法的形式加以系统化和规范化。在美国刑事快速审判权规则的演变中，成文法与判例法都发挥了积极作用，在该权利的保护和规则形成过程中互为补充、互为促进。美国快速审判权的宪法检验和立法嬗变过程中的经验和教训，可为我国刑事快速审判制度的立法和创新提供有益的借鉴。[3] 还有学者指出，为防止无辜被告人被定罪，美国有罪答辩制度不仅要求被告人做有罪答辩应出于自愿、理智、明知，而且要求有罪答辩必须具备事实基础，但对事实基础的审查无需采用对抗制方式，其证明程度也无需达到审判定罪的要求。这充分体现了有罪答辩制度为尽量平衡公正价值与效率价值所作出的努力。我国认罪认罚从宽制度也将法院的判决建立在被告人认罪的基础之上。为保证有罪判决的正确性，需要建立相应的确保被告人认罪真实性的保障机制，包括：区分被告人认罪审查程序和量刑程序，在自愿性和明知性要求之外增加被告人认罪需具备事实基础的要求，对认罪事实基础的审查需要达到排除合理怀疑的心证程度，赋予被告人撤回认罪或者提起上诉的权利，等等。[4]

反观作为大陆法系之代表的德国刑事诉讼制度，有学者指出，德国联邦宪法法院于 2013 年 3 月 19 日就协商制度合宪性作出判决，肯定了协商制度的合宪性，同时，对《德国刑事诉讼法》中的协商制度条款作出大量解释。这一判决在若干方面推动了德国协商制度的新发展，例如，明确法官发现实质真实义务的宪法渊源、强化了法官的职权调查制度，进一步限定协商制度的适用范围，以及扩充法院承担透明和记录义务的内容。德国联邦宪法法院对协商制度也作出了若干方面的限制，理由在于该制度违反职权主义原则、违反透明和记录义务，协商量刑实践中亦有违反

---

[1] 张建伟："法律正当程序视野下的新监察制度"，载《环球法律评论》2017 年第 2 期。
[2] 叶青、王小光："域外监察制度发展评述"，载《法律科学》2017 年第 6 期。
[3] 李本森："美国刑事快速审判权的宪法检验与立法嬗变"，载《环球法律评论》2017 年第 3 期。
[4] 史立梅："美国有罪答辩的事实基础制度对我国的启示"，载《国家检察官学院学报》2017 年第 3 期。

法律规定的情形等。在我国建构认罪认罚从宽制度时，可在法官职权调查原则、记录和透明义务、防范量刑"剪刀差"以及上诉机制等方面借鉴德国协商制度的经验。[1] 有论者进一步认为，在职权主义语境中，德国式辩诉交易是法庭主导下的认罪供述与量刑协商合意，而不包含指控交易和罪状交易。法庭需要查证所有相关的证据，方可对被告人定罪量刑。在三起合并审理的宪法诉愿中，联邦宪法法院认定原判违宪，但是否决对《认罪协议法》的合宪性质疑。宪法法院加强对量刑协商的控制力度，强调法庭澄清义务和罪责原则，追加"附条件的无罪宣告"条款。我国在探索和实践具有"控辩协商"因素的认罪认罚从宽制度时，应借鉴德国宪法判例，认真对待既定法律文本，严肃对待诉讼传统；考虑通过合宪性审查逐案统一法律与实践，判决留有废除法律的余地。[2]

此外，还有学者指出，迫于欧洲人权法院的压力，法国于2011年出台了《刑事拘留法》，明确了口供的自由、自愿原则。在内容上，口供自由、自愿原则包括权利告知、获取口供的合法性限制以及非法口供排除的自由评价。在制度设计上，法国式的口供自由、自愿原则具有三大特点：以判例为主导的非法口供排除规则体系，"相对无效为主、绝对无效为辅"的排除标准，以及以中立司法官为主的权力监督机构。尽管口供的自由、自愿原则已在法国扎根并日渐成熟，但仍带有浓厚的职权主义色彩。从根本而论，社会利益优先、国家权力主导、追求实质真实等核心目标在法国刑事诉讼中未发生根本变化，公权力机构在刑事司法体系中还处于较优势的地位。[3] 而在我们的东亚近邻日本，其死刑司法实践中以检察官的量刑建议为必要条件、四阶段式的死刑选择过程、制度性地将民意纳入死刑裁量等成功经验，在确立稳定的死刑适用标准、为司法实践划定底线的同时，建立起易于理解的判断过程，并开辟民意进入死刑案件的制度路径，值得借鉴。[4]

第二节 民事诉讼法学的研究状况*

一、研究概况

在研究成果方面，2017年民事诉讼法学共在CSSCI（2017－2018）收录的23种法学期刊和《中国社会科学》上发表学术文章103篇，其中，在三大权威期刊《中国社会科学》《法学研究》《中国法学》上发表论文8篇；出版著作17部，教材6

---

[1] 高通："德国刑事协商制度的新发展及其启示"，载《环球法律评论》2017年第3期。
[2] 印波："以宪法之名回归法律文本：德国量刑协商及近期的联邦宪法判例始末"，载《法律科学》2017年第5期。
[3] 施鹏鹏："口供的自由、自愿原则研究——法国模式及评价"，载《比较法研究》2017年第3期。
[4] 周振杰："日本死刑司法控制的经验及其借鉴"，载《法学》2017年第6期。

* 本部分执笔人：中国政法大学诉讼法学研究院肖建华教授。

部。在科研项目方面，2017年民事诉讼法学共获得省部级以上项目立项31项，其中，国家社科基金项目12项；教育部人文社科研究项目6项，含重点研究基地重大项目1个；最高人民检察院课题3项；司法部国家法治与法学理论研究课题6项；中国法学会部级课题4项。

在学术交流与合作方面，2017年1月12日至14日，中国仲裁法学研究会和今创集团联合主办的"中国仲裁法学研究会2016年年会暨第九届仲裁与司法论坛"在江苏常州举行。本次年会以"仲裁走向企业，企业选择仲裁"为主题，下设"走向世界的中国仲裁""仲裁与司法""中国仲裁存在问题及解决"三大论坛。为在理论和实务层面探索治理虚假诉讼的有益经验，中国人民大学法治与社会治理研究中心联合北京市京师律师事务所于2017年4月27日下午在中国人民大学举办"虚假诉讼与社会治理学术研讨会"，来自中国人民大学法学院、人民日报社评论部、北京市海淀区人民法院、山东省东营市人民检察院、湖南省长沙市雨花区人民检察院、北京市京师律师事务所、北京锦天成律师事务所及部分京外律师事务所的专家学者、司法部门领导和著名律师共计三十余人参加会议。2017年7月1日，股权强制执行理论与实务问题研讨会在北京成功召开。本次研讨会由中国法学会商法学研究会、中国行为法学会执行行为研究会、北京市高级人民法院执行局共同主办，中国政法大学商法研究中心、法大智库——"现代市场体系与营商环境法治化研究"具体承办。来自中国政法大学、北京大学、中国人民大学、中央财经大学、司法部《中国司法》杂志社、最高人民法院、北京市高级人民法院、北京市第一中级人民法院、北京市第二中级人民法院、北京市第三中级人民法院、北京市第四中级人民法院、北京农商银行、北京大成律师事务所、北京市君泽君律师事务所的三十余名学者与实务专家参加了会议。2017年11月8日上午，中国法学会民事诉讼法学研究会2017年年会在天津大学法学院拉开帷幕。中国法学会党组成员、副会长、学术委员会主任张文显出席年会开幕式并讲话。中国法学会民事诉讼法学研究会会长张卫平教授及研究会副会长、常务理事、理事等二百余人参加了年会。2017年11月8日至10日，2017年世界诉讼法学大会在天津大学召开。中国法学会党组书记、常务副会长陈冀平出席开幕会并讲话。中国法学会党组成员、副会长张文显，天津市高级人民法院院长高憬宏，国际诉讼法学协会会长、巴黎第一大学教授洛伊克·卡迪耶，中国民事诉讼法学会会长、天津大学卓越教授张卫平等出席。本次会议由国际诉讼法学会、中国法学会联合主办，中国民事诉讼法学研究会、天津大学联合承办，德赛资产管理股份有限公司协办，主题为"比较视野下的司法管理"。来自阿根廷、韩国、美国、荷兰、巴西、英国、日本、法国、智利、俄罗斯和中国法学、法律界的专家学者出席会议，并就诉讼案件管理、审判机制管理、法院组织结构、事实认定与法律推理等问题展开深入交流研讨。2017年12月9日，第八届紫荆民事诉讼青年沙龙在京顺利召开。本次会议沙龙由中国民事诉讼法学会主办、中国政法大学承办。秉着基础理论研究的原则，第八届紫荆沙龙继续围绕民事诉讼基础理论进行探讨。本次会议沙龙主题为"强制执行基础理论",吸引了来自清华大学、北京大学、北京师范大学、中国政法大学、西南政法大学、吉林大学等数十家高校的学者、在校博士研究生参与。2017年12月16日至17日,最高人民法院与中国行为法学会执行专业委员会在陕西省西安市召开全国法院基本解决执行难理论与实务经验交流会。最高人民法院党组副书记、副院长江必新出席会议并讲话。最高人民法院审判委员会专职委员、第一巡回法庭庭长刘贵祥主持会议并作专题报告,陕西省委常委、省委政法委书记、副省长杜航伟致辞,陕西省高级人民法院党组书记、院长阎庆文出席会议。

二、重点研究内容

2017年民事诉讼法学者的研究在民事诉讼法的基本原则和制度等部分均有涉及,具体内容如下:

(一)诚实信用原则

2012年修订的《民事诉讼法》,将诚实信用原则引入其中,《民事诉讼法》第13条第1款规定:"民事诉讼应当遵循诚实信用原则。"虽然仅为一条较为笼统抽象的规定,但也是民事诉讼立法的一大进步和亮点。5年多来,学者们对诚实信用原则展开了较为全面和深入的研讨,不少学者就原则的内涵和外延进行研究。而在2017年,学者们对于诚实信用原则的研究,从发表文章的数量和研究内容来看,显然不如前几年研究之多、广、深,尽管如此,但仍有一些文章与研究结果值得与大家一起分享探讨。

多数学者认为,民事诉讼法中的诚实信用原则来源于实体法,是指当事人、审判机关以及其他诉讼参与人在诉讼过程中应当遵守诚实信用的义务,基于正当善意的目的,以适当、合法的方式推动案件向前发展。[1] 该原则的目的在于规制其适用主体在诉讼上的处分权利并引导其自治权利的正确行使,即通过诚实信用义务来对当事人在民事诉讼过程中的自主性和自治性进行一定的干预和规制。单从法条来看,对于诚实信用原则内容的规定较为笼统和抽象,其具体内容和要点的研究亦成为学者们的一个重要的研究方向。

当事人在案件中的诚信义务方面,有学者认为,可分成"诉讼目的上的善意诉讼义务""事实层面上的真实义务和证明协力义务""诉讼进程上的促进诉讼与程序合作义务"三部分,并从诚实信用的"基本原则"、具体的"行为规范"以及所承担的"诚信义务"这三个层面来分别详细说明当事人的诚实信用义务。首先,指出诚信义务的渊源,列举欧陆国家的"当事人真实陈述义务"、英美法系的"禁反言"规则以及"诉讼文书签名"规则、日本的"争点禁反言"规则以及相应的法条规定等,来说明域外法律中诚实信用原则的地位与作用。其次,分析诚实信用原则在我国的现状,作为与处分原则、辩论原则、当事人诉讼地位平等原则并驾齐驱的一项原则,在2015年《最高人民法院关于适用〈中华人民共和国民事诉讼法〉的解释》

---

[1] 对于诚实信用原则的适用对象是否扩大到审判人员、其他诉讼参与人尚有争议,不过多数学者认为,诚实信用原则的适用范围应当扩大到审判人员、其他诉讼参与人。

（以下简称《民诉法解释》）中，通过大量的具体规范明确了体现诚实信用的行为义务，以及违反诚实信用义务的表现形式和法律责任，由此构成了基本原则＋义务规范＋法律后果的体系。再次，通过"诉讼目的上的善意义务""事实层面上的真实义务和证明协力义务""诉讼进程上的程序合作与诉讼促进义务"三个较为具体的方面来介绍当事人的诚信义务。在第一个方面，通过诉讼目的的非善意程度来区分恶意诉讼（欺诈性诉讼、骚扰性诉讼等）和浪费性诉讼（重复诉讼、多余诉讼、轻率诉讼等），明确当事人"非善意"的含义为当事人在主观上恶意使他人的权益遭受到侵犯，且这种"非善意"应当被对方当事人所证明；在第二个方面，真实义务是当事人认知状态下的主观真实，具有一定的主观性，并且该义务是一项消极义务，只要不违反自己的主观事实认识来陈述即可。同时，当事人的证明协力义务是证明责任的功能性补充，即使当事人在诉讼过程中不承担证明责任，该当事人仍然在相关案件事实及资料信息的获取等过程中负有一定的协助义务，不能够阻碍对方当事人和法院发现事实真相；在第三个方面，当事人负有在一定期间内完成诉讼行为，并且积极推动诉讼进程、不得拖延诉讼的义务。在最后的部分，该学者还介绍了当事人因违反诚实信用义务而受到的法律规制，包括程序性的法律规制、程序法中的行政性制裁、实体法的规制三种法律规制途径。[1]

在民事虚假诉讼治理方面，有学者认为，当前我国民事虚假诉讼的治理以案外人实体权利保障为核心，然而这样"以案外人利益保护为核心"的思路却存在着诸多问题，例如，忽视对司法秩序的维护，虚假诉讼认定的难度大、成本高，抑制虚假诉讼手段单一，等等。虚假诉讼的规制思路应当调整为"将强制措施有针对性地适用于特定类型的虚假诉讼行为"、"通过简化构成要件，设置专门的调查程序的方式，降低串通型虚假诉讼的证明难度"、"借助《侵权责任法》的规定，对因虚假诉讼行为遭受经济损失的当事人进行救济"、"改革、完善强制措施的适用程序与适用幅度"、"完善虚假诉讼的民转刑程序"五个方面的落实措施。[2]

还有学者指出，面对虚假诉讼、恶意诉讼的司法难题，我国法律的虚假规制机制偏重于诉中规制或诉后救济，为了解决这个问题，可以先对案件进行筛选，将虚假诉讼、恶意诉讼拦截在庭审之前，尽早识别并提前予以处理，并从起诉受理制度的改造和审前准备程序的完善这两方面提出观点，建议将起诉条件与诉讼要件进行分离以形成两个不同的审查层次，在保障诉权的同时，过滤虚假诉讼、恶意诉讼，并且在审前准备阶段通过证据交换、明确争点等途径识别处理虚假诉讼和恶意诉讼。

在我国民事诉讼转型的环境下，也有学者强调了诚实信用原则的重要作用，以辩论原则和处分原则为保障，当事人在诉讼过程中有相当的自主性和自治性，为了

---

[1] 傅郁林："论民事诉讼当事人的诚信义务"，载《法治现代化研究》2017年第6期。
[2] 纪格非："民事诉讼虚假诉讼治理思路的再思考——基于实证视角的分析与研究"，载《交大法学》2017年第2期。

能够有效地规制和约束当事人诉权的滥用和法院的突袭裁判、裁判权滥用或缺位，以及检察院法律监督职能的正当行使，诚实信用原则不应仅适用于当事人，法院及检察院也应当受该原则的规制与约束。为了处理好诉讼过程中诉权与裁判权的相互关系，应当做到以下几点：其一，强化诚实信用原则在民事诉讼中的具体适用。一方面，落实体现诚实信用的具体制度，明确对违反诚实信用不法行为的规制，比如，《民事诉讼法》第56条第3款规定的"第三人撤销之诉"，第65条规定的"证据失权制度"，第111条第1款第1项、第2项分别规定的"伪造、毁灭主要证据"与"妨害作证"，第112条规定的"当事人虚假诉讼"，第113条规定的"被执行人虚假诉讼行为"；另一方面，在个案中对诚实信用原则予以直接适用，但这个过程中应当注意法官裁判权的审慎行使。其二，诚实信用原则个案适用的程序保障，比如，给予当事人针对法官自由裁量结果进行异议的机会，强化检察院的法律监督职能，包括检察人员列席旁听以及给出检察建议等。其三，诚实信用原则的个案适用应通过指导性案例的形式予以推广。[1]

（二）诉与诉讼标的问题

1. 诉的理论。诉的理论作为民事诉讼理论基石之一，在2017年的民事诉讼研究重点中仍有所体现。关于诉的理论研究中，学界以问题意识为导向，深入对诉之程序类型、特殊诉之类型及其相互关系的再探讨，并对未来有关诉的制度的建构提出评价及展望。有学者提出，以同一法律关系引发的确认之诉与给付之诉之间的紧张关系为分析主线，通过透析过往关于确认之诉理论研究中的缺失，并借助确认之诉的利益、重复确认之诉的判断标准，对同时提起的确认之诉与给付之诉的关系展开探讨。该学者指出，要使确认之诉与给付之诉引发的问题获得全面的解决，需要引入当事人集中诉讼责任或采用移送合并审理等精细的程序制度设计。该学者对司法实践上存在的给付之诉和确认之诉的并行诉讼问题进行了全面深入的分析，并对法院应当如何处理此种情形的两诉提出了解决方案。[2] 也有学者就案外人先后提起的确权诉讼和异议之诉是否构成重复起诉问题进行了具体分析。关于案外人先后提起的确权诉讼和异议之诉的关系问题，法律并没有对如何处理作出规定，而理论界对于这一问题也没有专门进行论证，只是从理论角度指出，案外人提起异议之诉后，不应该有另行提起确权诉讼的诉权。针对这一问题，该学者从理论和实践相结合的角度分析得出，案外人异议之诉与确权诉讼的前后诉构成重复起诉时，前诉的生效判决对后诉有既判力。[3]

与过往的研究重心不同，关于诉之理论的研究，理论界开始结合司法实务上存

---

[1] 孙记："论我国民事诉讼转型中的诚信原则"，载《大连理工大学学报（社会科学版）》2017年第38卷第3期。

[2] 赵秀举："论确认之诉的程序价值"，载《法学家》2017年第6期。

[3] 崔玲玲："案外人异议之诉与确权诉讼之先后诉关系"，载《西南政法大学学报》2017年第3期。

在的问题，并对此予以积极回应，从而探索解决这些问题的技术或理论。例如，有学者以余额请求之诉为研究对象，对其合法性问题展开具体研究。该学者首先从实体法和程序法层面对部分请求概念内涵予以界定，从而为对其合法性问题的研究提供语境基础。在明晰部分请求本质属性的基础上，以禁止重复起诉条款对余额请求的合法性问题具体分析，并在最后提出原则上残部请求不具有合法性，只有首次起诉满足"明示部分请求""说明正当理由""获得胜诉判决"三项标准的情况下才允许提起残部请求。[1] 也有学者对二审中原审原告能否撤回起诉后再诉问题进行了深入的阐释。在第二审程序中，原审原告能否撤回起诉，是民事诉讼立法没有明确规定的问题，学理上有不同的观点，实务中也有不同的处理方式。《民诉法解释》第338条从尊重当事人处分权的角度出发，允许原告在征得其他当事人同意且不损害国家利益、社会公共利益与他人合法权益的前提下撤回起诉。但同时规定原告撤回起诉后重复起诉的，不予受理。该学者指出，原告在第二审程序中申请撤回起诉，仍然适用撤回起诉的一般法理，即遵循当事人处分权与法院审判权适度审查的诉讼法理，无过度干涉的必要。但由于处于第二审程序之中，司法已为当事人提供了一审的程序保障，确有其特殊性。为了减少当事人的讼累，优化司法资源的配置，在诉讼效率与程序保障之间寻求合理的平衡，《民诉法解释》规定第二审中撤回起诉要征得其他当事人的同意，并经法院审查，具有相当的合理性。而且，遵循民事诉讼法理与有效解决纠纷的现实需要，应依据不同的案件类型来分设不同的规则，即禁止原告对财产性质的案件再行起诉，对人身关系的案件，则允许原告再次起诉。[2]

此外，由于小额诉讼在民事诉讼立法上得到肯认，那么为保障小额诉讼程序的顺畅适用，学者结合小额诉讼程序的司法适用对其立法效果予以评价，并对其前景加以展望。有学者从实证研究方法得出，小额诉讼程序的立法效果预期与该制度的实际运行间存在较大鸿沟，由此小额诉讼程序制度有待优化。具体而言，需要调整标的额，可授权各省高级人民法院根据实际情况确定，报最高人民法院备案；赋予当事人一定的程序选择权；提高法官的综合素质和执业水平；应加强对小额诉讼程序的宣传力度；改革小额案件的诉讼费用标准；等等。总体来看，该文客观地分析了小额诉讼程序的司法实践现状，并对如何设计小额诉讼程序才能满足实践的需要进行了深入的思考。在此意义上，现今理论上关于诉的理论的研究转向于对其特殊问题的研究，这一方面是对以往研究的必要补充，也表明未来关于诉的理论的研究朝着精细化方向发展。

2. 诉讼标的。诉讼标的是在本案判决主文中应当被作出判断之事项的最小基本

---

[1] 袁琳："部分请求的类型化及合法性研究"，载《当代法学》2017年第2期。
[2] 王杏飞："对民事二审中撤回起诉的再认识"，载《中国法学》2017年第3期。

单位[1],因而识别诉讼标的是法官在审理每个案件中的常规操作。随着2015年《民诉法解释》的实施,"诉讼标的"再次成为我国民事诉讼法学理论研究的热点问题。如何在我国的理论环境中解释诉讼标的的规范,并在我国法治环境中适用该规范,成为民事诉讼法的重点问题。2017年《法学论坛》第6期特别策划了以"诉讼标的理论的国际视野"为主题的讨论,4篇以诉讼标的为专题的讨论试图有的放矢地在对诉讼标的规范的理论结构中理清基础理论,并提出了一些理论创见。除此之外,还有几篇文章在阐释共同诉讼、既判力理论或重复诉讼时深入讨论了诉讼标的。总体而言,上述关于诉讼标的的研究促进了基础理论在民事诉讼法研究中的回归和持续发酵。

具体言之,陈杭平的《"纠纷事件":美国民事诉讼标的理论探析》围绕美国民事诉讼标的之"纠纷事件"内涵、外延的变迁进行探讨,"纠纷事件"标准起源于对普通法程式诉讼的背反,意在实现"诉讼内容广泛——既判力范围宽阔"的新制度均衡。该标准被适用于诉的合并、回溯性修改诉状、附随管辖、既判力等多个程序领域,构成贯穿诉讼始终的基石性概念。随着社会发展与纠纷形态的改变,宽泛且一元的"纠纷事件"概念逐渐引发理论争议。文章最后指出,美国法学界新近的理论主张识别诉讼标的之基准应在不同程序领域下影响或形塑"纠纷事件"的政策考量因素,并结合具体程序场景确定诉讼标的应有的含义。[2] 巢志雄的《诉讼标的理论的知识史考察——从罗马法到现代法国法》围绕罗马法诉讼标的理论之发展,以罗马法诉讼标的的分类、范围、识别、契约化为主要内容,对罗马法时代诉讼标的概念的内涵和理论进行了梳理。近代法国法继受了罗马法的"诉讼标的"概念,逐渐形成了现代法国法的"诉讼标的"理论,并且该理论在《法国新民事诉讼法典》中被赋予重要地位。文章最后指出,"诉讼标的"在罗马法上的通行准则对应地出现在现代法国法中,这也是罗马法对现代大陆法系民事诉讼程序之深远影响的例证。[3] 卢佩的《困境与突破:德国诉讼标的理论重述》先从学说史的角度简要阐述德国诉讼标的理论的变迁,然后,结合具体案例,针对不同诉讼标的识别标准的实际应用及其局限性展开讨论。文章指出,德国民事诉讼标的理论从"实体法说"到"诉讼法说",再从诉讼法说中的"二分肢说"和"一分肢说",始终绕不开"法律效果"与"权利诉求"两个因素,二者共同构成界定"诉讼标的"内涵的两个坐标。其中,"法律效果"以实体法上的权利或法律关系为基础,以纠纷的实质解决为导向,是原告通过诉讼程序期望达到的实体法上的法律效果;"权利诉求"则立足于程序法,是原告为实现实体法上的法律效果而采取的诉讼手段。不过,由于"诉讼标的"内涵的模糊性造成识别困难,德国理论界试图寻找一个能够适用于诉讼系属、

---

[1] 【日】高桥宏志:《民事诉讼法——制度与理论的深层次分析》,林剑锋译,法律出版社2003年版,第22页。

[2] 陈杭平:"'纠纷事件':美国民事诉讼标的理论探析",载《法学论坛》2017年第6期。

[3] 巢志雄:"诉讼标的理论的知识史考察——从罗马法到现代法国法",载《法学论坛》2017年第6期。

诉的合并、诉的变更、既判力等各程序领域的"诉讼标的"统一概念，但始终难言成功。于是，相对诉讼标的理论悄然兴起。该理论的贡献不在于建构，而在于突破，即打破固有的"诉讼标的"概念的一体化思维模式，使其在不同诉讼语境和程序场景中呈现流动化态势，以适应不同的政策考量与解释操作的需要。〔1〕史明洲的《日本诉讼标的理论再认识——一种诉讼法哲学观的转向》意图重新认识日本诉讼标的理论，并以日本民事诉讼法学重视具体场景中结果妥当性的形而下哲学观，为我们理解当今整个日本民事诉讼法学提供了一种视角。文章认为，在过往的诉讼标的理论研究中，相关研究通常把"体系性"的研究范式默认为德国、日本等主要大陆法系国家理论的通行做法。但是，当代日本法的理论和实务已经放弃了"体系性诉讼标的理论"，并转而将诉讼标的问题拆解成诉的合并、诉的变更、禁止重复系属、既判力的客观范围等四个子问题，在具体的诉讼场景中分别寻求妥当的解决方案。文章最后指出，日本法诉讼标的的"概念功能相对化路径"的研究进路，符合我国当前的理论阶段，也与原则上一律允许当事人本人诉讼的现行立法模式相匹配。更重要的是，中国法的现行规范能够通过"概念功能相对化路径"获得解释论上的逻辑自洽。〔2〕

在上述或暗合或碰撞的理论交锋中，关于诉讼标的之内部理论架构更加和谐，从而使得诉讼标的研究获得了较为瞩目的发展。在研究内容上，上述研究从不同制度背景切入，开始探索调整诉讼标的在司法适用上的技术或理论，并对解决司法实践上的诉讼标的问题提供了多视角的解决路径。在研究方法上，上述4篇论文回顾了以往研究中的理论架构，着重运用了比较研究方法，分别介绍了诉讼标的理论在美国、法国、德国和日本四个国家的历史演变和最新发展，并对诉讼标的理论在本国制度环境中的适用进行了深刻反思，这种系统而紧贴理论前沿的介绍一定会给未来我国民事诉讼上关于诉讼标的之立法建构带来一些启发。

3. 禁止重复起诉。自2015年《民诉法解释》第247条对禁止重复起诉作出明确规定以来，禁止重复起诉便成为民事诉讼理论研究的热点问题之一。由于禁止重复起诉涉及诉讼标的、既判力等复杂的民事诉讼基础理论问题，学界围绕这些基础理论的探讨也不曾间断。总体而言，2017年度学界关于禁止重复起诉问题的讨论趋向于以解决司法实践上的问题为导向，重点关注禁止重复起诉规则在民事诉讼特殊领域的适用。有学者指出，由于禁止重复起诉规则使用的关键术语——诉讼标的与诉讼请求——的含义不够确定，所以易导致法律适用的不统一。解决这一问题的途径在于首先明确这两个概念的含义。针对诉讼标的，可以延续中国民事诉讼法所一贯遵循的旧实体法说，但应明确案件事实在识别诉讼标的的过程中所发挥的作用。针对诉讼请求，则有必要确立一个不因诉讼标的理论的不同而变化的、恒定的诉讼请求概念。在此基础上，把民事诉讼法关于重复诉讼禁止的一般理论运用到知识产权民

---

〔1〕 卢佩："困境与突破：德国诉讼标的理论重述"，载《法学论坛》2017年第6期。
〔2〕 史明洲："日本诉讼标的理论再认识——一种诉讼法哲学观的转向"，载《法学论坛》2017年第6期。

事纠纷之中，可以根据司法实践总结出若干案例群，并对法院的处理方式提出相应的解决方案。[1] 也有学者以《民诉法解释》第247条规定的识别重复起诉的客观要件为研究对象，对既判力客观范围问题展开探讨。在识别重复起诉要件方面，以当事人和诉讼标的为要素的"二同说"有更高的认同度，且合"诉讼标的"概念之原意。而且，基于国内法院对诉讼标的的一般理解，"三同说"的实际效果接近"二同说"，由此，我国民事诉讼上应以"二同说"作为识别重复起诉的要件。此外，根据《民诉法解释》第247条中"后诉请求实质否定前诉裁判结果"的规定，如果后诉请求实质否定前诉裁判理由中重要判断之情形，那么就可能近似于承认部分判决理由有既判力。[2]

总体而言，上述研究以关于禁止重复起诉的规范构成为逻辑切入点，既有对宏观理论的把握，也有对具体制度的关照。在研究方法上，上述研究注重对禁止重复起诉案例的个案分析或类型化统合，且与诉讼理论产生碰撞而具有浓重的实务色彩。这种对法律规范的理论解构、基础理论的实务理解和法律规范的实务效果相对接，成为关于禁止重复起诉理论研究的特色。这也表明，学界关于民事诉讼禁止重复起诉的研究开始关注本国国情民情、制度等本土化背景。

（三）第三人撤销诉讼问题

基于规制虚假诉讼的目的，2012年《中华人民共和国民事诉讼法》在第56条增加规定了第三人撤销之诉。自此，我国民事诉讼法形成了在审判程序和执行程序中对第三人利益的完整保护体系。[3]

虽然我国已将第三人撤销之诉上升至法律高度，但有关该制度实益何在的讨论仍然存在。有学者主张在传统大陆法系既判力相对性原则之下，第三人撤销之诉适用情形较为罕见，难有实益。有学者则认为，因我国欠缺既判力相对性的明确规定，第三人有可能无法依据既判力相对性的明文规定而通过另诉获得权利救济，第三人撤销诉讼在当下就可以发挥填补漏洞的作用。[4] 而即使日后我国立法明确规定既判力相对性原则，第三人以既判力相对性而另诉亦不能直接除去原生效判决本身，前诉原告仍可依前诉判决对被告强制执行，故第三人还需提起相当于域外法上的第三人异议之诉请求，法院判决宣告执行不合法[5]。这一途径显然不如通过第三人撤销之诉直接撤销原生效判决那么简便，故第三人撤销诉讼相对于依既判力相对性原则

---

[1] 卜元石："重复起诉禁止及其在知识产权民事纠纷中的应用"，载《法学研究》2017年第3期。

[2] 严仁群："既判力客观范围之新进展"，载《中外法学》2017年第2期。

[3] 崔玲玲："第三人撤销之诉的外部运行环境优化分析"，载《法律科学（西北政法大学学报）》2017年第6期。

[4] 廖浩："第三人撤销诉讼实益研究——以判决效力主观范围为视角"，载《华东政法大学学报》2017年第1期。

[5] 廖浩："第三人撤销诉讼实益研究——以判决效力主观范围为视角"，载《华东政法大学学报》2017年第1期。

另诉而言，也具有节约诉讼成本与司法资源的实益。

我国第三人撤销之诉的立法目的为应对诉讼欺诈和虚假诉讼，但适格原告范围狭窄化和标准模糊化问题使得该制度功能难以发挥。一方面，立法将第三人撤销之诉的适格原告直接限定为"有独立请求权第三人"与"无独立请求权第三人"，然而虚假诉讼中的第三人并非于事前一定具有以"第三人"身份参加当事人之间诉讼的资格。因此，这一限定会剥夺该类第三人获得事后程序保障的机会，使得大陆地区设置第三人撤销之诉的直接目的难以实现。另一方面，对适格有独立请求权第三人和无独立请求权第三人的界定标准也存在模糊化的问题。立法对何为"有独立请求权"、第三人依据何种权利提出独立请求以及"与案件处理结果有法律上利害关系"等问题的模糊规定直接导致了第三人撤销之诉原告适格标准的模糊化。鉴于前述两大问题，有学者主张应对我国《民事诉讼法》第56条第3款作扩大解释，放宽对无独立请求权第三人的认定标准以扩大适格原告范围，达到规制虚假诉讼的目的[1]，可将受诈害人作为以程序上的救济性形成权为基础的有独立请求权第三人。[2] 有学者则认为应专门增加诈害诉讼参加人的类型，将诈害诉讼之下的"事实上的利害关系"纳入第三人撤销之诉的保护范围，同时应厘清"法律上的利害关系"的边缘和内涵，明确原告的适格标准，以实现第三人撤销之诉的实益。[3]

就我国第三人撤销之诉的可撤销客体而言，有学者认为裁定不应被囊括，原因在于我国的裁定多为程序事项，损害第三人实体权利的可能性小之又小。而现行法律规定的第三人撤销之诉的客体不包含仲裁裁决书等其他法律文书，则是一大遗漏。《仲裁法》及2015年《最高人民法院关于人民法院办理执行异议和复议案件若干问题的规定》仅对利益受损害的仲裁当事人予以救济，而未对利益受损的第三人进行保护，当依申请执行人的申请进行强制执行时，非因可归责于己的原因而被原仲裁程序或原公证程序遗漏且被原仲裁裁决或原公证书损害的第三人无法得到救济。基于此，我国应将仲裁裁决等其他法律文书列为第三人撤销之诉的对象。[4]

根据现行法律规定，若第三人诉求成立，法院应当改变或者撤销原生效裁判，但这一规定忽视了原审裁判只是部分内容错误而需要部分维持原判的情形，造成了对原审裁判既判力的较大冲击。2015年《民诉法解释》第300条虽然明确了原判部分错误、部分改判、部分对第三人撤销之诉的异议撤销和部分维持的问题，但又规定新旧裁判各自独立，即旧裁判部分维持，新裁判部分改判、部分撤销，未强调一

---

[1] 廖浩："第三人撤销诉讼实益研究——以判决效力主观范围为视角"，载《华东政法大学学报》2017年第1期。
[2] 刘东："回归法律文本：第三人撤销之诉再解释"，载《中外法学》2017年第5期。
[3] 崔玲玲："第三人撤销之诉的外部运行环境优化分析"，载《法律科学（西北政法大学学报）》2017年第6期。
[4] 朱金高："对第三人撤销之诉的异议"，载《政法论丛》2017年第5期。

个裁判或合一裁判的便民性。[1] 对此，有学者认为大陆可借鉴我国台湾地区部分撤销原判的同时可依申请在撤销范围内改变原判的规定，并转而作出依职权对新判与旧判合一裁判的自我规定。[2]

第三人撤销之诉的举证难度大也是阻碍该制度立法初衷得以实现的原因。根据现行法律规定，第三人欲提起撤销之诉，既需在程序上证明"因不能归责于本人的事由未参加诉讼"，又需在实体上证明"发生法律效力的判决、裁定、调解书的部分或者全部内容错误，损害其民事权益的"。就"不能归责于本人的事由"这一条件而言，即使2015年《民诉法解释》第295条列举了四种具体情形，但由于我国缺乏诉讼告知制度，对于第三人"是否知道诉讼"仍难以举证和审查。解决该问题的途径在于设置诉讼告知制度，以满足受理程序事由的判断需要。[3]

我国第三人保护体系较为丰富，除第三人制度外，与第三人撤销之诉同为事后救济的案外人申请再审、案外人异议之诉制度之间的适用与协调值得注意。尽管随着2015年《民诉法解释》的通过实施，第三人撤销之诉的外部运行环境得以优化。然而，《民诉法解释》仅对第三人撤销之诉与再审之诉、案外人执行异议之诉的矛盾进行了调和，而未根本解决制度之间的矛盾。[4] 前述三种制度在功能上的重叠性，使得司法实践中须进行协调与选择。案外人异议之诉与第三人撤销之诉的适用前提不同，因此对二者的选择适用较为清晰。第三人撤销之诉与案外人申请再审的关系则比较复杂。有学者认为，第三人撤销诉讼与案外人申请再审、案外人在执行中申请再审等程序都具有类似的法律效果，故于适用时在重叠的范围内应该是互相排斥的关系，当事人如对制度适用有疑问，可通过选择性合并将二者同时向法院申请或提起，再由法院进行审查。[5] 也有学者认为，案外人申请再审是通过赋予第三人再审诉权来对第三人的权益进行保护，而第三人撤销之诉则是通过赋予第三人起诉权来对第三人的利益进行保护。[6] 加之，案外人申请再审仅适用于给付判决侵害第三人利益的情形，而第三人撤销之诉则普遍适用于各种判决类型侵害第三人利益的情形。因此，第三人撤销之诉无论是从适用阶段还是适用范围上，均可以涵盖案外人

---

[1] 朱金高："对第三人撤销之诉的异议"，载《政法论丛》2017年第5期。

[2] 朱金高："对第三人撤销之诉的异议"，载《政法论丛》2017年第5期。

[3] 崔玲玲："第三人撤销之诉的外部运行环境优化分析"，载《法律科学（西北政法大学学报）》2017年第6期。

[4] 崔玲玲："第三人撤销之诉的外部运行环境优化分析"，载《法律科学（西北政法大学学报）》2017年第6期。

[5] 廖浩："第三人撤销诉讼实益研究——以判决效力主观范围为视角"，载《华东政法大学学报》2017年第1期。

[6] 崔玲玲："第三人撤销之诉的外部运行环境优化分析"，载《法律科学（西北政法大学学报）》2017年第6期。

再审之诉，实无保留案外人再审之诉之必要。[1]

（四）公益诉讼问题

随着我国公益诉讼制度运行进入第7年，学术界对其研究重点已从概念、意义等基础、前提性问题的研究，深入细化至具体的制度构建等问题的研究，在中国知网以"民事公益诉讼"为主题词、以2017年为论文发表时间进行检索，共有十余篇相关论文，其中仅有一篇是对于民事公益诉讼纯理论问题的研讨，其重点探讨了民事公诉、公益诉讼、群体诉讼的差别与关系[2]，其余论文均为对于具体制度构建、完善的探讨。在公益诉讼类型化研究方面，学界研究以民事环境公益诉讼为主，检索到的学术论文中，仅有一篇论文是对于民事消费者公益诉讼的研究，其指出宜将"消费类公益诉讼"分为共益诉讼和众益诉讼，消协不独占其中的众益诉讼，并对消协的原告资格在案件范围和情形方面适当加以限制[3]，而剩余均为与民事环境公益诉讼有关论文，对于民事环境公益诉讼的研究主要从以下几个方面展开：

第一，与原告有关的主体资格、诉权冲突等问题仍为当前学界对于民事环境公益诉讼重点讨论问题。学者们普遍认为应进一步扩大民事环境公益诉讼适格原告范围，将民事环境公益诉讼适格原告赋予公民、社会组织、环保行政机关与检察机关等，并妥当协调环境公益诉讼中的原告冲突问题。[4] 对于公益组织的认定，因法律规范与法律适用以及环境公益诉讼立法技术与法律适用之间的偏差，导致实践中出现了地方法院以原告环保组织宗旨和章程中没有明确写明"专门从事环境保护公益活动"字眼而否认其原告资格的问题，人民法院对于公益组织的资格认定应在法律框架内持开放包容的态度。[5] 对于诉权冲突问题，学者们普遍认为应通过制定司法解释对诉权冲突情况下的原告顺位进行规定，有学者认为，通过最强公共利益标准与诉讼经济标准的衡量，应将检察机关定位为环境公益诉讼的第一起诉顺位，环保社会组织和公民分列第二、三位，但也有学者持相反观点，认为应明确检察机关在提起环境民事公益诉讼中的诉讼对象无主性、目的纯公益性和角色定位填补性，因而检察机关作为环境公益诉讼适格原告应处于最后顺位。[6]

第二，由于2017年《全国人民代表大会常务委员会关于修改〈中华人民共和国

---

[1] 崔玲玲："第三人撤销之诉的外部运行环境优化分析"，载《法律科学（西北政法大学学报）》2017年第6期。

[2] 朱金高："民事公益诉讼概念辨析"，载《法学论坛》2017年第3期。

[3] 陈灿平、肖秋平："消协所涉公益诉讼若干难点问题探讨"，载《湘潭大学学报（哲学社会科学版）》2017年第2期。

[4] 王丽萍："突破环境公益诉讼启动的瓶颈：适格原告扩张与激励机制构建"，载《法学论坛》2017年第3期。

[5] 孙洪坤、俞翰沁："社会组织提起环境公益诉讼资格认定偏差的分析——以'腾格里沙漠案'绿发会遭遇起诉尴尬为例"，载《环境保护》2017年第1期。

[6] 王翼妍、满洪杰："论环境民事公益诉讼原告资格的实践扩张"，载《法律适用》2017年第7期。

民事诉讼法》和〈中华人民共和国行政诉讼法〉的决定》正式通过，人民检察院在公益诉讼中获得原告资格已毫无法律障碍，因而不少学者聚焦于检察机关提起公益诉讼的具体制度构建问题上。一方面，学者们认为，应进一步完善民事公益诉讼诉前程序，例如，完善人民检察院提起环境民事公益诉讼的对象范围要件，扩大诉前程序的对象范围，实行以公告为主的多种方式，设置契合实际的回复期限，并实现与督促行政机关履职、支持起诉、提起诉讼等相关程序的有效衔接，等等。[1] 另一方面，应分配和完善检察机关的举证责任，强化其调查取证权，同时赋予检察机关有限度的处分权，并对检察机关撤诉等权利进行严格限制。[2]

第三，对于公益诉讼的各类具体制度等微观层面，学术界也有一定关注。在证据方面，有学者指出，当前我国民事诉讼证据收集制度不能满足公益诉讼要求，应树立证据收集模式类型化、证据协力义务和收集必要证据原则，规范文书提出命令及法院依职权调查收集证据等具体证据收集制度立法。[3] 在发挥预防性作用方面，学者们认为，公益诉讼应发挥防患于未然的作用，而非仅仅事后补救，要实现这一点，环境民事公益诉讼程序规则设置应秉持预防和比例原则，确立预防性环境民事公益诉讼启动要件、举证责任分配及预防性执行措施规则，以增强预防性环境民事公益诉讼在适用时的有效性，实现预防性环境民事公益诉讼前瞻性保护功能[4]。此外，还有一些学者建议应当借鉴美国经验，一方面明确其执法诉讼属性，允许原告对企业和行政机关的环境违法行为提起诉讼，而不必证明损害的存在[5]；另一方面，建立禁令制度，根据每个案件具体情况命令被告停止污染、破坏，拆除损害环境设施等具体行为，采取修建环保设施、重新规划等积极行动，并且明确需要达到的目标，如实现达标排放、经过监督组织验收等。[6]

（五）当事人问题

1. 当事人适格问题。在《民事诉讼法》及相关司法解释、司法案例中，我国民事诉讼当事人的含义相当丰富：从《民事诉讼法》的规定来看，"利害关系——当事人"这种对应关系之间的直接关联存在裂痕；从《民诉法解释》等规定来看，当事

---

[1] 陆军、杨学飞：" 检察机关民事公益诉讼诉前程序实践检视"，载《国家检察官学院学报》2017年第6期。刘加良："检察院提起民事公益诉讼诉前程序研究"，载《政治与法律》2017年第5期。罗丽："我国环境公益诉讼制度的建构问题与解决对策"，载《中国法学》2017年第3期。

[2] 张百灵："检察机关提起环境公益诉讼的困境与完善——以《人民检察院提起公益诉讼试点工作实施办法》为蓝本"，载《江苏大学学报（社会科学版）》2017年第4期。

[3] 吴伟华、李素娟："民事诉讼证据收集制度的演进与发展——兼评环境公益诉讼证明困境的克服"，载《河北法学》2017年第7期。

[4] 张旭东："预防性环境民事公益诉讼程序规则思考"，载《法律科学（西北政法大学学报）》2017年第4期。

[5] 吴凯杰："论预防性环境公益诉讼"，载《理论与改革》2017年第3期。

[6] 巩固、陈瑶："以禁令制度弥补环境公益诉讼民事责任之不足——美国经验的启示与借鉴"，载《河南财经政法大学学报》2017年第4期。

人概念本身具备多种内涵;从法院审判实践来看,对当事人概念的理解,影响着审判效率和诉权保障的协调,不能有效保护当事人的民事权利。因此,有学者建议对民事诉讼当事人制度予以重新组装,构建符合我国实际情况的民事诉讼理论体系。即根据不同的程序功能,将不同的当事人类型契合到不同的程序中,初步形成"形式当事人——登记程序""立案受理当事人——审查受理程序""正当当事人——实体审理程序"的程序构造,进而谋求起诉条件的"低阶化",达到保护诉权的目的。[1]

2. 非正当当事人的处理方式。当事人制度是民事诉讼的三大基本制度理论之一,在民事诉讼的现代化过程中,当事人历经实体性当事人、形式性当事人以及形式性与实体性当事人并存的三个阶段。现阶段,学理上从形式与实质两方面来理解当事人。形式内涵是指向法院起诉之人及其相对人,是纯粹程序上的当事人概念;实质内涵是指最适宜成为纠纷的解决人,又称当事人适格或正当当事人。在这一逻辑前提下,若当事人仅具备形式内涵,或本具备实质内涵但在诉讼过程中丧失实质内涵,则会被识别为非正当当事人。我国现行《民事诉讼法》并未规定如何处理非正当当事人,在司法实践中,法官对非正当当事人的处理缺乏统一的程序规范,这就导致出现背离民事诉讼程序安定性、增加法官和诉讼诉累的情况出现。因此,有学者认为,将诉讼承继程序在当事人部分予以规定可使其适用范围更加广阔,避免限定适用范围,可同时处理自始不适格的当事人与后续不适格的当事人两种情况。同时,该学者指出,在审判实践中,处理自始不适格当事人时,法官应充分行使阐明权,并建立独立的救济制度。[2]

3. 新型权利诉讼下的正当当事人问题。现代型诉讼之崛起对传统民事诉讼法学带来不小的冲击,信息权、新型知识产权、环境权及公益诉讼等越来越受到重视,相关立法也不断加强对这些权利的确认。因为这些新型权利与传统的具体实体权利有差别,以实体法上管理处分权为准判定当事人适格的方法,适用于这些权利的诉讼中尚有商榷之余地。有学者认为,现代型诉讼具有当事人互换性缺失、系争利益呈现集合化或扩散化、争点呈现社会化和政治化、救济的请求方式转变等特质,对当事人适格理论提出了新的要求。对此,国外及其他地区通常以集团诉讼、选定当事人、团体诉讼三种代表性方式予以解决。鉴于这三种方式在当事人适格要件及制度功能各异或存在优劣之别,有必要就此进行比较研究,并以诉之利益为基准,完善我国当事人适格理论,构建符合国情的诉讼信托制度。具体言之,从起诉前开始的纠纷过程中,若一方在与对方进行交涉,组成交涉团体等发挥了重要作用,基于该事实可以认可其纠纷管理权。这种学说是对当事人适格理论的进一步发展,将当事人适格的基础从实体权的管理处分权能中解放出来,并替换为主张利益的认真行

---

[1] 曹云吉:"立案登记制下'当事人'的程序构造",载《法制与社会发展》2017年第5期。
[2] 宋春龙:"非正当当事人处理方式研究——兼论我国非正当当事人处理制度之构建",载《大连理工大学学报(社会科学版)》2017年第4期。

动,在这一点上,纠纷管理权说具有丰富的启迪意义。

(六)证据收集问题

证据收集问题是2017年民事诉讼法学界的一个关注重点,产生较多的讨论和成果。研究内容主要集中在证据收集制度、当事人陈述、文书提出义务、律师调查令、证人庭外作证等方面。

1. 民事诉讼证据收集制度。在民事诉讼证据收集制度方面,有学者从环境公益诉讼视角切入,认为要克服现代型诉讼因其负责性、长期性、利益性、主体不平等性等特点而导致的证据偏在、证据专门性等证明困难,倒置举证责任的做法并不可取,而应确立证据协力义务,扩充证据收集手段。具体而言:首先,在收集调查证据前,法院应行使诉讼指挥权并履行阐明义务,促使当事人积极主张权利,明确焦点和当事人以及法院调查收集证据范围;其次,法院在必要情形下,应依职权调查收集证据,应进一步强化当事人证据收集权,明确文书提出命令制度适用规则;最后,应明确法官在认定案件事实的主体地位,在推动构建科学、规范、合理的司法鉴定机制的同时,可引进由中立的环境资源领域的专家担任的专家辅助人进入诉讼。在完善证据收集制度方面,有学者认为2016年最高人民法院《关于民事诉讼证据的解释(征求意见稿)》存在体例结构失衡和内容不够科学完善等问题,并提出完善建议:①在制度设计理念方面,树立证据收集模式类型化构建理念。在一般诉讼中,以当事人自行收集证据为主,在涉及公共利益的公益诉讼、医疗纠纷的证据偏在型现代型诉讼以及人事诉讼等非讼程序中,采取协同主义的模式,赋予和强化法院依职权调查收集证据的义务。②在证据收集基本原则方面,树立收集必要证据原则。应遵守证据收集的必要限度原则,将民事诉讼中的全面收集证据原则转为收集必要证据原则。③在具体制度构建上,注意各项具体制度的精细化与周延化。路径之一是扩大当事人自主收集证据的范围和手段,确立当事人和案外人的证据协力的一般化义务,完善文书提出命令制度、证人证言收集制度、当事人陈述收集制度、证据保全制度、律师调查函以及证据交换制度等具体手段,对违法收集证据加以规制;路径之二是规范法院调查收集证据程序,通过完善立法,使法官有更多的权利和义务去取得相应证据。[1]

2. 当事人陈述制度。对于当事人陈述问题,我国学界现有研究只是将民事诉讼当事人陈述框架性地区分为证据意义的和非证据意义的,因缺乏程序外观而始终受到体系凌乱与功能弱化的质疑。有学者建议将当事人陈述制度细化为在法庭辩论阶段具有阐明案情功能的当事人陈述和在证据调查阶段具有证明案件事实功能的当事人陈述。在法庭辩论阶段,应赋予当事人申请对法官发问的权利。以最大限度地促进程序和揭示案情,并能体现出对当事人主体地位的尊重;与此相应的,当事人负

---

[1] 吴伟华、李素娟:"民事诉讼证据收集制度的演进与发展——兼评环境公益诉讼证明困境的克服",载《河北法学》2017年第7期。

有出庭接受法官发问的义务。立法应赋予法官为阐明案情的需要可以不拘形式地命令当事人出庭并接受发问的保障措施，对不到庭就无法查清案情的负有出庭义务的当事人，经法院两次传票传唤无正当理由拒不到庭的，可依法拘传到庭接受法官发问，也可结合不出庭的原因对其作出不利的心证评价。当事人在期日中拒绝出席的，法官可就此驳回延迟的攻击防御方法；最后，为限制法官恣意发问和保障当事人的程序权利，立法应为当事人设置对法官不适当发问的程序救济机制。若法官因过度或怠于发问而造成当事人间实质上不对等，当事人可对其提起上诉审救济并可要求撤销原审裁判。在证据调查阶段，也应赋予当事人申请法官讯问的权利。我国立法上应完善规定双方当事人可以申请法官对自己或对方当事人进行讯问，并将其陈述结果作为证据资料。法官应对当事人申请讯问的情形严格审核，且应尽量安排在其他证据调查之后。对于负有出庭义务的当事人无正当理由拒绝出庭陈述，法官可对其依法处以罚款，并要承担法官对证据自由评价的不利后果，甚至法官可直接认定对方当事人主张的事项为真。当事人对法官发问和讯问的陈述要受真实义务约束，即当事人不能违反自己的主观性事实认识来提出主张或作出否认。有学者主张我国民事诉讼法应对当事人不真实陈述的行为规定具体的制裁措施。首先，故意不真实的主张或反驳不能被法庭采信，即使是双方当事人的一致性陈述对法院也没有拘束力。其次，因不真实的主张或者故意违反真相的陈述而受到损害的对方当事人或者第三人可以提起损害赔偿之诉。此外，故意进行不真实的陈述可能构成诉讼欺诈，当事人可能被处以刑罚。[1]

3. 文书提出义务制度。2015 年最高人民法院《民诉法解释》规定的书证提出义务，没有对其作出实质性的限制，属于真正的、绝对的一般义务。在义务本位的法理念、法现实和传统的职权主义诉讼模式下，所有的诉讼参加人都有义务揭示案件事实，而不仅仅是个别的限定性的"案件解明义务"和"协力义务"。该规定过于简单和粗暴，呈现出强烈的职权主义色彩。对此，有学者提出文书提出义务制度的建构不应坚持一般化，而应为义务限定化或义务特殊化。原则上，以实体法上的文书提出请求权为依据，诉讼法上应允许引用文书、利益文书和法律关系文书作为义务文书的提出范围。对于涉及公务员职务秘密、记载具有免证义务、专为文书制作人自己的利益所制作的、刑事案件中的，以及国家行政机关、公共企事业单位基于内部组织管理所制作的不属于法律上应公开的文书，应当排除在义务文书之外。然后，应明确相应的申请和审查程序以及违反文书提出命令的法律后果。在持有文书的当事人不履行文书提出义务时，应当认定申请人主张的事实为真实，而非认定文书内容为真实。第三人与案件没有直接利害关系，而是基于其他原因不愿意履行义务时，则只能对其采取一定的处罚措施促使其履行提出义务。[2]

---

[1] 肖建华、王勇："民事诉讼当事人陈述制度的正当化"，载《国家检察官学院学报》2017 年第 1 期。
[2] 张卫平："当事人文书提出义务的制度建构"，载《法学家》2017 年第 3 期。

4. 律师调查令制度。相比域外，我国证据收集制度的一个主要缺陷在于缺乏相对人不配合调查时的制裁后果的规定，因而难以取得调查实效。而法院自行调查取证面临动力不足和司法资源短缺的难题。有学者认为，律师调查令作为中国特色的地方制度探索，可以弥补现行证据收集制度的前述局限，保障当事人调查取证的权利。具体而言，其一，律师调查令可以填补《民诉法解释》第112条的制度空白，为当事人及其代理律师调查书证以外的证据方法和向第三人收集证据材料提供手段。其二，律师调查令制度可为弥补证明妨碍的适用标准过高的缺陷，在对方当事人拒绝服从调查令又无正当理由时，法律可以规定产生证明妨碍的效果。其三，律师调查令可以弥补庭前证据交换的缺陷，强制开示和沟通证据信息，防止证据突袭并有利于案件争点整理。而且，律师调查令有利于发现真实，保护其他法益的平衡，缓解"取证难"现实困境。对于律师调查令的性质，该学者主张应定位为经申请人提出申请、由法院审核后签发的具有强制力的司法协助令状，可将其视为依申请调查取证方式的必要补充。申请人持令调查时，相对人负有协助调查案件的义务，拒绝履行协力义务将发生一定的强制效果。在律师调查令的具体构建上，有学者主张申请主体应包括当事人及律师，相对人为对方当事人和案外第三人，期限为受理后到举证期限届满前，适用范围包括由国家有关部门保存、当事人及其诉讼代理人无权查阅调取的和当事人及其诉讼代理人因客观原因不能自行收集的其他证据。对于违反调查令的当事人，可以对其适用证明妨碍的原理，认定举证人的相应事实主张成立，让拒绝者承受裁判上的不利益。因为案外第三人与裁判没有直接的利害关系，可以参照适用妨害民事诉讼的强制措施，视情节轻重而科以罚款、拘留等。而当事人及其代理律师滥用调查令的，可以视情节施以拘留、罚款等强制措施，禁止申请调查令，甚至吊销律师执照等惩罚措施，情节严重构成犯罪的，依法追究刑事责任。[1]

5. 证人调查。我国现行庭外作证程序主要由庭外作证的条件和方式两部分组成。立法者不断细化庭外作证条件和方式的规定，意在遏制证人不出庭泛滥的现象，但效用相当有限。实践中，法院普遍存在放任证人提交书面证言的情况，而对其实质性调查却极少进行，如果无其他有力证据，法院通常不会采信该证据，当其他证据足以或者基本能够形成心证时，相应的书面证言才可能被采信，整体上，庭外作证程序运作流于形式。对此，有学者提出，应坚持对证人调查的中心转向。庭外作证建立于证据程序体系中，应纳入法官寻求心证理由之调查范围，证人不出庭只是证据调查的特殊情形和条件，并不脱离证据调查的基本要求。而且突出证人调查有利于保障当事人证明权，践行直接言词的司法理念，全面落实诚实信用原则和履行法官的诉讼促进义务。为此，应确立庭外作证的三部构造模式，在庭外作证的条件和方式上，补充调查措施的内容，并将其作为程序的核心与支柱。具体而言，庭外作证的调查措施包括直接调查措施和间接调查措施。庭外作证的直接调查措施有受诉

---

[1] 王杏飞、刘洋："论我国民事诉讼中的律师调查令"，载《法治研究》2017年第3期。

法院庭外询问证人和通过视听传输技术询问证人，凡免除证人出庭义务的，应首先考虑法官到证人所在地开展法庭外的询问。庭外作证的间接调查措施包括：①异地受托法院询问证人，明确法院的证人调查可委托异地法院，由其法院当面询问证人；②书面询问证人，凡不宜采用庭外询问证人或者通过视听传输设备询问证人的，可确立书面询问证人的规范；③书面证言与视听资料的法庭调查。证人死亡前的陈述、证人有严重疾病无法接受询问、证人因特殊工作岗位不能接受询问等，均可允许提交书面证言或者视听资料。经法庭质证后，法官认为该证据系关重要事实认定，且有可信性足以保证的内心确信，方可采信。[1]

（七）民事诉讼电子化和数据化问题

1. 电子送达。2017年2月28日，全国法院统一新型电子送达平台在4个试点法院上线试运行，支持受送达人通过新浪微博、新浪邮箱、支付宝等三大平台接收诉讼文书，该平台试运行期间，与传统送达并行使用。[2] 目前，在理论研究中，电子送达的生效时间存在异议。有学者认为，在当前的试验阶段，固然可将用户登录和查看文件的时刻视为送达时刻，但如果未来将电子送达平台拓展至由全国法院使用，显然就不能将送达取决于当事人实际查看文件的时刻。[3] 在电子送达的实际作用方面，有学者通过实地调研发现，电子送达未能发挥理想中的作用，甚至成为法院考核负担。法律规定法院对受送达人采用电子送达之前，需要受送达人签署《当事人送达地址、方式确认书》明确表示同意电子送达，然而实际情况是：如果受送达人可以签署该确认书的，几乎就不存在送达难的问题了；而真正有送达难问题的，受送达人也不可能签署确认书。[4]

2. 在线庭审。2017年6月26日，中央全面深化改革领导小组会议审议通过《关于设立杭州互联网法院的方案》，为网上法庭电子诉讼提供了顶层设计的政策。[5]《民诉法解释》第259条规定："当事人双方可就开庭方式向人民法院提出申请，由人民法院决定是否准许。经当事人双方同意，可以采用视听传输技术等方式开庭。"针对这一条司法解释，有学者认为，由于现有规范仅允许民事简易程序在当事人双方同意的前提下采视听传输方式开庭，这极大限制了在线庭审的推广。有鉴于此，未来可以考虑放宽"当事人双方同意"的要求，并在是否命令视频庭审这一问题上赋予法官一定的自由裁量权限。同时，可以考虑将试听传输的适用范围拓展至普通

---

[1] 李峰："证人调查：民事庭外作证的立法向度"，载《法律科学（西北政法大学学报）》2017年第1期。

[2] "最高法：四个法院试运行全国法院统一新型电子送达平台"，http://news.163.com/17/0228/16/CECJ070U000187VE.html，最后访问时间：2018年2月20日。

[3] 周翠："中国民事电子诉讼年度观察报告（2016）"，载《当代法学》2017年第4期。

[4] 罗恬漩："司法改革背景下送达困境与出路——以G省基层法院的送达实践为例"，载《当代法学》2017年第3期。

[5] "中央深改小组通过设立杭州互联网法院的方案"，http://www.court.gov.cn/zixun-xiangqing-48982.html，最后访问时间：2018年2月20日。

程序的证据调查、庭前会议、证人出庭等环节。[1] 司法实践工作者认为，我国关于网上法庭的推进仍面临诸多法律规定及制度建构上的困境，包括真实性判断难题与庭审实质化难题，在遵循司法规律的前提下，应提前谋划研究，提出切实解决问题的对策，加强配套制度及基础设施建设，稳妥有序推进电子诉讼制度的建立。[2]

3. 智慧法院。2017年，智慧法院建设如火如荼展开。有学者认为，为了实现电子诉讼、资讯共享以及信息公开这三项功能，智慧法院作为联通电子世界的重要枢纽，应当满足在线联络畅通、平台对接无障碍、资源全面共享、信息公开充分、数据分析实时的要求，我国目前的智慧法院建设在这些方面或多或少存在改进空间。[3] 有学者描绘了一幅有关智慧法院的完整图景，即智慧法院建设应遵循以人为本、尊重规律、深度应用、开放融合、沉着应对的实施原则，率先突破电子诉讼的适用范围、诉讼参与人的身份认证、庭审电子化、诉讼参与人的信息安全保管义务、电子化证据的效力、电子诉讼档案管理等制度性瓶颈的制约。其建议有必要由立法机关制定"人民法院电子诉讼法"，或者授权最高人民法院制定"电子诉讼程序规则"，从而使构成外部智慧法院的电子法律交往形式明确化与合法化。[4]

4. 裁判文书预测与智能生成。2017年11月30日，最高人民法院召开发布会，宣布中国司法大数据服务网正式上线。这是继2014年最高人民法院推出中国裁判文书网后，在司法大数据应用方面再次往前迈出一大步。[5] 关于大数据对裁判文书的影响，有学者认为，人们可以依据数据源包含的信息，为自我判断和预测中存在的问题和不足，提供一种参照和借鉴作用，大数据并不是为了改变可预测与可反驳司法判决的权重，而是为了使预测的准确性提升，论证的说服力增强，以及判决公正价值最大化地实现。[6] 有学者提出了裁判文书智能生成的具体步骤，即借助神经网络处理器、高能效类脑计算芯片进行感知、编码、传输、处理、记忆、提取等心证过程，加工社交线索，以直觉常识推理认定事实；以自然语言的语法逻辑、字符概念表征和深度语义分析等处理技术，进行权利请求基础规范构成要件的自动检索生成；最后，通过智能通用计算范式与数学模型自动处理海量的案情数据，实现事实与规范的最佳匹配联结，得出最接近公平正义的裁决。同时，把结案数据归入案例数据分析库，用于以后相似案例处理意见的参照，预测相关案件裁判的社会效果，

---

[1] 周翠："中国民事电子诉讼年度观察报告（2016）"，载《当代法学》2017年第4期。

[2] 王玲芳："网上法庭 电子诉讼 公平正义"，载《法制日报》2017年8月30日，第011版。

[3] 周翠："中国民事电子诉讼年度观察报告（2016）"，载《当代法学》2017年第4期。

[4] 蔡立东："智慧法院建设——实施原则与制度支撑"，载《中国应用法学》2017年第2期。

[5] "中国司法大数据服务网上线 智能服务有助消除司法鸿沟"，http://www.china.com.cn/news/txt/2017-11/30/content_41957126.htm，最后访问时间：2018年2月20日。

[6] 徐梦醒："大数据时代司法判决的可预测性研究"，载《西部法学评论》2017年第5期。

以便做好精准预防，降低风险。[1]

（八）民事诉讼证明问题

对证明责任的解释有主观的证明责任与客观的证明责任之分。尽管客观证明责任在我国理论界已经一统天下，但实务界在使用证明责任这一概念时，几乎都是从主观证明责任的含义使用。有学者指出，主观证明责任从当事人的角度说明证明责任，客观证明责任从法院裁判的视角解析证明责任，将证明责任定性为要件事实真伪不明时法院的裁判规则。客观证明责任揭示了该制度的本质，但主观证明责任对该制度的说明简单明了，客观证明责任则复杂、曲折，这是立法、司法解释、裁判文书无法使用客观证明责任概念的原因，而主观证明责任在诉讼实务中的适用率远远超过客观证明责任也是主要原因之一。[2] 对于这一概念问题，胡学军教授认为，举证责任概念产生于我国民事审判实践，而证明责任则是我国理论上引进的"舶来品"。统一的"举证证明责任"概念内部仍存在不同侧重与区分：举证责任针对的对象是具体生活事实的"模糊不清"，而证明责任针对的是作为裁判前提条件的法律构成要件"真伪不明"。[3]

证明责任理论必须回答两个相互关联的核心问题：一是如何克服要件事实的真伪不明；二是如何分配事实真伪不明时的不利判断风险。此外，还有一个相关的附带问题，即为何如此分配证明责任。有学者认为，对这三个问题的回答体现了证明责任理论包含三个层次的方法论，即案件事实真伪不明时的裁判方法、证明责任分配方法以及对这种分配规则的具体化与正当化方法。[4] 该学者进一步指出，我国司法实践中长期忽视证明责任的裁判方法论功能。仅在审判最后阶段，案件事实落入真伪不明情形时，利用证明责任分配来决定败诉结果的承担，实际上使证明责任沦为民事诉讼的"尾骨"，是对其功能与意义的严重贬损。[5] 也有学者认为，有必要正本清源，去疴归真，在进一步明确证明责任为裁判规范的同时，应当设定具体的适用程序，避免证明责任理论的空设，以及在运用时需重新纳入事实认定程序的不当做法。[6]

证明责任分配不能套用民法理论，而是亟待建立特有的规范分层体系。有学者认为，我国证明责任学说应当重构"谁主张谁举证"规则的理论脉络，梳理它与规

---

[1] 韩振文："司法裁判的人工智能化反思"，载《中国社会科学报》2017年11月8日，第5版，http://ex.cssn.cn/bk/bkpd_qkyw/bkpd_bjtj/201711/t20171108_3735957_1.shtml，最后访问时间：2018年2月20日。

[2] 李浩："证明责任的概念——实务与理论的背离"，载《当代法学》2017年第5期。

[3] 胡学军："举证证明责任的内部分立与制度协调"，载《法律适用》2017年第15期。

[4] 胡学军："证明责任'规范说'理论重述"，载《法学家》2017年第1期。

[5] 胡学军："论证明责任作为民事裁判的基本方法——兼就'人狗猫大战'案裁判与杨立新教授商榷"，载《政法论坛》2017年第5期。

[6] 许尚豪："作为裁判规范的证明责任"，载《当代法学》2017年第5期。

范说的内在联系，在解释论上化解二者之间的法律适用冲突。[1] 有学者提出，规范说是在承认现行规范有效性的前提下对其的解释适用，强调分配结果的明确、统一和可预见。规范说与"谁主张 谁举证"之间的紧张关系在举证证明责任概念中得到了部分缓解，其将二者统合为"谁主张了己有利事实 谁举证"。举证证明责任不仅包括客观证明责任和狭义的主观举证责任，还创造性地将动态的具体举证责任囊括在广义的主观举证责任之内。[2] 该学者又指出，具体举证责任论不仅不是背离，而且是证明责任论在我国语境下的必要补充。[3]

部分学者对证明责任在具体领域中的问题进行了探讨。民间借贷司法实践中经常出现事实认定的困境，这类困境并未伴随《最高人民法院关于审理民间借贷案件适用法律若干问题的规定》的实施而化解。有学者认为，解决问题的出路不是制定更多司法解释，而是在坚持规范说确立的证明责任分配方法的基础上，引入主张责任、主张的具体化、证明的必要性、提出证据责任的转移、本证和反证的区分等理论，对事实调查的流程做更精细的划分，对当事人在各阶段的任务做更具体的分配。[4] 传统以维护特定主体私益为基点构建而成的环境侵权纠纷证明责任分配规则，将因果关系存否的证明责任分配给被告来承担，然而司法实践中的现实状况却与该规定相距甚远。有学者认为，此种局面决定了在环境民事公益诉讼中，作为传统环境侵权纠纷证明责任分配规则确立基石的证明责任转换，应由更为契合环境民事公益诉讼之程序定位与价值追求的证明责任减轻所替代。在具体规则的设计中，应对不同主体提起的以及不同类型的环境民事公益诉讼中证明责任减轻的处置方式进行深入考量。[5] 也有学者认为，从因果关系要件本身入手进行分析，在解释学上可以将其具体化为相应的评价根据事实、评价妨碍事实以及经验法则。[6] 如何确定围绕代理权引发的诉讼形态中证明责任的归属问题，在我国现有的民事证明责任研究范畴中几乎尚处于未被触及的领域。有学者指出，在代理权纠纷中，实质涉及三层法律关系并存在三种可能的诉讼模式，应然的代理权证明责任归属模式应当符合法律要件分类说的基本内容并体现实体请求权的作用空间，通过彻底解构现有的制度规定，进而内在契合式地确立原告为对代理权是否存在事实负担证明责任的一方。[7]

对于自由心证原则，有学者提出，人们不仅在基本含义方面还存在一些误识，

---

[1] 胡东海："'谁主张谁举证'规则的历史变迁与现代运用"，载《法学研究》2017年第3期。
[2] 任重："罗森贝克证明责任论的再认识——兼论《民诉法解释》第90条、第91条和第108条"，载《法律适用》2017年第15期。
[3] 任重："论中国'现代'证明责任问题——兼评德国理论新进展"，载《当代法学》2017年第5期。
[4] 吴泽勇："民间借贷诉讼中的证明责任问题"，载《中国法学》2017年第5期。
[5] 郭颂彬、刘显鹏："证明责任减轻：环境民事公益诉讼证明责任分配之应然路径"，载《学习与实践》2017年第8期。
[6] 王倩："环境侵权因果关系举证责任分配规则阐释"，载《法学》2017年第4期。
[7] 李潇潇："代理权是否存在问题的证明责任分配模式研究"，载《甘肃政法学院学报》2017年第2期。

对于自由心证原则的应用，特别是如何制约与保障方面，也缺乏系统和深入的认识，更缺失针对民事诉讼语境下的具体认识。针对民事诉讼的具体情形，比较深入地探讨自由心证原则运用的若干问题，重点是这一原则的制约和制度保障，有助于深化民事诉讼法对自由心证原则的制度建构和实践运用。[1] 有学者认为，我国建设自由心证制度应当从建设更适宜自由心证制度发展的诉讼程序、完善制约机制、明确证明标准作为自由心证的尺度三个层面出发，同时注意控制高度盖然性标准的消极影响系数，以防止因单一限制自由心证的程度而忽视个案正义。[2]

关于一些具体的证明方法，部分学者提出见解。有学者认为，根据2015年《民诉法解释》第91条确立的规则来分配消极事实的证明责任，对于负举证责任一方当事人而言显然过于严苛。为此，通过举证责任倒置、举证责任转换、表见证明、证明度降低、强化相对人的具体化义务及事案解明义务等方式加以缓和，殊为必要。[3] 进而有学者提出，表见证明在强化法官心证、纾解当事人关于因果关系及过错的证明困难以及法的安定性等具有重要意义。确立表见证明制度，并以盖然性的强度为标准类型化经验法则，构建事实推定与表见证明"二元"并轨制，或许更有助于实现法官心证客观化。[4]

（九）家事诉讼问题

2017年家事诉讼的研究主要集中在《当代法学》《法律适用》《河北法学》三个刊物以及中国应用法学研究所主办的刊物《中国应用法学》2017年第5期所做的专题策划。现分述如下：赵秀举在《当代法学》发表的"家事审判方式改革的方向与路径"，指出家事案件形态多样，非讼与诉讼法理交错适用。[5] 任容庆在《法律适用》发表的"论家事诉讼中家事'三员'协作体系的构建"，认为家事审判员、家事调解员与家事调查员，简称为家事"三员"，是法院处理家事纠纷必不可少的专业团队。自本轮家事审判改革以来，各地试点法院对于家事"三员"均做了不同程度的实践探索，但依然存在角色定位模糊不清、职能范畴界定不明、协作机制尚未健全的问题，为此，可在借鉴域外司法经验的基础上，通过探索家事"三员"的角色分离，准确定位各自的职能范畴，寻求彼此之间的协作互动来重构我国家事诉讼中"三员"的协作体系。[6] 陈爱武年在《法律适用》上发表的"论家事案件的类型化及其程序法理"，则认为家庭关系的复杂性、特殊性，使得家事案件呈现出与一般民

---

[1] 张卫平："自由心证原则的再认识：制约与保障——以民事诉讼的事实认定为中心"，载《政法论丛》2017年第4期。
[2] 相庆梅："两大法系民事诉讼自由心证的司法适用及其启示"，载《江西社会科学》2017年第3期。
[3] 陈贤贵："论消极事实的举证证明责任——以《民诉法解释》第91条为中心"，载《当代法学》2017年第5期。
[4] 陈贤贵："论表见证明"，载《华侨大学学报》2017年第5期。
[5] 赵秀举："家事审判方式改革的方向与路径"，载《当代法学》2017年第4期。
[6] 任容庆："论家事诉讼中家事'三员'协作体系的构建"，载《法律适用》2017年第19期。

事案件不同的特性,这些特性要求将家事案件作类型化区分。尽管域外立法对家事案件的分类并不相同,但对其进行类型化区分已形成共识。[1] 王竹青在《河北法学》发表的"论未成年人国家监护的立法构建——兼论民法典婚姻家庭编监护部分的制度设计",则指出国家应当通过严谨细致的条文设计,最大限度地保护未成年人的人身权利和财产权利。未来民法典的婚姻家庭编在设计未成年人监护制度时,应在总则原则性规定之下细化监护的各项内容,体现和强化国家监护的性质和表现形式,以实现国家对未成年人的立法保护。[2]《中国应用法学》2017 年第 5 期以专题策划形式结集出版、综合研究的方式,共发表了 6 篇从不同角度对家事纠纷进行研究的文章,包括"美国家事法庭解决抚养纠纷的新机制""日本家事调解制度新动向及启示""英国家事司法的发展前景""新加坡家事司法改革概略与规划""21 世纪全球家事诉讼法的发展趋势""中国家事审判改革探析"等,集中了某一段时期相关学者在此方面的代表性研究成果。叶向阳、陈逸群在《中国应用法学》发表的"中国家事审判改革探析"一文,则指出自最高人民法院开展家事审判改革试点以来,各地法院在非讼化、人性化、专业化、联动化等方面进行积极探索、改革创新,取得了良好的成效。但是,在新形势下,家事审判改革应从事后救济走向源头预防、借力社会力量参与诉讼、进一步转变家事审判理念和审理方式、强化联动治理、发挥整体合力。杨小利在《中国应用法学》发表的"美国家事法庭解决抚养纠纷的新机制",指出儿童最佳利益原则是家事纠纷中解决婚姻纠纷和抚养关系争议应首要遵循的原则。在该原则指导下,美国家事法庭适用抚养协调机制解决因子女抚养问题再次起诉的案件。抚养协调机制是由心理学等专业人士主导的"准司法"的预审程序,该程序是在法庭保留对程序监督权的前提下,通过法庭命令或当事人同意的方式授予协调员裁决权,以便快速、及时解决抚养争议。裁决作出前,协调员需借助其专业知识,充分发挥其评估、教育、协调等作用,使该类纠纷的解决朝着治疗型、问题解决型的方向发展。[3] 西蒙·休斯、爱德华·蒂姆普森、唐豪臻在《中国应用法学》发表的"英国家事司法的发展前景",指出 2011 年 11 月,英国司法部发布了《家事司法审查》,在五个大类上提出了 134 项改进整个英国家事司法系统的建议。[4]

(十)民事诉讼二审和再审问题

1. 民事诉讼二审。随着《民诉法解释》(第 338 条)的出台,对于二审能否撤诉的争论似乎暂告一段落。问题转向研究二审撤诉存在的理论和现实根据。从理论上看,二审撤诉是为了维护当事人的处分权、保障当事人的程序主体地位,而它的

---

[1] 陈爱武:"论家事案件的类型化及其程序法理",载《法律适用》2017 年第 19 期。
[2] 王竹青:"论未成年人国家监护的立法构建——兼论民法典婚姻家庭编监护部分的制度设计",载《河北法学》2017 年第 5 期。
[3] 杨小利:"美国家事法庭解决抚养纠纷的新机制",载《中国应用法学》2017 年第 5 期。
[4] 西蒙·休斯、爱德华·蒂姆普森、唐豪臻:"英国家事司法的发展前景",载《中国应用法学》2017 年第 5 期。

现实基础则在于完善撤诉制度和回应实践问题的需要。在赋予原告二审撤诉权时，不得不考虑到原告、被告、法院三者之间利益的平衡。限制二审撤诉的法理基础主要在于被告利益和法律效果的考量，路径则包括赋予被告对二审撤诉的同意权和禁止再诉。法律可以从不同的立法模式出发，为二审撤诉设定一定的要件。法院对原告的撤诉应当进行形式性审查，只要符合二审撤诉的构成要件，应当准许撤诉。二审撤诉的法律效果包括诉讼系属消灭和禁止再诉。在当事人因达成和解协议而申请撤诉的情形下，和解协议的效力问题在二审撤诉后禁止再诉的语境下显得尤为重要。有学者认为，原告撤回起诉后一律禁止其重复起诉于法理不符，也会引起实践中的困境，应该依据案件的不同性质而设置不同的规则。从法解释与适用的角度而言，当前适用《民诉法解释》第338条第2款时，需综合考虑规则的体系、规则的目的等多种因素，对其作限缩解释，即禁止原告重复起诉仅适用于财产性质的案件。而从立法权与审判权的应然关系考虑，这一问题最终还是需要通过修订立法来解决。该学者建议在今后适时修订《民事诉讼法》时规定为："原审原告在第二审程序中撤回起诉后再起诉的，人民法院不予受理，但人身关系的案件或者被告同意应诉的除外。被告为前诉而支出的合理费用，可以要求原告支付。"[1]

二审撤诉制度在司法实务中如何运作，同样值得关注。二审撤诉制度正式运行的2年以来，实务运行状况与二审撤诉规则并非完全相契合。另外，我国《民诉法解释》不仅增加二审撤诉的规定，也有一审撤诉的相关规定，而对于这二者的处理却有所不同，这与国外立法有一定的差别。《民诉法解释》可能有以二审撤诉制度带动一审撤诉制度改革的意图。未来如何在民事诉讼法中对一、二审撤诉制度上做总体协调的安排，并在此基础上重构相关的具体制度，应当成为我国撤诉制度改革的方向。有关注实践的学者认为，民事二审改判制度发挥着上级法院对案件的纠错、监督等积极作用，但也存在违背诉讼基本原则等消极影响的可能。欲完善二审改判制度，在依法治国和司法改革的大背景下，必须理论联系实践，对配套制度进行系统改革，遵循司法规律、循序渐进。充分保护当事人诉讼的权利与利益，充分发挥二审改判的积极作用，使公民在每一个案件中都感受到公平正义。[2]

2. 民事诉讼再审。民事再审程序是对已经生效的错误裁判的救济制度，通过弱化和冲击民事裁判的终局性法律意义，对权利遭受损害的当事人予以特殊救济，有利于纠正法院的错误裁判，维护司法公正。其中，民事再审程序的启动主体范围关系到当事人的权利能否得到切实的保障，我国现行民事再审启动制度带有浓厚的职权主义色彩，忽视了当事人的私权利，这和保护当事人自由处分权的民事诉讼基本原则存在着背离。有学者针对民事再审程序启动主体的重构，认为在"实事求是、有错必纠"的指导思想下，再审程序的价值选择是司法公正的价值大于裁判效力

---

[1] 王杏飞："对民事二审中撤回起诉的再认识"，载《中国法学》2017年第6期。
[2] 汪月："民事诉讼二审改判实务研讨"，载《法制博览》2017年第12期。

稳定。而这种将裁判结果的公正性绝对化的思想并没有考虑到司法工作的特殊性，同时，司法机关主动介入当事人私权纠纷，也违背了审判权事后救济的原则。司法公平是以法律事实为基础的相对公平，效率也是必须考虑的因素，案件不能被无限期拖延审理。诉讼中，原被告只要充分行使了权利，最终的判决就具有法律约束力，这也是司法权威的体现。如果是当事人的原因使案件不能在客观事实的基础上被公平审判，这种情况就不能启动再审程序，从而维护原裁判的既判力。在此基础上，有学者提出了四点重构原则：一是在《民事诉讼法》中详细列出再审程序启动的理由，要具有可操作性；二是赋予当事人再审诉权，再审程序由"再审之诉"启动；三是启动再审程序要受到期间的限制，不能无限拖延；四是确立再审程序的终裁地位，不得多次申请再审。民事再审程序的启动主体制度改革的过程需要循序渐进，最终建立以当事人为主导的再审启动主体制度。[1] 也有学者提出，对于人民法院依职权启动再审程序的方式应当取消，但目前也存在必要性，尤其是当前的涉诉信访与之密不可分；对于检察机关以抗诉方式启动再审的方式，对抗诉范围的限定是完善的重点，并且在新增检察机关以检察建议方式启动再审后，相应的民事再审案件预期会增加，理论研究应当先行一步。

关于我国再审事由和再审工作机制，现行《民事诉讼法》第 200 条 "原判决、裁定认定的基本事实缺乏证据证明的" 的再审事由实质上发挥的是 "口袋条款" 的功能，其表述的不确定性使得再审事由与改判标准在功能旨趣上缺乏通约性，造成再审审查与再审审理职能的异化。虽然司法解释界定了 "基本事实" 的范围，但实践中 "对原判决、裁定的结果有实质影响" 掌握的标准不一，致使 "基本事实" 与 "间接事实" "辅助事实" 认定混乱。同时，司法解释至今没有对何为 "缺乏证据证明" 作出明确解释，其含糊的措辞扩大了本应严格限制的再审法官自由裁量权，使大量非司法错误的审判瑕疵案件进入再审程序。因此，有学者指出，删除该项再审事由对清晰界定审判瑕疵与司法错误具有积极意义，同时，应当新增关于认定基本事实的证据运用方面的规定，即不允许当事人以一般性的缺乏证据证明主张再审权利，应举证证明原审判组织在认定基本事实时，综合认定证据证明力方面存在重大瑕疵或举证责任分配不当，且该问题须是足以影响裁判结果的司法错误，方可启动再审审理程序。[2]

（十一）立案登记问题

立案制度作为庞大司法体系的第一环，是人民群众能否顺利进入司法渠道主张并维护权利的关键。2015 年 5 月 1 日，《最高人民法院关于人民法院登记立案若干问

---

［1］张雅洁："我国民事再审程序启动主体研究"，载《河北公安警察职业学院学报》2017 年第 1 期。
［2］刘生亮、任莉志："审判瑕疵与司法错误的界定——基于民事再审审查与再审审理职能异化的实证分析"，载贺荣主编：《深化司法改革与行政审判实践研究（上）——全国法院第 28 届学术讨论会获奖论文集》，人民法院出版社 2017 年版。

题的规定》正式实施,变立案审查制为立案登记制。立案登记制改革实施后,对该制度实际运行效果进行考察,既包括对该制度化解"立案难"实际成效的关注,也包括对新制度运行中存在问题的研究。

立案登记制实施2年多以来,各类型案件收案数量明显上涨,与此同时,信访案件数量大为减少,由此可见,立案登记制改革方便了当事人进行诉讼。但随着案件数量"井喷"式的增长,法院工作面临着巨大的挑战。有学者认为,由于新制度中案件过滤职能的缺失和诉前纠纷解决机制的欠缺,存在案多人少的问题,损及司法公正与诉讼效率。也有学者认为,立案登记制在实施过程中的问题集中表现为误读立案登记制,滥诉现象过多,扰乱司法秩序,以及民事诉讼公正与效率的价值冲突。针对以上问题,综合各学者观点,主要有以下完善措施:

第一,推行案件繁简分流机制,改革与完善多元调解机制。推行案件繁简分流要以"简案速裁、繁案精审"为原则,形成"类型化审判、要素式庭审、格式化文书"的工作机制,实现资源配置、庭审、裁判文书三个优化,最大限度地提升效率。例如,北京市基层法院成立速裁庭,就是为了集中解决案件数量多且法律关系较为清晰的四大类民事案件,缓解司法资源与司法需求之间的矛盾。此外,要发挥多元调解机制的作用,分解审判压力,例如,北京已经开始对多元调解机制进行改革和创新,于2016年底成立了北京多元调解发展促进会。以《北京法院立案阶段多元调解工作的规定》为基础,响应北京市高级人民法院大力推进案件调解的指示,各区法院目前的现行做法为:立案庭法官收案后将符合规定的案件收入调解系统,然后再依情况,由法院组织律师或人民调解员进行驻庭调解,或者由法院委托促进委员会,根据案件具体情况进行分派调解。

第二,建立审前释明制度,包括对诉讼主体的释明、对诉讼请求的释明,对程序性事项的释明,以及对主管和管辖的释明。释明的方式多种多样,对于所有需要释明的内容,司法工作人员都可以向当事人进行解释和说明,告知需要注意的具体事项,并进行指导或提示。释明一般采用口头形式,必要的时候以书面形式作出。

第三,从司法与立法角度加强规制,整治滥诉行为。立案登记制的改革降低了诉讼门槛,当事人的诉权得到了有力保障,但同时也为诉权滥用和诉讼欺诈等行为提供了可乘之机。为了应对不当诉讼的增加,立案法官应当首先对不当诉讼进行初步判断,并且给予当事人关于不当诉讼后果的口头释明以及书面警示。要求当事人签订诚信诉讼承诺书,承诺书内容包括当事人保证没有进行虚假诉讼、恶意诉讼,参加诉讼不以侵害国家利益、社会公共利益或他人合法权益为目的等。此外,应当强化相关立法规制。我国现行法律法规对虚假诉讼、恶意诉讼等滥用诉权的行为缺乏具体限制性的规定,亟待完善相关立法,明确民事处罚、行政处罚与刑事处罚标准。如一旦法院对起诉人作出滥诉认定,该起诉人及其诉讼代理人之后的起诉将受到更为严格的限制,如限定其之后的起诉需提供更确凿的证明材料、一定时间内禁止提起类似起诉或申请、处以罚款或拘留等。且不同级别的法院作出的滥诉处理决定，对该当事人以后起诉的限制力也不同。同时，为充分保护当事人的诉权，对被认定为滥诉不服的当事人，可以向作出认定法院的上一级法院申请复议。

有学者从民事诉讼立审程序结构的角度分析立案登记制度，认为目前我国司法实践中所实施的立案登记制并非实质意义上的登记制，其更多体现的是司法政策的实践表达。学界普遍认为现行《民事诉讼法》规定的起诉门槛过高，不利于当事人的诉权保障，立案登记制区别于立案审查制的核心点，是将"起诉要件"与作出判决前提的"诉讼要件"区别开来，以降低对原告起诉的程序条件限制。在力推立案制度改革的大背景下，对现行立法关于起诉条件的规定进行必要的修正，是这项改革的前提和基础。就此而言，应当对诉讼程序进行解构，将作为当事人起诉门槛的"起诉要件"和作为法院进行本案审理前提的"诉讼要件"区别开来，并分置于不同的程序阶段加以审查、审理。

有学者从诉的利益角度对立案登记制进行分析评价。诉的利益对于当事人诉权保障和防止滥诉至关重要，我国民事诉讼实践中将诉的利益置于起诉要件的判断中。有学者认为，我国实践中的起诉要件实际上包含了形式性的起诉要件和诉讼要件，范围过于宽泛，在我国当下的司法环境中，如果完全采取形式审查的方式，对诉讼要件明显欠缺的案件也一律放行，不仅会加剧我国司法实践案多人少的矛盾，更会耗费过多的司法资源，因此，这种完全宽松的入口设计并不完全适应我国的司法实践。为此，我国应当将诉的利益定位为诉讼要件，并且简化起诉程序，结合我国实际，将部分诉讼要件前置，同时将与实体法密切相关的诉的利益后置审理。具体而言，法院主管及管辖、当事人能力等评判标准与实体法关联甚远的要件应当部分前置，在起诉程序中进行审查。对诉的利益以及当事人适格等此类与实体法有所联通的要件之判断，应当从起诉程序中剥离出去，后置于诉讼系属之后的审理程序中。

（十二）判决效力问题

裁判制度是我国的民事诉讼制度中缺失最为严重的部分之一。判决效力是裁判制度的核心内容，没有完善的判决效力规范，必然导致实践中的混乱。判决的效力包括形式的效力和实质的效力。形式的效力指判决的拘束力，实质的效力包括既判力、执行力和形成力等。判决的确定是使判决发生完全效力的条件。[1] 判决确定前，判决对法院的拘束力逐渐加强，待上诉期间届满时，判决的拘束力达最大值。形式上的确定力则是在判决确定后始发生，当事人不得通过上诉救济来变更或撤销判决。判决的既判力（实质上的确定力）、执行力及形成力，原则上也都是以形式上的确定力为前提而产生的。我国现实的情况是：民事诉讼领域对于判决效力问题的研究与立法规范均处于起步阶段，研究的深度与广度还有待深入。现阶段，学者关于判决效力的研究主要集中在以下两个方面：判决的预决效力、诉讼调解的效力。

1. 判决的预决效力。预决事实无需证明，通称预决效力规则，是指为生效法律

---

[1] 吴英姿："预决事实无需证明的法理基础与适用规则"，载《法律科学》2017年第2期。

文书（包括法院裁判和仲裁裁决）所确认的事实法院可以直接认定，无需当事人举证证明的事实认定规则，属于证据规则上的免证规则之一。《民诉法解释》第93条第1款第4、5项是关于预决效力规则的规定。该规定始终欠缺明确的理论基础。因为最高人民法院在不同时期给出的"官方诠释"是不一样的。有学者认为无论是用既判力、公文书证明力还是司法认知原理来解释，该规则都不能获得自洽的制度逻辑，或暗含矛盾立场，或有概念偷换。[1] 自该规则诞生之日起，关于规则的正当性问题就引发了激烈论争。反对者主要是用"既判力客观范围以判决主文为限，不应扩大到作为判决理由的事实认定"进行批评，或者认为是一种待定的效力，或者主张取消这个规则。支持者理由各异，有的认为是生效裁判既判力的结果；有的用新堂幸司的"争点效"理论来解释；有的以预决事实的真实性已经得到生效裁判的确认论证其正当性；有的将预决事项归入司法认知；有的比照公证事项、公文书证载明事实来理解；还有的认为上述所有的论证都不成立。亦有学者指出这是一项"具有独特内涵的"制度，从诉讼上的诚实信用规则、提高诉讼效率、避免矛盾判决等角度论证该规则的正当性。[2] 有的学者认为，预决效力规则涉及前诉判决对后诉的影响力问题，既判力理论必然是分析的中轴线，前诉生效判决认定的事实对后诉所发生的无需证明的效力，在本质上属于既判力的"不容争议性"，其中，既判力遮断效（大陆法系）和争点排除效（英美法系）都是关于前诉裁判对争议事实的判断对后诉所应有的失权效力，堪为预决效力的法理基础，并且将判决的预决效力与司法认知、公文书的证明效力进行比较，得出之间的区别。对于不能简单用诉讼诚信原则和防止矛盾判决来解释预决效力规则进行论述，通过关于理论基础的认识误区的辨析强调："不容争议"与"无需证明"是两种法律效力，认为预决效力的本质是既判力的遮断效。能够体现既判力预决效力的，在大陆法系是遮断效，在英美法系是争点排除效。在大陆法系，法院的判决生效后，对法院判断过的、在基准时之前已经存在的事由（包括案件事实和基础权利义务关系），之后任何诉讼阶段都不允许当事人提出新的证据、作出不同说明，也不允许法官对该事实作出不同的判断。确定判决对争议事实的约束力的时间范围向前可以回溯到事实审法庭辩论终结时，向后可以延伸至相同当事人提起的后诉。在英美法系，争点排除效是指在原、被告就相同或不同的请求（诉因）而发生的后续诉讼中，对于曾经在先前的诉讼中已经充分争讼并被法院裁判认定，且对判决具有重要意义的争点，前诉判决将排除当事人对该争点的再次争议。该学者认为判决理由也具有既判力，既判力遮断效或争点排除效明确了判决理由对后诉的效力。所谓"既判事项权威"，同时包含"禁止另行起诉"的诉权消耗效果与"禁止对同一事实再争议"的攻防权遮断效两个方面。既判力遮断效或争点排除效的"副产品"正是证据法上的预决效力规则：已为生效裁判

---

[1] 吴英姿："预决事实无需证明的法理基础与适用规则"，载《法律科学》2017年第2期。
[2] 吴英姿："预决事实无需证明的法理基础与适用规则"，载《法律科学》2017年第2期。

确定的事实无需证明。同时该学者亦提出预决效力的适用规则：其一，客观要件。①该事实在前后诉中是同一争点，且在判决基准时后没有发生变动。主张该争点在基准时之后发生变动的一方当事人，应当对变动的事实负举证责任。②该事实在前诉中获得充分讼争，为法院实质审理并作出明确判断。这样的事实通常是当事人权利主张的要件事实或基础事实。③该事实包括当事人在前诉中应当提出而未提出的事项，当事人因客观原因未提出者除外。④当事人在前诉中为和解所做自认没有预决效力。其二，主体要件。前后诉当事人相同（诉讼地位可以不同）是预决效力发生的主观条件。或者说，前诉判决只对当事人相同的后诉发生预决效力。其三，预决事实不允许当事人用相反的证据推翻。其四，预决效力规则的适用须以当事人主张为前提。[1]

有学者提出不同的观点，认为预决力与既判力、争点效以及争点排除规则均存在区别，该三种理论不可以作为预决力的理论基础。已确认事实的预决力与既判力在对后诉的影响上具有一致性，且都具有节约诉讼成本、提高诉讼效率等功用，但二者在本质上属不同的两个概念，其区别主要有五个方面：①前者针对的是案件实体事实，既可能体现在判决主文中，也可能出现在判决理由中，而后者针对的是诉讼标的，在形式上系于判决主文；②前者一般由当事人主张援用，而后者由法院主动依职权调查；③前者仅要求法院在认定事实上须具有一致性，后者既具有消极作用，即禁止重复起诉，也具有积极作用，即禁止矛盾判决；④前者禁止对已确认事实的二次争议，但不禁止后诉的提起，而后者具有遮断效力，其适用会导致后诉的完全禁止；⑤前者是事实证明问题，法院有裁判空间，而后者是法律问题，法官没有裁量余地。已确认事实的预决力与争点效在对后诉的影响方面具有诸多相同之处，但仍存在本质上的不同：①前者适用对象是已决事实，可包含判决主文中的事项，也可包含判决理由中的事实，而后者适用对象主要是争点，且仅限于判决理由中的争点；②依照江伟教授的观点，前者所涉事实不要求在庭审中被实际争议过，只要为生效裁判所确认就可能产生效力，而后者的产生要求当事人在庭审中对争点进行过认真且严格的争执；③前者允许当事人举证推翻，法院可作不同认定，而后者依据新堂幸司教授的观点是不允许当事人举证推翻的，并且法院须作同一认定。已确认事实的预决力与争点排除规则均从避免矛盾判决、节约诉讼资源等立场出发，但二者还是有本质的区别：①前者适用对象是生效裁判所确认的事实，不涉及法律问题，而后者适用对象是争点，既可以是事实争点，也可以是法律争点；②依照部分学者观点，前者只要求已为法院生效裁判确认的事实即可，通常情形下不区分主要事实、间接事实和辅助事实等，而后者依据美国《判决重述（第二次）》第27条之要求，第一个法院对于该争点所作出的定论必须是裁判第一个诉讼案件所必需的；

---

[1] 石春雷："前诉裁判确认事实对后诉的预决效力——环境民事公益诉讼司法解释30条的释义及其展开"，载《政治与法律》2017年第9期。

③前者既可由当事人提出适用，也可由法院主动依职权认定，而后者依照美国法的规定，法院不能依职权主动适用。[1] 该学者认为，预决力理论依据为"程序公正"以及前诉判决确认的事实具有法律真实性。该学者进一步讨论了公益诉讼生效裁判确认事实对后续私益诉讼预决效力的规定，即《环境公益诉讼解释》第30条。该并没有采用《民诉法解释》笼统式的规定，而是从我国《侵权责任法》第66条出发，区分原、被告负担举证证明责任的事实，对前诉裁判确认事实的预决效力作出了不同规定。《环境公益诉讼解释》第30条关于事实预决力的规定显然是向后诉原告倾斜的，前诉裁判确认的事实无论是否由后续私益诉讼的原告承担举证证明责任，只要对其有利，其都可以主张适用，而且当预决事实由原告负举证证明责任时，还会产生绝对的拘束力。同时，前诉裁判确认事实如由被告负举证证明责任，其对被告有利时却不产生预决力。这两点是环境民事公益诉讼中既判事实预决力与一般民事诉讼中既判事实预决力显著不同之处，司法解释之所以作出这样的规定，主要是基于保障当事人程序权利和平衡诉讼两造地位的考量。该学者同时论述了该种特殊裁判的预决效力的影响因素和作用范围。关于影响因素，该学者认为包含三种：非法证据排除规则的运用、当事人处分权的行使和判决的种类。关于作用范围，该学者从正反两方面阐明了观点。从正面来说，需满足：遵循正当程序保障原则、已确认事实须构成前诉裁判主要事实、已确认事实与后续案件存在关联性三个要件。从反面来说，缺席判决所认定的事实、间接事实和辅助事实不应对后续私益诉讼产生预决效力。

有学者对于预决效力的问题的讨论进一步细化，研究刑事判决在民事诉讼中预决力规则的反思与重构。该学者参考了英国的刑事判决在民事诉讼中的预决力规则的演进归纳出影响采纳刑事判决的技术性因素和政策性因素，得出对我国刑事判决预决力规则构建的启示。[2] 该学者认为从我国《民诉法解释》第93条可以看出我国诉讼法是从证据效力的角度理解刑事判决在民事诉讼中的预决力的。我国刑事判决在民事诉讼中存在扩张的现象。造成我国刑事判决预决力扩张的原因是多方面的，总结起来，主要有以下几点：①对刑事判决证明标准的不精确理解；②对判决统一性的过度追求及司法人员的风险规避意识；③受制于有限的举证能力，当事人推翻生效刑事判决的事实认定结论的可能性微乎其微；④民事案件的审理法院对先前生效刑事判决的事实认定结论的正确性进行审查的途径与手段相对匮乏，很难对刑事判决的事实认定结论进行实质性审查。[3] 虽然司法实践对刑事判决效力边界进行了探索，但是仍具有很大的不足。该学者认为，刑事判决在民事诉讼中的预决力问题，应当作为判决效力理论的一个组成部分，而非证据制度的组成部分。由于刑事案件

---

[1] 纪格非："刑事判决在民事诉讼中的效力——英国规则的演进与启示"，载《法制与社会发展》2017年第3期。
[2] 纪格非："我国刑事判决在民事诉讼中预决力规则的反思与重构"，载《法学杂志》2017年第3期。
[3] 杨会新："程序保障视角下诉讼调解既判力分析"，载《华东政法大学学报》2017年第5期。

与民事案件当事人不同,同时,根据既判力效力范围的基本原则,法院判决的既判力仅及于判决书的主文,判决理由部分对事实的认定对后诉没有拘束力。因此,刑事判决在民事诉讼中的效力问题很难直接通过原有的既判力规则解决。比较现实可行的方法是在大陆法系判决效力理论的框架下,构建我国刑事判决的预决力规则。该学者认为,须将判决主文与判决理由效力的区分,刑事判决主文具有绝对效力,并且对于判决主文中认定的事实的效力,还有必要将这些事实区分为确定性事实和非确定性事实。在判决理由中,作为定罪基础的事实对参与刑事诉讼程序的当事人具有绝对的法律效力,刑事诉讼程序的当事人不得在后诉的程序中主张相反的事实。对于刑事判决理由中认定的非基础性事实,由于此类事实的认定标准无法达到"排除合理怀疑"的程度,因此,此类事实不应当被赋予免证的法律效力。该学者提出民事诉讼中的诚实信用原则为刑事判决预决力主体范围的扩张提供了可能。诚实信用原则的助力使得刑事判决的事实认定结论在民事诉讼中发生了对于刑事案件当事人的单边拘束力,没有参与刑事诉讼程序的民事诉讼的当事人则无需受到先前判决的拘束。

从学者的研究中可以看出,关于判决的预决效力,研究的方向集中在其理论基础、适用的要件、作用范围三方面。

2. 诉讼调解的效力。关于诉讼调解的既判力问题,有学者认为,既判力的正当性基础在于自我责任,即对出于自我意思与自我决定的自我行为承担责任,而程序保障在于提升当事人承担自我责任(尤其是承受不利后果)的正当性。同时,当事人在诉讼调解中的诉讼行为是否出于其真实的自我意思和自我决定,单从外观上难以分辨,而法院是否提供了程序保障则是外在的,可以予以分辨和判断。因此,将程序保障作为当事人意思自治的外观,并据此判断诉讼和解可否具有既判力是可行的。另外,为程序安定考虑,只要法院提供了必要的程序保障,便可以推定当事人作出的诉讼行为符合其真实意思。在我国,尽管民事诉讼法将自愿作为诉讼调解的基本原则,但就如何保障自愿原则的实现却没有规定。正如有学者指出的,上述规定大多是对调解结果的制约,应属诉讼调解的"实体性规范",没有在程序上通过具体规范逐一落实,没有内含对诉讼调解进行程序性规制的理念。诉讼调解成立的形态各不相同,当事人在其中得到的程序保障各异,如果一律将诉讼调解视同为判决,进而将主张和解无效的途径限定于再审,不免有失稳妥。[1] 该学者认为,根据我国当前的程序保障情况否定诉讼调解的既判力,此为完善诉讼调解制度的必然要求。否定既判力有利于形成倒逼机制,降低司法政策的不利影响;当诉讼调解具有无效或可撤销事由时,法院需要继续审判,诉讼调解在节约司法资源方面的优势降低,有利于消减强制调解的诱因,促进调解的理性回归。

---

[1] 肖建国、宋春龙:"责任聚合下民刑交叉案件的诉讼程序——对'先刑后民'的反思",载《法学杂志》2017年第3期。

(十三) 民事诉讼与其他诉讼交叉问题

1. 民事诉讼法与刑事诉讼法。学者们目前对民事诉讼法与刑事诉讼法的关系的研究主要集中在两个层面：刑民交叉案件诉讼程序问题与刑事判决在民事诉讼中的效力问题。

针对第一个问题，有学者认为，民刑责任聚合是责任聚合的突出表现，为"民刑交叉"案件的一部分，但处理民刑责任聚合案件不能简单适用"先刑后民"原则。"先刑后民"的适用应满足责任主体与行为主体一致、同一法律事实以及刑事程序不以民事程序为前提三个条件。责任主体与行为主体不一致时，则应适用"民刑并存"或"先民后刑"原则，民法中的替代责任、补充责任和连带责任是这一类案件的具体体现。[1] 也有学者认为，"刑事优于民事"的价值取向在于以国家公权追诉犯罪取代个人私权救济，这是长期形成的国家利益至上指导思想在处理刑民交叉案件上的必然体现。刑事优于民事而忽视私权救济程序，必然造成法秩序内的矛盾和不协调。同一法律事实涉及刑事犯罪和民事纠纷，公权追究刑事犯罪不应当排斥受害人私权救济程序。对同一法律事实进行刑事和民事不同法律效果的评判，并非诉讼的冲突和矛盾，而是法秩序内在协调性和外在统一性的表现。[2]

针对第二个问题，有学者认为，欲完善刑事判决在民事诉讼中的预决力规则，必须将刑事判决的预决力置于判决效力理论的框架下，充分保障民事审判的独立性和专业性。对刑事判决的预决力从主体、客体、时间维度三个方面进行界定。同时，应当对刑事判决认定的事实进行更细致的分类，并充分保障审理民事案件的法官对于刑事判决涉及的事实的调查核实权。[3] 该学者还通过对英国相关制度的研究，探讨刑事判决在民事诉讼中的效力问题。其认为，英国的刑事判决在民事诉讼中的预决力规则总体上经历了从"不可采"到"有限可采"的发展与变化历程。证据规则、判决效力规则等技术性因素与程序公正、节约司法资源、维护裁判统一性等政策性因素的共同作用，决定了刑事判决预决力的作用范围与作用方式。在我国，技术性规范的缺失与实务中法官基于工作便利、规避风险等现实需求考虑，导致了刑事判决预决力在立法与实务中的扩大化与绝对化。欲解决这一问题，必须对刑事判决涉及的事实进行细致分类，对刑事判决的预决力的范围进行精确的界定。同时，还应从维护案外人程序参与权、民事审判权的独立性与专业性的角度，对刑事判决的预决力加以限制。[4]

2. 民事诉讼法与行政诉讼法。学界对民行交叉案件审理问题的讨论由来已久，

---

[1] 张永泉："法秩序统一视野下的诉讼程序与法律效果的多元性——以竞合型刑民交叉案件为视角"，载《法学杂志》2017年第3期。
[2] 纪格非："我国刑事判决在民事诉讼中预决力规则的反思与重构"，载《法学杂志》2017年第3期。
[3] 纪格非："刑事判决在民事诉讼中的效力——英国规则的演进与启示"，载《法制与社会发展》2017年第3期。
[4] 曹达全："民事行政交叉案件审理问题话语体系探析"，载《广西警察学院学报》2017年第3期。

这类讨论主要集中在民行交叉案件诉讼程序问题和民事诉讼中行政行为处理问题。有学者认为，从单一视角探究民事行政交叉案件审理问题，必然遭遇理论与实践的尴尬。交叉案件审理问题的形成原因是多方面的，所涉及的制度及基本理论问题也相当复杂。要寻求交叉案件审理一揽子解决方案必须处理好行政权与民事权利之间的关系、行政权与司法权之间的关系、民事诉讼与行政诉讼机制之间的关系，并在统一的话语体系下加以讨论。[1]

对于虚假登记损害责任民行交叉案件中，有学者通过实践分析，认为因虚假登记引发的损害赔偿，权利人在选择民事诉讼还是行政诉讼时常陷入困境，实践中对此亦未形成统一认识。受害人提起诉讼的途径亦主要分为民行交叉的五种情况。然而在对比分析的基础上，可以确定倘当事人通过民事诉讼途径要求赔偿，其遭受的损害无疑具有更优性。故从统一裁判的角度出发，应当明确《物权法》第21条中的责任性质为民事责任，并可参照《侵权责任法》的类似规定，将责任形态明确为补充责任。[2]

有学者通过论证反垄断行为决定在民事诉讼中的效力问题，对于民事诉讼中行政行为的处理问题进行探讨。其认为，在反垄断后继民事诉讼当中，应当以反垄断行政执法机关的决定作为初步证据。对于处罚，法院应当将该处罚决定作为初步证据；而在宽大制度或者中止调查的案件中，行政机关免除企业行政责任的决定并不必然否定企业在民事诉讼中应当承担的民事责任。[3]

针对行政诉讼中适用民诉法及民法规范问题，有学者提出新的方法论，其认为《行政诉讼法》2017年修改前，行政诉讼中对于民诉法规范、民法规范的适用往往混为一谈。《行政诉讼法》第101条对民诉法规范在行政诉讼中的适用进行了较为明确的规定，但其较旧法仍未有实质上的改变，法官选择适用民诉法规范权力的边界仍不明晰。通过对以往司法实践和理论研究的总结，作为适用对象的民法规范可以分为技术性规定、一般原则与民事法律制度。由于民法规范与民诉法规范天然具有紧密的联系，故行政诉讼中民诉法规范与民法规范的适用，可以构建起一个"以行政诉讼中民诉法规范的适用"为底层、以"三类不同行政诉讼中民法规范的适用"为上层的"双阶结构"。[4]

（十四）涉外民事诉讼和域外民事诉讼研究

2017年我国学者关于涉外民事诉讼和域外民事诉讼的研究主要集中在管辖、外国法的适用以及证据等领域，具体包括应诉管辖、协议管辖（实际联系原则）、外国

---

[1] 史智军："虚假登记损害责任之民行诉讼交叉问题的解决"，载《人民司法》2017第3期。
[2] 张晨颖："论反垄断行政决定在民事诉讼中的效力"，载《法律适用》2017年第7期。
[3] 韩宁："行政诉讼中民诉法规范与民法规范适用之'双阶结构'"，载《时代法学》2017年第3期。
[4] 该法条规定："当事人未提出管辖异议，并应诉答辩的，视为受诉人民法院有管辖权，但违反级别管辖和专属管辖规定的除外。"

法的查明问题、裁判文书的结构与说理分析、域外判决的效力问题、逾时提出攻击防御方法的失权制度等。

2012年《民事诉讼法》修订后,原涉外民事诉讼中的应诉管辖规则被删掉,取而代之的是2012年《民事诉讼法》第127条第2款[1]的规定;随后2015年《民诉法解释》第223条[2]又对应诉管辖作了进一步规定。关于该制度在我国的发展,有学者认为,原来民事诉讼法在特殊程序中单独规定的涉外应诉管辖规则具有一定的"试验"性,而不是对"涉外"的"特殊优惠",[3] 直到2012年,我国才真正接受并确立了这项国际通行规则。

关于当事人能否协议选择境外法院的问题,严格按照2012年《民事诉讼法》第34条的规定似乎不容乐观,该条规定:"合同或者其他财产权益纠纷的当事人可以书面协议选择被告住所地、合同履行地、合同签订地、原告住所地、标的物所在地等与争议有实际联系的地点的人民法院管辖,但不得违反本法对级别管辖和专属管辖的规定。"但2015年《民诉法解释》第531条则明确地对该问题作出了肯定性的回答。

针对《民事诉讼法》第34条规定的实际联系原则,有学者认为其类似于法律适用法中的最密切联系原则,具有很大的优越性。如果不遵循实际联系原则,就会纵容和鼓励当事人挑选法院,当事人故意到一个与纠纷无关的国家法院去提起诉讼,[4] 即有效预防了域内诉讼的产生。该学者主张我国目前不宜取消实际联系原则,甚至可以在国际上继续坚持和宣传该原则[5],让中国经验在国际上发挥更大的作用。

近年来,由于跨国民事诉讼的增加,很多国家针对国际民事管辖权制度都有专门立法的趋势。2012年生效的日本民事管辖权法就是其中的典型。有学者认为,对照日本法的相关规定来看,我国涉外民事管辖权制度在特殊地域管辖、专属管辖、协议管辖、默示管辖,以及这些管辖依据与不方便法院原则制度之间的衔接配合等领域,还需要进一步修改和完善;并且,我国应该树立将涉外民事管辖权规定和国内民事管辖权规定相区分的观念,参照日本法的规定并结合我国过去的司法实践,对涉外民事管辖权进行相对独立的立法。[6]

裁判文书的说理性不强、说理不够充分,一直以来是我国司法实务被诟病的问

---

[1] 该法条规定:"当事人在提交答辩状期间提出管辖权异议,又针对起诉状的内容进行答辩的,人民法院应当依照民事诉讼法第127条第1款的规定,对管辖异议进行审查。当事人未提出管辖异议,就案件实体进行答辩、陈述或者反诉的,可以认定为民事诉讼法第127条第2款规定的应诉答辩。"
[2] 张艳:"应诉管辖规则的中国生成史",载《国家检察官学院学报》2017年第2期。
[3] 杜涛:"新民事诉讼法下当事人协议选择境外法院问题",载《人民司法(应用)》2017年第1期。
[4] 孙记:"论我国民事诉讼转型中的诚信原则",载《大连理工大学学报(社会科学版)》2017年第38卷第3期。
[5] 甘勇:"日本涉外民事管辖权立法的新发展及其启示———兼评中国2012年《民事诉讼法》的相关规定",载《时代法学》2017年第4期。
[6] 袁力、邵新:"德国民事裁判文书结构与说理的关联分析",载《法律适用》2017年第1期。

题，有学者认为，裁判说理既是法治国家建构定分止争机制的核心组成部分，也是提高实现国家治理体系和治理能力现代化的重要举措，其良好的运作需要裁判技术的支撑;[1] 并通过详细比对中德两国的裁判文书结构和内容，提出了我国判决书的结构及样式调整必须符合诉讼规律，并需要借鉴德国文书定分止争的智慧和裁判技术。

关于承认域外判决在我国民事诉讼中的效力问题，支持的学者认为有以下三个原因：①最高人民法院开始倾向于更加积极地承认与执行外国判决；②将域外民事判决作为证据使用不会规避我国的域外民事判决承认与执行制度；③域外民事判决作为证据有助于提高审判效率和节省司法资源[2] 那么域外判决如何证据使用呢？该学者继续给出了以下观点：①域外民事判决一般应由当事人提交；②域外民事判决须为生效判决且符合《证据规定》第 11 条；③域外民事判决作为证据须经质证并与其他证据相配合方可作为定案依据。[3]

德国民事诉讼法中的失权大体可以分为逾时提出攻击防御方法而产生的失权和逾时提出责问而产生的失权，其中，前者在失权制度中占较大比重。规制逾时提出攻击防御方法，本意为促进诉讼，故其与诉讼促进义务有着密不可分的关系。通说认为，民事诉讼当事人在提出攻击防御方法方面应当履行诉讼促进义务。该义务分为两种：一般诉讼促进义务与特别诉讼促进义务。[4] 前者指的是当事人有适时提出攻击防御方法以促进诉讼的义务，后者指的是当事人有于法定或法院指定的一定期间内提出攻击防御方法的义务。[5] 日本、韩国以及我国台湾地区均规定了类似制度，但我国民事诉讼对提出攻击防御方法的适时性的规定局限于举证期限，并且对于诉讼促进义务的理解也局限于特别诉讼促进义务，因此，有学者主张我国亦应着手在民事诉讼法律规范中创设包括两种诉讼促进义务在内的攻击防御方法提出适时性要求，建立逾时提出规制制度，修正现行法律的缺失或不当之处。[6]

（十五）民事执行救济问题

在执行救济领域，涉夫妻共同债务纠纷的执行异议之诉备受学者关注。有学者对这一问题从审判实务角度进行了研究[7]。随着离婚纠纷和民间借贷纠纷频发，债权人为使债务人的有限资产最大限度清偿自身债权，在未明确债务性质是否为夫妻共同债务的情形下，请求执行机构直接追究债务人配偶作为被执行人或申请执行非

---

[1] 李庆明："论域外民事判决作为我国民事诉讼中的证据"，载《国际法研究》2017 年第 5 期。
[2] 傅郁林："论民事诉讼当事人的诚信义务"，载《法治现代化研究》2017 年第 6 期。
[3] 马龙、刘显鹏："德国逾时提出攻击防御方法之规制及其启示"，载《法律适用》2017 年第 3 期。
[4] 转引自姜世明：《民事诉讼法（上册）》，台湾新学林出版股份有限公司 2013 年版，第 633 页。
[5] 纪格非："民事诉讼虚假诉讼治理思路的再思考——基于实证视角的分析与研究"，载《交大法学》2017 年第 2 期。
[6] 杨武贤："涉夫妻共同债务纠纷执行异议之诉审判实务问题研究"，载《山东审判》2017 年第 6 期。
[7] 罗孝炳："船舶登记对抗主义在案外人执行异议之诉中的适用"，载《人民司法（应用版）》2017 年第 16 期。

举债方配偶个人财产、夫妻共同财产，此类案件绝对数量逐年增长、相对比重逐年加大、争议问题日益复杂。此类案件的复合性特征、法官定位不准确，以及我国异议程序规则混乱、配套登记备案制度和滥用异议惩戒机制不健全，导致司法实务中各地各级法院内部对其审查标准、举证责任分配及裁判方式等均存在不同理解，导致同案不同判和滥用异议之诉等诸多问题。该类案件的审理困境主要体现在：一是审判机构难以通过释明指引当事人明确诉讼请求，庭审偏离争议焦点；二是被执行人应诉表现多样化，导致当事人诉讼地位列明混乱；三是各类审判机构对该类案件的诉讼标的认识不一，导致不同的审理思路和判决方案；四是法院内部机构程序对接的技术操作不规范。作者从确立当事人诉讼地位、明晰诉讼标的、创新裁判方法、统一裁判表述、完善程序对接、规制诉权滥用六个方面提出了该类案件执行异议之诉的重构措施。关于涉及船舶问题的执行异议之诉中[1]，由于船舶登记对抗主义的存在，使得该原则在此类诉讼中的适用存在特殊性。具体而言，由于船舶本身具有所有权状况复杂、所有人和实际经营人容易分离、外籍船舶登记状况不明等特性，加大了海事法院不当扣押和拍卖船舶的风险。需要积极发挥案外人异议之诉与其他救济途径的区别与分工，通过强化所有人的举证责任、从优势证据标准上升为高度可能性标准，应对执行异议泛滥的势头，必要时推动被执行人进入破产清算程序，促使各类债权得到公平受偿。

关于执行异议之诉，有学者通过考察案外人异议的运行，指出实践中实质性审查成为案外人异议的常态，主张将《民事诉讼法》第227条规定的案外人异议部分删除，改为当事人或者案外人直接提起执行异议之诉。此外，以利益衡量的视角分析了几项实践中常见的实体问题，在权利冲突时，对权利所代表的利益进行衡量，从而确定何种权利优先。同时，主张构建完善的执行救济体系，在制度层面加强立审执统筹协调。在实体问题的处理上，案外人异议之诉与确权之诉何者优先？关于这一问题，有学者[2]分析了二者冲突的根源，认为案外人异议之诉之所以能被提起，在于案外人对执行标的物存在足以排除强制执行的权利，是否停止对执行标的物的执行，核心问题在于主张的权利事实是否存在，因此，在案外人异议之诉中，对案外人主张的权利义务关系审判成为必然，然而，案外人与被执行人之间的权利义务关系本属于另一法律关系，因该法律关系发生民事纠纷时才可以提起确权诉讼，以保护自己的权利。相比较案外人异议之诉这一间接解决案外人与被执行人之间的权利义务争议而言，确权诉讼是一种专门解决案外人与被执行人之间权利义务关系之争的诉。解决两种诉讼关系时，较为可行的方案是在理论上建构案外人异议之诉的

---

[1] 崔玲玲："案外人异议之诉与确权诉讼之先后诉关系——以所有权为例"，载《西南政法大学学报》2017年第3期。
[2] 烟台市中级人民法院课题组："执行异议之诉的实证分析与立法完善——以程序与实体问题切入"，载《山东审判》2017年第3期。

诉讼标的理论，在实践中针对具体问题进行具体分析，全面解决两个诉讼的重复起诉问题。我国法律并没有对先后提起的两种诉应如何处理作出规定，理论上认为案外人提起异议之诉后，不应该有另行提起确权诉讼的诉权。[1]

在执行异议之诉案件的具体审理中，有关证据审查方面，在实务领域有学者认为，执行实务中，一个执行案件多个案外人、利害关系人提出多个执行异议，企图阻却执行的现象非常普遍，在实践操作中，执行法官对异议人的证据审查范围和采纳认定千差万别。作者通过几则案例分析了证据审查的现状，并提出了异议案件严格适用民事诉讼证据规则、贯彻形式外观主义的审查标准、灵活大胆地适用"自由心证"制度的证据审查原则。在审理思路上，认为应当通过证据分类引导法律适用，准确对待当事人申请庭外调查的请求，围绕焦点条分缕析，注重法官引导下的当事人质证。[2]

有学者认为，根据《民诉法解释》，债权人申请法院强制执行公证债权文书的权利落空时，可以恢复其之前放弃的诉权，但在实务中，债权人往往基于以下两项原因不愿向法院提起诉讼：一是理论层面上，法院裁定不予执行公证债权文书，本质上已经终结了公证债权文书强制执行程序，该制度赋予债权的不经审判实现债权的利益和期望落空；二是从实践看，债权人在申请强制执行公证债权文书时，大多会申请对债务人的财产进行保全，而一旦法院裁定不予执行公证债权文书，法院就会解除保全措施，此时即使债权人立即向法院提起诉讼，在法院立案之前，仍有一段时间间隙，债务人可以于此期间实施不利于债权人的转移隐匿财产的行为。我国公证文书强制执行制度具有良好的设计理念和运行价值，理应在实务中得到高度尊重和积极运用，但实际情况并不乐观。核心问题在于法院对公证债权文书司法审查的尺度掌握太过严苛，对于公证债权文书"确有错误"的事由掌握得有失宽泛，法院较高频率作出不予执行裁定，倒逼当事人不愿选择公证债权文书强制执行制度。解决该问题的关键在于法院需要充分理解公证债权文书强制执行制度的运行价值，在遵守现有法律规定的前提下，科学界定和准确把握"确有错误"这一关涉该制度命运的瓶颈问题，同时还要合理设定当事人以及利害关系人对于法院不予执行相关裁定的救济机制，以达诉权保护和司法效率之间的动态平衡。[3] 关于第三人执行异议之诉的性质问题，有研究者认为对其性质的识别关乎诉讼证明对象、证明标准的选择，对其性质的讨论可以分为两大类，一类是将第三人执行异议之诉的性质在现有的诉的分类理论基础上进行归类，另一类认为第三人执行异议之诉实质上是一种新的诉讼类型。其中属于新诉讼类型又可以进一步分为救济之诉说与命令之诉说、合并之诉说（具体可以分为确认给付之诉说以及确认形成之诉说）。该学者认为从第三

---

[1] 宋婷："案外人异议案件证据审查的常见方法及思路"，载《山东审判》2017年第2期。
[2] 张海燕："法院不予执行公证债权文书的原因及其救济"，载《法学家》2017年第2期。
[3] 孔祥承："第三人执行异议之诉性质理论之'回归'"，载《西部法学评论》2017年第1期。

人执行异议之诉的目的、作用以及相关法规等方面进行分析，第三人执行异议之诉在性质上应属于一种形成之诉，其诉讼标的实质上是第三人根据自己对执行标的物拥有足以排除强制执行权利而取得的对抗强制执行的异议权。[1]

关于虚假仲裁中案外人权利司法救济方面，有学者提出如下观点：当前社会虚假仲裁多发，案外人利益保护成为必须关注的问题。在仲裁制度难以有效应对虚假仲裁的情况下，案外人权利救济的重任就落在了人民法院身上。通过对各种可能救济途径的分析，目前最可行的是适用撤销或不予执行仲裁裁决中的"违背社会公共利益"条款对虚假仲裁裁决的效力进行否决，此时案外人主要发挥提供线索的作用。同时也可考虑在案外人执行异议制度上寻求突破，赋予仲裁案外人提出执行异议和执行异议之诉的权利，从而为虚假仲裁案外人提供辅助性救济。[2]

执行救济制度的完善，离不开执行机构的改革。有学者考察了我国民事执行机构改革实践，认为可以将其类型化为以下五种模式：横向静态分权、横向动态分权、集中裁决型纵向分权、集中实施型纵向分权、双重集中型纵向分权。除了解决执行难的问题外，各地法院推动执行机构改革的动机主要是预防司法腐败、提高执行机构办事效率、实现多元政治利益诉求。为克服本位主义造成的负面影响，民事执行机构改革方案的设置应遵循程序利用者中心主义。民事执行权主要包括执行裁决权、执行命令权、执行实务权三种权能，其中，前两种权能应当保留由执行法官行使，而无涉实质判断的简单实施实务的权能可以交由执行员及其辅助人员行使。鉴于实施实务权与执行命令权、执行裁决权、涉执行审判权之间存在密切的关系，而且执行事务局内置于执行法院系统更有利于提高执行效率和减轻当事人执行负担，在全国法院系统内设置跨行政区划的、上下级法院垂直领导的执行实务局系统的改革思路更为可行。

第三节 行政诉讼法学的研究状况*

一、研究概况

（一）学术发表和科研立项情况

本统计数据包括 23 本法学类 CSSCI 来源期刊（2017～2018 版）的行政诉讼法学类文章，2017 年在这 23 本期刊上共发表文章 46 篇。

---

[1] 董暖、杨宏磊："虚假仲裁案外人权利的司法救济研究"，载《法律适用》2017 年第 21 期。
[2] 黄忠顺："民事执行机构改革实践之反思"，载《现代法学》2017 年第 2 期。
* 本部分执笔人：中国政法大学诉讼法学研究院高家伟教授，中国政法大学法学院博士研究生杨天波协助执笔。

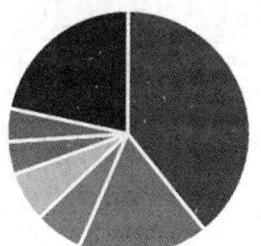

图4-1 行政诉讼法论文发表期刊分布图

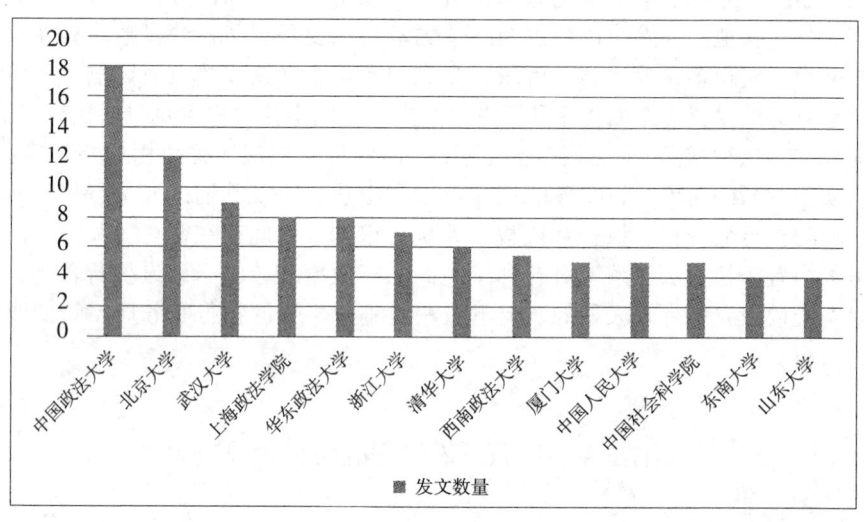

图4-2 2017年法学CSSCI期刊发表行政法与行政诉讼法学论文单位排行

从论文的发表期刊看,《行政法学研究》依旧是行政诉讼法学研究的主阵地,其他综合性法学期刊上行政诉讼的发文大体相当。从发文机构看,2017年,行政法与行政诉讼法学发文数量前三位高产科研单位是中国政法大学、北京大学、武汉大学。从整体而言,2017年各科研单位权威期刊发文量较为均衡,呈现齐头并进的态势。

从论文选题看,社会治理中的一些问题被纳入行政诉讼法学者的研究视域,如环境评价、法治政府建设等。学者对于政府信息公开领域起诉权、行政复议制度和诉讼的衔接等问题的思考,都将进一步推动相关研究的深入。同时,对于同一问题的研究,学者们也采用了不同的研究视角,如公益诉讼制度和行政机关负责人出庭应诉制度的讨论。此外，域外经验的继续引介，也有助于中国行政诉讼法学研究借鉴域外研究成果。

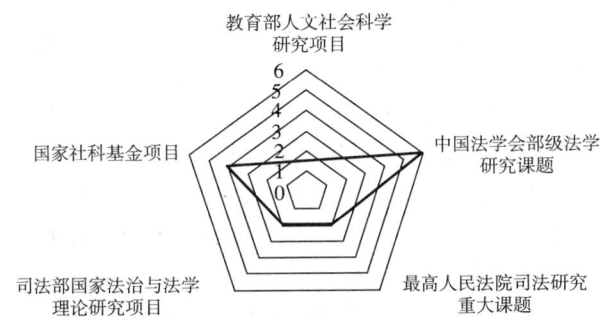

图 4-3　2017 年行政诉讼法学领域获准立项的国家、部级项目

在科研立项方面，2017 年行政诉讼法学领域获准立项的国家级、部级项目 19 项。其中，国家社科基金项目 4 项；最高人民法院司法研究重大课题 2 项；最高人民检察院检察理论研究重点课题 3 项；司法部国家法治与法学理论研究项目 2 项；教育部人文社会科学研究项目 2 项；中国法学会部级法学研究课题 6 项。上述各类项目有一部分围绕 2014 年《行政诉讼法》的相关问题研究，例如："检察机关提起行政公益诉讼试点评估与对策研究""新《行政诉讼法》实施状况研究""行政规范性文件的附带审查研究"等，也有一部分围绕当前司法改革中的热点问题进行研究，例如"检察机关提起行政公益诉讼实证研究""我国行政机关负责人出庭应诉制度实证研究"等，还有一部分专注于行政诉讼领域某一具体问题进行研究，例如"行政给付诉讼的构造与适用研究"等，还有项目对 1990 年至今基于案例的中国环境行政公益诉讼制度进行了跟踪研究。

2017 年出版的关于行政法与行政诉讼发的著作和教材 20 部，从著作内容上，既有围绕 2014 年《行政诉讼法》修订后的重要问题进行讨论的，也有对行政诉讼传统制度进一步研究的，例如《行政复议与行政诉讼的关系——个案中的法理》《行政处罚诉讼问题研究》等。

（二）对外交流情况

2017 年 7 月 14 日，最高人民法院副院长江必新会见了意大利最高行政法院法官哈德里恩·西蒙尼特。江必新向客人介绍了中国行政诉讼和行政审判领域司法改革相关情况。西蒙尼特法官也介绍了近年来意大利行政审判改革与变化趋势。[1]

2017 年 9 月 24 日至 9 月 30 日，中华人民共和国二级大法官、最高人民法院副院

---

[1] 参见最高人民法院网站："江必新会见意大利客人"，https://www.chinacourt.org/article/detail/2017/07/id/2922275.shtml。

长张述元率中国法院代表团出席在意大利举行的最高行政审判机构国际协会相关会议并访问意大利和丹麦。[1] 在意大利期间，张述元一行分别与意大利最高司法委员会副主席莱尼尼、意大利最高法院院长坎齐奥、总检察长西克罗、意大利最高行政法院院长亚历山大·帕耶诺等人举行了会谈。张述元一行出席了在意大利威尼斯举行的最高行政审判机构国际协会理事会全体会议，以及该协会以"法院信息化"为主题的研讨会。张述元在研讨会上做了主旨发言，对近年来中国智慧法院建设所取得的成就进行了全面介绍，得到与会各国代表的广泛关注和积极评价。在丹麦期间，张述元一行会见了丹麦最高法院院长托马斯·若丹姆并举行会谈，与丹麦方探讨了两国司法机关加强交流合作的有关问题。张述元一行访问了丹麦法院管理局，听取了该部门与丹麦法院系统职能与关系的介绍。

2017年10月11日，中国法学会行政法学研究会举办公私合作合同（PPP）国际研讨会。来自全国人大法工委、国务院法制办、财政部、国家发改委、最高人民法院、北京市第四中级人民法院、长沙市政府法制办等多个政府机关以及北京大学、中国人民大学、中国政法大学等多所高校的70余位理论界和实务界的专家学者参会，围绕"公私合作合同的国际标准""公共部门与私营部门间的合作合同（CPP）""意大利法律体系中的公私合作合同""社会资本发起项目（USP）的采购规范问题""德国法律背景下的公私合作合同""法国的公私合作项目""PPP纠纷解决的可仲裁性分析"等开展研讨。

2017年11月11~12日，第十八届海峡两岸行政法学学术研讨会在大连顺利召开，大陆代表团全国人大常委会、最高人民法院、最高人民检察院、中国法学会、中国政法大学、北京大学、清华大学、中国人民大学等专家学者，台湾东吴大学、台湾大学、逢甲大学、东华大学、真理大学、台北大学、政治大学等150余名行政法学专家学者参加会议并围绕"行政公益诉讼"和"PPP协议及争议解决"进行研讨。

中国法学会行政法学研究会学者也积极参与国际学术交流活动，如北京大学宪法与行政法研究中心举办的"中俄行政法比较研究国际研讨会"，华南师范大学法学院举办的"The 2015 UN Sustainable Development Goal – A Legal Analysis" "Italian Constitutional Law: From 1848 Constitutionto the EU" "依法治国与法治建设系列讲座——法国行政发的历史变迁"研讨会，新加坡大学法学院举办的"第五届亚洲法学院院长论坛"，美国比较法学会（American Society of Comparative Law）举办的"美国比较法学会2017年年会"等。

二、重点研究内容

2017年，行政诉讼的研究呈现出问题域广泛、重点论题突出的特点，既包括实体问题的争论，也包括程序性规范的探讨；既包括基础理论的研究，也包括实际经

---

[1] 参见最高人民法院网站："张述元率团出席最高行政审判机构国际协会全体会议并访问意大利和丹麦"，http://www.court.gov.cn/zixun-xiangqing-62522.html。

验的总结。

（一）基础理论及制度

1. 关于诉权及诉的利益。有学者认为，作为行政诉权论的重要一环，行政诉权之本质既与诉讼目的息息相关，又对诉权内容及诉权要件产生直接影响。学理上，行政诉权之本质未能达成共识。各学说因诉讼目的论基础或研究视阈上的差异，仍缺乏统一评判标准。以法院的审查方式作为统一评判标准，可起到为各学说搭建共同对话平台的效果。根据法院在判断行政诉权要件时需以何种审查方式完成为标准，可将各诉权学说分别归入实质条件诉权说与形式条件诉权说两大阵营。因实质条件诉权说存在诉权认定结论与现实情况脱节、陷入未审先判的思维误区等缺陷，而形式条件诉权说则可确保诉权认定结论与现实情况相一致、切实化解"立案难"、强化客观法秩序维持之行政诉讼功能模式，故后者更可取。目前，形式条件诉权说阵营中的抽象诉权说、司法行为请求权说、宪法诉权说仍有不足，作为司法行为请求权说之修正版的"诉权层次论"应予提倡。[1]

还有学者从信息公开的角度讨论诉的利益，公法上的知情权源自公民的参政权与监督权，已成为个人的实定法权利。维护这种权利的行政诉讼自然属于主观诉讼的一种；而知情权又是服务于参政议政、监督政府依法行政的公共利益，信息公开行政诉讼也就具有了客观诉讼的面向。私人申请政府信息公开，就是在行使自己受行政法规范保护的知情权；同时，因知情权属于任何公民，且服务于不特定主体的利益，故而起诉人不必有特别的个人利益，只要提出了公开申请，就与信息公开行政决定建立起"利害关系"，即可具有提起行政诉讼的原告资格。至于对政府信息是否有特殊需要，仅在原告增值使用政府信息时才应加以证明。即便起诉人在行政程序中拥有阅览卷宗权，也不影响其基于知情权提起行政诉讼。知情权是一种实体性权利，理应受到正当程序的保障。具备实体和程序中的一项，就足以具有信息公开行政诉讼的诉的利益。基于此，对于信息公开的行政诉讼，原则上不应作出滥用诉权的判断。[2]

2. 关于诉讼目的。有学者认为，任何一种法律制度都含有特定的目的追求，法律目的在法律制度的生命周期中都发挥着至关重要的作用。关于行政诉讼的目的，我国学界一直以来都是众说纷纭、莫衷一是。事实上，行政诉讼得区分为主观的抗告诉讼、客观的抗告诉讼和当事人诉讼等具体类型，行政诉讼的目的也需要依据不同的诉讼类型分别论定。主观的抗告诉讼的目的旨在救济权利，客观的抗告诉讼的目的仅为监督行政，当事人诉讼的目的在于解决纠纷。就我国现行《行政诉讼法》所确立的诉讼类型而言，是以主观的抗告诉讼为核心，以客观的抗告诉讼为例外。

---

[1] 参见梁君瑜："行政诉权本质之辨：学术史梳理、观念重构与逻辑证成"，载《政治与法律》2017年第11期。

[2] 参见王贵松："信息公开行政诉讼的诉的利益"，载《比较法研究》2017年第2期。

由此可见，我国行政诉讼的目的是以救济权利为主，以监督行政为辅，但并不具有解决纠纷的目的。进而，强调行政诉讼的权利救济目的，不仅有助于我国《行政诉讼法》的实施走出传统困境，而且对于行政诉讼制度的科学、合理设计，对于解决我国当下行政诉讼实践中面临的滥用诉权这一突出问题，都具有重要助益。[1]

3. 关于行政诉权的滥用。有学者认为，行政诉讼实践中出现的滥诉现象即行政滥诉。行政滥诉以权利相对性理论为基础，与诉权理论紧密结合。在构成要件上，行政滥诉以拥有诉权为其前提要件，主观上要求当事人存在恶意，客观上要求有浪费司法资源的行为，结果上要求对法院和对方当事人造成了极大的损害。另外，行政滥诉以提起大量案件为手段、利益相关性认定困难、主体存在联系等特点都对行政滥诉的构成要件产生了一定的影响。在法律规制上，既要从诉讼本身规制，也要从政府信息公开机制和信访考核机制方面着手，建立信息公开收费制度，改变信访考核标准。同时，要注重滥诉规制与当事人权利保护的平衡。[2]

还有学者认为，行政诉讼中的滥用诉权分为滥用起诉权和滥用具体程序权利两种形态，前者表现为同时申请多种行政救济、针对不可诉的同类行为多次起诉、针对已决案件多次起诉、针对同一机关的不同行为和其他机关的类似行为纠缠诉讼；后者表现为滥用申请回避权和怠于行使具体的程序权利。滥用诉权的行为包括四个构成要件：行为人是行政诉讼的当事人，主观上存在过错，客观上实施了程序滥用的行为，造成妨碍正常诉讼秩序并给他人带来负担的结果。滥用诉权的行为因违反诚实信用原则、一事不再理原则、行政诉讼的立法目的和行政诉讼的起诉条件而违法。规制滥用诉权的行为，在遵守审慎原则的前提下，应准确把握起诉条件的适法性审查；对于"滥用起诉权"的行为，应驳回起诉或驳回诉讼请求；对"滥用具体程序权利"的行为应扩大妨碍行政诉讼强制措施的适用范围，并由过错方承担对方当事人的诉讼成本。[3]

（二）公益诉讼

有学者通过调研制作出调研报告，由检察机关提起行政公益诉讼，在完善行政诉讼架构、维护国家和社会公共利益、监督政府依法行政、强化行政检察监督工作、为全面推开行政公益诉讼提供参考样本等方面发挥了重要作用。但当前的行政公益诉讼还依然存在案件范围过于狭窄、线索发现及转化机制不畅、诉讼类型选择标准不明、诉前程序与诉讼程序对接不完善、检察机关诉讼地位不明、检察机关调查取证机制不完善、举证责任有待进一步明确、撤诉规则有待厘清、判决的履行与执行

---

[1] 参见赵清林："类型化视野下行政诉讼目的新论"，载《当代法学》2017年第6期。
[2] 参见闫映全："行政滥诉的构成及规制"，载《行政法学研究》2017年第4期。
[3] 参见孔繁华："滥用行政诉权之法律规制"，载《政法论坛》2017年第4期。

存在障碍等多方面问题。上述问题需要在下一步立法中得到解决。[1]

还有学者对试点工作的情况进行总结，检察机关提起行政公益诉讼试点具有诉前程序作用巨大、案件主要集中于生态环境和资源保护领域、整体上呈现积极发展的趋势等特征。案件线索目前基本来源于检察机关履行监督职责之中，以行政不作为案件为主，行政机关违法行使职权案件所占比例很小。提起行政公益诉讼的检察机关主要是基层人民检察院，被诉行政机关主要为县级人民政府的工作部门。检察机关提起行政公益诉讼整体上呈现出积极发展的趋势，但在如何与《行政诉讼法》衔接、如何定位检察机关主体地位、对行政不作为进行认定、诉前程序的定位等方面还面临一些问题。进一步推进检察机关提起行政公益诉讼，需要科学认识合理的立法路径、诉讼形式上的直接起诉、案件范围的大与小和案件数量的多与少。[2]

有学者从理论层面进行分析和建构，如对检察机关提起行政公益诉讼的职能进行定位与制度构建[3]；或是探索法治化路径，在检察机关提起行政公益诉讼试点进程中，法律界对于一些问题存在较大的争论，包括检察机关在公益诉讼中的地位、检察机关提起行政公益诉讼的范围等，这些争论并未因全国人大常委会通过修法决定而终结。有必要对这些争论意见加以梳理总结，以期有助于进一步推进检察机关提起行政公益诉讼的法治化进程。[4]

（三）当事人适格

1. 关于原告资格。有学者认为，我国实定法从未以某种一般性标准统合行政诉讼原告资格的所有情形。当前理论界和实务界倾向于宽泛地理解"利害关系"标准的适用范围，但将该标准适用于某些类型的案件，颇有错位之感，且易使该标准的解释走向混乱。从当前实定法出发，应将行政诉讼原告资格区分为三个层次，即行政相对人的原告资格、行政行为相关人的原告资格以及基于客观诉讼契机的特殊情形。行政相对人通常具有原告资格，但对于不履行法定职责的案件，应区分不同情况；行政行为相关人的原告资格可以以利害关系标准为基石，借助保护规范理论予以判断；原告资格转移、行政公益诉讼以及受害人诉讼，则更适于作为客观诉讼加以把握，但对于何种案件属于受害人诉讼的认定不应过于宽泛。[5]

还有学者认为，原告资格要件是行政之诉的合法性要件之一，域外通行的做法是将其作为实体判决要件在立案登记之后审查。在主、客观两种行政诉讼程序模式

---

[1] 参见孔祥稳、王玎、余积明："检察机关提起行政公益诉讼试点工作调研报告"，载《行政法学研究》2017年第5期。

[2] 参见胡卫列、田凯："检察机关提起行政公益诉讼试点情况研究"，载《行政法学研究》2017年第2期。

[3] 参见李洪雷："检察机关提起行政公益诉讼的法治化路径"，载《行政法学研究》2017年第5期。

[4] 参见徐全兵："检察机关提起行政公益诉讼的职能定位与制度构建"，载《行政法学研究》2017年第5期。

[5] 参见陈鹏："行政诉讼原告资格的多层次构造"，载《中外法学》2017年第5期。

下，原告资格的审查标准有所不同，客观诉讼程序特征更突出的我国行政诉讼却适用了主观诉讼原告的起诉资格标准。原告资格审查时段因立案模式的不同而有所区别，在我国立案登记制下的行政起诉与受理程序中，法院在立案登记前仍须审查起诉人的原告资格。我国《行政诉讼法》将原告资格前置为起诉条件的制度安排欠缺程序正当性，必须作优化改革。在再次修法将原告资格审查时段后移不太现实的情况下，我国有必要先行制定或修订司法解释，明确规定立案登记时采用"可能性"审查标准，并适用"参与型"原告资格审查程序。[1]

也有学者认为，在与举报相关的行政案件中，判定举报人是否具有行政诉讼原告资格是最为核心的争议。分析指导案例77号以及相关案例可以发现，最高人民法院以举报是否出于自身合法权益为标准认定举报人的原告资格，这一思路回避了举报人与举报答复行为之间是否存在利害关系的问题。行政诉讼中判断原告资格最为关键的要件为"合法权益"，目前我国法院更接受"值得保护的利益说"，并以德国法上的"保护规范理论"予以界分。举报虽在实定法上表现为一类权利，但对其保护的目的不在于特定人的私益，而在于公共利益，因此其不属于"值得保护的利益"，据此可将指导案例77号所隐藏的逻辑归纳为三个层次的审查路径：①举报并非一项主观权利，仅是"作为特定法律技术"的权利；②行政机关举报答复的内容旨在保护公共利益；③作为举报人的原告不具有原告资格，并不意味着原告在案件中当然地不具有原告资格。[2]

2. 关于其他诉讼参加人。有学者指出，2014年修正的《行政诉讼法》规定了两种确定第三人的标准。第一标准，即"与被诉行政行为有利害关系但没有提起诉讼"标准，该种标准将第三人限定为行政程序中的相对人，且"没有提起诉讼"又可以做"实质意义"和"描述意义"两种不同的理解。第二标准，即"同案件处理结果有利害关系"标准，该种标准之下，与提起行政诉讼的相对人存在民事合同关系的当事人，不宜列为行政诉讼第三人；在行政复议变更原行政行为引发行政诉讼的案件中，不宜将原行政行为作出机关列为第三人。[3]

还有学者认为判定起诉人是否具有城市规划利害关系人的身份是我国司法实践中所面临的难题，尤其是在起诉人并非城市规划相对人的情形下。在判定城市规划利害关系人时，首先应确定"权益"的有无，然后应判断"权益"与城市规划行为之间是否存在相当因果关系。在法律规则不明确的情形下，法院对"权益"和"因果关系"存在与否的判断，有赖于利益衡量方法的运用。[4]

---

[1] 参见贺奇兵："行政诉讼原告资格审查机制的正当化改造"，载《法学》2017年第4期。

[2] 参见黄锴："行政诉讼中举报人原告资格的审查路径——基于指导案例77号的分析"，载《政治与法律》2017年第10期。

[3] 参见闫尔宝："新《行政诉讼法》中的第三人确定标准论析"，载《行政法学研究》2017年第3期。

[4] 参见季晨溦："论行政诉讼中城市规划利害关系人的判定"，载《法学论坛》2017年第1期。

3. 关于复议机关作共同被告。有学者指出，2014 年修正的《行政诉讼法》第 26 条第 2 款确立了复议机关作共同被告的制度。然而，从实施现状看，由于该制度在共同被告间举证责任之分配、原告不服一并裁判时被上诉人之确定方面尚缺乏完善的操作规则，这给司法实践带来了困难，故对操作规则的完善刻不容缓。完善操作规则乃是回应当下的司法实践所需，这无可厚非且实属必要。但从长远来看，复议机关作共同被告的制度因背离处分权主义的诉讼法理与"先取证，后裁决"的行政程序法原则，并可能助长复议机关不作为或不予受理复议申请的投机倾向，故其发展前景不容乐观，应逐渐退出历史的舞台。[1]

（四）审查标准

1. 关于规范性文件司法审查。有学者指出，2014 年修改的我国《行政诉讼法》建立了规范性文件附带审查制度。它可分解为六个依次序相连的环节，即审查请求、合法性审查、不予适用、选择适用、公开评述、处理建议。可以用"不予适用"概括附带审查的模式，法院只可以在个案中"不予适用"非法的规范性文件并提出处理建议，但无权撤销。由于制定机关可能不予回应甚至拒绝接受法院的处理建议，这就会导致法院认定为非法的规范性文件依然有效存在这一难题。法院在我国《行政诉讼法》2014 年修改前可依职权主动审查规范性文件，但采用的是"选择适用"上位法模式，不在裁判理由部分评判规范性文件，不存在效力难题。行政复议附带审查也不同于诉讼中的附带审查，复议机关先中止具体行政行为的审查，然后将规范性文件转送有权机关处理，等有了处理结果后再恢复复议程序，因此无需面对效力难题。应当借鉴国外司法审查经验，建立规范性文件的案例指导制度、相对集中审查、增加有权机关及时反馈环节等，以解决此种效力难题。[2]

有学者指出，在行政诉讼中，审查标准问题是行政规范性文件附带审查制度的重要内容。当前我国理论与实务中的审查标准都存在着一些不足，或者过于宽泛，或者失之片面。行政规范性文件司法审查标准的重构一方面应当从纵向上将行政规范性文件的司法审查划分为权限审查、合法性审查和合理性审查三个层次；另一方面，应当从横向上将行政规范性文件区分为解释基准与裁量基准两种类型，然后分别构建不同的审查标准。由此最终形成一个完整的审查标准体系。在该体系的第一层次，解释基准的审查标准为权利义务标准，对裁量基准的审查标准为约束力标准；在第二层次，二者的审查标准都是超越职权、违反法定程序以及与上位法相抵触；在第三层次，应当对解释基准适用解释不正确标准，裁量基准适用明显不当标准。[3]

---

[1] 参见梁君瑜："复议机关作行政诉讼共同被告——现状反思与前景分析"，载《行政法学研究》2017 年第 5 期。
[2] 参见马得华："我国行政诉讼规范性文件附带审查的模式与效力难题"，载《政治与法律》2017 年第 8 期。
[3] 参见王留一："论行政规范性文件司法审查标准体系的建构"，载《政治与法律》2017 年第 9 期。

在提到《行政诉讼法》对于规范性文件附带审查的规定时，有学者认为，从形式上打开了对于抽象行政行为司法监督的缺口。但从目前来看，此项规定的形式意义大于实际意义。在此之前，法院已对行政规范性文件进行了"隐性"审查。从以往的案例来看，由于没有完善的审查标准，审查结果以认同行政规范性文件居多，审查往往变成了走过场。相比之下，美国行政规则的司法审查标准比较完善。行政规范性文件类似于美国的非立法性规则，引进美国行政规则审查标准，有助于完善行政规范性文件的司法监督，提高《行政诉讼法》修正的实质意义。[1] 针对 2014 年修改后的《行政诉讼法》以及相关司法解释，有学者认为其明确了司法权对部分抽象行政行为——规范性文件——的有限监督权，但其司法审查方式仅为附带性审查，要求法院对被认定为欠缺合法性的规范性文件采取一种非判决式的处理方式，以期从源头上防止基于不合法规范性文件而产生的行政行为失序现象的发生。但具体的适用规则是规范性文件司法审查制度能否落地生根的必要条件，规范性文件的司法审查必须就具体的规则进行全方位的思考。[2]

2. 关于其他行政活动中的审查要素。有学者认为，在行政程序法典阙如的情形下，我国 2014 年修正的《行政诉讼法》担当了规范行政程序瑕疵类型的重任，对行政程序瑕疵采取"违反法定程序"与"程序轻微违法"的二分法，忽略了司法实践中大量存在的第三种类型：不被撤销或确认违法，而是由法院予以指正并判决驳回诉讼请求的"狭义程序瑕疵"。在引入"狭义程序瑕疵"而形成三分法后，有必要在制度层面增设"忽略不计（视为合法）"的法律后果。同时，基于完善行政程序瑕疵的判决方式考虑，应排除撤销判决中部分撤销之适用、质疑责令重作判决不受限制之正当性、反对增设补正判决作为确认违法判决之从判决，还应防止法院因宽泛认定"狭义程序瑕疵"而大量作出驳回诉讼请求判决的现象。为此，应以"违反程度轻微且行政机关自行实施了有意义的补正"作为适用驳回判决的前提。[3]

有学者指出，行政处罚是行政机关管理社会生活的最重要手段之一，处罚类案件也始终占据各类行政案件数量的首位。研究行政处罚类案件裁判，为研判行政处罚实践及依法行政之现状，提供了有益样本。从司法审查结果的数据分析来看，处罚类案件有其自身特点，值得关注。从案件裁判中也发现，一些疑难问题仍亟待明确。例如：行政处罚的识别方法；行政处罚中行为、种类与幅度的解释方法；下位法"设定"与"规定"的权限；负责人集体讨论决定的范围；违法所得的确定标准；行政处罚与政府信息公开的衔接；相对人知情权的保障；等等。实践问题总具有别样的生命力，本文提出上述实践问题，以待理论上的进一步廓清和立法适时的归纳、

---

[1] 参见孙首灿："论行政规范性文件的司法审查标准"，载《清华法学》2017 年第 2 期。
[2] 参见耿玉娟："规范性文件附带审查规则的程序设计"，载《法学评论》2017 年第 5 期。
[3] 参见梁君瑜："行政程序瑕疵的三分法与司法审查"，载《法学家》2017 年第 3 期。

总结与回应，循此，行政法亦得以不断发展。[1]

还有学者认为，行政拒绝履行行为具有程序上"为"而实质结果上"不为"的特征。该行为究竟应定性为行政作为还是行政不作为，理论界存在两种截然不同的声音，司法界则大都定性为行政不作为。司法界在司法审查中大体遵从"原告请求权是否成立→行政主体是否应履行义务→行政主体是否已经履行义务"的三重判断基准，在裁判方式上形成了"驳回诉讼请求判决、履行法定职责判决、撤销判决"三足鼎立的局面。行政拒绝履行行为司法审查制度的建立，总体上应明确行政拒绝履行行为的不作为性质及若干变种，价值取向上应强化对行政权的监督、促进行政争议的实质性解决、尊重当事人的诉求，立案时应凸显法官的释明义务，审判中应引入"时机成熟理论"，判决时应重视当事人实体权利的回应。[2]

（五）行政审判相关问题

关于我国行政审判惯例制度，有学者认为，我国应加紧将惯例引入行政审判依据体系，确立"参照"惯例制度。这一做法不仅有宪法、法律和司法解释依据，而且有利于保持行政与司法"依据"的应然一致性，便于将惯例纳入司法审查，拓展以"平等权之诉"为代表的行政诉讼受案范围。参照惯例的条件是惯例合法有效。惯例的适用性审查不以原告申请为前提，"参照"的内涵为"裁判依据引用"而非"裁判理由引述"。当下行政诉讼制度设计中的"一并请求审查"、"向处理机关提出处理建议"、审判依据体系、司法认知、涉外行政诉讼等条款中应融入惯例地位、功能等内容。[3]

关于司法中的信赖利益保护原则的适用，有学者认为，信赖利益保护原则的适用路径因其沟通理论与实践的作用，在该原则的整体框架中具有极为重要的地位。经过变迁，理论界对该原则的适用框架经过"三要件"独占鳌头，到"四要件"逐渐兴起的流程，已经形成了较为固化的适用要件体系。但这种体系在实践中产生了适用困境，法官们面对纠纷解决的现实需要与外部知识供给不足的现状，通过自身独立实践，逐渐形成了"作为信赖基础的政府行为生成信赖利益"与"信赖基础与相对人客观行为共同生成信赖利益"两种适用模式。在具体适用层面，最高人民法院对这两种模式的态度摇摆不定，而我国法院系统以"政策实施型"为主的制度逻辑和司法审查中的"法条主义"传统则是造成上述摇摆的根本原因。[4]

关于司法适用的正当性与适用原则，有学者从高校校规角度出发，指出高校校

---

[1] 参见耿宝建：“行政处罚案件司法审查的数据变化与疑难问题”，载《行政法学研究》2017年第3期，谭清值：“公共政策决定的司法审查”，载《清华法学》2017年第1期。

[2] 参见宋智敏：“论行政拒绝履行行为的司法审查——以42份行政拒绝履行案件判决书为分析样本”，载《法学评论》2017年第5期。

[3] 参见柳砚涛：“构建我国行政审判'参照'惯例制度”，载《中国法学》2017年第3期。

[4] 参见胡若溟：“行政诉讼中'信赖利益保护原则'适用——以最高人民法院公布的典型案件为例的讨论”，载《行政法学研究》2017年第1期。

规是高等学校公共权力行使的重要依据，是现代大学治理的介质文本，在法律地位上可类同于"规章以下的规范性文件"；"校规亦法"，法律性与"准"法律性是校规可被司法适用的规范内核。校规的司法适用以附带性审查为前提，司法审判机关有权选择适用合法的高校校规作为相应教育行政诉讼案件审理之"参考"。在校规司法适用过程中，国家司法监督权对校内自主管理权应保持必要的尊让；惟其如此，方能实现校内管理秩序的良性和谐。[1]

关于地方政府规章在行政诉讼中的适用，有学者指出，2015年修改后的《中华人民共和国立法法》扩大了地方政府规章的制定主体，增加了地方政府规章的层级。这种变化满足了地方立法在深化改革中的需求，同时也可能对地方司法造成一定影响。现有的地方政府规章适用规则在如何判断创制性地方政府规章的合法性、如何处理可能发生的新的法律冲突、如何识别事项范围限制等方面存在漏洞和空白。适用规则的不完整可能使法院沦为地方政府规章的执行机关。建议从确立创制性地方政府规章的判断规则、明确事项范围的限制、增加适用冲突的处理规则等方面予以完善。[2]

（六）判决类型

关于判决的拘束力，有学者认为，行政诉讼判决的拘束力是指判决要求案件的相关行政机关尊重法院判决的判断、按照判决意旨采取行动的效力。判决的既判力是就判决主文拘束法院和当事人，而拘束力则是就判决理由拘束案件的相关行政机关。拘束力是一种植根于保护私人的消除结果请求权、维护法秩序统一性和依法行政要求的特殊效力，是使判决形成力取得实效性的辅助效力。拘束力既可产生禁止反复的消极效果，还可以产生撤销矛盾行为义务、重新处理义务等积极效果。拘束力的性质等虽然在理论上可有一定争论，但可在整个行政诉讼判决的效力体系作出融洽的理解。应当用法律的形式明确拘束力的法律效果及其界限，课予相关行政机关落实该法律效果的义务，切实保障权利救济的实效性、维护判决效力的秩序。[3]

关于行政协议诉讼，有学者指出，2014年修改后的《行政诉讼法》及其司法解释规定了履行判决、补救判决、赔偿判决、补偿判决、确认有效判决、解除判决、确认无效等几种行政协议判决方式。以行政协议补救判决为中心，结合司法实践中的案例，分析其他行政协议判决方式、行政行为补救判决与该判决之间的关系，对于修法后正确适用各类行政协议判决方式，具有重要的理论和实践意义。[4]

关于确认无效之诉，有学者认为，确认无效之诉是我国行政诉讼制度中独立的

---

[1] 参见徐靖："高校校规：司法适用的正当性与适用原则"，载《中国法学》2017年第5期。

[2] 参见谭宗泽、陈子祯："论地方政府规章在行政诉讼中的适用"，载《行政法学研究》2017年第4期。

[3] 参见王贵松："行政诉讼判决对行政机关的拘束力——以撤销判决为中心"，载《清华法学》2017年第4期。

[4] 参见陈思融："论行政协议诉讼各类判决方式之关系"，载《政治与法律》2017年第8期。

诉讼类型，其与撤销之诉在诉讼类型上的转换与合并，有利于实现当事人权利的救济保障和诉讼经济。借鉴域外理论和司法制度，确立无效行政行为的具体识别标准，便于形成共识和司法实务的操作。对行政行为宣告无效的后果，审慎进行利益衡量区别对待。基于现行法律规定、法理念及权利救济实效性的考量，无效之诉应受起诉期限的限制。[1]

有学者研究确认行政行为无效诉讼是否适用起诉期限，指出该问题存在"否定说"、"肯定说"和"中间说"。必须首先厘清上述三说的合理与不合理之处，应将"肯定说"修正为"有限肯定说"，即原则上适用起诉期限，对已确认的无效行政行为，法院有权排除期限适用；同时建立适当机制发挥行政自我纠错和过滤功能。其次开展实证研究，探寻"三说"的现实困境。再次，运用皮尔斯实效主义法学对四说进行法经济学分析，证明"有限肯定说"具有经济优势。最后，研讨"有限肯定说"的制度进路：建立原告超期起诉提供证据制度，建立被告处理前置及其责任制度，完善无效行政行为举证责任分配制度。[2]

（七）受案范围

关于行政诉讼受案范围的逻辑，有学者认为，尽管2014年修正的《行政诉讼法》一定程度上扩大了行政诉讼的受案范围，但是，本次修改明显带有"权宜之计"的嫌疑，缺乏深层次的理论基础，也必然带来司法实践中如何明确行政诉讼受案范围的困惑。因此，以主观公权力与客观法秩序为两条基本路径探讨行政诉讼受案范围的基本逻辑，具有理论与现实基础。在主观公权力救济模式下，一个行政行为是否纳入行政诉讼受案范围主要取决于一个最基本的逻辑，司法审查与被诉的行政行为之间的实质上的关联程度。在客观法秩序模式下，行政诉讼受案范围的基本逻辑，就是假定一切行政行为可以接受司法审查为原则，其最大化的结果就是被诉的行政行为与起诉人是否有利害关系无关，对行政行为是否遵守所有与行政行为相关的法律规范进行完全的司法审查。我国《行政诉讼法》应当立法明确双层结构的受案范围标准，假定行政行为可以审查标准，立法排除司法审查的例外范围。[3]

关于原告对行政规范性文件的请求审查权，有学者认为，2014年修正的《行政诉讼法》第53条确立了原告对行政规范性文件请求审查权的制度，该制度的确立一方面拓展了我国行政诉讼原告的诉权范围，对于保护公民、法人和其他社会组织的其他相关权利有积极意义；另一方面，它能够有效规范行政权的行使，能够对行政权的控制从立体上展开。从更为宏观的角度来说，它是为了使我国行政法治更加理性。因此，原告这一权利的实现有着较为复杂而具体的路径，仅仅从诉权的角度或

---

[1] 参见张浪："行政诉讼中确认无效之诉的问题探讨"，载《法学论坛》2017年第2期。
[2] 参见曹淑伟："确认行政行为无效诉讼的期限研究"，载《行政法学研究》2017年第4期。
[3] 参见邓刚宏："行政诉讼受案范围的基本逻辑与制度构想——以行政诉讼功能模式为分析框架"，载《东方法学》2017年第5期。

者从司法审查的角度很难将其厘清，原告对行政规范性文件的请求审查权应当通过否定被诉具体行政行为依据，判决该行政行为违法，认可司法建议权，终止违法或不当行政规范性文件等路径予以实现。[1]

关于层级监督行为的可诉性，有学者认为，在通说上，行政机关上下级之间层级监督行为一直被归入行政内部行为，不具有行政诉讼的可诉性。崔永超诉山东省济南市人民政府不履行法定职责案在相当程度上可以看作这种通说支持下的重要判例之一。在该案的裁判理由中，法院将层级监督法律关系定性为行政内部行为时，已经足以支持该案的裁判结论。然而，裁判理由论证又转向了"改变或者撤销权"与申请人的权利义务关系和诉的利益的讨论，这可被理解为法院并没有否定层级监督行为与原告崔永超之间存在某种权利义务关系。因此，在今后的类似案件中，通过参考该案，法院有可能的突破点在于，借助法解释技术，基于"申请"、"外化"两个因素，可以有条件地承认一部分层级监督行为具有可诉性。[2]

(八) 非诉行政案件

关于非诉行政案件，有学者认为，非诉行政案件裁执分离模式在学理和实践中遭遇不同境遇，这缘于理论界和实务界对非诉行政执行的认识和定位存在差异。尽管该模式遇到各种新问题，但是从法规范结构比重、司法数据支撑以及法治政策导向来看，还是有必要继续坚守，其理论正当性和法律依据问题，可以从分权制衡、司法适度能动、职能分离等实质法治主义角度得以诠释，人权保障、正当高效、分离协作应作为其运行的基本原则，在案件管辖上仍应坚持普通法院为主，不宜全部划给跨区划法院，案件类型上宜采取全面裁执分离思路，案件执行上应实现执行程序的规范化、责任承担的合理化、府院关系的正常化。[3]

(九) 立法问题

有学者研究了1979年至1989年10年间，大量与行政管理相关的法律、行政法规中的规定，发现单行法主要分布在税收、行政收费、金融、资源保护、工商行政管理等行政管理领域。分散的单行立法建构了有限的行政案件范围，将可诉行政行为限定为行政决定，将可获得司法保护的权利限定为人身权与财产权。这一时期行政案件的审理程序主要适用《民事诉讼法（试行）》，单行法仅在《民事诉讼法（试行）》之外规定了原告资格、起诉期限、行政复议与行政诉讼关系等行政诉讼制度，并确立了以申请人民法院强制执行为原则的行政强制执行体制。早期行政诉讼立法直接影响了1989年《行政诉讼法》的结构和内容。[4]

---

[1] 参见张淑芳："原告对行政规范性文件的请求审查权解读"，载《法律科学》2017年第5期。

[2] 参见章剑生："行政机关上下级之间层级监督行为的可诉性——崔永超诉山东省济南市人民政府不履行法定职责案评析"，载《政治与法律》2017年第12期。

[3] 参见王华伟、刘一玮："非诉行政案件裁执分离模式再思考"，载《行政法学研究》2017年第3期。

[4] 参见王万华："新中国行政诉讼早期立法与制度——对104部法律、行政法规的分析"，载《行政法学研究》2017年第4期。

还有学者研究了2014年《行政诉讼法》修改后的相关问题，指出行政诉讼是解决行政争议、促进依法行政的重要保障制度，其基本法律是《行政诉讼法》，其修改与经济政治法制改革密切相关；该法长期存在一些制度缺陷，其成因也很复杂深刻；该法首次修改时作了许多重要修正，特别是对于立法目的做了调整，并作出与此相关的系列制度改进，但人们对此存在不同看法，遗留一些争议难题；从新法实践看，如不深入认识和妥善解决上述问题显然不利于准确有效实施法律，故须对主要争议点及修改理据再加深入分析，在法律实施过程中给予足够注意，才有利于我国行政诉讼法治的健康发展，可加快法治政府建设步伐。[1]

第四节 证据法学的研究状况*

一、研究概况

2017年，我国证据法学研究呈现繁荣态势，全年国内主要法律类出版社出版证据法学相关研究著作（不包括教材）十余部，在CSSCI法学类核心期刊上发布证据法学论文逾60篇。

整体而言，2016年我国证据法学研究主要表现出以下特点：

第一，深入研究证据基础理论问题，探讨证据法学研究方向。有数篇重要成果对证据法学的基础理论问题进行了探讨。如张保生教授发表于《中国社会科学》2017年第8期的"事实、证据与事实认定"[2]与裴苍龄教授的"彻底清除证据问题上的盲点"[3]分别以事实属性与证据本质为基点，对客观真实说与法律真实说的争议进行了重新争议，将这一证据法学上的重要辩题推向新的发展阶段。

第二，配合司法改革，提出证据立法完善建议。围绕以审判为中心的诉讼制度构建与庭审实质化改革，2017年度证据法学研究对司法改革背景下证据制度的调整与完善予以重点关注。例如，在以审判为中心的诉讼制度改革中，我国刑事诉讼证明模式的调整、证据审查制度体系的建构；对认罪认罚从宽制度、刑事速裁程序试点中，证明标准的适用问题；以非法证据排除规则为代表的证据规则的设立与改进等，均是研究热点。

第三，面向实践操作，破解证据制度适用难题。例如，占善刚教授的《民事诉讼证据调查研究》[4]一书，对证据调查的基本原则、调查的对象、程序、方法、费

---

[1] 参见莫于川："《行政诉讼法》修改及其遗留争议难题——以推动法治政府建设为视角"，载《行政法学研究》2017年第2期。

* 本部分执笔人：中国政法大学栗峥教授，中国政法大学诉讼法学研究院张璐讲师。

[2] 张保生："事实、证据与事实认定"，载《中国社会科学》2017年第8期。

[3] 裴苍龄："彻底清除证据问题上的盲点"，载《现代法学》2017年第5期。

[4] 占善刚：《民事诉讼证据调查研究》，中国政法大学出版社2017年版。

用,以及证据保全等问题进行了全面研究,对民事诉讼证据调查中的重点环节提供了应对方法。郑未媚副教授在《刑事复审程序中的证据规则:以问题和案例为中心》[1]一书中从刑事法官提供的问题和案例出发,以证据法基本理论分析探讨了实践中的证据运用问题,为复审程序中的证据适用提供了有益建议。另外,公开发表的论文,如"国际侦查合作背景下的境外取证与证据的可采性"[2]"论刑事诉讼中精神病问题的证明责任分配"[3]"民间借贷诉讼中的证明责任问题"[4]等,均直面了司法实践中亟待解决的问题,从学术研究角度提供了解决路径。

二、重点研究内容

(一)基础理念问题

在对证据法基础理念的探索方面,有学者对事实认定的司法理念问题进行了重新梳理与澄清。文章首先论证事实与证据的关系,指出事实是证据法的逻辑起点,事实和证据的特性及其关系是证据法的元理论问题。而当前存在的问题是理论研究与裁判实践混淆了事实与存在的概念,不理解事实的经验性而用客观性代替相关性作为证据的根本属性,进而在诉讼中将追求"客观真实"奉为司法工作的基本原则,规避事实认定的盖然性,导致片面追求"命案必破"反而造成冤假错案;不承认司法的可错性,苛求"不枉不漏",盲目提倡有错必纠、终身追究。随后,文章对事实的特性进行了分析,指出客观真实说的问题在于混淆了事实与存在的概念,存在是不依赖于人的主观意识而转移的客观世界,而事实则是人通过感官和思维把握的真实存在,经验性是其固有属性。而事实的经验性也塑造了证据的不完全性、非结论性、模糊性、可信性等属性。在此基础上,事实认定者通过证据推论间接地对事实发生的可能性作出裁判,其结论必然具有盖然性而达不到绝对的确定性。事实真相的盖然性促使司法证明理论从精确概率向模糊概率的发展趋势,对我国司法改革和证据法学研究具有借鉴意义。对此,文章提出了最佳解释推论方法,认为其不局限于个体证据,而关注由证据拼合出的完整案情,事实裁判者可以基于相关判断,合理相信已经寻觅到案件真相。在实际应用中,对民事诉讼,可以在似真的有责案情与无责案情直接比较而依据更接近真相的版本作出裁判,但在刑事诉讼中,同时出现似真的有罪案情与无罪案情时,则必须坚持"疑罪从无"作出无罪判决。[5]

还有文章对证据的本质与属性进行了重新思考,指出证据法中依照存在着立法者主观意志与客观规律的矛盾,导致证据问题上存在诸多盲点,影响了证据学的科学性。首先,将意识看作证据以及将证据等同于物是证据问题上的盲点。证据问题

---

[1] 郑未媚:《刑事复审程序中的证据规则——以问题和案例为中心》,中国检察出版社2017年版。
[2] 李建明:"国际侦查合作背景下的境外取证与证据的可采性",载《江苏社会科学》2017年第4期。
[3] 孙皓:"论刑事诉讼中精神病问题的证明责任分配",载《法学杂志》2017年第1期。
[4] 吴泽勇:"民间借贷诉讼中的证明责任问题",载《中国法学》2017年第5期。
[5] 张保生:"事实、证据与事实认定",载《中国社会科学》2017年第8期。

存在两个层面,第一层面是事实,即实质层面;第二层面是反映,包括材料、陈述和心证,都是人反映事实的形式,是形式层面。对证据理解,历来存在的事实说与反映说的对立,其根本区别在于:事实说是从实质层面理解的,将实质层面的事实看作证据;反映说关注的是形式层面,将形式层面能够构成论据的材料、陈述、心证等看作证据,这也就是实质证据观与形式证据观的区别。我国刑事诉讼立法经历了从实质证据观到形式证据观的变迁。学者认为形式证据观存在着认识论上的根本错误,因此证据的本质就是事实。在此基础上,事实的两重属性即客观性与关联性就是证据的两重属性。而可采性则是在证据自身资格之外,人为地给证据制定的另一套资格。证据的合法性只是西方国家法律规定制造出来的,并不符合客观规律与客观事理。此外,基于证据的事实本质,而事实形成证据只有客观存在、被"书"记载以及被人感知三种情况,因此,证据只有物证、书证和人证三种类型,立法将证据规定为八种也是一个盲点。此外,作为事实的证据具有四种功能,即认识的基础、思想的指南、证明的根据以及检验的标准。学界多只关注证明的根据功能而忽视了其他功能,亦是一大盲点。而在证明标准问题上,以根本不存在的法律真实作为证明标准也是一个盲点。真实只有客观与主观两个层面,客观真实有极限真实与实质真实两个级别;主观真实有心证真实与形式真实两个级别。极限真实即绝对真实在司法实践中不可能达到,不能做证明标准,而心证真实没有客观标准,不能检查和监督,也不适于成为证明标准。实质真实是体现本质的因素要真实,并不要求查实来龙去脉与细枝末节,就是相对真实,是司法证明中能够达到的最高真实。形式真实是单纯的反映形式达到的真实,只是证明的真实,可以构成司法证明的低标准。学者认为必须彻底清除证据问题上的盲点,摆正意识和证据、法和证据的关系,全面掌握证据,实现证据学的科学发展。[1]

(二) 证据规则

在证据规则方面,非法证据排除规则一直是研究热点问题,2017年度围绕该规则的立法完善与实践问题,产生了诸多成果。

首先,在非法证据排除规则的基础理论方面,相关研究不断向深度发展。有观点认为,非法证据排除规则的确立强化了对犯罪嫌疑人、被告人的权利保障,但立法的主要目的在于防止冤假错案,即以真实价值为取向。而真实取向也导致了立法与司法解释的局限性。但是,非法证据排除规定的主要价值取向应当是权利,其主要功能在于通过排除非法证据,遏制非法取证行为,从而保护犯罪嫌疑人、被告人、证人、被害人等的权利。从真实向权利的取向转变,是非法证据排除的核心理念,能够提升立法者与司法者对该规定功能的认识。而当前不仅需要实现价值取向的调整,还需要扩张排除范围,使排除规定得到认真落实。[2] 另外有文章指出,尽管主

---

[1] 裴苍龄:"彻底清除证据问题上的盲点",载《现代法学》2017年第5期。
[2] 张建伟:"排除非法证据的价值预期与制度分析",载《中国刑事法杂志》2017年第4期。

流观点认为我国非法证据排除规则的理论基础是遏制刑讯逼供或人权保障,但观察近年的司法实践,其实践逻辑并非如此。源于美国法的遏制违法或人权保障说有其产生与运行的特定前提条件,包括宪法规范可直接作为裁判根据、三权分立的国家权力结构、法官的独立地位以及法官的特殊素养等,与我国现实司法条件并不相符。通过考察我国非法证据排除规则实施状况并分析其制约因素,学者认为法官在处理相关问题时主要考虑的是证据的重要性程度,排除对办案人员、单位以及自身的影响,明显有别于主流观点所认为的理论基础,有必要立足实践进行重新检视与探讨,以更好地指导排除规则的运行与完善,发挥其应有功能。对此,文章提出"规范——权衡说"的应对方案,即在取证行为合法性调查环节采取规范说,主要考量争议证据取证方式是否非法,如取证方式非法则予以认定并施加消极法律后果;在非法证据排除阶段采权衡说,主要看该证据对刑事司法整体性公正造成的影响,如认为采纳该证据是不可接受的,则予以排除。该理论基础既吸收了国际有益经验,又符合我国实际情况,能够促进非法证据排除规则的实际运行并拓展其程序性功能。[1]

而在立法解释方面,有文章基于法教义学的方法对我国《刑事诉讼法》第54条规定的非法证据排除规则进行了分析。首先,对该条规定的"等非法方法"应作实质解释,即是指侵犯公民基本权利的方法,而不仅仅是"冻、饿、晒、烤、疲劳审讯"等于刑讯逼供在形式上完全类似、性质上同出一辙的方法。其次,在实物证据的排除问题上,立法本意并非传统观念所认为的裁量排除模式,而是裁判排除与强制排除并存,对侵犯犯罪嫌疑人、被告人基本权利的实质性程序瑕疵,立法实际上持强制排除立场。再次,根据《刑事诉讼法》第54条的立法表述,间接渊源属于违法行为的证据也应当予以排除,因此,"毒树之果"原理在我国刑事诉讼中同样适用。此外,结合《刑事诉讼法》第57条的规定,非法证据排除规则不适用于辩护方提供的证据,但纪委收集的证据显然应受到《刑事诉讼法》第54条之约束。[2] 而对具体的非法方法及其所获证据的排除问题,2017年度相关成果也有所涉及。有学者对疲劳审讯进行了比较研究。域外在疲劳审讯的判断上大致可分为强制性认定、裁量性认定与原则加例外的认定三种模式,不同模式各有利弊,具体采用何种方法多受本国法律理念与诉讼制度历史的影响。而在我国,则应当结合当前刑事诉讼结构与司法现实状况进行通盘考量,遵循原则加例外的模式,明确超出规定时长的讯问视作疲劳审讯,所获供述为非法证据应径行排除;同时应规定审讯时间少于法定时长仍作认定与超过法定时长而不作认定的两种向度的例外情形。[3]

---

[1] 林志毅:"论我国审判阶段非法证据排除规则的理论基础",载《中外法学》2017年第4期。
[2] 易延友:"非法证据排除规则的立法表述与意义空间——《刑事诉讼法》第54条第1款的法教义学分析",载《当代法学》2017年第1期。
[3] 董坤:"论疲劳审讯的认定及其所获证据之排除",载《现代法学》2017年第5期。

2017年6月27日,最高人民法院、最高人民检察院、公安部、国家安全部、司法部联合发布了《关于办理刑事案件严格排除非法证据若干问题的规定》(以下简称《严格排除非法证据规定》)。学界普遍认为该规定进一步推动了非法证据排除规则在我国的确立,是贯彻落实以审判为中心的兴衰诉讼制度改革的重要举措,将对促进刑事诉讼程序的正当性和刑事诉讼结果的公正性,防止冤假错案,提高司法公信力,产生重大、深远的影响。具体而言,该规定的突破与创新点包括以下内容:①进一步界定了非法言词证据的范围,将"采取殴打、违法使用戒具等暴力方法或者变相肉刑的恶劣手段"以及"采用以暴力或者严重损害本人及其近亲属合法权益等进行威胁的方法",进而"使犯罪嫌疑人、被告人遭受难以忍受的痛苦而违背意愿作出的供述"视为非法言词证据;同时,"采用非法拘禁等非法限制人身自由的方法收集的犯罪嫌疑人、被告人供述"以及相应非法方法收集的证人证言、被害人陈述也属于非法言词证据。将非法言词的判断要件从"痛苦规则"转向以"痛苦规则"为主、兼具"自白任意性规则"要素。②明确重复自白应当如何排除,规定"采用刑讯逼供方法使犯罪嫌疑人、被告人作出供述,之后犯罪嫌疑人、被告人受该刑讯逼供行为影响而作出的与该供述相同的重复性供述,应当一并排除",同时规定了两项例外情形,即"侦查期间,根据控告、举报或者自己发现等,侦查机关确认或者不能排除以非法方法收集证据而更换侦查人员,其他侦查人员在场讯问时告知诉讼权利和认罪的法律后果,犯罪嫌疑人自愿供述的",以及"审查逮捕、审查起诉和审判期间,检察人员、审判人员讯问时告知诉讼权利和认罪的法律后果,犯罪嫌疑人、被告人自愿供述的"。③强调非法证据排除的及时性和侦查监督的同步性,将非法证据排除规则适用于刑事诉讼程序始终。④重视对过程证据的收集和运用,对录音录像、提讯登记、体检记录的形成作出较为具体的规定,并明确过程证据对证据收集合法性证明的主导作用。⑤进一步发挥庭前会议审查证据收集合法性的作用,着力激活庭前会议制度,进一步提升诉讼效率、防止诉讼拖延。[1] 而对非法证据排除规则的进一步发展,学者认为应根据我国实际情况逐步进行,从程序和实体方面进行设计与完善。首先,为阻断非法证据对案件审理的影响,在最好在庭前完成排除,对此可以利用庭前会议制度与检察机关审查起诉机制,而其中庭前会议制度应向庭前听证方向发展,可直接产生是否排除的裁定。其次,在实体方面,现阶段应由最高人民法院、最高人民检察院、公安部等部门联合制定非法证据排除实施细则对非法言词证据、非法实物证据、"毒树之果"以及排除规则适用范围等问题进行具体

---

[1] 卞建林、谢澍:"我国非法证据排除规则的重大发展——以《严格排除非法证据规定》之颁布为视角",载《浙江工商大学学报》2017年第5期;顾永忠:"非法证据排除规定的突破、创新与务实",载《人民法院报》2017年7月2日,第2版;樊崇义、徐歌旋:"非法证据排除规则的确立和发展",载《学习与探索》2017年第7期。

规定。[1]

在排除规则的实际适用方面，学者指出，《严格排除非法证据规定》赋予了辩方申请法院通知侦查人员出庭作证的程序启动权。侦查人员出庭作证，无论以何种证人身份（目击证人、程序证人或辨认鉴真证人）出庭，都应以"问——答"方式作证，由控方直接询问提供证言并通过辩护人交叉询问和被告人对质的方式接受辩方质证。[2] 另外，学者认为我国司法实践中审查起诉阶段的非法证据排除程序启动频率明显高于审判阶段，非法证据排除规则在审前程序中得到更为频繁的适用，表明检察机关在防止非法证据进入审判程序、避免因采纳非法证据而导致冤假错案、保障司法公正等方面发挥了重要作用。而随着《严格排除非法证据规定》的出台，检察机关应在工作理念、方式、机制上作出相应调整。[3]

（三）证据审查判断

有学者对刑事证据审查的基本制度结构进行了探讨，指出现代刑事证据审查体现是以"证据准入——证据评估相分离"为核心特征，由术语范畴、审查主体、审查标准与程序保障等多个维度构成的一个立体制度结构体系。多层次的立体制度结构体系有利于保障证据准入与证据评估的相对分离，以确保刑事证据规则的有效实施。我国立法依据通过"材料——证据——定案根据"这三个基本范畴确立了证据准入的两道审查门槛。证据审查规范与相关审查范畴的对接体现了对刑事证据审查的进一步强化。但我国的证据审查制度还只是一种相对扁平化的线性制度构建，审查范畴上的区分缺乏来自主体分离、程序设置和适用标准层面的支撑于保障。对此，学者指出，我国刑事证据审制度体系应作出相应调适。首先，证据审查范畴体系本身需要进一步合理化，包括刑事证据规范体系中范畴术语的规范化、对"定案的根据"所包含内容的进一步界定和梳理；将现有证据审查范畴特别是证据准入门槛与相应的程序保障实现有效的对接。其次，需要对配套的程序制度作进一步改革，如审前证据排除程序的进一步构建与强化、强化证据排除优先处理原则、强化法庭对证据异议的优先处理和及时回应，以及证据异议问题的提出与回应情况应计入庭审笔录等。[4]

证据的真实性是被采信的前提条件之一，我国《刑事诉讼法》明确了"证据必须经过查证属实，才能作为定案的根据"，相关司法解释也有进一步规定，但在现行法律体系中，尚未形成完整的、体系的鉴真规则。此前学界对证据鉴真问题关注度较低，已有研究主要集中于对相关概念的分析与域外经验的介绍。而2017年相关文章的发表显示，国内对该领域的研究已向全面性与深度化发展。有学者指出，实物

---

[1] 杨宇冠："我国非法证据排除规则的特定与完善"，载《法学杂志》2017年第9期。
[2] 张保生："非法证据排除与侦查办案人员出庭作证规则"，载《中国刑事法杂志》2017年第4期。
[3] 熊秋红："检察机关在非法证据排除中的多重角色"，载《中国刑事法杂志》2017年第4期。
[4] 吴洪淇："刑事证据审查的基本制度结构"，载《中国法学》2017年第6期。

证据鉴真规则以确保实物证据的真实性为目的,其核心则是证据的保管链规则。如可以证明证据从被采集到提交法庭的整个过程都得到了良好的保存与管理,即可排除其被调换或污染的可能性,其真实性则得以证明。因此,保管链的完整性成为实物证据鉴真规则的一般构成或基础构成。考察保管链完整性,主要对象包括证据保管主体是否合法、采集程序是否合法、证据交接是否及时、运输过程是否严密,以及保管条件是否完备等。一般情况下,保管链不完整可能造成排除实物证据的后果,但在存在特定条件的场合,也可以认可证据的真实性,而不进行排除。此类例外主要有:①通过邮政系统运输证据,且封装保持完好、投递与到达的期间在合理范围之内,可以排除证据被调换、污染的可能性的情况;②侦查人员遵照程序作出侦查行为后未能依照规范制作诉讼文书,由相关人员对瑕疵作出合理说明并列举相应证据;③出现侦查人员无法克服的障碍造成保管链断裂,由其对证据的适当保管作出合理说明;④在证据保管链出现断裂的情形下,法官能够通过其他证据之间的相互印证确认证据真实性的情况。[1]

信息技术的发展不仅衍生了新型犯罪,也使得电子数据日渐成为认定案件事实的重要证据。作为新型证据形式,其科技性、虚拟性等特征也在司法实践中产生了新问题,其中即包括鉴真问题。相关学者以快播案为分析对象,对我国电子证据的鉴真问题进行了反思,指出我国传统上并未将实物证据鉴真原理从关联性、真实性理论中独立出来,更没有构建单独的电子证据鉴真规则。自2010年《关于办理死刑案件审查判断证据若干问题的规定》以来,相关立法与司法解释对电子证据的来源、收集提取和审查设置了一系列要求,呈现以下特征:其一,不区分外部鉴真与自我鉴真,即便是有可信来源、可靠保证的电子证据,也必须借助外在证据进行鉴真;其二,主要依靠"保管链条证明",以对存储介质的鉴真囊括对数据内容的鉴真;其三,多依赖笔录、情况说明等方式而较少寄希望于知情人作证方式;其四,只明确了证据封存制度而未建立证据标签制度,只能解决现场取证的需求而难以顾及之后启封检验的情形;其五,多依赖事后鉴定的方式而未设置必要的推定鉴真规则,存在制度缺陷。此外,对鉴真不能的情形没有明确的刚性后果,法官自由裁量权过大,导致我国电子证据鉴真规则偏软。2016年最高人民法院、最高人民检察院与公安部联合颁布的《关于办理刑事案件收集提取和审查判断电子数据若干问题的规定》(以下简称《电子数据规定》)对电子数据的鉴真问题进行了重点规定,主要变化包括:①将完整性审查纳入鉴真要求;②充实关联性的内涵,具体列举了关联性审查中如何对网络身份与现实身份进行同一认定,如何将犯罪嫌疑人、被告人与存储介质相关联;③对"增""删""改"的情况予以细化,要求附有说明,并明确不影响真实性的电子证据不予排除;④确立依靠独特特征进行鉴真的方法,探索建立部分推定鉴真制度,并确立了有限排除规则。学者认为,《电子数据规定》在鉴真问题上取得

---

[1] 马贵翔、韩康:"实物证据鉴真规则的构成探析",载《浙江工商大学学报》2017年第6期。

了实际进步，但主要仍是基于各种笔录和情况说明来形成证据保管链，与域外通行的证据标签制度还有相当大的差距。[1] 另有文章结合《电子数据规定》从电子数据鉴真的对象、方式与法律效果三方面对相关情况进行了总结与分析。在电子数据鉴真对象问题上，由于电子数据对存储介质的依存性与可分性的特质，在对电子数据与原始存储介质一体收集的模式下，对原始存储介质鉴真即可实现对电子数据的一并鉴真；而在电子数据与存储介质相分离、单独提取电子数据的模式下，则属于对电子数据单客体的鉴真。"一体收集"模式关乎电子数据承载信息所涉及的信息权或隐私权以及原始存储介质所涉及的财产权，较"单独提取"模式更为繁琐，但考虑到该模式能够减少电子数据失真风险、更易于办案人员取证等因素，我国《电子数据规则》采取了以"一体模式"为原则、"单独提取"为例外的做法。在鉴真方法上，一般采用"独特性确认"与"保管链条证明"两种方式，而对电子数据的鉴真则主要采用"保管链条证明"和鉴定的方式进行，涉及电子数据收集中的笔录制度、见证人制度、录音录像制度与鉴定制度。对多元化的鉴真方式，国外倾向于根据具体情况裁量选择，我国立法则呈现"强制适用为主、裁量适用为辅"的特征，即对笔录鉴真、见证人鉴真方式进行强制适用，而鉴定通常在保管链条存在瑕疵而无法通过其他方式进行补正的情况下裁量适用。在违反电子数据鉴真规则的法律后果问题上，该文认为违反电子数据鉴真规则属于技术性违反而非侵权性违法，因此，此类情形下收集的电子数据属于瑕疵证据而非非法证据，可以进行程序补正，以恢复其证据能力。除现行法律与司法解释规定的进行必要补正与作出合理解释或说明两类方式外，鉴定也是对电子数据保管链条瑕疵进行补正的重要方式。[2] 除对真实性的审查外，还有文章电子证据的认证问题进行了全面分析，认为当前存在认证前奏暗含隐患、认证依据不科学以及认证标志不统一的问题，其根本原因在于立法本身对电子证据的认识不足导致法律规范、司法解释不能给予实务足够的指引，进而导致司法实践对电子证据不敢轻易认定，产生一定程度的"证据歧视"现象。对此，文章提出电子证据认罪规则的构建须以证据能力为核心，具体构建电子证据关联性、合法性以及真实性的认证规则，而后续立法应将着力点放在确立电子证据最佳证据规则、建立明确的电子证据排除规则与设置电子数据之间传闻证据规则之例外三个方面。[3]

具体案件中对证据的审查判断，2017年度也有相应的研究成果。如针对贿赂犯罪，学者认为此类案件定案主要依据行贿人与受贿人的供述，导致其证据体系与审裁机制主观性较强，在缺乏修补机制的情况下，难以充分实现客观公正、保障案件质量，因此应当建立客观化的修补机制。在人证印证事实上，应当通过客体物事实、

---

[1] 刘品新："电子证据的鉴真问题：基于快播案的反思"，载《中外法学》2017年第1期。
[2] 谢登科："电子数据的鉴真问题"，载《国家检察官学院学报》2017年第5期。
[3] 周新："刑事电子证据认证规范之研究"，载《法学评论》2017年第6期。

权钱交易基础事实、行为逻辑等进行客观验证；对"约定受贿"的情况应以要约、承诺的明确性，资金及交接安排，着手兑现等事实进行客观验证；对行为人特定话语含义、财物占有状态等案件特定事实，应当按照客观标准解释，侦查笔录中当事人的主观解释仅能作为参考；保证证人出庭，促进证言的可视化，以对证言进行客观验证。[1]

此外，在对证据可采性的研究上，还有学者对近年来国际侦查合作中境外取证问题进行了关注，指出我国关于国际侦查合作背景下取得的境外证据之可采性的法律规定严重不足，有必要结合国际侦查合作的特点与我国的实际需要完善相关规范。目前国外解决境外证据可采性问题主要有证据所在地国法律准据法模式、调查取证请求国法律准据法模式、超国家立法准据法模式、最低权利保障标准模式以及证据收集与使用分立模式集中探索性实践。对我国而言，应当分类制度证据可采性审查判断标准，其主要原则是：对完全由外国执法机关独立调查取得的证据之可采性判断应以证据所在地国法律准据为主，我国法律准据为辅；对由我国侦查人员参与境外调查取证的，则以我国法律准据为主，证据所在地国法律准据为辅。[2]

（四）司法证明问题

2017 年，对印证证明模式的探讨出现了一股热潮。自 2004 年龙宗智教授"印证与自由心证——我国刑事诉讼证明模式"一文发表以来，印证模式在学界引发了较大反响与后续的深入研究。2017 年度学界从多个侧面对该问题进行了深入探讨，产生了多篇重要成果。有学者提出印证与以侦查为中心的诉讼构造、追求案件客观真实的诉讼理念的具有共生关系。依据印证方式进行裁判，强化了查明事实真相的要求而忽视了程序正当性的保障，局限于对证据之间相互关系的形式审查则加剧了庭审证明的形式化，导致法官认定案件事实的过程机械、僵化，严重挤占了自由心证的空间。随着以审判为中心的诉讼制度改革的不断推进以及庭审证明实质化的落实，应当让法官的裁判方式回归自由心证。而印证则应作为一种证据分析方法而非证明模式与自由心证相结合适用。[3] 而作为该学说首创者，龙宗智教授在"刑事印证证明新探"一文中对印证证明作进一步梳理：在概念内涵上，刑事印证证明是指在刑事诉讼中利用不同证据内含信息的同一性来证明待证事实，其中"同一性"包括信息内容的同一与指向的同一；在适用对象上，印证证明既适用于个别证据的判读，也适用于证据的综合判断，还适用于对证据真实性、合法性与相关性的判断；印证证明的作用机理包括真理（真实）融贯论、真理（真实）符合论与归纳逻辑和溯因推理；印证证明有效性的主要考量因素包括参与印证的证据的品质、数量、清晰度，

---

[1] 龙宗智："论贿赂犯罪证据的客观化审查机制"，载《政法论坛》2017 年第 3 期。
[2] 王青、李建明："国际侦查合作背景下的境外取证与证据的可采性"，载《江苏社会科学》2017 年第 4 期。
[3] 杨波："审判中心下印证证明模式之反思"，载《法律科学》2017 年第 3 期。

是否存在客观性证据（尤其是隐蔽性证据），是否符合经验法则，是否合理嵌入整体的事实构造，以及是否存在合理差异等。实践中对印证证明存在误用的情况，主要表现为：在印证模式的压力下违法取证，强求印证；过分看重印证事实，忽略对案件的综观式验证；违背证明规律，忽略心证功能。有鉴于此，印证模式的改革方向应当是：坚持印证主导、加强心证功能、注重追证作用，发挥验证功效。[1] 另有文章指出，我国印证模式的主要问题在于其难以被精确定义，在实践中容易被滥用，而在一些案件中又无法适用。要解决相关问题，首先需要搁置不必要的语义争议，其次应当完善该模式运行的制度环境，此外则是探索适用新的证明模式。然而，已经提出的"情理推断模式""自由心证的客观化""准法定证明"等观点仅提供了新的证明理论，难以付诸实际操作。最佳解释推理因其可以检验印证、解释孤证和加强心证的作用，且与印证具有相容性，在一定条件下可以引入司法领域弥补印证模式的缺陷。[2] 此外，还有文章以中西方印证证明模式的比较为切入点，指出印证规则与程序机制存在相互限制、相互作用的能动关系，即为防范事实认定错误的风险，程序规则的不足推定了印证规则的产生；程序机制决定了印证规则的基本特点；印证规则与程序机制作为一个整体共同决定刑事诉讼真实发现的任务能否实现，呈现此消彼长的状态。因此，作为认知规律的印证模式具有合理性与普适性，但作为法律规范的印证规范，因其内容与本国程序机制的匹配程度不同而有着优劣之分。印证规则在我国司法实践中出现问题的根源在于刑事诉讼程序机制的缺陷即公安司法机关的不当使用。针对相应弊端，片面引入自由心证或正当程序均不可行，而应当推进印证规则与程序机制的整体重塑，寻求兼顾真实发现与诉讼效率的最优资源分配方案。[3] 在印证证明的具体适用方面，相关研究也有所涉及。如在电子证据的采信问题上，学者经分析发现由于电子证据的专业性与自由心证原则之间存在天然冲突，实践中司法人员对电子证据的采信水平堪忧。对此，解决方法是构建客观化的采信机制，而这与我国的印证证明模式向贴合。但为更好地应用与实际，还需要对相关理论进行再造，包括创设电子证据"孤证绝对否定""不同节点印证""属性痕迹不强""区间权衡"等规则，构建电子证据的印证体系。此外，还可以羁押概率的乘积规则设计电子证据印证公式，进一步实现电子证据的概率化采信，实现从注重经验判断到追求客观量化的转变。[4] 此外，印证模式与非法证据排除规则的冲突与调和也是研究的重点内容。有文章对法官认定非法证据的心证过程进行了分析，认为在我国排除非法证据的程序中，法官是以"整体主义"的方式和"相互印证"的

---

[1] 龙宗智："刑事印证证明新探"，载《法学研究》2017年第2期。

[2] 罗维鹏："印证与最佳解释推理——刑事证明模式的多元发展"，载《法学家》2017年第5期。

[3] 向燕："'印证'证明与事实认定——以印证规则与程序机制的互动结构为视角"，载《政法论坛》2017年第6期。

[4] 刘品新："印证与概率：电子证据的客观化采信"，载《环球法律评论》2017年第4期。

逻辑来评价证据是否非法。而这种方式容易导致实体事实影响法官准确认定非法证据，也会致使印证证明模式在一定程度上架空排除规则，进而增加证据排除的难度。在以审判为中心的改革背景下，弥合二者冲突，可以通过采取起诉状一本主义、贯彻直接言词原则，实行案卷分离、落实程序审查优先原则，以及尽早解决争议、事先预防优于事后论证等方式实现，而最低限度的要求是不以"相互印证"处理取证合法性问题。[1]

在证明责任问题上，2017年度相关成果多着眼于对基本概念的梳理厘清与重新审视。如在主客观证明责任区分上，主观证明责任从当事人角度说明证明责任，客观证明责任则是从法院裁判的视角进行解析，将证明责任定性为要件事实真伪不明时法院的裁判规则。客观证明责任符合证明责任制度的本质，而主观证明责任对该制度的说明则更为简单明了。学者指出，尽管客观证明责任得到理论界的普遍认可，但实务界却多从主观证明责任的含义上适用，主要原因在于客观证明责任负责、取证，立法、司法解释以及司法实践中难以使用客观证明责任概念。但这一现象并不意味着客观证明责任在理论上是错误的，就对证明责任本质的认知和解释而言，客观证明责任具有明显的优势。[2] 此外，还有文章对证明责任作为裁判规范的问题进行了分析，指出基于真伪不明而适用证明责任规则并非事实认定程序中的证据规范，而是法官对既定事实适用法律的裁判规范，而现实中将证明责任纳入事实认定范畴，甚至将结果与行为、证明责任与举证责任相混合的做法，造成了证明责任理论的自相矛盾，导致证明责任的抽象理论与当事人举证责任的具体内容相脱节。因此，必须重新将证明责任规则严格限定在真伪不明状态下的裁判领域，并设定具体、规范的适用程序，以避免证明责任理论空设。[3]

2017年度对证明标准的探讨主要集中在"层次化"问题上。对在不同诉讼阶段，即侦查终结、提起公诉与审判定罪是否适用相同证明标准，学界并未形成统一观点。有学者撰文提出，在以审判为中心的诉讼制度改革背景下，要求侦查、审查起诉和案件事实经得起法律的检验，就是要求侦查终结、提起公诉与审判定罪采用相同的证据标准。其主要理论支撑在于：其一，反对同一标准的诉讼认识过程论认为的侦查终结、提起公诉和审判定罪的证据标准应当有低至高的观点不符合认识的科学规律；其二，西方国家立法虽规定提起公诉的证据标准低于定罪证明标准，但实践中却并非如此，且更不意味着我国必须效仿；其三，在我国当前的司法环境下，检察标准的同一性对实现尽可能让有罪者受到惩罚、无辜者不被错误追究具有重要意义。而要实现证据标准的同一，需要重点解决以下问题：①建立和完善检察机关提起介

---

[1] 牟绿叶："论非法证据排除规则和印证证明模式的冲突及弥合路径"，载《中外法学》2017年第2期。
[2] 李浩："证明责任的概念——实务与理论的背离"，载《当代法学》2017年第5期。
[3] 许尚豪："作为裁判规范的证明责任"，载《当代法学》2017年第5期。

入、引导侦查的机制；②加大证据不起诉的适用；③加强侦查、审查起诉阶段的指定辩护。此外，该学者提出，证据标准的同一化对庭审实质化形成了挑战，对此，应当通过落实法官独立审判与直接言词原则予以应对。[1] 与之相反，有观点则认为，我国当前立法采取的刑事证明标准一元化模式，导致动态的诉讼程序与静态的证明标准出现了紧张关系。"以审判为中心"的刑事诉讼制度改革并不意味着要统一证明标准或者定罪标准的前移，而是应当呈现"正向递进关系"和"反向指引作用"，要求通过递进式诉讼程序形塑递进式证明标准。为此，需要厘清"一条纵向主线"、搭建"多条横向分支"，以技术化的方式将程序重心从侦查程序逐步推进到审判程序，实现从"以侦查为中心"向"以审判为中心"的转变。[2] 此外，对适用不同程序的刑事案件，证明标准是否应当有所调整，相关研究同样有所涉及。如对刑事和解案件，有观点认为，此类案件中，和解协议达成的前提是被告人悔罪、赔偿等认罪行为，如在定罪时仍适用普通案件的证明标准，并不符合和解的特点，应当在多层次证明标准的背景下选择兼具原则性与灵活性的标准加以适用。而盖然性标准由于具有上下浮动空间，既能避免适用普通定罪标准带来的对刑事和解效率价值的消解，又足以降低错误定罪的风险，以其作为刑事和解案件的定罪标准，具有相对合理性。[3] 在认罪认罚从宽制度中，当前理论界对是否降低证明标准存有分歧。有观点认为，认罪认罚案件大多因被告人自愿认罪而事实清楚、证据扎实，此类案件是由于达到证明标准的难度较低所有程序相应简化，并非因为程序简化故而可以降低证明标准。因此，认罪认罚从宽制度中的证明标准并未降低。实践中，应当强化审前的"证明准备"使得证据组合接近、甚至达到证明标准，进而在刑事诉讼的纵向构造上启动程序简化；而庭审中则需要在控方完成"他向"之司法证明的基础上，着重审查被告人认罪的自愿性、明智性和明知性。[4] 另外有学者认为刑事速裁程序的证明标准在规范与实践中出现了分离的情况，即司法实践中速裁程序证明标准实质上低于规范要求，而这种分离与庭审虚化带来的证明方法不足、公诉证明标准的扩张适用以及不当的司法改革政绩追求有关。因此，刑事速裁程序证明标准的降低是不可避免的，改进的方向是设置分层次的标准，如对被告人供述自愿性的证明须达到"排除合理怀疑"的程度，而其他犯罪事实和量刑事实证明达到"大致的心证"

---

[1] 陈学权："论侦查终结、提起公诉与审判定罪证据标准的同一——以审判中心主义为视角"，载《苏州大学学报（哲学社会科学版）》2017年第2期。

[2] 谢澍："论刑事证明标准之实质递进性——'以审判为中心'语境下的分析"，载《法商研究》2017年第3期。

[3] 郑曦："刑事和解案件定罪标准的确立与调适"，载《河南大学学报（社会科学版）》2017年第5期。

[4] 谢澍："认罪认罚从宽制度中的证明标准——推动程序简化之关键所在"，载《东方法学》2017年第5期。

即可。[1]

但针对证明标准"层次化"的讨论，有文章则从根本上对该命题提出质疑，认为当前"确实、充分"的标准自有其相对合理的一面，其天然的模糊属性增添了动态证明机制中的多元化可能。"确实、充分"的证明要求对公检法机关既是一致的，又有所区别。在不同诉讼阶段，"确实、充分"在外部表述上没有变化，但就实际操作而言已然发生质变。因此，"层次化"本就存在，以此作为改造对象或许只是一个伪命题。该文认为对我国刑事证明标准的改造，大可不必笃定非层次化不可的主张，而应当深刻认识、准确把握"确实、充分"的基本内涵。[2]

除对层次化证明标准的讨论之外，学界对证明标准的适用也给予了持续关注。有文章参考美国学者基于福利经济学和决策理论建构的有关证明标准的概率模型，就如何对"排除合理怀疑"做概率化理解提出了一种后果主义方案，认为即便现有经验研究积累不足以允许法律决策者精确量化某个或某类刑事案件中不同判决的预期社会效用，但依据一些合理的规范假设，仍可以找到"合理怀疑"大致对应的概率范围。而通过对司法实践的分析，可以发现"排除合理怀疑"的证明标准通常不应像法律人想象的那么高，而刑事诉讼中应被认为"合理"的怀疑也不像法律人理解的那么多。实践中，为应对辩方罗列大量疑点的机会主义辩护策略，法庭可以首先判断相关怀疑是否合理，而无需要求控方立即举证反驳；如控辩双方就怀疑是否合理形成争论，则由法院作出认定，如认定相关质疑为不合理的，控方则不必为排除该怀疑承担举证责任。[3] 此外，有学者指出，规范刑事诉讼证明标准的适用应在观念上实现从通过法律解释增强可操作性向增强操作过程规范性的转变。而增强证明标准操作过程的规范性可从明确证据运用中的技术规范、颁布证明标准适用的指导性案例、设置证明标准适用中更严格的程序操作规范三方面着手。[4]

（五）证人出庭制度

证人出庭作证制度是刑事审判的基本要求。针对司法实践中证人出庭率低的问题，《中共中央关于全面推进依法治国若干重大问题》的决定提出："推进以审判为中心的诉讼制度改革。……完善证人、鉴定人出庭制度，保证庭审在查明事实、认定证据、保护诉权、公正裁判中发挥决定性作用。"证人出庭制度的完善成为全面推进依法治国的重要内容。对该制度在经过立法改革与完善后的实际运行情况，学者经过试点与调研发现，证人出庭率低等问题依然存在，导致易于出现实体错误和程序不公的风险。但经过实证试点，学者也发现相关问题可以通过改革加以解决。具

---

[1] 高通："刑事速裁程序证明标准研究"，载《法学论坛》2017年第2期。
[2] 孙皓："论刑事证明标准的'层次化'误区"，载《当代法学》2017年第4期。
[3] 桑本谦、戴昕："真相、后果与'排除合理怀疑'——以'复旦投毒案'为例"，载《法律科学》2017年第3期。
[4] 徐阳："我国刑事诉讼证明标准适用观念之思考——从增强可操作性到增强操作过程的规范性"，载《法商研究》2017年第2期。

体措施包括重新确定必须出庭证人的范围,明确证人无需出庭的案件类型,加强强制证人出庭制度实施,规定完整的亲属免证特权并允许其自愿作证,完善证人保护和经济补偿等证人出庭保障机制以及将伪证罪的适用限于针对故意作出的庭上伪证等六方面。[1]

对侦查人员出庭说明情况的问题,学者认为无论从历史情况还是对法律条文的解释考察,侦查人员都不具有证人身份。而立法作出这一选择主要考虑的是对侦查高负荷公正的关注,也暗合了自由证明原理 中证据调查的基本方式。但是当前对侦查人员出庭说明情况的规定仍有待完善:首先,侦查人员应顺应以审判为中心的诉讼制度改革,主动出庭,尽量降低书面说明情况的使用频率;其次,应对此种自由证明进行层次化构建,对证据合法性的异议无法通过"释明"解决而所涉证据又关怀案件主要事实的查明或被告人基本权利的保障的,应当以相对严格的自由证明进行补足,适时赋予辩方对质诘问权。[2]

(六)域外证据制度

2017 年,学界继续对域外证据法立法与实践进行观察,以寻求为我国学术研究与规范完善的参考与借鉴。如针对我国立法与司法强化补强规则的情况,学者对该规则的发源地即英美两国的发展历史与最新动态进行梳理,发现该规则在英国已基本被废除并被代之以裁量性警告,主要原因包括:实现警察权力和被追诉人权利相平衡的考虑,补强规则的实践操作过于复杂和技术化容易导致不可预知的后果,原有法律条文有性别歧视与妨碍追究犯罪的嫌疑,以及规则本身缺乏灵活性而无法达到预期目的;在美国,庭外陈述补强规则虽然依然发挥作用,但存在诸多争议,实践中也受到一定挑战,且强奸案件的补强规则则处于被废除边缘。在此基础上,学者认为平衡公共权力与个人权利和因应本土刑事司法文化两种要素在补强证据规则变迁中有着突出作用,因此,我国证据制度建设应当正视严重的口供依赖文化,承接既往去除口供依赖、治理口供中心主义的努力,进一步加强和完善补强规则,以规制基于定罪目的对补强证据作出宽松解释或规避适用的现象。[3]

还有学者对法官的口供自由、自愿原则进行了介绍与评析。法国在 2011 年《刑事拘留法》中明确了口供的自由、自愿原则,具体内容包括权利告知、获取口供的合法性限制以及非法口供排除的自由评价。在制度设计上,法国模式具有三大特点,即以判例为主导的非法口供排除规则体系,"相对无效为主、绝对无效为辅"的排除标准,以及中立司法官为主要的权力监督机构。学者认为,尽管口供的自由、自愿

---

[1] 陈光中、谢丽珍、郑曦:"完善证人出庭制度的若干问题探析——基于实证试点和调研的研究",载《政法论坛》2017 年第 4 期。

[2] 董坤:"侦查人员出庭说明情况问题研究——从《刑事诉讼法》第 57 条第 2 款切入",载《法学》2017 年第 3 期。

[3] 李训虎:"变迁中的英美补强规则",载《环球法律评论》2017 年第 5 期。

原则已在法国得以落实并日渐成熟,但其运行仍然带有浓厚的职权主义色彩,"社会利益优先""国家权力主导""追求实质真实"等核心目标在法国刑事诉讼中并未发生根本变化,公权力机构在刑事司法体系中依然处于较优势地位。[1]

---

[1] 施鹏鹏:"口供的自由、自愿原则研究——法国模式及评价",载《比较法研究》2017年第3期。

第五章
国际诉讼法的发展动态

第一节 国际刑事诉讼法的发展动态

一、美国最高法院有关刑事规则的判例*

2017年，美国最高法院作出的有关刑事规则的判例主要涉及了六大类问题，包括律师无效辩护、假释、搜查、陪审团、死刑以及证据开示等。虽然没有出现新的司法判例，但从美国最高法院对于宪法问题的审查可以看出，最高法院对于司法先例的理解和适用较州法院更为严谨。最高法院对于案件的审查在很大程度上对于法律和先例在全国范围内的公平适用起到了重要作用。

（一）律师无效辩护

判例一：*Jae Lee v. United States*[1]

2017年7月23日，美国最高法院6:2作出有利于申诉人的判决，判决撤销 *Lee v. United States* 案原判并发回重审。本案由美国田纳西西部地方法院初审，美国第六巡回上诉法院进行上诉审。

在 *Lee v. United States* 案中，Lee被指控以贩卖为目的携带毒品"摇头丸"。Lee害怕这项指控会对其在美的合法永久居民身份产生影响，但他的律师向其保证，如果他认罪的话，美国政府就不会将其驱逐出境。检方在认罪答辩协议中提出的量刑意见比Lee接受审判可能获得的刑罚要轻，Lee最终接受了认罪答辩的协议。然而，Lee的律师给出的建议是错误的，定罪就意味着Lee一定会被驱逐出境。在法庭上，检察官承认被告人获得的辩护客观上是不合理的，但问题是被告人是否因此遭受了

---

* 本部分执笔人：中国政法大学刑事司法学院博士研究生刘亚男。

[1] 582 U. S. _ (2017)，判决书详见：https://www.supremecourt.gov/opinions/16pdf/16-327_3eb4.pdf.

损害。最高法院法院指出，如果被告人针对无效辩护提出的诉讼请求中包括律师存在过错的请求，例如，律师没有能够在法庭上提出有效的反驳意见，或者律师没有在上诉程序中提出任何辩护意见，被告人即可通过证明"如果没有律师的错误，诉讼结果存在与当下截然不同的合理可能性"，即可说明自己的利益遭受了损害。然而，本案与上述假设不同。最高法院进一步阐释道：

"本案中，律师的缺陷行为引发的问题不是诉讼程序本身是否可靠，而是被告人适用某诉讼程序权利被剥夺了。当被告声称他的律师的缺陷行为让他进行了认罪答辩而不是选择审判程序，我们不会询问他'如果接受了审判，判决结果是否会与接受认罪协商不同'，因为虽然通常情况下我们会假定诉讼程序具有极高的可靠性，但是我们不能赋予任何没有发生的诉讼程序同样的假定。相反，我们会对'被告人拒绝其本有权获得的整个诉讼程序时是否遭受了利益损害'进行考量。正如我们在 *Hill v. Lockhart* 案中所主张的那样，如果被告人声称他的律师的缺陷行为剥夺了其获得审判的权利并导致他进行了认罪答辩，被告人可以通过证明'要不是律师的缺陷行为，存在他不会进行认罪答辩并会接受审判的可能性'说明自己的利益遭受了损害。"

美国最高法院驳回了上诉法院关于"被告必须证明如果接受审判会获得更好的结果"的意见。最高法院承认"如果接受审判的决定使得被告人胜诉具备可能性，并且这些可能性受到了律师错误的影响，例如，被告主张他的律师本应当让一个通过不恰当手段获得的供述无效但并没有这样做，那么上诉法院的主张是正确的。"但是最高法院发现本案中律师过错的性质是与上述例子不同的。本案中，被告明确知晓其通过审判被判无罪的可能性是很渺茫的，且他的律师的过错与此毫无关系。律师的过错只是让被告人对认罪的后果产生了错误的理解。并且，被告人辩解说如果他知道他将会被驱逐出境的话，他就不会认罪。被告人还坚持认为他会在法庭上孤注一掷，即使通过审判可能获得更长时间的监禁刑，获得无罪的可能性很小，他也会为了能够留在美国而冒险。考虑到这一主张，最高法院认为，"鉴于本案的特殊情况，被告已经充分证明如果被告得知自己认罪一定会被驱逐出境的话，拒绝认罪具有合理的可能性"。

判例二： *Weaver v. Massachusetts* [1]

2017 年 7 月 22 日，美国最高法院 7∶2 作出不利于申诉人的判决，判决维持该案原判。该案由马赛诸塞州法院初审，由马赛诸塞州最高司法法院进行上诉审。

本案中，当被告的案件在马赛诸塞州进行审理的过程中，由于州法院要挑选陪审员，因此法庭被占用了两天并停止向公众开放。被告人的母亲以及其母亲的牧师也被要求离开法庭。被告的辩护律师在法庭上并没有提出反对，也没有在上诉程序中提出这一问题。被告被判犯有谋杀罪以及相关犯罪。5 年后，被告向州法院提出重新审理案件的动议，并辩称由于他的律师没有对法庭的关闭提出反对意见，因此属

---

〔1〕 582 U. S. _ (2017)，判决书详见：https：//www.supremecourt.gov/opinions/16pdf/16 - 240_ g3bi. pdf。

于无效辩护。基于案件事实，最高法院认为被告无法证明其由于无效辩护遭受到了损害。最高法院主张：在刑事司法制度中，刑事司法程序确实应当是连续的、不间断的，法官有义务保障这种连续而且有义务在公平公正审判的必要性以及判决的终局性之间寻求平衡。如果一个审判上的程序错误被保留并在上诉过程中被提出，法官应当作出有利于被告人的裁判，通常情况下为了保障被告人的权利，法院会作出对案件重新进行审理的决定。然而，如果一个审判上的程序错误的提出是基于无效辩护，那就要更多地考虑判决的终局性。因此，综合考虑本案的其他情况，最高法院认为被告人要想获得重新审判，必须提出证据证明其利益遭受到了损害。但本案的被告人并没能提出证据。因此最高法院判决维持原判。

判例三： Buck v. Davis[1]

2017年2月22日，美国最高法院6∶2作出有利于申诉人的判决，判决撤销该案原判并发回重审。本案由美国德克萨斯州南部地方法院初审，由美国第十一巡回上诉法院进行上诉审。

本案中，被告人因谋杀罪被德克萨斯州陪审团认定应当判处死刑。根据德克萨斯州法律，当且仅当被告人未来有可能犯暴力性犯罪的情况下，陪审团才可以作出死刑裁决，因此在庭审过程中，被告的律师聘请一位心理学家就被告人未来是否可能犯暴力性犯罪进行专家论证。在专家论证过程中，该心理学家指出，被告可能不会参与到暴力犯罪中，但被告人有一个特征会增加其参与到暴力犯罪中的可能性，那就是被告人是黑人。陪审团最终决定对被告人适用死刑。

根据Strickland标准（判断律师行为是否构成无效辩护的标准）中的第一个标准，即律师过错标准，法院认为该律师的行为构成无效辩护，因为该律师在明知陪审团可能在听到专家论证的内容而对被告人适用死刑的情况下，仍然要求法庭传唤该专家证人到庭作证。此外，专家论证的报告中明确写道："被告的皮肤颜色让他更应当适用死刑。"根据这样的专家论证判定被告将来可能犯暴力性犯罪明显违反了宪法。最高法院继续阐述道：Strickland标准的第二个标准为利益损害标准，根据该标准，如果辩护律师做了有效辩护，那么存在合理的理由相信诉讼结果会完全不同。本案中该专家证人的论证非常有力地证明了黑人具有暴力倾向，因此法院驳回了关于"本案中种族因素微不足道"的观点，并指出"即使很小分量的毒药也足以致命"。

最终，最高法院认为本案中律师的行为损害了被告人根据宪法第六修正案享有的获得律师有效辩护的权利。

---

[1] 580 U. S. _ (2017)，判决书详见：https://www.supremecourt.gov/opinions/16pdf/15-8049_f2ah.pdf.

(二）量刑、假释

判例：*Virginia*, *v. Dennis Leblanc*[1]

2017 年 7 月 12 日，美国最高法院 9∶0 作出有利于申诉人的判决，判决撤销 *Virginia*, *Et Al. v. Dennis Leblanc* 案原判。本案由美国弗吉尼亚东部地方法院初审，美国第四巡回上诉法院进行上诉审。

本案中，被告人在 16 岁时（1999 年）强奸了一位 62 岁的妇女，被弗吉尼亚州法院判处了终身监禁。在判决作出时，弗吉尼亚已经废除了传统的假释制度，然而存在一种特殊的假释制度，即允许年老的被监禁人在某些情况下可以有条件的获得假释。具体来说，弗吉尼亚法律规定：因犯有重罪在监狱服刑的人，满足下列条件即可向假释委员会申请获得有条件的假释：①年满 65 岁并且服刑满 5 年的，或者②年免 60 岁并且至少已经服刑 10 年的。本案被告在服刑 7 年后，最高法院对 *Graham* 案作出判决。在判决中，最高法院主张宪法第八修正案禁止对未成年犯罪人（犯谋杀罪的除外）判处不可假释的终身监禁刑。此外，最高法院在 *Graham* 案中还主张，虽然"州不必须保障未成年人犯罪人（犯有谋杀罪的除外）最终获得自由"，但必须给予其"基于确定的年龄或者犯罪复归获得释放的有价值的机会"。*Graham* 案要求州法院在初审中采取适当的方式方法来满足 *Graham* 规则的要求。

本案被告基于 *Graham* 案要求撤销对其判处的刑罚。弗吉尼亚法院驳回了这一动议，认为弗吉尼亚关于年老的服刑人可以有条件地获得假释的规定符合 *Graham* 案对于未成年犯罪人的要求。被告人遂申请了人身保护令。联邦地方法院认为，一个公平公正的法官不可能会认为州法院的判决符合 *Graham* 规则。联邦第四巡回法院表示同意联邦地方法院的判决意见。

联邦最高法院撤销了联邦第四巡回法院的判决，并指出联邦第四巡回上诉法院是错误的，因为其没有根据《1996 年反恐怖主义和有效死刑法》的规定遵从、尊重州法院的判决。*Graham* 案的判决并没有认定类似弗吉尼亚州将年老的服刑人有条件地进行假释的制度违反宪法第八修正案。州法院作出这样的判决并不是毫无道理的，因为将年老的服刑人有条件地进行假释的制度适用了一般假释制度的要素，符合 *Graham* 规则。

（三）搜查与过度使用武器

判例一：*City of Los Angeles*, *California v. Mendez*[2]

2017 年 5 月 30 日，美国最高法院 8∶0 作出有利于申诉人的判决，判决撤销该案原判。该案由联邦第九巡回上诉法院进行上诉审。

在本案中，假释犯 O'Dell 被认为持有武器、对社会具有一定的危害性，并且之前有逃避抓捕的行为。法院因此对其签发了重罪逮捕令。当执法人员收到线索，表

---

[1] 582 U. S. _ (2017)，判决书详见：https：//www.supremecourt.gov/opinions/16pdf/16－1177_ m648. pdf。
[2] 581 U. S. _ (2017)，判决书详见：https：//www.supremecourt.gov/opinions/16pdf/16－369_ 09m1. pdf。

明 O'Dell 出现在由 Paula Hughes 所有的房屋时，警察筹划出一个逮捕计划，即由一些警察负责守护该房屋的前门，同时由 2 位副警长负责搜查房屋后院并负责守护房屋后门。当时，警察知道在 Hughes 房屋的后院还住着 Mendez 和另一位名为 Jennifer Garcia 的女性。当警察到达 Hughes 房屋时，三名警察敲响了房屋的前门，同时两位副警长携带着上膛的手枪开始搜查房屋后院。Hughes 房屋的后院的这处由 Mendez 和 Garcia 居住，房屋是用木头和胶合板搭建的棚屋。两位副警长在没有搜查令、没有敲门并告知自己的到来的情况下打开了棚屋的门。其中一位副警长发现 Mendez 持有枪支（事后被鉴定为玩具枪，Mendez 用来对付老鼠和其他害虫），并大喊一声"枪！"两位副警长立即开了 15 枪。Mendez 和 Garcia 均中数枪，身受重伤。Mendez 的右腿膝盖以下的部位还因伤势过重而被截肢。警察并未在房屋内发现 O'Dell。

Mendez 和 Garcia 均以第四修正案权利遭到侵害为由提起诉讼：两位副警长在未获得搜查令的情况下进入棚屋进行了不合理的搜查；称两位副警长的搜查是不合理的，是因为他们在进入棚屋之前没有告知他们的到来；此外，两位副警长在进入棚屋之后过度使用武器，这也构成了不合理的搜查。然而，初审法院适用了第九巡回法院的"挑衅规则"（Provocation Rule）。根据该规则，如果警察故意或者草率地挑起了对方的暴力反击，然后合理地针对该反击防御性的使用了武器，警察仍应当对其造成的损害承担责任。根据该规则，联邦地方法院主张两位副警长应当对其过度使用武力承担责任，并赔偿被告人四百万美元。第九巡回法院不认为两位副警长的射击行为具有合理性，与联邦地方法院一样，第九巡回法院也适用了"挑衅规则"。此外，第九巡回法院还提出了另一个合理的理由，即"直接原因的基本观念"（Basic Notions of Proximate Cause），认为即使没有"挑衅规则"两位副警长也应当承担责任，因为警察应当对于在不通知的情况下闯入棚屋可能遭遇房主的武力抵抗有合理的预期。

最高法院对此案件进行了复审。最高法院认为"挑衅规则"主要解决的问题是：一旦警察使用武力的行为根据第四修正案被认定是合理的，是否存在警察在违反宪法第四修正案的情况下使用武力被认定为是合理的例外。因为这一规定想要通过警察行为违反第四修正案来证明警察过度使用了武力的做法已经被先例推翻了，因此这一规则是缺乏宪法基础的。最高法院也驳回了第九巡回法院的"直接原因"理由，认为第九巡回法院的分析跟"挑衅原则"一样，将根据宪法第四修正案提出的不同的诉讼请求混为一谈，且只需要无证闯入和因其造成的伤害之间产生一个微弱关系。

判例二：*White v. Pauly*[1]

2017 年 1 月 9 日，最高法院 8∶0 作出有利于申诉人的判决，判决撤销该案原判并发回重审。本案最初由美国新墨西哥州地方法院审理，由美国第十巡回上诉法院进行上诉审。

---

[1] 580 U. S. _ (2017)，判决书详见：https：//www.supremecourt.gov/opinions/16pdf/16-67_2c8f.pdf。

本案中，警察 Kevin Truedale 接到了一起酒驾的报警后出警并询问了报警人。根据报警人提供的车牌号，Kevin 查到该车的登记在 Pauly 兄弟 Daniel 和 Samuel 的住址。警察 White，Mariscal 和 Kevin 一起决定逮捕该驾驶员并与其进行交谈。Mariscal 和 Kevin 先行前往 Pauly 兄弟的住址，White 跟随其后。他们向 Pauly 兄弟大喊要求他们打开房门，否则的话他们将强行进入。居住在屋内的两兄弟称他们听到有人喊叫但是并不能从他们的叫喊声中判定他们是警察。两兄弟向警察喊话他们有枪，并且 Daniel 打开了房门。此时，White 刚刚到达，他先将自己隐蔽起来，并朝正探出门用枪指着他所在的方位的 Samuel 开枪射击。Samuel 中枪身亡。

此案中的警察们以过度使用武器为由，被起诉侵犯了 Pauly 兄弟第四宪法修正案的权利。对于本案中后到的 White 警察，初审法院和上诉法院均认为一个理性的警察在开枪射击之前应当先发出警告。

最高法院认为，初审法院和上诉法院错误地对有关过度使用武力的法律进行了扩大解释。宪法第四修正案并没有明确要求当警察加入到一个正在进行的对峙过程时，警察在开枪之前需要先发出警告。

（四）死刑

判例：Moore v. Texas[1]

2017 年 3 月 28 日，最高法院 5∶3 作出了有利于申诉人的判决，判决撤销原判并发回重审。本案最初由德克萨斯州初审法院审理，由德克萨斯州最高法院进行上诉审。

本案中，被告因谋杀罪被判处死刑。被告申请州人身保护令并辩称他的案件应当适用美国最高法院判决的先例 Atkins v. Virginia，因此，由于他存在智力障碍，他应当被免于执行死刑。审理人身保护令的法院根据 Atkins v. Virginia 先例判决支持被告的请求。然而德克萨斯州刑事上诉法院撤销了上诉判决，并认为被告没有优势证据证明其符合 1992 年 Atkins 先例中根据德克萨斯判例法适用的关于智力障碍的定义。

美国最高法院认为，适用过时的智力障碍医学定义违反了宪法第八修正案以及最高法院的先例。最高法院主张，德克萨斯州刑事上诉法院错误地适用了判断智力障碍的标准。州在决定是否对某人不执行死刑时，不能忽略现代医学对于智力障碍的定义。

（五）陪审团审判以及对陪审团裁决的质疑

判例：Pena – Rodriguez v. Colorado[2]

2017 年 3 月 5 日，美国最高法院 5∶3 作出有利于申诉人的判决，判决撤销该案原判并发回重审。本案由科罗拉多州上诉法院初审，由科罗拉多州最高法院进行上诉审。

---

[1] 581 U. S. _ (2017)，判决书详见：https：//www.supremecourt.gov/opinions/16pdf/15–797_ n7io. pdf。
[2] 580 U. S. _ (2017)，判决书详见：https：//www.supremecourt.gov/opinions/16pdf/15–606_ 886b. pdf。

本案中，科罗拉多州的一个陪审团认定被告人犯有骚扰罪以及非法性接触罪。陪审团作出裁决后后，其中两个陪审员告诉被告律师，在对案件进行审议的过程中，陪审员 H. C. 的陈述体现了其对包括被告以及被告的不在场证人在内的拉美裔人存在敌意。被告律师从两位陪审员处获得了宣誓书，宣誓书中对 H. C. 作出的多处带有偏见的陈述进行了描述。

初审法院承认 H. C. 对拉美裔人存在明显偏见，但是拒绝了被告人提出的重新进行审判的动议，因为《科罗拉多州证据规则》第 606（b）条通常禁止陪审员在审查判决是否有效的程序中就其在案件审议中所作的陈述作证。美国最高法院撤销了该判决。禁止质询规则（No-Impeachment Rule）给予判决终局性实质性的保护，并且保障了陪审员在案件审议过程中作出的评价和结论不会在判决作出之后遭到质疑。

最高法院指出，本案的问题是禁止质询规则是否存在例外，即陪审团作出裁决以后，一个陪审员提出强有力的证据证明另一个陪审员发表的清楚的、明确的带有种族敌意的言论是他或她投票认定被告人有罪的重要促进因素。两位陪审员的宣誓书中对 H. C. 发表的数次包含有种族敌对的论述进行了描述。最高法院指出挑起种族划分与美国对于所有人地位平等的誓言相违背。最高法院还主张根据宪法的要求，如果通过陪审员的发言可以看出种族敌对的观点是导致其认为被告人有罪的重要因素，那么禁止质询规则不适用于该种情况。最高法院继续解释道，并不是所有涉及种族偏见或敌对的即兴评价均会成为禁止询问规则的例外情形并启动司法审查程序。要想启动司法审查程序，必须证明一个或多个陪审员的言论明显存在种族敌意并且对陪审团审议和最终裁判结果的公平、公正均产生了严重影响。要想满足这一条件，陪审员的言论必须能够表明种族敌意是导致其投有罪票的主要原因。陪审员的言论是否满足上述条件，主要由法官根据案件的所有情况，包括该言论的具体内容和提出的时间点，以及提交的证据的可靠性进行自由裁量。

但是由于本案并未涉及"法官在判断陪审员言论中的种族敌意是否是导致其投有罪票的主要因素时应当遵循哪些标准"这一争点，因此最高法院在判决中并未涉及该问题。

（六）证据开示

判例： Turner v. United States [1]

2017 年 2 月 22 日，最高法院 6∶2 作出不利于申诉人的判决，判决维持该案原判。本案最初由哥伦比亚特区初审法院审理，由哥伦比亚特区最高法院进行上诉审。

本案中，被告人 Turner 与其他 9 名被告被判犯有强奸罪。25 年后，Turner 和其他几名被告人提出要求撤销其刑罚的动议，并主张由于控方隐藏了对其有利的证据，违反了 Brady v. Maryland 案确立的先例，他们没有获得公正的审判。根据 Brady 案的判决，如果控方隐藏了可以证明被告没有犯罪或者不应当被判处刑罚的证据，则构

---

[1] 582 U. S. _ (2017)，判决书详见：https://www.supremecourt.gov/opinions/16pdf/15-1503_4357.pdf。

成对正当程序原则的违反。此外，Turner 以及其他被告人还辩称，一些新发现的证据，包括 Bennett 以及 Alston 推翻陈述的行为，均可以证明他们实际上是无罪的。初审法院否决了他们的动议，哥伦比亚特区上诉法院维持了初审法院的判决，并主张 Turner 和其他被告人无法证明如果控方披露了所谓的对他们有利的证据，判决结果将会有所不同；同样，他们也没有证明新发现的证明他们无罪的证据属于优势证据。

最高法院指出 Brady 案确立的标准要求，被告人承担证明"如果有争议的证据当时没有被警察隐藏，则存在合理的理由相信案件的结果可能会有所不同"的责任。但本案中，被告人无法证明被警察隐藏的证据可以削弱判决结果的可信度，因此本案中被控方隐藏的证据不属于重要证据，本案的判决不能根据 Brady 案的先例被推翻。

二、英国刑事诉讼法的最新发展[*]

2017 年，英国 2015 年《刑事诉讼规则》共进行了四次修改。第一次修改发生在 2017 年 2 月 20 日，即《刑事诉讼规则（修正案一）》，于 2017 年 4 月 3 日生效；第二次修改发生在 2017 年 3 月 6 日，即《刑事诉讼规则（修正案二）》，同样于 2017 年 4 月 3 日生效；第三次修改发生在 2017 年 7 月 24 日，即《刑事诉讼规则（修正案三）》，于 2017 年 10 月 2 日生效；第四次修改发生在 2017 年 9 月 12 日，即《刑事诉讼规则（修正案四)》，于 2017 年 11 月 13 日生效。[1] 以下分别对上述四次修改进行简要介绍。

（一）2017 年《刑事诉讼规则（修正案一）》

2017 年《刑事诉讼规则（修正案一）》（以下简称《修正案（一）》）是对 2015 年《刑事诉讼规则》的修正。大体而言，这些修正可以分为以下三个方面：①这份修正案在第 8 和第 47 部分加入了新的规则；②在第 14、30、31、33、34、36、39、50 部分对原有规则作出了部分修改；③针对原有规定，该修正案还作出了一系列替代和更正。

1. 对"审查起诉材料的期限"的修改，主要涉及《刑事诉讼规则》的第 8 部分和第 14 部分。《修正案（一）》的第 3 条和第 4 条作出了如下要求：①法庭在起诉资料迟延提供给被告方的情况下有义务给予被告方或被告人的代理人充足的时间去审查起诉资料；②明确要求在保释程序中提供给法庭的资料也应当提供给被告人；③要求法庭在保释程序中用充足的时间考虑双方代理人的意见后再作出自己的决定。基于上述要求，《修正案（一）》的第 3 条和第 14 条对《刑事诉讼规则》的第 8 部分和第 14 部分作出了相应修改。

2. 对"提供罚款缴付收据"的修改，主要涉及《刑事诉讼规则》的第 30 部分。《修正案（一）》的第 5 条对《刑事诉讼规则》的第 30.3 条进行了修改。第 5 条规

---

[*] 本部分执笔人：中国政法大学硕士研究生彭川。
[1] 有关资料详见：https：//www.justice.gov.uk/courts/procedure-rules/criminal。

定,如果交付收据可能产生独立的银行交易记录,那么刑事法庭可以不向被告方提供罚款缴付的收据。但是,如果被告方选择支付现金,刑事法庭仍然应当向其提供收据。

3. 对"禁止令"的修改,主要涉及《刑事诉讼规则》的第31部分。《修正案(一)》的第6条要求,禁止令的草案应当提前撰写,并且该草案应当由负责追诉的检察官提供。因此,《修正案(一)》的第6条对《刑事诉讼规则》的第31部分作出了相应修改。

4. 对"没收令的听证程序"的修改,主要涉及《刑事诉讼规则》的第33部分。原《刑事诉讼规则》的第33.15条,第33.16条,第33.17条要求,即使在原被告人同意没收令的情况下,法庭也应当为其召开听证。相关调查报告显示,大多数情况下,原被告双方都对没收决定没有异议。刑事诉讼规则委员会采纳了该报告的意见,并通过《修正案(一)》第7条对该规则进行了修改。第7条规定,只有在原被告一方对没收令存在争议,或者法官并不满意时,方才进行听证程序。

5. 对"少年法庭组成成员"的修改,主要涉及《刑事诉讼规则》的第34部分。原《刑事诉讼规则》第34.11条要求,少年法庭的法官须同时包含男性和女性。《修正案(一)》第8条将本条修改为少年法庭的法官既可全部是男性,又可以全部是女性。

6. 对"上诉理由"的修改,主要涉及《刑事诉讼规则》的第36部分。在2016年的 R v Hyde and others [2016] EWCA Crim 1031 一案中,上诉法院确立了一项新的法官权力,即将上诉理由区分为有争议的和没有争议的。对于前者而言,可以申请上诉听证,对于后者而言,则一般不可以申请上诉听证。由于这项规则并未出现在《刑事诉讼规则》中,刑事诉讼规则委员会通过《修正案(一)》第9条对《刑事诉讼规则》第36.14条进行了修改,增加了上诉理由及其处理措施的相关规定。

7. 对"在上诉法庭引入证据"的修改,主要涉及《刑事诉讼规则》的第39部分。现行《刑事诉讼规则》并未对引入证据的具体要求和程序作出明确规定。《修正案(一)》第10条修正了《刑事诉讼规则》的第39部分,该条纳入了引入和评估证据的具体程序。

8. 对"申请保留或返还被扣押财产"的修改,主要涉及《刑事诉讼规则》的第47部分。在2016年的 R (Haralambous) v St Albans Crown Court [2016] EWHC 916 (Admin)一案中,英国高等法院决定,允许法官将因为公共利益而未向对方诉讼参与人披露的信息作为考虑是否作出保留或返还被扣押财产的依据。据此,刑事诉讼规则委员会决定将此项决定纳入《刑事诉讼规则》当中。因此,委员会通过《修正案(一)》第11条修正了《刑事诉讼规则》的第47部分。

9. 对"引渡程序"的修改,主要涉及《刑事诉讼规则》的第50部分。《刑事诉讼规则》第50部分是对《2003年引渡法》的补充,该部分对治安法庭以及高等法院的引渡程序作出了相关程序性规定。应高等法院的制定引渡程序具体实施条例的要求，并综合考虑了来自法官、法院工作人员、皇家检察署以及辩护律师的建议，规则委员会对《刑事诉讼规则》进行了诸多相应修改。具体而言，这些修改大致包括以下几个方面：①明确了引渡程序的目的；②明确了治安法庭在没有听证情况下的处置措施；③制定了治安法庭在被告缺席情况下的相应程序；④设立了治安法庭对引渡案件的案件管理制度；⑤明确了逾期向高等法院上诉的处置程序；⑥确立了高等法院在没有听证情况下的同意命令作出程序；⑦明确了向高等法院提起上诉的上诉理由排除和恢复情形；⑧明确了高等法院终止引渡程序的情形。除此之外，还有一些其他的相应修改。

除此之外，《修正案（一）》还对被监禁被告人参加上诉听证的权利作出了相应补充，并对禁止令的作出程序进行了相应修正。

（二）2017 年《刑事诉讼规则（修正案二）》

2017 年的《刑事诉讼规则（修正案二）》（以下简称《修正案（二）》）是针对 2015 年《刑事诉讼规则》的第 14 部分作出的。《修正案（二）》的内容较少，主要包括以下两个方面：

第一，在《刑事诉讼规则》的第 14 部分增添了第 14.20 条，第 14.21 条以及第 14.22 条。上述新增规则设立了根据《1984 年警察和刑事证据法》第 47ZF 部分和 47ZG 部分向治安法庭提出延长保释期间申请的相应程序。

第二，修改了《刑事诉讼规则》的第 14.1 条，第 14.2 条，第 14.4 条以及 14.6 条。为了容纳新增的法律规定，这四条规则进行了相应修正。上述修正使 2015 年《刑事诉讼规则》第 14 部分与根据《1984 年警察和刑事证据法》作出的新增规定保持了一致。

（三）2017 年《刑事诉讼规则（修正案三）》

2017 年《刑事诉讼规则（修正案三）》（以下简称《修正案（三）》）对 2015 年《刑事诉讼规则》的第 4 部分、第 12 部分、第 18 部分、第 24 部分、第 33 部分、第 47 部分、第 48 部分、第 49 部分进行了相应修改。其中，第 3 部分、第 18 部分、第 47 部分和第 49 部分加入了新的规定，第 4 部分、第 33 部分和 47 部分作出了相应修改，其余部分则作出了许多补充和修正。具体而言，包括如下几个方面：

1. 要求皇室法院对"被告人缺席的可能后果"进行阐释的要求，主要涉及《刑事诉讼规则》的第 3 部分。刑事诉讼规则委员会认为，皇室法院中的一些司法实践证明，"被告人缺席情况下的可能后果"这一概念不明既对被告人而言不利，也容易给陪审团带来困惑。因此，规则委员会决定要求皇室法院对"被告人缺席情况下的可能后果"作出解释，以确保被告人清楚缺席审判可能带来的不利影响，并让陪审团能够公正地对其处以结果。

《修正案（三）》第 4（a）条修改了《刑事诉讼规则》第 3.13 条。该条要求皇室法院在预审听证中向被告人解释辩诉交易的后果以及不能成功应诉的结果。

2. 对"引渡上诉案件中文件送达服务"的修改，主要涉及《刑事诉讼规则》的

第 4 部分。《刑事诉讼规则》第 4 部分规定了文件应当如何送达、何时送达以及如何送达。目前，《刑事诉讼规则》规定，如果文件采用电子送达的方式进行送达，且该文件于当日下午 2 点 30 分以前送达，那么该送达就视为在当日发生，而不视为在次日送达。应引渡上诉案件中律师代表的要求，以及英国皇家检察署、刑事诉讼规则委员会的同意，2 点 30 分被推迟至 4 点 30 分。也即，只要在 4 点 30 分以前送达，仍视为在当日送达。《修正案（三）》第 5 条修改了《刑事诉讼规则》第 4.11 条以作出上述修正。

3. 对"欧洲调查令"的修改，主要涉及《刑事诉讼规则》的第 18、47 和 49 部分。《2017 年刑事司法（欧洲调查）规定》已经生效，根据该项规定的第 6 条，英国法庭可以授权一项或更多的侦查措施在相关条约参与国实施。根据该项规定的第 35 至 45 条，如搜查、获取证据等侦查措施在提交至英国法庭并经英国法庭许可的情况下可以在英国实施。为了与新法保持一致，《修正案（三）》第 7 条，第 10 条（a）项、（u）项、（w）项修改了《刑事诉讼规则》的第 18 部分和第 47 部分，以调整"向他国发出的"侦查措施程序。《修正案（三）》第 12 条调整了《刑事诉讼规则》第 49 部分，以调整"向国内发出的"侦查措施程序。所有上述修改均旨在与《2017 年刑事司法（欧洲调查）规定》的相关程序保持一致。

4. 对涉"《2017 年刑事金融法》"的补充和修改，主要涉及《刑事诉讼规则》的第 33 和 47 部分。《修正案（三）》的第 9 条，第 10 条（b）项至（n）项、（v）项、（x）项修改了《刑事诉讼规则》的第 33 和 47 部分，以与《2017 年刑事金融法》《2000 年恐怖主义法》《2002 年刑事支付法》的相应法律修改保持一致。因《2017 年刑事金融法》规定了新的侦查措施，故《修正案（三）》对《刑事诉讼规则》的第 33.24 条作出了相应修改。因《2002 年刑事支付法》的第 336A 部分现已被修改以允许侦查人员延长缓付期间，故《修正案（三）》对《刑事诉讼规则》的第 47.52 至 47.65 条，第 47.63（3）条、第 47.64（2）条作出了相应修改。

除上述修改外，《修正案（三）》的第 4（c）条、第 6 条、第 8 条、第 10（o）条、第 11 条也对《刑事诉讼规则》作出了相应修改。

（四）2017 年《刑事诉讼规则（修正案四）》

2017 年《刑事诉讼规则（修正案四）》（以下简称《修正案（四）》）主要是针对《刑事诉讼规则》的第 3 部分作出的。该修正案内容较少，主要包括以下两部分：

第一，《修正案（四）》修改了《刑事诉讼规则》的第 3.13 条，允许由皇室法庭负责收集《2003 年法庭法》第 86A 条所要求收集的被告人基本信息，如被告人姓名、出生日期和国籍等。

第二，《修正案（四）》为《刑事诉讼规则》增加了第 3.27 条，允许由治安法庭负责收集上述类型的信息。

除此之外，《修正案（四）》还允许治安法庭实施审判听证的准备工作。

三、日本刑事诉讼法的最新动态[1]

2016 年 5 月 24 日，经过反复酝酿讨论和修改，日本国会通过了《刑事诉讼法等的部分条文法律修改提案》，并于同年 6 月 3 日向社会公布，修改内容将于公布之日起 3 年内实施。本次刑事诉讼法修改是继 1999 年至 2005 年日本《刑事诉讼法》大修以来的又一次全面修改，修改主要围绕两个主题展开，①摆脱对讯问的过度依赖，实现证据收集手段的正当化、多样化；②摆脱对供述证据的过度依赖，加强被告人防御活动，实现庭审的进一步实质化。[2] 这次修改不仅增修内容多，涉及面广，在章节篇章结构上也有调整（参见中国诉讼法学发展报告 2016 年版本）。2016 年之后，日本刑事诉讼法学界和司法实务界一直处于修法的后续浪潮之中。由于修改内容的实施时间跨度较大（见表 5-1），[3] 从 2016 年跨越至 2019 年。在过去的 2017 年里，日本学界和司法实务部门正在积极准备 2018 年以及 2019 年计划实施的修法内容，涉及扩大犯罪嫌疑人国选辩护的范围，侦查审判协助型合意制度、刑事免责制度，在法庭中以视频连线方式询问证人方法，侦查讯问中的录音录像制度，通信监听中引进适用密码技术的"特定装置"。以下将予以详细介绍。

表 5-1　日本 2016 年刑事诉讼法修改项目、内容及实施时间

修改项目	修改内容	实施时间（4 个阶段）
明确裁量保释判断中应当考虑的事项	有可能逃跑或隐匿、消灭罪证；存在因继续羁押导致被告人在健康上、经济上、社会生活上或防御准备上遭受到不利的其他情形	2016 年 6 月 23 日
保障向法庭提出真实证据的措施	提高藏匿犯人、隐灭证据以及胁迫证人等罪法定刑	同上
完善证据开示制度	"证据一览表交付制度"；扩大审判前整理程序的请求权主体范围；扩大类型证据开示对象	2016 年 12 月前
加强辩护人的法律援助	选任辩护人等的告知事项	同上

---

[1] 本部分执笔人：中国政法大学诉讼法学研究院倪润副教授。
[2] 参见 http://www.moj.go.jp/keiji1/keiji14_00070.html，"時代に即した新たな刑事司法制度の基本構想"，最后访问日期：2018 年 1 月 20 日。
[3] 本表参见笔者收到的日本辩护人协会印发的讲座资料。

续表

修改项目	修改内容	实施时间(4个阶段)
通信监听的合理化和效率化	适用对象扩大	同上
加强证人、被害人等的保护	证人等姓名信息的保护制度	同上
保障向法庭提出真实证据的措施	放宽拘传证人的必要条件	同上
认罪案件的简易迅速处理	放宽撤回公诉后再起诉的条件	同上
加强辩护人的法律援助	扩大犯罪嫌疑人国选辩护的范围	2018年6月前
引入合意制度、刑事免责	引入侦查审判协助型合意制度、刑事免责制度	同上
加强证人、被害人等的保护	在法庭中以视频连线方式询问证人方法	同上
引进侦查讯问中的录音录像制度	适用对象；适用例外；检察官请求调查记录媒体的义务	2019年6月前
通信监听的合理化和效率化（2）	引进适用密码技术的"特定装置"	同上

（一）扩大犯罪嫌疑人的国选辩护范围

2004年以前，日本国选辩护的适用对象为部分案件中的被告人（《宪法》第37条第3款、《刑事诉讼法》第37条）。经过2004年和2009年两次修改后，国选辩护的适用对象扩大到了起诉前的犯罪嫌疑人，但仅限于下列案件，即相当于死刑、无期惩役或无期监禁以及3年以上惩役或监禁的案件，且逮捕证已签发（《刑事诉讼法》第37条之2以下）。本次《刑事诉讼法》继续将适用范围扩大，删除了"相当于死刑、无期惩役或无期监禁以及3年以上的惩役或监禁"这个限定条件，适用范围扩大到了"所有已向犯罪嫌疑人签发了逮捕证的案件"（《刑事诉讼法》第37条之2及第37条之4）。

此外，本次《刑事诉讼法》在选任辩护人等的告知事项上也作出了相应修改，增加了司法警察、检察官、法官等在告知人身受到限制的犯罪嫌疑人可以选任辩护人时，应当告知其可以指定辩护人、辩护人法人或辩护人协会为其辩护以及申请地。

(《刑事诉讼法》新增第 76 条第 2 款、新增第 77 条第 2 款、新增第 203 条第 3 款、新增第 204 条第 2 款、新增第 207 条第 3 款）。

（二）合意制度

为了摆脱对讯问的过度依赖与实现证据收集手段的正当化、多样化，以及更容易地收集供述证据在法庭上展示，日本《刑事诉讼法》修改在第二编新增一章"关于证据收集等的协助与追诉的合意"为第四章，具体内容体现在新增法条第 350 条之 2 至 15 中。

合意对象限定在一些经济犯罪、毒品犯罪、有组织犯罪、文书伪造罪、受贿罪、欺诈罪、恐吓罪、侵占罪等特定犯罪上，不包含杀人罪、强奸罪等涉及生命或人身伤害的犯罪，并且刑罚为死刑、无期徒刑或监禁刑的犯罪也被排除在外。

根据主体不同，合意内容可以分为：其一，可以与犯罪嫌疑人或被告人约定的合意内容；其二，可以与检方约定的合意内容。首先，可以与犯罪嫌疑人或被告人约定的合意内容是：①在侦查讯问中作出真实供述；②在证人询问中作出真实供述；③协助收集证据。其次，可以与检方约定的合意内容是：①不起诉；②撤回公诉；③在特定诉因和罚条范围内起诉以及维持公诉；④特定诉因和罚条的追加、撤回、变更；⑤在特定的科刑范围内请求刑罚；⑥申请适用即决裁判程序；⑦申请适用略式命令等。由此可见，检察官对如何处分犯罪嫌疑人或被告人拥有广泛的追诉裁量权，这也是检察官可以与犯罪嫌疑人或被告人进行交易的前提。

合意由检察官主导，法官不是合意主体，不参与合意过程。合意主体是控辩双方，控辩双方都可以提出合意。合意必须有辩护人参加，如果犯罪嫌疑人或被告人没有异议，可以仅在检察官和辩护人之间进行合意。合意的缔结须以辩护人的同意为要件。合意一旦成立，合意双方就负有履行合意内容的义务。如果对方违反合意，己方可以从合意中脱离出来。当检察官违反合意，犯罪嫌疑人、被告人在合意过程中的供述将丧失证据能力，当犯罪嫌疑人、被告人违反合意，提供虚假供述或伪造、变造证据时，将以虚假供述罪进行处罚，判处 5 年以下惩役刑。如果被告人在法庭上作伪证，将根据日本《刑法》第 169 条伪证罪予以处罚。合意的效力受到检察审查会决定的制约。

（三）刑事免责制度

日本《刑事诉讼法》首次将刑事免责制度明文化，具体体现在《刑事诉讼法》新增第 157 条之 2 和第 157 条之 3。此处的刑事免责制度，是指在共犯等案件中的重要证人主张不被强迫自证其罪特权而拒绝作证时，为了获得案件的重要证据，以其提供的证言及其派生证据不作为对其进行刑事追诉的证据为对价，剥夺该证人不被强迫自证其罪的特权，强制其作证以证明他人犯罪的制度。[1] 如果拒绝作证，将会

---

[1] 三井诚等编：《刑事法辞典》，日本信山社 2003 年版，第 188 页（上田信太郎教授执笔）。

面临证言拒绝罪与罚金刑的制裁。[1]

刑事免责的对象并不限定为特定犯罪，也不以合意为前提。所有犯罪都可以适用刑事免责制度。刑事免责制度仅在法庭上询问证人时适用。检察官可以在证人询问开始前，也可以在证人询问开始后，向法官提出刑事免责请求，由法官决定是否作出免责决定。

（四）在法庭中以视频连线方式询问证人方法

2000 年《刑事诉讼法》增加了证人作证隔离制度（《刑事诉讼法》第 157 条之 3）和视频作证制度（《刑事诉讼法》第 157 条之 4），规定视频作证的场所应当与法官及诉讼关系人到场的场所处于同一处所，即证人虽然不到庭作证，一般应当在法院内的其他规定场所。此次《刑事诉讼法》旨在更多地减轻证人的精神负担，防止被告人报复，以及从更易得到证言出发，删掉了"同一处所"这一限定条件，即当证人在"同一处所"供述时可能会感到压迫而明显有碍其精神稳定，或自身及亲属的身体可能因被跟踪等受伤、财产可能受损，或可能有让其害怕或难以应付的行为，或因距离远等原因而导致证人难以在"同一处所"作证时，可以在法官及诉讼关系人到场的法院以外的其他场所进行视频作证（《刑事诉讼法》新增第 157 条之 6 第 2 款）。

（五）侦查讯问中的录音录像制度

为了解决"密室讯问"滋生冤案的问题，日本学界和实务界很早之前就提出"侦查可视化"的方案。[2]从 2006 年内开始，检察机关开始在部分案件的侦查讯问中试行录音录像。从 2008 年开始，部分案件的侦查讯问中试行录音录像。此次《刑事诉讼法》修改，侦查讯问中的录音录像制度作为一项重要制度被明文化，具体体现在《刑事诉讼法》新增第 301 条之 2 中。

1. 适用范围。录音录像的适用对象为裁判员裁判的案件和检察官独自侦查的案件（《刑事诉讼法》新增 301 条之 2 第 1 款）。具体而言：①死刑、无期惩役或应判监禁之罪的案件；②相当于短期 1 年以上有期惩役或监禁之罪，并且是因故意犯罪致使被害人死亡的案件；③司法警察送致或送付案件以外的案件（前两种案件除外）。第一、二种情形与裁判员裁判的案件范围重合，第三种情形是检察官独自侦查的案件，既包括检察机关特搜部独立侦查的案件，也包括直接向检察官提起告诉或检举的案件，无论案件涉及何种罪名。

检察官、检察事务官或司法警察讯问上述对象案件中的被拘留或逮捕的犯罪嫌

---

[1] 酒卷匡：《刑事訴訟法の改正——新時代の刑事司法制度（その2）》，载《法律教室》第 434 号，2016 年 11 月，第 71 页。

[2] "侦查可视化"有广义和狭义之分，广义的"侦查可视化"是指辩护人在场以及制作侦查状况报告书（《犯罪搜查规范》第 182 条之 2 第 1 款）等；狭义的"侦查可视化"是指对侦查讯问过程进行录音录像。

疑人时，原则上应当全程录音录像。人身自由没有受到限制的犯罪嫌疑人不属于应当录音录像的对象。[1]需注意：①如果实际进行的是相当于限制人身自由的调查，但却以"任意同行"等任意侦查措施为名来逃脱录音录像的义务，该做法违法。②在"特别会议"的讨论中，对于这里的"被拘留或被逮捕的事实"有两种不同理解，即"令状记载基准说"与"实质调查说"，会议最后采纳了"实质调查说"，扩大了应当录音录像的范围。具体而言，"被拘留或被逮捕的事实"不是指引起拘留、逮捕的嫌疑事实，而是指进行实质调查的嫌疑事实。所以，比如因遗弃尸体的嫌疑被逮捕的犯罪嫌疑人，对其杀人嫌疑进行调查的过程属于录音录像的范围。另外，在调查过程中，如果犯罪嫌疑人供述了应当适用录音录像案件的事实，那么引出上述供述的调查也属于录音录像的范围。[2]

2. 适用的例外情形。如果存在以下情形，可以不录音录像：①录音录像设备发生故障或者其他不得已的事由，无法录音录像的；②犯罪嫌疑人拒绝录音录像或根据犯罪嫌疑人的言行，认为录音录像将导致其无法充分供述的；③认为案件是由指定的暴力团体的成员实施的；④除②和③以外，根据犯罪的性质、相关人的言行、犯罪嫌疑人参加的暴力团体犯罪以及其他情况，认为公开犯罪嫌疑人的供述及其相关情况，有可能会发生加害犯罪嫌疑人及其亲属的身体、财产的行为，或者又可能发生使以上人感到恐怖或难以应付的行为，录音录像将导致犯罪嫌疑人无法充分供述的（《刑事诉讼法》新增第301条之2第4款第1~4项）。

关于上述情形①，如果录音录像设备只是发生暂时故障，在合理的时间内能够修好，则不属于可以不录音录像的情形。关于上述情形②和④，这两种情形认可当"认为录音录像将导致犯罪嫌疑人无法充分供述时"，可以不实施录音录像。这里判断犯罪嫌疑人能否"充分供述"的不是犯罪嫌疑人本人，而是侦查人员。故当犯罪嫌疑人自己要求录音录像，而侦查人员觉得这样会导致其不能"充分供述"时，便不会实施录音录像。另外，"充分供述"的内容也不是指犯罪嫌疑人自己想作出的供述，而是指侦查人员想获得的供述。[3]侦查人员适用上述例外事由是否适当，之后由法官在法庭上审查决定。

3. 检察官请求调查记录媒体的义务。在庭审中，当拘留或逮捕中侦查口供的自愿性受到争议时，检察官有对记录侦查状况的媒体提出证据调查请求的义务。如果检察官不提出证据调查的请求，法官将以决定形式驳回其申请调查口供笔录的请求（《刑事诉讼法》新增第301条之2第1款和第2款）。上述规定是此次《刑事诉讼

---

[1]《刑事诉讼法》新增301条之2第1款和第4款规定，在上述案件中，侦查人员并非都有录音录像义务，只有下列两种情形存在义务：①根据《刑事诉讼法》第198条调查被拘留或被逮捕的犯罪嫌疑人时；②根据《刑事诉讼法》第204条第1款、第205条第1款等听取犯罪嫌疑人辩解时。

[2] 後藤昭："刑訴法改正と取調べの録音・録画制度"，载《法律時報》2016年第88卷1号，第13页。

[3] 葛野尋之："取調べの録音録画"，载《法律時報》2014年第86卷10号，第19~20页。

法》为了落实录音录像制度而设置的保障措施。[1] 当存在以下两种情形时，可以免除检察官的调查义务：①属于前述录音录像例外情形的；[2] ②因不得已的事由导致记录媒体不存在的。[3]

（六）通信监听中的"特定装置"使用。

根据1999年《通讯监听法》的规定，监听由侦查人员向通信营业机构管理人等出示令状（《通讯监听法》第9条第1款），在通信营业机构管理人在场见证下（《通讯监听法》第12条第1款），在通信营业机构同步实施。上述规定从程序上保障了作为秘密侦查手段的监听的合法性。但是，实践中，上述程序可能会阻碍监听的及时进行和犯罪侦查。比如，按照侦查机关和通信营业机构的协议，实施监听前需给予通信营业机构必要的准备时间。但是，如遇紧急情况需要立刻实施监听，通信营业机构此时却无法马上提供监听的条件，最佳侦查时机可能因此而错过。此外，要求通信营业机构管理人等在场见证监听（特别是深夜监听）也增加了通信营业机构的工作负担。从《通讯监听法》实施以来，实施监听的案件并不多。

《通讯监听法》此次修改尝试用新技术解决上述问题，增加了"特定装置"的使用（《通讯监听法》第2条第4款以下）。该装置可以自动记录监听到的通讯信息及监听过程，还能及时进行加密处理，随后也可以用密码解密还原。因此，今后监听就无需通信营业机构管理人在场见证，也无需对记录监听内容的载体进行封印，在侦查机关等地就可以对通讯进行同步监听。具体监听方法如下：①如果是在侦查机关处实施监听，通信营业机构将要监听的内容进行加密处理后，传送至侦查机关内设置的"特定装置"中，检察官或司法警官收到加密信息后，将之解密还原后实施监听。如果检察官或司法警官因故无人值班，则"特定装置"可以将通讯信息暂存于记录载体中，之后再解密播放。信息解密播放后，"特定装置"将自动删除通讯信息（《通讯监听法》第23条），以保护通信秘密和隐私。同时，为了防止监听记录被篡改，"特定装置"还将监听内容和过程再次加密保存，侦查机关应当毫不迟延将之提交法官（《通讯监听法》第26条）。[4] ②如果是在通信营业机构处实施监听，则可以命令通信营业机构将通讯内容加密且暂存，之后再解密还原实施监听（《通讯监听法》第20条）。信息解密播放后，由通信营业机构人员将记载内容全部删除（《通讯监听法》第22条）。③加密和解密还原密码的制作由法官发布命令，法院工作人员完成并交付侦查机关（《通讯监听法》第9条）。

---

[1] 在"特别部会"上，有学者提出另一种保障方案：如果侦查人员急于行使录音录像职权，则禁止检察官根据侦查人员的证言对侦查情况进行证明，但是该方案并未被本次修法所采纳。

[2] 如果是因为侦查人员误认为存在前述录音录像例外情形而没有录音录像的，则不符合上述要求。

[3] "不得已的事由"包括由于灾难等意外事件导致记录媒体灭失的情形等。参见後藤昭：《刑訴法改正と取調べの録音・録画制度》，载《法律時報》2016年第88卷1号，第14~15页。

[4] 加密处理后，通讯内容将无法被人为改动，本次《刑事诉讼法》尝试用该措施代替通信营业机构管理人在场见证，封印向法官提出记录媒体的措施。

四、法国刑事诉讼法的最新动态 *

(一) 重大立法

1. 从"压制恐怖主义"(la répression du terrorisme) 到"反恐"(l'antiterrorisme)。近 3 年来,法国多起恐袭事件引发了全球舆论的高度关注,反恐随即成为法国刑事立法的重心。为应对恐怖主义,法国刑事立法的发展大致经历了三个阶段:2015 年以前的"消极应恐"阶段,2015 年至 2016 年间的"压制恐怖主义"阶段,2017 年以来的"反恐"阶段。

(1) 2015 年以前:消极应恐。早在 30 年前,法国便在国际范围内率先立法界定了"恐怖主义"行为,并先后出台了多部反恐立法,涉及实体法、程序法及刑事政策等,分别纳入《刑法典》《刑事诉讼法典》《国内安全法典》之中。如法国学者莫·莉娜所论,几乎每十年便有以反恐为主题的代表性立法:

· 《1986 年 9 月 9 日第 86-1020 号法律》,首先将"恐怖主义犯罪"界定为"通过恫吓或恐惧严重扰乱公共秩序"的犯罪(《旧刑法典》第 L.463-1 条,现行《刑法典》第 L.421-1 条),设置了特殊的刑事拘留制度(《刑事诉讼法典》第 L.706-23 条及后续条款)及特殊的管辖制度(《刑事诉讼法典》第 L.706-17 条及后续条款)。

· 《1996 年 7 月 22 日第 96-647 号法律》,将"为准备实施恐怖活动而组成团体或达成协议"的行为界定为犯罪(《刑法典》第 L.421-2-1 条),允许司法警官在预审法官的授权下进行夜间搜查。

· 《2006 年 1 月 23 日第 2006-24 号法律》,首次将"网络恐怖主义"纳入立法,允许侦查人员通过网络运营商获得与犯罪嫌疑人信息相关的链接及网络合约的数据,但应通过国家安全电信拦截监督委员会的审查(《邮电电子通信法典》第 L.34-1-1 条))。2006 年的法律还将恐怖犯罪的刑事拘留期限延长至 6 天,前提是"恐怖活动可能造成紧急、严重的危险"(《刑事诉讼法典》第 L.706-88-1 条)。

在此一阶段,法国对反恐是"心有余而力不足"。事实上,自"9·11"恐怖袭击事件后,法国政府便一直致力于强化侦、检机关打击有组织犯罪的能力,但频繁受制于宪法委员会及议会两院在"人权保障"问题上的掣肘。法国国民也普遍崇尚自由、人权,向来对国家权力机构保持高度的警惕,担心强大的国家机器容易损及个人权利。故政府所提交的许多强化打击恐怖犯罪的法案或者大打折扣,或者根本无法通过。前文所述及的数部法律基本上是中和诸多考量因素的结果,设立了较为复杂的司法审查程序,故很难有效适应打击新型恐怖活动的要求。

(2) 2015 年至 2016 年:压制恐怖主义。2015 年 1 月 7 日,"查理周刊恐怖袭击"震惊全球。之后短短 2 年,又接连发生了 10 起恐袭事件。恐怖活动猖獗,危及

---

* 本部分执笔人:中国政法大学证据科学研究院施鹏鹏教授,中国政法大学法硕学院 2016 级硕士研究生毛雪睿。

个人生命财产安全,使得法国国民能够暂时容忍牺牲部分自由与人权。在这一背景下,法国顺利通过、颁布并实施了一系列反恐法律、政令:

- 《2015 年 7 月 24 日第 2015 - 912 号有关情报的法律》(LOI n° 2015 - 912 du 24 juillet 2015 relative au renseignement),旨在为国家情报部门的活动提供一个合法的、严密的、全面的法律框架。法律规定了一系列可实施的情报措施,包括在电信运营商处安装黑匣子以收集元数据,通过 IMSI 捕捉器、间谍软件拦截电子通信,进行监听,以及通过拦截越洋电缆传输来监测国际通信。此外,该法还规定由国家情报技术控制委员会(CNCTR)取代国家安全拦截控制委员会(CNCIS)。

- 《2015 年 11 月 14 日第 2015 - 1475 号有关适用 1995 年 4 月 3 日第 55 - 385 号法律的政令》与《2015 年 11 月 14 日第 2015 - 1476 号有关适用 1995 年 4 月 3 日第 55 - 385 号法律的政令》(Décret n° 2015 - 1475 du 14 novembre 2015 portant application de la loi n° 55 - 385 du 3 avril 1955;Décret n° 2015 - 1476 du 14 novembre 2015 portant application de la loi n° 55 - 385 du 3 avril 1955),宣布自 2015 年 11 月 14 日 0 时起,全法进入紧急状态。根据 1995 年 4 月 3 日第 55 - 385 号法律,如果公共秩序受到严重干扰,允许省长采取强化措施维护公共秩序并防止新的恐怖袭击:通过设立特殊保护区或安全区,或禁止某些地区的交通(宵禁)来限制出入自由;禁止任何可能对公共秩序造成干扰的人在国内某些地区逗留;征调个人或征用私人财产;禁止某些公共会议或暂时关闭某些会议场所;允许司法警官在场时进行行政搜查。此外,内政部可以对危及安全和公共秩序的人实施软禁(assigner à résidence)。

- 《2016 年 6 月 3 日第 2016 - 731 号关于加强打击有组织犯罪及其资助、优化刑事诉讼效率及保障的法律》(LOI n° 2016 - 731 du 3 juin 2016 renforçant la lutte contre le crime organisé, le terrorisme et leur financement, et améliorant l'efficacité et les garanties de la procédure pénale)出台。在实体法方面,该法对《法国刑法典》进行了若干重大修改,增设了交易文化财产罪(le délit de trafic de biens culturels),强化了对恐怖主义犯罪及资助恐怖主义犯罪的打击力度,增设了执法人员的刑事责任豁免事由,延长了恐怖分子服刑的保障期(la période de sûreté)[1]。在程序法方面,该法扩大了共和国金融检察官对经济刑事案件的管辖权限,赋予国家海关司法局在打击洗钱罪及资助恐怖活动犯罪领域与警署及宪兵队完全相同的地位,减轻海关打击洗钱犯罪的证明责任,强化了境内外转账的申报义务,增加了侦查取证手段,尤其是扩大了技术侦查的适用范围,允许对涉恐犯罪分子的住所地进行夜间搜查,增设扣押电子信息的特殊方式,加强了对受威胁证人的保护,扩大车牌自动辨识系统的应用,还加强了行政监管力度,确保社会治安保障与刑事诉讼的充分衔接。此外,法律企图建立一套完善的资金预警及检测机制,通过有效监管巨额非法资金的流转来追查资

---

[1] 服刑的保障期,又可称为不可假释期,是法国刑法中监禁刑的附加执行方式,指罪犯在既定时间内不得调整服刑方式,包括从监禁刑转为半自由刑或者附条件自由刑(假释)。

金来源，将恐怖活动扼杀于摇篮之中。

·《2016 年 7 月 21 日第 2016 - 987 号关于延长 1955 年 4 月 3 日第 55 - 385 号紧急状态法及强化反恐斗争措施的法律》（LOI n° 2016 - 987 du 21 juillet 2016 prorogeant l'application de la loi n° 55 - 385 du 3 avril 1955 relative à l'état d'urgence et portant mesures de renforcement de la lutte antiterroriste），核心内容有：行政职权机构可以不具备安全条件为由，禁止在公共道路上游行和集会；省长可以直接授权司法警官或者下属的司法警员在公共道路上进行身份查明，以及在没有检察官批示的情况下，对行李及车辆进行视频监控或者实施搜查；行政警察在实施搜查时有权扣押信息数据；法律授权监狱管理局对特殊的罪犯进行视频监控；提升恐怖主义犯罪的刑罚惩罚力度。

在此一阶段，法国反恐主要侧重于预防，法律的修订主要集中在三个方面：其一，强化行政监管，扩大政府（行政警察）在治安管理上的权限；其二，弱化司法审查，增加侦查手段，扩大技术侦查范围；其三，增设恐怖主义罪名，提升恐怖主义犯罪惩罚力度。

（3）2017 年：反恐。2017 年，反恐并未结束，反而愈演愈烈，但重心从刑法领域转移到了安全法领域。更为精确来讲，法国打击恐怖主义的范围呈逐渐扩大趋势。起初，通过创建特别程序（《刑事诉讼法典》第 706 - 16 条），反恐从刑法领域扩及刑事诉讼法领域。随后，反恐扩及国内安全法领域（《国内安全法典》第 L. 221 - 1 条）。如今，反恐扩展到刑罚执行领域（《刑事诉讼法典》第 730 - 2 - 1 条）。法国学者也不再使用"压制恐怖主义"（la répression du terrorisme）一词，而是"反恐"（l'antiterrorisme）一词。因为"反恐"不仅包括对恐怖主义行为的预防，传统的起诉、审判，还包括刑罚的执行，以及安全和刑事链条（la chaîne《sécurito - pénale》）。

这一年中，法国主要颁布了两项涉及反恐的重大法律：《2017 年 2 月 28 日第 2017 - 258 号关于公共安全的法律》（LOI n° 2017 - 258 du 28 février 2017 relative à la sécurité publique，以下简称"新安全法"）与《2017 年 10 月 30 日第 2017 - 1510 号关于加强国内安全和打击恐怖主义的法律》（LOI n° 2017 - 1510 du 30 octobre 2017 renforçant la sécurité intérieure et la lutte contre le terrorisme，以下简称"新反恐法"）。除了两项法律之外，另一重磅便是实施了近 2 年的紧急状态于 2017 年 11 月 1 日宣告解除。有趣的是，"新反恐法"施行的时间与紧急状态终止的时间恰好在同一日，但世界上没有所谓的巧合，只有必然的结果，紧急状态与"新反恐法"的无缝对接是 2017 年法国刑事法治的头号热门事件。

1）"新安全法"。"新安全法"，共有 4 章，下设 40 个条款，篇章结构为：

第一章　军警人员的武器使用

第二章　促进市级警察之间的合作

第三章　基于有关预防恐怖主义行为的动机而参与刑事诉讼、海关程序的部分人员以及政府决定签署人的身份保护

第四章　各项规定（涉及武装监视活动、刑罚、监狱安全情报等）

第五章 有关海外的条款

"新安全法"的目的仍旧在于进一步加强军警人员（les forces de l'ordre）的行动手段。核心内容包括：

第一，武器使用规则的修改。"新安全法"废除了《2016年6月3日法律》规定的《刑事诉讼法典》第122-4-1条，在《国内安全法典》中增加了第L.435-1条。此后，国家警察、海关职员（《海关法典第56条》）、实施警戒行动（l'opération sentinelle）[1]的士兵（《防治法典》第2338-3条）、监狱管理局的人员（2009年11月24日第2009-1436号法律第12条），可以和宪兵队的宪兵一样，"在绝对必要的情形下，以严格符合比例的方式使用其武器"，《国内安全法典》第L.435-1条规定了5种绝对必要的情形：①当其自身或他人的生命或身体受到武装人员的威胁时；②发出2次警告后，仍不能以使用武器之外的其他方式保护所管理的地方及相关人员的；③发出2次警告后，仍不能以使用武器之外的其他方式阻止犯罪嫌疑人逃离看管或侦查，且犯罪嫌疑人逃跑后可能对他人生命或身体构成威胁；④不能以使用武器之外的其他方式拦截不服从停车指令的车辆、船只或其他交通工具，交通工具上有犯罪嫌疑人，且犯罪嫌疑人逃跑后可能对他人生命或身体构成威胁的；⑤为防止短期内频发一起或多起谋杀或预谋谋杀案件，且在使用武器时，相关信息显示案件频发有充分真实且客观的理由。

第二，反恐人员的匿名保护。"新安全法"第3章涉及"基于有关预防恐怖主义行为的动机而参与刑事诉讼、海关程序的部分人员以及政府决定签署人的身份保护"问题。参与打击恐怖主义的国家警察、宪兵、部分海关与税务人员以及刑事诉讼中的调查人员，可以不使用其姓名，而通过行政注册号（le numéro d'immatriculation administrative）来进行职务活动和作证（《刑事诉讼法典》第15-4条）；如果政府所作决定是基于有关预防恐怖主义行为的动机，那么该决定应当由签署人匿名作出，在向第三人传达或公告时只能使用决定副本，载明签署人姓名、职务的原件由政府保管；若该决定遭到质疑，进入诉讼程序的，不论是在庭审对质中还是在最终判决里，法院都不得透露签署人信息（《公众与政府关系法典》第L.212-1条与第L.713-99条）。

第三，情报信息的交换。主要涉及两个方面：①司法机关与情报部门的信息交换（《刑事诉讼法典》第706-25-2条）。巴黎共和国检察官和经其同意的预审法官，根据一项或多项恐怖主义犯罪而启动公开调查程序的，可以主动或应后者的要求，向《国内安全法典》第L.811-2条规定的各情报部门，告知调查程序中发现的为执行预防恐怖主义任务所必需的信息，这些信息可以接着传达给《国内安全法

---

[1] 警戒行动，是2015年1月7日、8日、9日的恐怖袭击发生后，法国军队部署的一种行动，作为Vigipirate方案的补充，旨在应对恐怖主义威胁、加强国土安全的保护。具体做法是：在安全问题敏感的地点加派军警巡逻，如宗教礼拜堂、学校、外交使领馆、新闻机构等。

典》第 L. 811 - 4 条规定的各部门以及外国主管情报的机关和组织。②司法机关与省级预防犯罪委员会（le conseil départemental de prévention de la délinquance）的信息交换（《国内安全法典》第 L. 132 - 10 - 1 条）。委员会的国内安全机关行动协调单位（la cellule de coordination opérationnelle des forces de sécurité intérieure）和安全参谋部（l'état - major de sécurité），负责组织对判处解除羁押但仍可能对公共秩序和安全构成威胁的人员实施追踪和管制，并定期告知适用刑罚的法院和假释与缓刑监狱部门（le service pénitentiaire d'insertion et de probation）实施追踪和管制的情况。后者也应向前者告知任何与该人员在押时的行为和刑罚执行有关的个人信息，以便于追踪和管制的良好运行。掌握上述信息的人员相当于掌握着职业秘密，一旦擅自泄露，则面临着《刑法典》第 226 - 13 条与第 226 - 14 条刑罚的惩处。

第四，部分犯罪刑罚的加重。"新安全法"第 22～26 条涉及部分犯罪刑罚的修改，侮辱公共机构代表人（《刑法典》第 433 - 5 条）、叛乱罪（la rébellion）（《刑法典》第 433 - 7 条）的刑罚较之前几乎增加了一倍。此外，《刑法典》第 322 - 8 条第 1 款增加了第 3 项：司法官、宪兵队、国家警察、海关人员、监狱管理人、消防人员或者其他公职人员，以及财产的所有者或使用者，用爆炸、防火等危害他人的方式毁损他人财物的，监禁刑比一般人实施该犯罪翻了一倍，即 20 年。而司机不遵从调查犯罪且佩戴徽章的公务人员的停车令的，刑罚从 3 个月监禁刑和 3750 欧罚金上升为 1 年监禁刑和 7500 欧罚金（《道路法典》第 L. 233 - 1 条）。

第五，监狱管理局职能的修改和扩大。"新安全法"纳入了司法部部长在 2016 年 10 月 25 日《监狱安全和反暴力激进主义行动计划》中宣布的一些立法措施。在《2009 年 10 月 24 日第 2009 - 1436 号监狱法》中增加了第 12 - 1 条，赋予了监狱管理局的监督人员，在公共监狱部门所支配的地域范围内，对除在押人员以外的其他人员，在存在一个或多个重大理由足以认为其正准备实施犯罪并危及监狱安全的情况下，进行身份检查，必要时进行安全接触检查（les palpations de sécurité）[1] 或对其行李进行目视检查的权能；当事人拒绝检查的，可将其移送至司法警察警官处。此外，法律还对《刑事诉讼法典》第 727 - 1 条进行了修改，为了防止罪犯逃跑，确保监狱和医疗场所的良好秩序和安全，司法部可允许监狱管理局任命和授权个别监狱人员，截取、记录、抄录或中断被羁押者与除律师以外之人所进行的电子通讯，并保留相关的连接数据；访问被羁押者使用的终端设备或计算机系统中存储的数据，并将其记录下来，存储并传输；当其在执行上诉职务中发现能够证明案件事实、羁押不当的证据时，应当保存该证据，并告知共和国检察官；监狱人员在使用技术手段收集上述情报时，应制作一份记录，载明技术手段使用开始和结束的时间以及所收集情报的性质，并移送给共和国检察官。

---

[1] 安全接触检查旨在确定当事人是否携带服务于犯罪的危险物品。安全接触检查与人身搜查的表现形式相同，但制度规定不同：前者只是一种预防措施，后者则是一种取证手段。

第六，宪法委员会弹劾条款的重新修改。"新安全法"还对部分未通过宪法委员会合宪性优先问题（la question prioritaire de constitutionnalité，QPC[1]）审查的条款进行了修改，与反恐相关的主要包括：①经常访问恐怖主义网站的入罪（《刑法典》第421-2-5-2条）。在没有正当理由的情况下，经常访问使用信件、图片或文字描述的方式直接挑起或煽动实施恐怖主义行为的公共在线通信平台。如果该平台中的图片或描述所显示的这种行为涉及故意侵害生命，且在访问的同时，其对该平台表露的意识形态表示赞同的，应处2年监禁和30 000欧元罚金。[2] ②禁止与被羁押人员的通信（《刑法典》第434-35条）。宪法委员会2017年1月24日合宪性优先问题第2016-608号决定，认为《2003年3月18日第2003-239号国内安全法律》规定的《刑法典》第434-35条"以任何方式与被羁押人员通信"的规定违宪。于是"新安全法"新增了第2款规定，与监狱机构或有资格接收被羁押者的医疗机构内的羁押人员通信（包括电子通讯）的，处与上款同样的惩罚，除非《刑事诉讼法典》第145-44条（与律师通讯）、《2009年11月24日第2009-1436号监狱法》第39条（与家人电话）与第40条（有条件的书信和邮件）准许并采用监狱管理局认可的方式。

此外，"新安全法"还规定了建立恐怖主义犯罪实施者自动录入国家司法档案（le fichier，《刑事诉讼法典》第706-25-4条）。依据新规定，违法者拒绝向司法警察警员助理[3]证实自己的身份的，警员助理应当立即通报司法警察警官或宪兵队，司法警察警官或宪兵队可命令警员助理立即提交违法者或将其扣留直至其到达现场或直至其处于司法警察警员的控制下（《刑事诉讼法典》第78-6条）。

2）"新反恐法"。早在2017年夏初，政府宣布"新反恐法"将于11月1日实施之时，学界的警报就拉响了。不管是从紧急状态法中移植过来的条款还是新增条款，都体现出"新反恐法"的目标在于加强警察权利。"新反恐法"并未听取法官协会和人权保障协会的意见，内务部部长不费吹灰之力地劝服了议员们：在绝大部分例外措施没有纳入到普通法之前，是不可能结束紧急状态的，制度准许且恐怖主义发展的现实威胁也要求立法新一轮的强化。确实，就算处于紧急状态下，法国仅在2017年一年的时间内还是发生了5起恐怖袭击，自2015年1月起算，恐怖袭击已造成241人死亡。一方面，恐怖主义气焰不减，各式威胁层出不穷；另一方面，紧急状态作为国家例外情况，作为一种例外措施，在2年内已经延长6次，不可能无期限延长下去，因此，从政府的立场出发，考虑将一部分反恐措施常态化，确实是继续打击恐

---

[1] 合宪性优先问题，是法国宪法委员会的一种合宪性审查程序，专门针对已颁布的法律，也被称为"后验的合宪性审查"。

[2] 但应当注意，宪法委员会2017年12月15日合宪性优先问题第2017-682号决定，宣判《第2017-258号关于公共安全的法律》修改的《刑法典》第421-2-5-2条违宪，自始无效。

[3] 司法警察警员助理的职责是：依长官的命令查证违反刑法的犯罪行为并收集一切情况材料，以查明犯罪行为人。其有权进行身份证明（relever l'identité），但其所起草的笔录并不具有证明效力。

怖主义的新出路。但是,"新反恐法"的施行面临如下几个问题:①紧急状态本就是以暂时牺牲个人的自由和基本权利为代价以捍卫生命以及国家利益,例外措施的常态化则意味着个人自由和基本权利将受到永久性的挤压;②就算要进行例外措施的常态化,也必须和实施紧急状态一样,警察权利需要严格受限于司法控制,甚至这种控制应该更为严厉,但是"新反恐法"为政府的任意性敞开了大门,事实上对其不可能实施任何有效的司法控制;③新法中监管措施的必要性和比例性也需要进行进一步的衡量,新法即将面临宪法委员会的合宪性审查。正如法国学者所说,"新反恐法"大大加强了打击恐怖主义的力度,与此同时,政府控制范围的扩大以及对其行使控制权的抑制不足,标志着法国迎来了自自由法国运动(la Liberation de la France)[1]以来的法治(l'État de droit)衰落。[2]

抛开问题和争论不谈,我们暂且先看"新反恐法"的具体内容。"新反恐法"包含21个法条,其中12个法条涉及《国内安全法典》的修改,4个法条涉及《刑事诉讼法典》的修改。篇章结构为:

第一章 加强预防恐怖主义犯罪的条款

第二章 情报技术

第三章 对保护区域的控制

第四章 有关海外的条款

核心内容包括:

第一,源自紧急状态法的条款。法国政府认为,为了继续维系"紧急状态",必须在普通法中纳入一些紧急状态法下的反恐措施。但是这些借鉴过来的条款必须在"预防恐怖主义行为实施的唯一目的"下才能实施,同时也应受到一些更精确条件的限制。其实,普通法下与紧急状态法下的反恐条款的唯一区别只在于术语表达的软化,比如,"安全区"(les zones de sécurité)或"保护区"(les zones de protection)被"保护区域"(les périmètres de protection)所替代,"软禁"(les assignations à résidence)被"个人行政管控和监视措施"(les mesures individuelles de contrôle administratif et de surveillance)所替代,"行政搜查"(les perquisitions administratives)被"检查"(les visites)所替代。

"新反恐法"第1条授权省长通过发布经论证的省令(l'arrêté),规定在"暴露恐怖主义行为风险的地点或事件"周围设立一个"保护区域,该区域内的人员的进入和流动将受到规制"(《国内安全法典》,第L. 226-1条)。该省令可授权国家警察和宪兵队,也可授权市级警察,必要时在私人保安人员的协助下,对保护区域内的

---

[1] 自由法国运动是二战之后,法国国内所兴起的一系列收复军队控制权的运动。政治上的表现为:德国的占领终结,维希政府统治结束,共和国临时政府组建。

[2] Olivier Cahn, Jocelyne Leblois - Happe: *Loi n° 2017 - 1510 du 30 octobre 2017 renforçant la sécurité intérieure et la lutte contre le terrorisme: perseverare diabolicum*, AJ Pénal 2017, p. 468.

在场人员进行安全接触检查（les palpations de sécurité）和目视检查，搜查其行李，以及搜查周边的车辆，拒绝接受规制措施的人不得入内或被驱逐出去。

第2条授权省长通过发布经论证的省令（l'arrêté），下令关闭"传播的思想或论断或进行的活动是在煽动暴力、仇恨或者歧视，煽动或赞扬恐怖主义行为的实施"的宗教场所（但不得超过6个月，《国内安全法典》第L.227-1条）。不遵守该规定将处以6个月的监禁和7500欧元的罚金（《国内安全法典》第L.227-2条）。

第3条在《国内安全法典》中设立了第L.228-1条至第L.228-7条，授权内政部部长通过书面和经论证的决定，可以对符合下列条件的人员实施"个人行政管控和监视措施"："有充分理由认为其行为公共安全和公共秩序构成特别严重的威胁，并且要么长期与煽动、协助或参与恐怖主义行为的个人或组织保持联系，要么支持、传播（这种传播伴随着对其所表达的意识形态的赞同）或赞同煽动或赞扬恐怖主义行为实施的论断。"而且这种管控存在不同的级别："最高层次"的限制，允许强制个人不得离开既定的地理区域（不得小于市镇一级），每天向警察或宪兵报告一次（最多）其行踪和住所地；"中间层次"的限制，对接受移动电子监视的人员可以免除其汇报义务；"最低层次"的限制，要求其汇报住所地，报告既定区域（不得小于其住所所在的市镇）之外的行踪，以及禁止出现在某些场所。并且，在实施这些措施的同时，还可以禁止其与特定人员联系违反上述规定的判处3年监禁和45 000欧元罚金。

第4条允许省长，在经巴黎大审法院自由和羁押法官的书面和经论证的授权，以及巴黎共和国检察的意见后，在"存在充分理由相信该地点经常有符合第3条规定的人员的出入"的条件下，可以下令搜查场所并没收其财产。搜查应当在上午6点到晚上9点之间进行（除非自由和羁押法官另有决定），搜查时命令所载明的房屋的占有人或代理人应当在场，其愿意的话可以由律师相协助。搜查将在授权法官的批准和控制下进行，他们可以亲自到场或向当地法官发出调查委托书（《国内安全法典》，第L.229-1条和第L.229-2条）。如果目标人员可能提供有用信息，可以对其进行当场扣留，但最多不得超过4个小时，且应该立即通知自由与羁押法官（如果是未成年人，还需要其明确表示同意）。被扣留的目标人员与被拘留者享有相同的信息知悉权（《国内安全法典》，第L.229-4-1条）。当场查获的计算机数据只有经过自由与羁押法官的授权才能够使用，自由与羁押法官将检验数据与预防恐怖主义行为实施的目的之间的关联性以证明搜查的合理性（《国内安全法典》，第L.229-5条）。

第二，其他条款。"新反恐法"中的一些条款是欧洲立法者或宪法委员会干预的结果，它们本身就鲜有争议。有一些条款是首次提出的，还有一些条款只是简单的框架性条款，缺乏可操作性，有待进一步细化。

a. 应对条款。"新反恐法"第12条和第13条移植了欧盟2016年4月27日第2016/681号关于使用旅客信息数据（PNR）的指令，以预防、侦查、调查和起诉恐怖主义犯罪和各种形式的严重犯罪，PNR 档案是永久的。通过对"指令"第 1 条的大胆解释，犯罪清单扩展至侵犯国家根本利益的犯罪。内政部部长不再是唯一实施这种数据自动化处理的人，航空承运人以及旅行社和运营商可以收集和传输数据，国防部长、运输和海关部长也可以（《国内安全法典》，第 L. 237 条）。法律第 14 条对海事档案也规定了类似的规则（《国内安全法典》，第 L. 237 - 1 条新规定）。

由于宪法委员会废除了两项有关情报技术的规定，因此"新反恐法"第 15 条和第 18 条对《国内安全法典》第八卷进行了修订，以允许拦截和利用"无线电子通信，而不涉及运营开放式网络的电子通信运营商的介入"（《国内安全法典》，第 L. 855 - 1 条，A 至 C），以及在合法的法律框架内实时收集被监视人员周围人士的关联数据（《国内安全法典》，第 L. 851 - 2 条）。

b. 首创条款。"新反恐法"第 10 条在已经足够长的恐怖主义犯罪清单上增加了新的罪行。《刑法典》第 421 - 2 - 4 - 1 条第 1 款规定，"对未成年人有监护权的人，让该未成年人参加为预备实施第 421 - 1 条和第 421 - 2 条规定的恐怖主义行为而组成的团体或订立的协议，且存有一个或多个重要事实能够显示出该预备的犯罪特征的"，处以 15 年监禁和 225 000 欧元罚金。第 2 款规定了亲权（le droit des parents）可能撤回的几种情形。但是，也有学者指出，仅对"有监护权的人"一种情形进行加重处罚是不够的，更不用说"使其参加"的概念含糊不清，因此，新的入罪在实践中可能会被"参加恐怖组织"所吸收，从而加入预防性犯罪清单。

第 7 条增加了地理定位措施使用的情形，根据共和国检察官的决定，可授权派往负责打击恐怖主义的司法警察部门的警务人员进行地理定位，在定位开始后进行持续 48 小时的追踪（《刑事诉讼法典》，第 706 - 24 - 2 条）。预审法官只有在检察官延长定位追踪时长的情形下，才能将检察官所作出的该决定纳入卷宗。

第 9 条增加了与有组织犯罪有关的犯罪清单，增加了侵害国家根本利益的重罪和轻罪（《刑事诉讼法典》第 706 - 73 条第 11 项之二和第 706 - 73 - 1 条第 11 项）。此外，政治犯罪也被纳入"有组织犯罪"的定义范围。

第 19 条加强了防止跨境犯罪的控制措施；控制措施的最长时间延长至连续 12 个小时，且不仅可在铁路、公路的国际交通枢纽站内进行，还可在其"附近"进行，法律对"附近"的定义缺乏准确的描述，"基于其来往的频繁性和脆弱性"，大致是在过境港口和机场周围最大半径为 10 公里的范围内（《刑事诉讼法典》第 78 - 2 条第 9 款和第 10 款）。这些修改似乎在恐怖主义和非法移民之间建立了可疑的联系，除了欧盟法院认为控制的时长与边界检查相似以外，修改似乎符合欧盟 2016 年 3 月 9 日第 2016/399 号关于"申根边界法典"条例第 23c 条的规定。

c. 框架性条款。第 5 条规定行政机关在 2020 年 11 月 31 日之前有权立即通知议会（国民议会和参议院）实施紧急状态措施（《国内安全法典》第 L. 22 - 10 - 1 条）。虽然，鉴于议会控制紧急状态实施的经验以及恐怖主义威胁的持续性，使人对该机制的效率产生怀疑。第 6 条规定了反激进组织获得公共补贴的条件。第 8 条对

《刑事诉讼法典》第 706-63-1 条与 706-63-2 条进行了修改,加强了对悔罪者及其家属的保护。第 11 条规定获得授权、经过批准、享有资格的公职人员在安全或防卫领域实施的行为与其职责和任务不符,引起怀疑时,可以对其实施行政调查(《国内安全法》第 L.114-1 条)。第 16 条在提交给议会代表的文件清单中增加了关于无线通信监视情报一项。第 17 条将《国内安全法典》第 851-3 条的适用期限扩大到 2020 年。

第三,紧急状态的结束与新开始。2017 年 11 月 1 日,法国终于结束了长达 715 天的紧急状态(2015 年 11 月 14 日启动)。在这 715 天内,一共阻止了 32 起恐怖袭击,进行了 4444 起行政搜查[国民议会官网提供数据是 4444 起,内政部官方统计为 4469 起。根据司法部的数据显示,在这 4444 起行政搜查中,只有 670 起进入司法程序,243 起进入诉讼,77 起宣判刑罚,下令实施了 754 次软禁(les assignations à résidence),在体貌特征管理档案(le fichier de traitement des signalement,2015 年 3 月 5 日政令,未公开)中进行了 12 000 次登记,建立了 75 个保护区和安全区,关闭了 19 个宗教场所,查获了 625 件武器(内政部统计为 625 件,国民议会统计为 763 件)]。[1] 此次因恐怖主义威胁而实施的紧急状态是法国 20 世纪以来最为严厉的一次。

法国的紧急状态由 1955 年 4 月 3 日的法律(通常称为"紧急状态法")所创设,依据该法,紧急状态基本上可以总结为 5 项措施:建立保护区,关闭礼拜场所,软禁,电子监控和行政搜查。

法国历史上实施的前 3 次紧急状态分别为(按期间计算):1954～1962 年阿尔及利亚战争期间实施的紧急状态;1985～1987 年期间对新喀里多尼亚、瓦利斯群岛和富图纳群岛以及法属波利尼西亚向风群岛这几个海外领地实施的紧急状态;再者就是 2005 年,因警方打击地下经济与贩毒手段过激而引发以移民青年为主力的郊区叛乱,为镇压叛乱而实施的紧急状态。在这次紧急状态中,主要采取的措施即为在叛乱聚集地以及受其影响的地区实施宵禁。2005 年 11 月 18 日法律宣布实施紧急状态后,立马遭到了反对。12 月初,74 名法学家向最高行政法院起诉,要求政府停止实施这一特殊制度,最高行政法院以年末假期期间存在意外风险为由判定维持紧急状态是合理的,尽管法学家们败诉,但也直接强加政府以压力,于是,在假期结束后,2006 年 1 月 4 日,希拉克便宣布解除紧急状态。由此可见,法国国民对紧急状态的实施本来就抱有相当谨慎的态度,唯恐政府权力的变相扩张危及国民的基本权利和自由。这种谨慎,在 2015 年至 2017 年实施因恐怖主义威胁而实施的紧急状态中也延续了下来。

事实上,从 2015 年 11 月 14 日宣布实施紧急状态之日起,反对的声音就从未消停过,概括而言,反对的理由主要包括以下几点:①限制基本自由,正如人权保障所协会所说:"我们似乎必须记住,没有什么能够把我们从法治中剥离出来,剥夺我们的自由。""紧急状态不能成为一个永久性的状态,其施行不能妨碍社会民主,公民资格和公共辩论权益的行使。"②剥夺公民政治自由。紧急状态下,禁止示威游行

---

[1] Maud Léna: *715 jours sous l'état d'urgence*, AJ Pénal 2017, p. 464.

活动,对于酷爱罢工和游行的法国公民来说是难以忍受的。③侵害公民隐私。行政警察可以在司法控制之外,非常广泛地获取法国居民的任何电子或电脑设备上的任何信息,尤其是需要通过身份认证和密码才能访问的信息,存储在互联网上的任何内容等,这严重侵害了个人隐私。④陷入警察国家的风险增加。紧急状态实际上违背了三权分立基本原则,在紧急状态下,行政权急剧膨胀,如若缺乏司法权的制衡,法国即将面临陷入警察国家的风险,虽然紧急状态下例外措施的实施受到行政法官的控制,但行政法官的控制与司法官的控制根本是两种不同性质,不同效果的监督方式。⑤历史血的教训为鉴,在1961年实施的紧急状态期间,法国发生了两起臭名昭著的警察暴力事件:"1961年10月17日大屠杀"(Massacre du 17 octobre 1961)和"夏罗纳地铁站事件"(Affaire de la station de métro Charonne)。[1] 总之,在反对者们看来,最糟糕的政策就是将民主搁置在一旁,转而走向一个永久的例外制度。

如前所述,"新反恐法"将一些例外措施普通法化,很难摆脱变相实施紧急状态的嫌疑,从这一层面上来讲,"新反恐法"的实施即意味着新紧急状态的开始。所以,以上对紧急状态制度的所有反对和批评都完全适用于"新反恐法"的法律规定。于是,法国即将面临一系列问题:如何实现公民自由与安全之间的平衡?如何限制日益膨胀的警察权利?司法警察和行政警察双轨制应当如何协调运行?此外,就在2017年末,司法部部长宣布创建国家反恐检察官(le parquet national antiterroriste),其设置的目的和效用也有待考察。

2. 刑事时效改革。2017年2月27日第2017-242号关于刑事时效改革的法律(LOI n° 2017-242 du 27 février 2017 portant réforme de la prescription en matière pénale)对法国运行了210年的旧时效制度作出了重大修改。此次改革并不是一蹴而就的产物,而至少经历了近10年的酝酿。法国旧时效制度形成于1808年的《重罪法典》,此后一直延续。直至2007年,以参议院法律委员会为名提交的第338号信息报告,[2] 才提出了延长普通法时效期限、认可有关隐秘犯罪的判例发展以维系公诉时效原则的建议。然而,在之后的2008年6月17日第2008-561号法律中仅就民事时效作出了修改,未涉及刑事时效。2015年,2名议员重拾主题,提出了14项法律议案,[3] 对刑事时效进行了革新和拓展,这便是新法改革的起源。

(1)刑事时效改革的学理争论。本次改革的核心内容主要是成倍延长公诉时效(la prescription de l'action publique)期限,并对刑罚时效(la prescription de la peine)

---

[1] 1961年10月17日大屠杀,是指法国警察对民族解放阵线组织(又称第七世界)在巴黎举办的阿尔及利亚示威游行的残酷镇压。夏罗纳地铁站事件,是指针对在巴黎夏罗纳地铁站举行的反对秘密武装组织(OAS)和阿尔及利亚战争的示威游行活动所实施的警察暴力事件。

[2] J.-J. Hyest, H. Portelli, R. Yung, Pour un droit de la prescription moderne et cohérent, Rapport d'information n° 338 au nom de la commission des lois du Sénat, enregistré le 20 juin 2007.

[3] A. Tourret, G. Fenech, Rapport d'information sur la prescription en matière pénale, enregistré à l'Assemblée nationale le 20 mai 2015.

期限作出调整。[1] 同时增加了公诉时效中断和中止的情形。

公诉时效的延长经过了严密的学理论证,其核心论点在于旧时效制度传统理论基础的坍塌。传统理论认为刑事时效不宜过长,理由有三:其一,出于保障犯罪行为人的被遗忘权(le droit à l'oubli)和维系社会的稳定,刑事时效不宜过长;其二,随着时间的流逝,证据灭失的风险会越来越大;其三,正所谓法律不保护躺在权利上睡觉的人,时效被看作对受害人以及公诉人疏忽的惩罚,时效延长就是对懈怠行使权利者的宽容。犯罪行为人的被遗忘权与被害人的基本权益之间似乎不存在孰优孰劣的问题,并且一些具有重大影响的案件,若因超过公诉时效而让罪犯逍遥法外,也不会得到社会舆论的支持,法国实践中已存在多起忽略时效而定罪的判例,比如尤娜(Yonne)案,罪犯在20世纪70年代犯下罪行,在2004年被定罪。针对第二点,科学侦查技术的发展极大地降低了证据因时间流逝而灭失的风险。而第三点,乍一看无可厚非,但却忽略了一些被害人、公诉人怠于行使权利的苦衷,比如家庭暴力,被害人受到威胁而公诉人又无法主动得知的情况下,延长公诉时效才是公正的选择。

旧时效制度传统理论基础坍塌的同时,其现代理论基础却有所发展,其中核心的理论依据有二:其一,合理期限权利(le droit au délai raisonnable)要求正在进行的刑事诉讼保持一定的节奏,反对实施犯罪行为与审判行为人之间的时间间隔过长;其二,考虑到刑事政策的良好运营,遵循这一逻辑,公诉机关应该优先处理近期案件和严重侵害公共秩序的案件。

尽管现代理论基础的出现能够继续维系旧时效制度,但参议员们仍坚持刑事时效制度的改革,因为他们必须得承认旧时效制度已经不再适应时代的发展,特殊时效的情形不断增多,而且判例制度也与《刑事诉讼法典》相抗衡,设置出越来越多的例外规则,法律规定与实践的不相协调迫切要求改革的进行。所以,本次改革的目标具有双重性,一方面,修改时效制度使其适应时代发展的要求;另一方面在于维护时效法律制度的安定性。

(2)刑事时效改革的内容。旧时效制度将时效分为了4个层次:①违警罪,过1年时效免于公诉,过3年时效免于刑罚;②轻罪,过3年时效免于公诉,过5年时效免于刑罚;③重罪,过10年时效免于公诉,过20年时效免于刑罚;④种族灭绝罪和危害人类罪的公诉和刑罚均不受时效约束。

而现行法对《刑事诉讼法典》第7条至第9条进行了修改,建立起了7层次的公诉时效制度:

---

[1] 法国的刑事时效分为公诉时效与刑罚时效,前者类似于我国的追诉时效,超过了公诉时效则不得对罪犯再行提起公诉,时效原则上自实施犯罪行为之日或犯罪行为终了之日起算;而刑罚时效是指超过了该时效则不得对罪犯再行进行处罚,时效一般自终审判决作出之日起算,刑罚时效也会因暂缓执行而中止,因执行措施而中断。

表5-2 法国新公诉时效制度

1	1年	违警罪公诉时效为1年，自实施犯罪之日起算（《刑事诉讼法典》第9条）。
2	6年	轻罪公诉时效原则上为6年，自实施犯罪之日起算（《刑事诉讼法典》第8条第1款）。
3	10年	未成年人实施《刑事诉讼法典》第706-47条所规定的轻罪，但不包括《刑法典》第222-29-1条与第227-26条所规定的轻罪的（包括贩卖未成年人；介绍未成年人卖淫；利用未成年人卖淫；腐蚀未成年人罪；通过电子通信工具向15岁以下的未成年人提出性建议；骗取、录制、传输、供应、提供、传播、进口或出口、获取或持有未成年人的色情影像或制品，或习惯性地访问或支付对价给提供这种色情影像或制品在线公共服务平台；制造，运输，传播或交易可能被未成年人看到或感知的暴力或色情信息；煽动未成年人接受割损性器官或自行实施此种行为），公诉时效为10年，自该未成年人成年之日起算＊（《刑事诉讼法典》第8条第2款）。
4	12年	实施未披露的隐秘犯罪（l'infraction occulte）或隐藏犯罪（l'infraction dissimulée）中的轻罪，[1] 公诉时效为12年，自犯罪暴露且满足启动公诉条件之日起算＊＊（《刑事诉讼法典》第9-1条第3款）。
5	20年	①重罪公诉时效原则上为20年，自实施犯罪之日起算（《刑事诉讼法典》第7条第1款）。 ②未成年人实施《刑法典》第222-12条（暴力致人完全丧失工作能力8天以上）、第222-29-1条（性侵15岁未成年人）和第227-26条（性侵未成年人）所规定的轻罪的，公诉时效为20年，自该未成年人成年之日起算＊（《刑事诉讼法典》第8条第3款）。 ③实施《刑事诉讼法典》第706-167条所规定的处10年监禁刑的轻罪（有关大规模毁灭性武器及其运载工具扩散）、第706-16条所规定但排除该法第421-2-5条至第421-2-5-2条所规定的轻罪（除了煽动恐怖主义行为与经常访问煽动实施恐怖主义行为网站以外的其他与恐怖主义行为有关的轻罪）、第706-26条所规定的轻罪（有关毒品贩运）以及《刑法典》第4卷之二中所规定的轻罪（战争），公诉时效为20年，自实施犯罪之日起算（《刑事诉讼法典》第8条第4款）。

---

〔1〕 隐秘犯罪，是指由于构成要素的特殊性，不能为受害人或司法机关所得知的犯罪；隐藏犯罪，是指犯罪行为人故意采取措施以防止其罪行暴露的犯罪。

续表

6	30 年	①实施未披露的隐秘犯罪或隐藏犯罪中的重罪，公诉时效为 30 年，自犯罪暴露且满足启动公诉条件之日起算＊＊（《刑事诉讼法典》第 9-1 条第 3 款）。 ②实施《刑事诉讼法典》第 706-16 条（有关恐怖主义行为）、第 706-26 条（有关毒品贩运）和第 706-167 条（有关大规模毁灭性武器及其运载工具扩散）所规定的重罪；《刑法典》第 214-1 条至第 214-4 条＊＊＊（优生及克隆繁殖罪）、第 221-12 条（强迫失踪罪）和第 4 卷之二（战争罪）中所规定的重罪，公诉时效为 30 年，自实施犯罪之日起算（《刑事诉讼法典》第 7 条第 2 款）。
7	不适用时效	实施《刑法典》第 211-1 条至第 212-3 条（种族灭绝和反人类罪）所规定的重罪的，不适用时效（《刑事诉讼法典》第 7 条第 3 款）。

＊若《刑事诉讼法典》第 706-47 条与《刑法典》第 222-10 条与第 222-12 条所规定的重罪和轻罪是对未成年人所实施的，公诉时效自该未成年人成年之日起计算（《刑事诉讼法典》第 9-1 条第 1 款）。

＊＊这是一种失权期限（le délai de forclusion）。如果犯罪行为没有披露，则采用上述规定的期限。一旦罪行被揭露，则新的期限，即相关罪行的期限，从犯罪行为被揭露之日开始计算。

＊＊＊若实施《刑法典》第 214-2 条所规定的重罪，致使孩子出生的，公诉时效自该孩子成年之日起计算（《刑事诉讼法典》第 9-1 条第 2 款）。

表 5-3 法国新刑罚时效制度

1	3 年	违警罪（《刑法典》第 133-4 条）。
2	6 年	轻罪原则上 6 年（《刑法典》第 133-3 条第 1 款）。
3	20 年	①重罪原则上 20 年（《刑法典》第 133-2 条第 1 款）。 ②实施《刑事诉讼法典》第 706-167 条所规定的处以 10 年监禁刑的轻罪（有关大规模毁灭性武器及其运载工具扩散）、第 706-16 条（有关恐怖主义行为）与第 706-26 条所规定的轻罪（有关毒品贩运）；《刑法典》第 4 卷之二中所规定的轻罪（战争）（《刑法典》第 133-3 条第 2 款）。

续表

4	30 年	实施《刑事诉讼法典》第 706-16 条（有关恐怖主义行为）、第 706-26 条（有关毒品贩运）和第 706-167 条（有关大规模毁灭性武器及其运载工具扩散）所规定的重罪；《刑法典》第 214-1 条至第 214-4 条（优生及克隆繁殖罪）、第 221-12 条（强迫失踪罪）和第 4 卷之二（战争罪）中所规定的重罪（《刑法典》第 133-2 条第 2 款）。
5	不适用时效	实施《刑法典》第 211-1 条至第 212-3 条（种族灭绝和反人类罪）所规定的重罪（《刑法典》第 133-2 条第 3 款）。

《刑事诉讼法典》新增第 9-2 条规定了可以致使公诉时效中断的几种行为：①检察官或民事当事人作出的任何为了启动公诉的行为；②检察官作出的任何侦查行为，司法警察警官作出的任何笔录，或者授权人员行使司法警察权，事实上导致了对犯罪行为人的调查和追诉；③预审法官、预审法庭或审判庭以及司法警察警官通过其委派人员作出的任何该法典第 79 条至第 230 条所规定的预审行为，事实上导致了对犯罪行为人的调查和追诉；④任何一审或终审判决，即便不是最终判决，只要其没有被归于无效的。

（二）重大案例

1. 刑事法官可参照最高行政法院的标准审查内务部部长软禁令的合法性（Crim. 3 mai 2017, n° 16-86.155 à paraître au Bulletin；AJDA 2017. 910；D. 2017. 1175, note G. Beaussonie）。

2016 年 9 月 22 日，科尔马上诉法院轻罪法院以 2 名嫌疑人未遵守内政部长发布的软禁令为由，判处其中一人 5 个月监禁，另一人 3 个月监禁。2 名嫌疑人向法国最高法院申诉，对软禁令的合法性提出异议，指出软禁令作出的依据与现实不符，行政机关在其社交网络或手机上发现的一些照片的含义和范围被扭曲。法国最高法院刑事法庭根据《刑法典》第 115-5 条，即刑事法庭有权审查决定案件走向的例行行政行为和个人行政行为的合法性，对软禁令的合法性进行了审查。在其看来，行政行为虽不构成刑事追诉的基础，却决定了程序的合法性。同时，刑事法院也认识到，最高行政法院亦有权对行政行为的合法性进行审查，只有保持审查方法一致，才能防止分歧，避免审查结果不一致的尴尬局面。最高行政法院认为，行政机关只能在紧急状态下相关地理区域内实施软禁措施，且需要遵守严格的限制条件：有重大理由认为有关人员的行为对公共安全和秩序构成严重威胁，这种威胁的评估必须考虑致使宣布紧急状态的紧迫危险和公共灾难；采取的措施必须是必要的，与有关人员构成威胁的程度、宣布紧急状态的情况以及严格的合理比例相符；软禁决定的作出必须基于"白色笔记"（des notes blanches），即只能依靠事实证据，不能依靠任何解释或推理。此外，法国《人权宣言》第 2 条所规定的安全权（le droit à la sûreté）也要求刑事法官,"当其仅以被指控者逃避履行有关行政义务而宣判剥夺其自由时,应事先确保被指责违法的义务本身是必要且合理的"。最高院刑事法庭认为,既然嫌疑人被告指定了他们的抗辩理由,刑事法院就有必要审查有争议的软禁令的合法性,而不是只让他们自己承担举证责任。根据修订后的1955年4月3日《紧急状态法》第6条,法院有权要求负有举证责任的检察机关从行政机关处获取其作出软禁令所依据的事实证据,以审查是否存重大理由让行政机关认为嫌疑人的行为构成对公共安全和秩序的威胁。

2. 违反侦查或预审秘密原则可能导致程序无效（Crim. 10 janv. 2017, n° 16 - 84.740, à paraître au Bulletin ; D. 2017. 113）。

最高法院刑事法庭2017年1月10日的第16-8470号判决的重大意义在于：提醒调查人员、嫌疑人及其律师与媒体,违反侦查或预审秘密原则可能会对先前诉讼行为的有效性产生影响。

根据《刑事诉讼法典》第11条的规定,侦查和预审程序是涉密的,任何参与到此程序中的人员均受到职业保密的约束。然而,侦查、预审之保密义务,或者说嫌疑人的无罪推定、辩护权、隐私权,以及国家有效打击犯罪利益与公民的信息获取权之间具有天然冲突,而且在很长一段时间内,后者占据绝对优势地位。根据法国最高法院刑事法庭1996年1月25日的判决（Bull. crim. n°53）,内务部部长准许一记者对毒品贩卖压制中心的活动进行追踪报道,记者随即对"主角人物"的侦查、庭审环节进行了商业化报道,最高院刑事法庭认为由于记者在场违反侦查、预审秘密原则,可能构成刑事追诉的基础,但是并不会导致先前程序的无效,因为记者在场是各方均知悉的,且嫌疑人和律师对此并未提出质疑,其中一方当事人还利用报道宣扬自己的理由以图获得支持。2000年4月27日判决（Bull. crim. n°170）参照前列,国家行政学院的实习人员参加了首次庭审的讯问,被指控者及其律师均未提出异议。根据2001年5月23日第01-81567号判决,侦查行为的有效性不会因为国家机关对拘留人员作出的违反无罪推定的言论而受到影响。根据最高法院刑事法庭2012年7月11日作出的判决（Bull. crim. n° 112）,如果对法官客观公正原则与被告人无罪推定权益的侵害是由诉讼之外的人造成的,那么这种侵权行为就不会导致程序无效。

而最高法院刑事法庭2017年1月10日第16-8470号判决却依据《刑事诉讼法典》第11条认为,预审法官或司法警察警官实施搜查,有经其允许的第三人或记者在场并对搜查过程进行录制的,必定侵害了有关人员的利益。首先,侦查和预审秘密原则的确立能够保障对重罪或轻罪行为人的调查、识别和逮捕的顺利进行。而调查过程的公开只能帮助罪犯隐藏证据、逃跑,只能白白暴露证人或者侦查人员。其次,侦查和预审秘密公开对隐私权的侵犯是不可逆的,对被指控人名誉的伤害也是不可逆的。《刑事诉讼法典》第56条保留了司法警察警官以及已在住所内的警务人员进行搜查,在查封扣押前查阅文件、资料以及信息数据的权利。但是,侵犯隐私权必须限于对调查有用，且不得像本案一样，允许拍摄暴露有关人员身份的资料，随后在电视报道中进行播放。可以说，最高法通过这个判决，不仅保护侦查、调查秘密，保护当事人的隐私权、无罪推定和辩护权，保障了国家打击犯罪的利益，甚至保护了记者和公众的权益。当然这个原则也不是绝对的，在不影响调查成功的前提下，为了教育公众，保障其信息获取权，也可以适度公开。

3. 最高法院对被告人羁押期限的合理性审查（Crim. 28 mars 2017，n° 17 - 80.390；Crim. 29 mars 2017，n° 17 - 80.642，à paraître au Bulletin）。

不当羁押是法国近几年来重点治理的领域，而 2017 年 3 月 28 日第 17 - 80390 号判决和 2017 年 3 月 29 日第 17 - 80642 号判决的重大意义在于：为最高法院刑事法庭对临时羁押（尤其是上诉案件被告人羁押）的合理期限审查设计了一个基准点。

在很长的一段时间内，最高法院刑事法庭认为，临时羁押的合理期限混合了法律问题和事实问题，属于事实审法官自主评定的范围，它无权予以干涉[1]也不允许提起上诉的被告人对预审法庭裁决临时羁押的期限没有超过国内法和《欧洲人权公约》（以下简称《公约》）规定的合理期限之理由表示质疑。[2]自 2000 年起，向最高法院申诉的被告人开始援引《公约》第 5.3 条以抗议在二审迟迟不决的情况下仍然驳回其释放申请的决定。第 5.3 条赋予了被羁押者在合理期限内受审的权利和在诉讼期间获取自由的权利。但是刑事法庭巧妙了回避了该条，认为"在一审重罪法院宣判后，依《公约》第 5.1 条 a 项被剥夺自由的被告人，直到上诉重罪法院判决前，不能适用《公约》第 5.3 条"。[3]尽管如此，刑事法庭也仅对第 5.3 条作出了解释，并未解释第 6.1 条的规定。[4]之后，刑事法庭开始行使有限的审查权，确保事实审法官根据国内法和公约，以充分或无矛盾的理由证明自己作出的决定是合理的。[5]加之欧洲人权法院的施压，刑事法庭也不得不更加强调事实审法官驳回释放申请的充分说理论证。比如，在 Cretello 诉法国一案中，欧洲人权法院就指出"国家有权机关应当对诉讼尽到特殊勤勉义务"，[6]会考虑到案件的复杂性和必要诉讼行为的完成。[7]但"各国有义务设置其司法系统，使法院能够满足《公约》第 5 条

---

[1] Crim. 6 mars 1986，Bull. crim. n° 94 ou Crim. 12 déc. 1988，Bull. crim. n° 149
[2] V. entre autres 20 août 1997，n° 97 - 83.039；Crim. 26 juin 2002，n° 02 - 83.124；Crim. 18 déc. 2002，n° 02 - 86.718；Crim. 12 mars 2003，n° 02 - 88.333；Crim. 10 nov. 2004 n° 04 - 85.268；Crim. 28 sept. 2005，n° 08 - 84.442.
[3] Crim. 15 mai 2002，n° 02 - 81.644，Bull. crim. n° 114，principe rappelé par un arrêt du 17 oct. 2012，Bull. crim. n° 219.
[4] Crim. 1er mars 2005 n° 05 - 80.386.
[5] V. entre autres Crim. 2 sept. 2008，n° 08 - 84.031；Crim. 29 avr. 2009，n° 09 - 80.802；Crim. 27 oct. 2009，n° 09 - 85.369；Crim. 22 août 2012，n° 12 - 83.915；Crim. 30 janv. 2013，n° 12 - 87.626；Crim. 21 janv. 2014，n° 13 - 87.175.
[6] CEDH 23 janv. 2007，n° 2078/04；v. aussi CEDH 8 oct. 2009，n° 35471/06，Maloum c/ France，§ 44.
[7] CEDH 10 juill. 2008，n° 21148/02，Garriguen c/ France.

的要求",以避免重罪法院拿"法院拥挤"作为其超期限羁押的借口。正是在这种背景下,最高院在其 2012 年 3 月 7 日的判决[1]中特别提出,提起上诉的人有权根据《欧洲人权公约》第 6.1 条在合理期限内重新接受审判,而不适用第 5.3 条的规定。同时,最高法院还指出对合理期限的审查需要考虑整个临时羁押的期限,包括一审法院审理前[2]。接着,2015 年 6 月 17 日第 154 号判决中,刑事法庭开始审查二审法官是否根据案件具体情况,确定侦查合法,一审及上诉没有不适当延误,从而确切论证羁押期限的合理性。而 2017 年 3 月 28 日第 17-80390 号判决和 2017 年 3 月 29 日第 17-80642 号判决可以说是对第 154 号判决的继承和发展。

最高法重新回到不当羁押问题上,有其原因可循,先来看这样一组数据:

表 5-4 法国重罪案件司法数据[3]

年份	重罪法院审结案件数[4](件)	预审平均期限(月)	定罪案件临时羁押平均期限(月)	一审平均审限[5](月)	二审平均审限[6](月)
2012	3486(其中上诉重罪法院审理 480 件)	25.7	24.7	36.1	18.4
2013	3426(其中上诉重罪法院审理 570 件)	25.9	25.2	37.9	18.6
2014	3032(其中上诉重罪法院审理 471 件)	26.2	26.1	39.5	21.0
2015	3004(其中上诉重罪法院审理 455 件)	26.7	27.6	40.6	21.8
2016	3289(其中上诉重罪法院审理 536 件)	28.2	28.5	40.6	22.0

[1] Crim. 2 sept. 2009, Bull. crim. n° 148 ; Crim. 12 nov. 2009, n° 09-85.657 et Crim. 22 févr. 2011, n° 10-88.179.

[2] Crim. 21 janv. 2014, n° 13.87-176 ; Crim. 10 juin 2015, n° 15-81.734 et Crim. 24 juin 2015, n° 15-82.240.

[3] 数据来源于法国《司法关键数据》。

[4] 在法国,犯罪分为重罪、轻罪和违警罪,相应地,刑事法院分为重罪法院、轻罪法院和违警罪法院。重罪案件只能由重罪法院审理,但重罪法院具有完全管辖权,可以宣告轻罪刑罚,故重罪法院审理案件数一项含有极小数量的轻罪案件。

[5] 包含预审阶段。

[6] 从一审判决作出之日起至二审判决作出之日。

2012年至2016年，法国轻罪案件一审平均审限约为1年，二审约为一年半，极少采用临时羁押措施，就算采用也一般不超过5个月。[1] 故不当羁押的重灾区是重罪案件，笔者也仅就重罪案件的相关数据进行了梳理。从表7-4可得，预审、一审、二审的期限逐年增加，这意味着一旦实施羁押措施，若非对继续羁押的必要性加以严加把控，被羁押者尤其是上诉案件中被羁押的被告人的自由权和合理期限权益将受到更加严重的创伤，因为《刑事诉讼法典》第367条第2款明确规定："在其他情况下（被判处完全剥夺自由的情况下），当重罪法院的判决不是终审判决时，该判决等于决定，在二审期间羁押应持续到临时羁押的期限达到（一审）宣判刑期为止。"

2017年3月28日的判决涉及这样一个案件，被告人被指控有组织地实施了13起持械抢劫超市罪行，毁坏部分消防车辆，因此，2012年1月12日对其实施了临时羁押，2015年7月3日一审判决对其处以22年监禁，二审驳回了其在2016年10月提出的释放请求，预审法庭在12月23日的判决中指出，基于被告的否认，侦查变得十分困难，就必要诉讼行为的繁复而言，案件的进展已经很快了。2017年3月29日的判决涉及这样一个案件，重罪法院以涉嫌谋杀未遂拘留了一未成年人，自2013年6月起对其实施临时羁押，一直到2017年底，上诉重罪法院仍未开庭审理该案件，经查明，该案件就侦查阶段就延迟了2年，近4年的羁押明显超过了合理期限。预审法庭反驳到羁押期限的合理性必须根据案件的具体情况进行评估，特别是根据案件的复杂程度和法庭所尽到的勤勉义务。首先，被告不认罪，与证人之间串通，使得案情更加复杂，庭审的次数也有所增加，所以不得不延长羁押期限。其次，法院也对案件拥堵情况也进行了补救，一方面，设立司法官庭审委员会，制定案件优先审理标准和延长会议期限；另一方面，请求任命更多的法官。在上述两个案件中，最高法院刑事法庭均否定了预审法庭的论证，认为其理由"不属于《公约》所要求的无法克服的情况（les circonstances insurmontables）或特殊的勤勉义务（les diligences particulières）"。在刑事法庭看来，事实审法官也应该确认一审庭审期限的可接受性，如果一审庭审期限存在非正常延迟的，法院应该解释其采取了什么措施以尽可能缩短审限或者法官遇到了什么无法克服的情况。和欧洲人权法院一样，最高法院刑事法庭也认为重罪法院的"超负荷"不能成为超期羁押的合理理由。而有部分判决表明，被告人无法获得辩护律师的帮助构成临时羁押延长的事由之一。[2] 不让被告人选择的律师为其辩护也是不可思议的[3]，而律师为辩护做准备工作会耽误一些时间，但是这一事由不适用于法院指派律师的情形下。此外，在2017年3月29日的第17-90001号判决中，刑事法庭宣布预审法庭在受理释放申请时，应"在最高法院的

---

[1] 法国《司法关键数据》。

[2] Crim. 11 oct. 2016, n° 16-84.903, V. aussi Crim. 13 déc. 2016, n° 16-80.060, et Crim. 6 déc. 2016, n° 16-86.043.

[3] Crim. 4 mai 2016, n° 16-81.157.

控制下，确保被告人的羁押不超过合理期限"。总的来说，最高法院的审查应该是一种含蓄的审查。因为《刑事诉讼法典》序言条款和《公约》第6.1条同时也要求负责司法管理良好运行的机关，首先是上诉法院的院长确保所有案件在合理期限内审结。

尽管最高法院在遏制不当羁押的道路上又前进了一步，但目前依然存在问题：应当对不合理的延期羁押施以什么惩处？最高法院发回重审以后，预审法庭又应该怎么办？是应该冒着期限延迟的风险让法官进行"自由"审判，还是命令释放被告，甚至是不再对其实施任何控制措施？但不能否认的是，大部分刑事案件对下述要点无争议：保护证人和被害人、保证被告人处于司法控制之下。此外，《刑事诉讼法典》第367条与《刑事诉讼法典》序言条款、《公约》第6.1条的优先性问题也是一个困扰法国学者的难题。

五、德国刑事诉讼法的最新动态[*]

（一）刑事诉讼法典2017年修正案简介

为使刑事诉讼程序更加高效，2014年德国联邦司法部组织专家起草了刑事诉讼法修正草案（草案内容参见：BT – Drucks 18/11277）。在该修正案的基础之上，2017年8月17日，德国联邦议院正式通过了联邦政府提交的立法修改建议稿。此次刑事诉讼法改革的主要内容如下：

1. "网络搜查"（Online – Durchsuchung）的合法化。2017年《刑事诉讼法》中的一个重大变革在于将秘密侦查措施中的"网络搜查"合法化。在此之前，德国《刑事诉讼法》第100a条中只规定了"电信监听"（Telekommunikationsüberwachung），而"电信监听"指的是：侦查机关可以通过技术侦查措施"实时"监听犯罪嫌疑人或被告人与他人之间的通讯过程。"电信监听"这一秘密侦查措施，是对公民所享有的通信自由和通信秘密之基本权利的干涉和限制。而"网络搜查"则是指侦查机关通过将"恶意软件"（即木马病毒）植入目标对象的手机、电脑、平板电脑等电子通信设备，并在该设备的存储介质中秘密搜寻相关证据材料，并上传至侦查机关的电脑中，以实现搜证和保全证据之需。因为此数据并不属于犯罪嫌疑人或被告人与他人"实时"通讯的过程，而是属于已经存储或缓存在目标电子设备之中的通讯数据，因此，侦查机关不能依据"电信监听"的规定来作为"网络搜查"的依据。即便是通过"网络搜查"措施所收集的证据，在2017年修法之前，也被视为是非法证据而禁止使用。

为了有效收集证据、打击犯罪，立法者在2017年《刑事诉讼法》修正案中新增了有关"网络搜查"的规定（第100b条），并将旧法中的第100b条的规定移至第100e条之中。根据2017年修改的《刑事诉讼法》第100b条的规定，"网络搜查"的基本内容包含以下几个方面：

---

[*] 本部分执笔人：中国政法大学比较法学研究院黄河讲师。

(1)"网络搜查"允许侦查机关在犯罪嫌疑人和被告人不知情的情况下,通过植入木马病毒,秘密地将目标电子设备中的相关证据材料上传至侦查机关之处。"网络搜查"只涉及已经存储或存储的电子数据。侦查机关不得使用该措施"生成"新的数据或者对原始数据进行更改,换言之,侦查机关不允许使用"恶意软件"秘密地打开目标电子设备中的麦克风或摄像头,并暗中收集相关证据,理由在于,"网络搜查"的概念内涵中的"搜查"(Durchsuchung)仅仅指"从电子系统中"调取数据,而非通过该措施对电子系统进行"操控"(Manipulation)而生成新的数据。

(2)"网络搜查"措施应当遵循比例原则的次属性限制(Subsidiaritätsprinzip),即只有其他较为温和手段无法奏效时才可以使用。

(3)"网络搜查"措施是在目标不知情的情况下秘密的搜查相关电子数据,使得侦查机关能够秘密掌握目标对象使用电子设备的所有信息(例如经常访问的网站等),凭此能够勾画出此人的"个人形象"(Persönlichkeitsprofile),这对公民的隐私权和人格尊严构成严重的侵犯和干涉,因此,采取该措施应满足较为严格的要件,只有犯罪嫌疑人或被告人涉嫌第100b条第2款列举的数种具体的犯罪行为时才允许使用。

(4)通常情况下,"网络搜查"措施针对犯罪嫌疑人或被告人。基于特定的事实情形,当犯罪嫌疑人或被告人使用过其他第三人的电子设备时,才可以针对第三人实施"网络搜查"措施。

2. DNA对比测试的扩大化。2017年《刑事诉讼法》中,将第81h条所规定的DNA对比测试(主要针对谋杀和性侵等严重暴力犯罪)的范围进行了扩大化,即旧法第81h条只规定,如果侦查机关认为DNA痕迹可能来自于某一特定之人时,在征得其同意的前提下,可以采集此人的DNA检材进行对此测试,但不允许向此人的近亲属提出DNA测试的要求。2017年修改的《刑事诉讼法》规定:经鉴定,如果侦查机关认为该DNA痕迹虽与某一特定之人并不完全匹配,但与他的近亲属(直系亲属和三代以内旁系亲属)有关联的,则可以向此人的近亲属提出DNA对比测试的要求,但前提是被请求之人同意此要求。

有学者对此立法改革提出了批评意见:一方面,经过对某人的DNA测试,DNA序列虽然不完全匹配,但存在一定的重合,因此DNA痕迹可能来自于此人的近亲属,如果侦查机关告知某特定之人的近亲属,希望提取其DNA检材进行对比测试,在这种情况下,可能给被询问之人带来非常强烈的心理压力,即便他自己知道自己并没有实施犯罪,但也不免陷于希望摆脱嫌疑的内心矛盾之境。虽然立法中规定,他可以拒绝该DNA测试请求,但问题在于,如果其他人都配合侦查机关,只有他本人拒绝,就意味着侦查机关锁定的犯罪嫌疑人的范围更小了。另一方面,《刑事诉讼法》第52条中规定的近亲属享有的拒证权可能被掏空,因此之前的DNA序列有部分重合,犯罪嫌疑人很可能就存在于自己的近亲属之中,如果他配合了DNA测试,也同样意味着侦查机关能很快锁定犯罪嫌疑人。

3. 简化血液采集的程序。采集血液对犯罪嫌疑人的身体完整性构成干预和限制，因此，侦查机关如欲实施此强制措施，应当获得侦查法官的批准，紧急情况下，可以由检察官和警察批准，但事后应当及时获得法官的追认。2017 年《刑事诉讼法》中对第 81a 条进行修改，如果犯罪嫌疑人涉嫌醉酒驾驶或吸毒后驾驶（德国《刑法》第 315a、315c、316 条），则不需要侦查法官的批准，检察官和警察即可作出采集血液的决定。这一修改决定其实是将司法实践中一些规避采集血液的法官保留事项合法化，因为此前，检察官和警察经常是在夜间行动，这意味着在夜晚很难及时联系法官并获得其采集血液的批准，如此一来，检察官和警察就可以"故意规避"这一规定。德国联邦宪法法院曾在判例中认为，如果检察官和警察故意为之，则获得的证据应当禁止使用。

4. 讯问犯罪嫌疑人时的录音录像制度。2017 年《刑事诉讼法》中新增的一项制度是在讯问犯罪嫌疑人时，可以进行录音录像。但需要注意的是，该规定从 2020 年 1 月 1 日开始生效。事实上，录音录像制度可以从现行《刑事诉讼法》第 58a 条中找到相关法律依据，但实践中，录音录像制度几乎没有被采用。根据 2017 年修订的《刑事诉讼法》第 136 条第 4 款，侦查机关"可以"在讯问犯罪嫌疑人时进行录音录像。如果犯罪嫌疑人涉嫌故意杀人犯罪或者为了保护值得的保护利益时，侦查机关"应当"对讯问过程进行录音录像制度。立法中对"为了保护值得保护的利益"进行了类型化的规定：其一，犯罪嫌疑人不满 18 周岁；其二，犯罪嫌疑人在讯问时表现出明显的精神障碍的。录音录像制度的规范目的在于更好地发现案件事实真相和保护犯罪嫌疑人，防止侦查机关在讯问过程中采用非法的讯问方法。

5. 讯问犯罪嫌疑人和犯罪嫌疑人之前的告知义务。根据《刑事诉讼法》第 136 条第 1 款的规定，侦查机关和法院在讯问犯罪嫌疑人和被告人应当履行如下告知义务：①告知其所涉嫌的犯罪事实和可能的罪名；②告知其享有拒绝供述的权利（沉默权）；③告知其享有获得律师帮助的权利。

2017 年《刑事诉讼法》第 136 条第 1 款第 3 项中，新增了一项告知义务，即在第一次讯问犯罪嫌疑人或被告人之前，应当告知其整个诉讼程序可能产生的诉讼费用。根据《刑事诉讼法》第 465 条的规定，如果被告人最终被判处有罪，则其应当支付相应的诉讼费用（包含指定辩护的律师费和证人出庭作证的补偿费）。学界对此修改提出质疑，认为如果过早地告知其可能产生的具体费用，则部分事实上有罪的犯罪嫌疑人可能会放弃聘请辩护律师，从而减轻自己的经济负担。

6. 指定辩护制度改革。此前，在侦查阶段中，如果检察官认为，本案件在将来的主审阶段可能属于强制辩护的情形的，如犯罪嫌疑人没有委托辩护人，经检察机关的申请，法院可以为其指定辩护人。2017 年《刑事诉讼法》对第 141 条第 3 款进行修改，根据修改后的规定，侦查法官在侦查阶段中讯问犯罪嫌疑人的，如果本案件可能属于强制辩护的情形，则侦查法官即可以主动为犯罪嫌疑人进行指定辩护律师，当然，这种情况下，仍保留了检察官申请指定辩护人的权利。

修正该条的立法动因在于：实践中，有的证人确定无法在将来的主审程序中出庭接受询问（例如证人因重大疾病将死亡或者长期离开德国不再返回），因此，为了维护犯罪嫌疑人的对质权，有必要在侦查阶段为其指定辩护律师，使其能够在侦查阶段询问证人之时，有效行使其对质权。

侦查阶段中，法官指定辩护人的前提是：证人证言对本案的重要性。如果该证人证言对于本案定罪量刑至关重要的，则法官应当考虑为犯罪嫌疑人指定辩护人。

此外，2017年《刑事诉讼法》第141条第4款规定，侦查阶段的指定辩护人统一由检察机关所在地的地方法院（AG，德国第一层级的法院）的侦查法官负责。

7. 警察询问过程中的证人出席义务。在侦查阶段，如果法官或检察官传唤证人接受询问时，证人有义务出席。如果警察传唤证人接受询问，证人则有权缺席。2017年修法的一项重要变革在于，今后，如果警察从检察官处获得授权，要求证人来警局接受询问的，证人将不得缺席（《刑事诉讼法》第163条第3~7款的规定）。在德国刑事诉讼中，警察只是检察官的助手，检察官主导案件的侦查活动。修改该条事实上将检察官在侦查阶段的权利进一步下放给警察。

8. 举证申请的期限限制。《刑事诉讼法》第244条第2款所规定的法官依职权调查案件事实的义务（也称澄清义务，Aufklräungspflicht）属于主审阶段证据调查的核心内容之一。但对于查明案件事实真相而言，单纯地依赖法官依职权调查可能并不足够。因此，第244条第3~6款规定，其他诉讼参与人（尤其是检察官和辩护律师）可以向法官提出举证申请。基于特定的事由，法官才能驳回该举证申请（《刑事诉讼法》第224条第3~5款明确规定的事由，例如已经被证明了事实、众所周知的事实等）。举证申请权对于被告人和辩护人而言，在主审程序中意义重大，因为他们能够对法官事实认定施加一定的影响，预防法官"先入为主"，防止"证据预断"和保障直接审理原则的实现。因此，在主审程序中，直至法院宣判之前，诉讼参与人都有权向法院提出举证申请。如果没有基于法定的事由被驳回的，法院应该对此进行相应的证据调查。

但举证申请权在实践中也经常被滥用，尤其是辩护律师为了拖延诉讼，经常采用的辩护策略是"慢条斯理"地提出举证申请。鉴于此，德国联邦最高法院在一个极具争议性的判例中（BGH NJW 2005, 2466）表明了自己的立场：在重大案件（有待认定的案件事实较多）中，法官可以给诉讼参与人设定一个合理的举证申请期限。如果辩护方在举证期限过后再提出举证申请的，则可以视情况而将其认定为有"拖延诉讼"的嫌疑，据此，法院就可以直接以"拖延诉讼"为法定理由，直接驳回辩护方的举证申请。2017年修改《刑事诉讼法》时，立法者在《刑事诉讼法》第244条第6款之后新增了一项内容，即在所有案件中，法官都可以设定一个合理的举证期限，超过举证期限提出的申请，除非该证据由于客观原因而在期限内无法提供，否则法官可以对此不进行新的证据调查。

通过修改该条可以看出，立法者甚至比联邦最高法院此前判例中的观点更为

"强硬"。对此,学界批评意见甚多,认为这违背了基本法中所规定的被告人享有的听审权(rechtliches Gehör)和欧洲人权公约中所规定的公正审判原则的基本精神,法院仅从诉讼效率的角度思考问题,对于发现案件事实真相这一诉讼目的的实现而言,会产生不利影响。

9. 开庭审理期日的改革。2017年修改的《刑事诉讼法》还规定,地区法院(LG)和州高等法院(OLG)开庭审理的第一审刑事案件,如果预计审理期日超过10个工作日的,则法院应当与检察官、辩护人和从属诉讼中的代理人(即特定案件中的被害人的诉讼代理人)共同协商确定开庭审理期日(《刑事诉讼法》第213条第3款)。

10. 询问笔录和鉴定意见的宣读问题。2017年《刑事诉讼法》第251条第1款第2目规定,为确认被告人的自白内容,如果无辩护人的被告人对于法院直接宣读其书面证言、鉴定意见以及另案处理共同被告人的供述没有异议的,法院可以不要求证人、鉴定人和共同被告人出庭接受询问。此规定是对直接审理原则的进一步突破,虽然德国《刑事诉讼法》第250条规定了主审程序的直接审理原则,但在第251条之后,直接审理原则的例外情形不断被纳入刑事诉讼法。在修法之前,第251条第1款第1目只规定,如果被告人的辩护人和检察官对于法官直接宣读证人书面证言、鉴定意见和同案被告人的供述无异议的,则法院无需要求证人、鉴定人和同案被告人出庭作证。

此外,新的256条第1款第2目规定,医生出具的人身伤害的诊断报告也可以无需直接在法庭上宣读,医生无需出庭接受询问。在修法之前,《刑事诉讼法》第256条第1款第2目规定,医生出具的重伤诊断报告需要出庭接受询问,轻伤的可以直接宣读。这条规定也属于突破直接审理原则的例外情形之一,在一定程度上简化了证人、鉴定人的出庭作证程序。

(二)德国刑事诉讼法相关研究文献摘要

1. 论文摘要。

(1)欧洲人权公约与主审程序中强化被告人的对质权——对Schatschaschwili诉德国一案的评析。

2015年12月15日,欧洲人权法院的大审判庭在Shatschaschwili一案(EGMR, Urt. v. 15.12.2015 - 9154/10)中以9票对8票的微弱多数作出重要判决。欧洲人权法院认为,在针对Shatschaschwili的审判程序中,德国法院违反了《欧洲人权公约》第6条第3款第D目所规定的被告人的对质权,因为法院在主审阶段仅宣读了重要的、位于国外的证人在侦查阶段的书面询问笔录。判决中,欧洲人权法院认为,被追诉之人的这一程序性权利应当从主审阶段扩展到侦查阶段。本案中最值得关注的一点在于:欧洲人权法院建设性地发展出了审查是否违反对质诘问权的"三步判断法",即所谓的"Al-Khawaja Test"。该论文共分为三个部分:第一部分作者简要介绍了Shatschaschwili一案的审判流程;在第二部分作者重点分析了本案所引发出来的法律问题;在文章第三部分,作者对欧洲人权法院判例中的"三步判断法"进行了评述。作者认为,在德国刑事诉讼中,人们应当遵照欧洲人权公约来对德国《刑事诉讼法》第141条第3款第1句有关防御辩护权的规定进行合理解释,对于侵害被告人对质权所获取的证据,应当属于非法证据而禁止使用。

文章出处:Thörnich,Diana:Art. 6 Abs. 3 lit. d EMRK und der unerreichbare (Auslands-) Zeuge:Appell zur Stärkung des Konfrontationsrechts bei präjudizierender Zeugenvernehmung im Ermittlungsverfahren, in: ZIS 2017, 39~55。另外,德国联邦最高法院第五审判庭法官Mosbacher教授也对此发表了相应看法。参见:Mosbacher,Andreas:Aktuelles Strafprozessrecht, in: JuS 2017, 742~747。

(2)指定辩护:基于案卷的实证分析。在此文中,作者对指定辩护的司法实践进行了实证分析,在文章第一部分,作者认为,指定辩护在结构上存在缺陷,即选择辩护人不是由被告人基于信任关系而选择,而是法官强制性指定。随后,作者对案卷分析的调查方法之合理性以及详细的研究方案进行了阐述。作者通过对法院存档的卷宗档案进行研究,在共计886名强制辩护案件的被告人中,有68%的被告人自己并没有选任辩护人,而是由法院指定辩护律师担任辩护人。对其中指定辩护案件中的辩护人与被告人之间的关系进行了分析,并与选任辩护案件中辩护人在诉讼过程中的行为进行对比分析,作者发现无论是选任辩护还是指定辩护,其辩护人向上级法院申请法律审上诉的比例相差无几。在德国司法实践中,法院指定辩护的案件在总数上多于选任辩护。在指定辩护的案件中,法院在指定之前,基本上会尊重被告人的意愿,即首先询问被告人心目中是否有具体的辩护人选,如果没有相关人选,则法院自行确认指定辩护律师的人选。作者通过对法院卷宗的分析后得出如下基本结论:在指定辩护中,法官经常选择自己熟悉的"同一个辩护律师"!换言之,对于某些"刺头"律师,法官自己肯定不会选择指定。

文章出处:Schoeller,Sven:Von der Istbeschaffenheit der Pflichtverteidigerbeiordnung – Aus einer aktenanalytischen Studie zur Praxis der Beiordnung von Pflichtverteidigern, in: StV 2017, 194~204。

(3)国家教唆犯罪行为:论诱惑侦查及其法律后果。在此文中,作者讨论了刑事侦查机关引诱他人犯罪(例如"警察圈套")的容许性和相应法律后果问题。作者首先对联邦最高法院的相关判例进行了梳理,厘清其中不同时期法院对此问题的判决要旨。随后作者讨论了引诱侦查的法律基础问题,在此文中,作者从人的尊严、禁止讯问方法和公正审判权的角度进行了细致的分析。此外,作者还从比较法的角度,对比了引诱侦查在德国和奥地利的不同实践情况。最后,作者指出,在司法实践中,如何证明侦查机关采取了引诱侦查措施,存在很大的难度,对此,作者特意援引了相关司法案例。最后,作者认为,有效的刑事追诉与打击犯罪虽然属于社会重要的公共利益,但侦查机关引诱他人犯罪是无论如何不能接受的,它侵犯了人的尊严和违背了公正审判的内在精神。如果公民被侦查机关引诱实施犯罪,则不应当为此而受到刑罚处罚。

文章出处：Meyer - Lohkamp, Jes：Anstiftung durch den Staat – staatliche Tatprovokation und ihre Folgen, in：StraFo 2017, 45~53.

（4）被害人的阅卷权。1986 年德国《刑事诉讼法》关于被害人保护的立法修正案中，首次规定了被害人享有阅卷权（德国《刑事诉讼法》第 406e 条第 1 款），该条是被害人在刑事诉讼中权利保护的核心规定。但被害人的此项权利并非毫无限制。在该条第 2 款中，立法者对被害人的阅卷权进行了限制，即侦查阶段，如果被害人要求查阅卷中，需要向法院提出申请，侦查法官对此进行审查和权衡，如有危害侦查顺利进行的，则法官可以拒绝被害人的此项申请（德国《刑事诉讼法》第 406e 条第 2 款）。至于如何判断有碍侦查，作者在该文中认为，一项重要的判断依据在于，如果被害人从卷宗知悉侦查机关所收集的证据情况与被害人自己的称述具有关联性和依赖性，这主要涉及确定犯罪嫌疑人是否有罪，很大程度上取决于犯罪嫌疑人的供述与被害人的称述（编者注：即"供述对称述"的情形，多数发生在性犯罪中，例如被害人声称被强奸，犯罪嫌疑人则认为是你情我愿）。因此，作者认为，如果被害人的称述对定罪具有重要影响时，法官应当拒绝被害人行使阅卷权，以免影响被害人称述的客观性。反之，如果其对定罪量刑印象甚微，法官根据侦查机关的证据收集情况，酌情准许其行使阅卷权。在该文中，作者谈及了 2014 年汉堡州高等法院的一则判例，在该案中，犯罪嫌疑人向法院提出申请，要求法院拒绝批准被害人在侦查阶段查询所有卷宗内容，理由是被害人如果知悉卷宗内容，有可能影响其称述的可靠性和连贯性。针对该判决，作者在文章中进行了评述，并从证言心理学的视角进行了独到的分析。

文章出处：Baumhöfener, Jesko; Daber, Beate; Wenske, Marc: Die Aktenkenntnis des Verletzten in der Konstellation Aussage – gegen – Aussage, in：NStZ 2017, 562.

2. 博士论文。

（1）Pest, Robert："刑事诉讼中的禁止诉讼拖延"（Verzögerungsverbot im Strafverfahren），Tübingen 2017（柏林洪堡大学 2017 年博士论文）。该文的主要内容：在以往的研究中，人们多从正面研究诉讼经济原则，尤其是如何简化诉讼程序，作者则是从诉讼经济原则的另一角度出发，主要研究了实践中存在的导致诉讼拖延的弊病及其解决之道。

（2）Reinartz, Maximilian："犯罪被害人的媒体公关工作——诉讼结构的负担亦或是合法的被害人权益主张？"（Öffentlichkeitsarbeit seitens des Verletzten einer Straftat：Belastung der Verfahrensstruktur oder legitime Verwirklichung von Opferinteressen？），München 2017（马尔堡大学 2017 年博士论文）。该文的主要内容：媒体报道对于刑事诉讼程序和结果的影响问题研究。作者在该文中重点研究的问题是：在某些社会媒体敏感案件中，被害人主动站到媒体之前，配合媒体的大肆报道，这种情况下，媒体报道对诉讼程序究竟会产生何种影响。刑事诉讼中规定了很多被害人在诉讼过程中能够影响诉讼进行的权利（例如从属诉讼的权利，被害人可以聘请律师作为自己的代理人，在诉讼中享有独立的举证申请权），难道这些诉讼权利真的不足以保护被害人的合法利益吗？

（3） *Stinshoff*，*Frederike*："刑事诉讼中的罪犯侧写"（Die operative Fallanalyse im Strafprozess：Ein Beitrag zur Dogmatik der persönlichen Beweismittel），Frankfurt am Main 2017（柏林自由大学 2017 年博士论文）。该文的主要内容：罪犯侧写是一种相对较新的刑事侦查技术，主要用于协助侦查人员描述未知犯罪嫌疑人。从近年来的司法判例来看，罪犯侧写在侦查机关的办案过程中需求日益增加。但同时，罪犯侧写在证据法中的地位如何，学理中尚无定论。作者在该文中首先描述了警察在侦查阶段通常采用的罪犯侧写方法，然后，从刑事诉讼中四种法定的证据方法（证人、鉴定人、文书和勘验）来分析，罪犯侧写究竟应当归类于何种证据方法。

3. 著作。

（1） *Sinn*，*Arndt*；*Schößling*，*Christian*：《刑事诉讼中的认罪协商案件实践操作指南》（Praxishandbuch zur Verständigung im Strafverfahren），Berlin 2017。本书的主要内容：总结了认罪协商案件的法律依据、司法判例中的观点以及办理认罪协商案件的经验指南。

（2） *Artkämper*，*Heiko*；*Jakobs*，*Carola*：《警察出庭作证制度》（Polizeibeamte als Zeugen vor Gericht），Hilden 2017. 本书主要内容：主要研究了警察在主审阶段作为传闻证人出庭作证的问题。

（3） *Scharbius*，*Viola*：《供述 VS 称述：德国联邦最高法院判例研究》（"Aussage gegen Aussage" in der Rechtsprechung des Bundes–gerichtshofs in Strafsachen），Hamburg 2017. 本书的主要内容：作者对德国联邦最高法院在法律审中涉及被告人供述与证人证言或被害人称述相矛盾冲突的判例进行了系统研究。这种供述与陈述之间相互冲突的情况在司法实践中经常出现，虽然侦查机关收集了其他的间接证据，但决定罪名能否最终成立，很大程度上取决于被告人供述和证人的证言或被害人的称述，而这两者之间却完全不一致。这种情况下，如何判断其证言或供述的可靠性，往往给法官带来较大的考验。

第二节　国际民事诉讼法的发展动态*

一、美国民事诉讼法动态

2017 年 4 月 27 日，最高法院批准了对《联邦民事诉讼规则》的一项修正案，该

---

* 本部分执笔人：中国政法大学诉讼法学研究院肖建华教授。

修正案将于2017年12月1日生效。[1] 第4条规则是唯一受影响的规则，修正案及其解释为：《联邦民事诉讼规则》第4条（m）项，该规则规定了传票送达的期限，并且在2015年和2016年连续2年进行了修改。除了将服务的送达期限从120天缩短至90天，2015年的修正案还增加了一项针对第71.1条（d）(3)（A）项定罪行动通知的豁免期限。2016年修正案增加了第4条（h）(2)项对不在美国任何司法管辖区内的公司、合伙或协会服务的豁免。连续的修改导致了一个错误，2016年修正案豁免规则第4条（h）(2)项是在2014年制定的，在2015年修正案豁免规则第71.1条（d）(3)（A）项生效之前。一旦2015年修正案生效，它就应该被纳入2016年的修正案中，然后通过规则启动法案的程序。但是对2016年的修订材料被忽略了。因此，2016年修正案生效时，第71.1条（d）(3)（A）项未列入第4（m）条的豁免清单。2017年，美国咨询委员会和常设委员会一致意见将71.1条（d）(3)（A）项重新加入至第4（m）条中的豁免清单，而不是重新公布。

第4（m）条的规则是：服务期限：如果被告在被投诉后90天内未收到送达，法院或其本人在接到原告通知后，必须立即撤销诉讼，并且不得损害被告的利益或者在规定时间内送达命令。如果原告对送达失败有正当理由的，法院应当延长一定的服务期限。本条（m）并不适用于根据第4（f）、4（h）(2)或4（j）(1)条规定的外国服务，或根据第71.1（d）(3)（a）条规定送达通知。

同时，2017年美国最高法院关于纽约彻斯特镇诉Laroe不动产公司[2]，判断第三人能否加入已经开始的诉讼，首先必须明确第三人主张的权利与原告的诉求一模一样，还是完全不同。如果诉求不同，根据联邦宪法第三条确立的原则，第三人需要证明自己有起诉权才能加入诉讼。

【案情】2001年，土地开发商史蒂文·谢尔曼从纽约市彻斯特镇政府（以下简称镇政府）处购得近400英亩土地，并支付了270万美元。谢尔曼本来计划在这片土地上盖385栋房屋、一个高尔夫球场、一家餐馆和其他便利设施。他把这一项目工程命名为"MareBrook"。不料，为了符合当地政府的各种监管标准，谢尔曼又额外支出550万美元，这给谢尔曼的财务带来沉重的负担，并处于破产的边缘。不堪重负的谢尔曼在2012年把镇政府告上纽约州地方法院。谢尔曼根据联邦和纽约州法律提出9项诉讼请求。谢尔曼的众多诉请中有一项是根据联邦宪法第五和第十四修正案的规定，认为镇政府的行为限制了他本来享有的财产权利（a regulatory takings claim），要求获得赔偿。有关这项请求的案件从纽约州地方法院移送到联邦地区法院审理。联邦地区法院认为谢尔曼的起诉理由不充分，驳回其诉请。而联邦第二巡回上诉法院撤销了地区法院的裁判，发回地区法院重审。还没等到最终的审判结果，谢尔曼就在2013年过世了，他的继承人代替他继续作为案件的原告。就在案件发回联邦地区

---

[1] https://www.federalrulesofcivilprocedure.org/latest-updates/.
[2] 判决原文：https://www.supremecourt.gov/opinions/16pdf/16-605_kjfl.pdf.

法院重审的阶段，突然半路杀出了 Laroe 不动产公司（以下简称"Laroe 公司"），声称在 2003 年与谢尔曼签订了一份合同，双方约定 Laroe 公司将总计提供给谢尔曼 600 万美元的资金，前提是谢尔曼将整个 MareBrook 项目抵押给 Laroe 公司。双方还约定，一旦 MareBrook 项目获得政府批准后，谢尔曼应当将部分土地出售给 Laroe 公司。如果谢尔曼没有获得政府批准，Laroe 公司还保留了终止这份合同的权利。合同签订后，Laroe 公司提供给谢尔曼超过 250 万美元的资金支持。到了 2013 年，谢尔曼的另外一个债主 TD 银行因为收不到债，对谢尔曼发起了强制处置其名下财产的程序。为了挽回损失，Laroe 公司与谢尔曼重新签订一份合同，约定谢尔曼将其名下所有财产打包卖给 Laroe 公司，卖价就是 250 万美元外加 Laroe 公司需要替谢尔曼向 TD 银行偿还的总金额。一旦镇政府批准了谢尔曼的项目计划，Laroe 公司应当将部分土地转回给谢尔曼。为了将来能够履行转回土地的义务，新合同写明视同 Laroe 公司已付清收购谢尔曼名下土地的全款。新合同还约定 Laroe 公司有权处理谢尔曼拖欠 TD 银行的所有债务，如果无法成功处理这些债务，Laroe 公司有权解除这份新合同。

【争议焦点】Laroe 公司依据《联邦民事诉讼程序规则》（Federal Rule of Civil Procedure）第 24（a）(2) 条申请加入联邦地区法院的重审案件。该条规定：如果申请人对案件涉诉财产或交易具有利害关系，而且如果案件的处理在实际上可能会削弱或损害申请人保护其自身利益的能力，除非案件中的各方当事人已足够代表该种利益，否则应当允许申请人加入该案的诉讼。依据纽约州的法律，Laroe 公司认为自己是谢尔曼所涉诉讼中的不动产在衡平法上的所有权人，因此其对谢尔曼的 "MareBrook" 项目享有权益。如果不能加入该案参与诉讼，自身权益将受到损害。况且，谢尔曼已经不在了，更加不能充分代表 Laroe 公司的所有利益。联邦地区法院驳回了 Laroe 公司的申请，认为 Laroe 公司只是合同中的买方，其在衡平法上的所有权并不能赋予 Laroe 公司权利去参与谢尔曼有关向镇政府索赔的诉讼。但上诉法院却推翻了地区法院的裁判，同意了 Laroe 公司的申请，认为 Laroe 公司不需要证明自己具备起诉权。镇政府自然不服，遂上诉到联邦最高法院。

【判决结果】最高法院认为，要决定是否批准 Laroe 公司加入谢尔曼诉讼的申请，首先要弄清楚 Laroe 公司究竟是主张何种权利。根据过去的法庭记录，Laroe 公司有时主张镇政府在限制谢尔曼的财产权利后，除了给予谢尔曼补偿之外，还应单独补偿 Laroe 公司。有时却又主张谢尔曼向镇政府索要的补偿就是 Laroe 公司想要的赔偿。上诉法院对于上述问题并没有审查清楚。上诉法院的判决中没有就 Laroe 公司究竟想要寻求哪一种救济进行讨论。从判决中还知道，上诉法院也发现了 Laroe 公司的诉请不明的问题。之所以要先确定 Laroe 公司的诉请，是因为如果 Laroe 公司想要从镇政府处获得单独的补偿，那么这样的诉请就与谢尔曼的诉讼请求完全不一样。如果是这样的情形，那么 Laroe 公司就必须符合"具备起诉权原则"。"具备起诉权原则"源于联邦宪法第三条的精神：为防止司法权对于行政权、立法权的不当干涉，联邦宪法第三条对美国的司法权进行了限制，要求如果不是适格的案件或争议，法院不得进行裁判。因此,当事人向法院寻求救济时,必须①在事实上受到损害,②该损害与被告的行为有关,③该种损害可以通过司法审判获得补偿,从而才具备向法院寻求救济的起诉权。根据"具备起诉权原则",在只有一个原告的诉讼中,原告必须对每一个诉讼请求都享有起诉权。如果存在多个原告,那么其中至少有一个原告必须对每一个诉请享有起诉权。在第三人申请加入他人诉讼时,如果第三人想要在现有原告提出的诉请之外,寻求其他的救济,那么该第三人也必须符合上述原则。由于上诉法院并没有将 Laroe 公司的诉请内容审查清楚,Laroe 公司是否需要具备起诉权更无从谈起。最高法院因此将案件发回上诉法院重审,要求上诉法院先明确 Laroe 公司的主张。

二、日本民事诉讼法动态

2017 年日本民事诉讼法包括家事程序法以及多元化纠纷解决领域并未有重大的立法修改。学界在这一年对民事诉讼中的所有领域都进行了一定程度的整理和思考,并且围绕着债法修改在破产法领域进行了一定程度的讨论,这在 2017 年民事诉讼法年会的主题报告中就可以看出,无论是个别报告中的"民事再生程序的机能与事业的再生"还是研讨会"破产法与优先顺位"都围绕这一课题进行了探讨。

从各个子课题来看,首先在司法制度层面,上田竹志的"司法路径与 legal XML"[1] 一文介绍了美国的 ICT 制度,并对这一数据规格化后的 XML 技术进行了概述,对这一技术究竟可以在实务中进行怎样的运用,尤其在解决日本所面临的独特司法难题时是否能够取得相应的效果进行深入的剖析,最后对作为一种回应公民对司法服务的需求的扩充方案,作者提倡应当在确定好 legal XML 的规格之后,通过各个司法关联机关共有这个数据之后,在各自的 ICT 数据库上实现法律服务。

在总论这一课题下,福本知行的"有关服从裁判权作为一般公法义务的观念"[2] 一文,对在证据调查实施之时,对于第三人课以的服从日本裁判权的这种"一般公法上的义务"这一概念,进行了分析。首先,这一作为公法上的义务是对同私法上的义务完全无关的国家所承担的一种义务形式。其次,这个一般义务又可以分为以下几个层析:①抽象的义务;②基于公法的"一般法"而存在的义务;③对日本裁判权服从所产生的"众人义务";④统治机构内部或者具有公权力的机关之间的协力义务。而这些都是需要从宪法同民事诉讼法之关系的角度来重新思考的课题。

在诉讼要件上,本间靖规的"当事人适格的机能领域"[3] 一文,对于德田教授在给付之诉中作为例外的认可当事人不适格下存在驳回起诉可能性的观点,试图明

---

[1] 上田竹志:"司法路径与 legal XML",载《法政论集》2017 年 83 卷 1.2 号。

[2] 福本知行:"有关服从裁判权作为一般公法义务的观念",载弘文堂《现代民事程序的法理:上野泰男先生古稀祝贺论文集》2017 版。

[3] 本间靖规:"当事人适格的机能领域",载弘文堂《民事诉讼法的现代课题与理论解明:德田和幸先生古稀祝贺论文集》2017 年版。

晰化这一讨论的理论背景，为了明确当事人适格这一概念的意义，该文还对诉讼进行权与实体适格的概念以及两者之间的关系进行了探讨。中本香织的"无权利能力组织的不动产相关诉讼中组织的当事人适格与判决效力"一文[1]，对于无权利能力的组织作为原告的诉讼中原告适格的依据、对组织判决的效力基于所有成员的根据，以及最近裁判例的分析之上，肯定了无权利能力组织的自始适格，同时也肯定了判决效力应当及于组织的所有成员。

在证据收集领域，安井英俊的"表见证明（大致推定）论再考的一种试论：以医疗过错诉讼为中心"[2]一文，对于大致推定相关的理论状况进行了介绍，并通过对医疗过错纠纷中的适用案例进行分析，证明了大致推定并没有起到减轻证明负担的作用，进而提出了应当在医疗过错纠纷中为了减轻证明负担，应当有效地使用证明妨害理论，善用证据保全以及诉前证据收集等规定。

在诉讼终了、判决效力上，鹤田滋的"既判力的失权效与要件事实：对口头辩论终结后的继受人的既判力扩张（补论）"[3]一文，以口头辩论终结后继受人的既判力扩张问题为题材，将既判力的拘束力与失权效进行了明确的区分之后，分析了前诉判决理由中评价过的攻击防御方法同样可以在本判决主文中评价的既判力的失权效中产生作用，要件事实论与既判力的拘束力之间并不必然相关，对既判力的失权效的样态的具体化有着一定作用。

上诉再审环节，畑宏树的"虚假再审的考察"一文[4]，是一篇对所谓虚假再审的当事人适格以及判决效力进行探讨的论文。从解释论的角度指出了容许虚假再审的困难度，同时结合诉讼参加制度主张对虚假再审进行立法化。同样在虚假再审这一话题下，还有冈田幸宏的"第三人再审之诉"与青木哲"第三人再审之诉的欺诈性"等文章涉及。

民诉之外的家事程序中，今津绫子的"有关遗产分割审判中前提问题的处理"[5]，主要针对遗产分割案件中，对某项遗产归属性有争议的情况下，在保障所有利害关系人程序权利之上尝试一次性解决纠纷提出了自己的遗产分割审判方法。

在破产法上，山本克己的"人事诉讼程序（离婚案件）与破产程序的开始：以

---

[1] 中本香织："无权利能力组织的不动产相关诉讼中组织的当事人适格与判决效力"，载《早稻田法学》2017年92卷1号。

[2] 安井英俊："表见证明（大概推定）论再考的一种试论：以医疗过错诉讼为中心"，载《福岛法学》2017年61卷4号。

[3] 鹤田滋："既判力的失权效与要件事实：对口头辩论终结后的继受人的既判力扩张（补论）"，载弘文堂《现代民事程序的法理：上野泰男先生古稀祝贺论文集》2017年版。

[4] 畑宏树："虚假再审的考察"，载弘文堂《现代民事程序的法理：上野泰男先生古稀祝贺论文集》2017年版。

[5] 今津绫子："有关遗产分割审判中前提问题的处理"，载弘文堂《民事诉讼法的现代课题与理论解明：德田和幸先生古稀祝贺论文集》2017年版。

财产分割为例"[1], 对财产分割请求权在破产程序上的处理进行了探讨, 该请求权上有着各种各样的要素聚集, 因而导致了破产程序上问题的显著化。而山本和彦的"关于破产债权的概念: 将来请求权的再定义"[2] 一文, 对大正时代以来的关于破产债权概念进行了批判性的分析, 重新定义了"将来请求权"的概念, 承认部分具备说的正当性, 将包含将来请求权这一概念的定义落位到附法定停止条件请求权上来。

以上为2017年民事诉讼法各个部门较为有代表性的著述, 在并无诉讼法领域重大法律修订的大背景下, 学者们围绕着各个民诉分野进行了饶有趣味的分析, 成果丰富而有味。

三、加拿大民事诉讼法动态

加拿大并没有制定统一的民事诉讼规则和统一的民事诉讼法典, 除魁北克省外, 加拿大联邦、省和地区的民事诉讼法直接源自英国民事诉讼法律制度。而法国民事诉讼法在魁北克有重要的地位, 但由于魁北克地处北美, 是英美法通行的地域, 很容易受到英美法的影响。加拿大各省(区)的民事诉讼法的发展都遵循着同样的基本理念, 主要有: 司法公正、降低诉讼费用、司法的可接近性、司法的适时性、效率与低成本、诉讼各方负担相应责任、改进司法流程管理。对民事诉讼法改革的最大挑战是在诉讼时间、诉讼成本和司法质量之间找到一个恰当的平衡点。改进和发展目的是要建立一种更快捷、更经济、更简便、更公正、更安定的民事司法体制, 促进民事诉讼法的社会化与亲民化, 促进民事司法由"官僚的司法"转向"市民的司法"。[3]

相对来说, 魁北克省的民事诉讼司法动态较为引人注目。其中, 均衡性是该区域民事诉讼法一直强调的原则。其基本内涵是法官、律师和书记官在考虑诉讼程序的安排以及对当事人如何提出证据行使释明权等问题时, 要根据诉讼或动议(申请)的性质、目的以及问题的复杂性, 在成本效益和时间效率方面加以综合考虑后求得平衡, 也要在法院与当事人的权限配置方面有所平衡。[4] 其根本目的是确保当事人和法院所选择的诉讼程序同诉讼请求的本质和最终结果相均衡。它针对诉讼过程中涉及程序规则和时间期限的内容, 指明了当事人在具体掌控其诉讼的过程中, 必须避免那些意图对对方当事人造成损害的行为, 同时也应当避免不诚信地滥用权利或者不合理的诉讼行为; 在当事人之间实力不对等(比如案件一方当事人为强大的跨国公司或者政府等)时, 它也可用来重构双方之间的平衡。与此相关的是对当事人

---

[1] 山本克己: "人事诉讼程序(离婚案件)与破产程序的开始: 以财产分割为例", 载弘文堂《民事诉讼法的现代课题与理论解明: 德田和幸先生古稀祝贺论文集》2017年版。

[2] 山本和彦: "关于破产债权的概念: 将来请求权的再定义", 载弘文堂《民事诉讼法的现代课题与理论解明: 德田和幸先生古稀祝贺论文集》2017年版。

[3] 李双元:《国际法与比较法论丛(第23辑)》, 法律出版社2014年版。

[4] 李双元:《国际法与比较法论丛(第23辑)》, 法律出版社2014年版。

的一种义务性要求，即在任何诉讼阶段，当事人必须确保他们所选择的程序是恰当的，是同案件实际所需要的费用和时间相一致的，是符合起诉的本质以及最终目的并且同争议本身的复杂程度相称的。该原则同样适用于法官在诉讼中签发各种命令。为此，授予法院特定的权限，即为确保具体的诉讼程序能有序进行，法院可进行适度干预以实现对案件的恰当管理。另外，为节约诉讼成本，该原则还赋予法官限制专家证人的人数以及费用情况，或者进行专业鉴定、检查的次数和耗时的权利。

集体诉讼的引入是过去的20年来加拿大民事司法最重大的发展之一，而集体诉讼的发展也是民事诉讼发展的重要部分。加拿大集体诉讼有以下特点和目标：①最重要的是提供更多的司法救助。在加拿大诉讼需要高额的费用，如此昂贵的诉讼费用以至于数额不大的索赔或者大额的索赔在个人的经济基础上实现是不可行的。在集体诉讼中，这些被称为"个人不可行的主张"。而法律对于个人主张的索赔有时候有比较多的要求，比如，加拿大对人身伤害赔偿有最高限额，相对于美国，该最高限额也属于较低的；加拿大大多数民事诉讼是由法官独自审判而不是像美国那样由陪审团审判。②在提高司法效率方面。集体诉讼替代的是与同一事件有关的重复诉讼，同时也避免了同一诉讼在不同法院起诉以及判决的不一致。而集体诉讼的费用成本很高，与美国不同的是，加拿大诉讼的一般规则是所谓的"英国法则"，即失败一方通常必须支付获胜一方当事人的费用或者费用的一大部分。在此各个省就有不同规定，不列颠哥伦比亚省通过并接受了安大略省法律改革委员会的建议，使原告代表人免于承担"成本"，而只有在诉讼被认定为是"轻率或者无理取闹"（仅仅败诉是不够的）时，才承担责任。魁北克规定按照小额索赔诉讼法庭的模式进行支付。安大略省设有集体诉讼基金，该基金存在的意义是为了减轻原告对被告费用的责任，当原告向基金申请并获得援助时，基金有义务支付给被告任何费用。然而，由于基金不足，它仅为极少数的集体诉讼提供了资金，并没有持续为判决"补足"。[1]

关于判决执行属于各省和地区的宪法管辖范围，受到了联邦法律对联邦法院政府税收要求和判决执行力度的压倒性影响。[2] 直到最近，判决执行法律管辖权被准确地描述为"英格兰和加拿大立法和法官制定的规则拼凑而成的，这些规则不能合并成可理解或可行的模式"[3]。尽管这一情况在许多省份基本属实，但一些省和地区已颁布立法，全面改革关于执行判决的法律。

在加拿大判决的执行有两种主导的模式：一种是根据判决发布的注册令状进行执行，令状一旦由法院书记发布，必须进行个人财产登记（可以在执行程序开始前

---

[1] Janet W, Garry D. Watson, Catherine Piche, "Class Action in Canada Cases, Notes, and Materials" (Toronto: Emond Montgomery Publications, 2014).

[2] Hereafter, a reference to the law of the provinces is generally intended to include the law of the territories.

[3] CRB Dunlop, "Creditor – Debtor Law in Canada", 2nd ed (Toronto: Carswell, 1995).

进行登记),在这个制度下,执行令是执行而不是判决本身,而令状是执行完成的渠道。[1] 换言之,诉讼是根据给予的指示发起的一个由"指示性债权人"组成的民事执行机构。民事执法机构是一家私营企业,与警长民事执法机构签订合同,政府官员对该制度行使许可权和监督控制权。[2] 另一种是执行注册判决,所有执法措施通过警长办公室进行,治安法官在这一过程中起行政作用。由于判决债权人必须向警长提供注册管理机构的检索,表明判决已经在警长根据债权人的指示行事之前进行了登记,因此判决的登记产生了"执行费用"并且成为事实上的执法行动的条件。"扣押"作为由警长办公室管理的所有形式财产的单一执法手段,而执法人员在其进行扣押时已经收到了债权人的"强制执行指令"。作为统一执法手段的"扣押"的概念根据一项条款扩大到接管程序,该条款宣布接管人收回或被接管人控制的财产被视为扣押财产。[3] 扣押账户的程序是由警长通过向账户债务人发出通知书而进行财产扣押。

两种模式分别是用来执行判决或令状的具体措施,在执法的统一基础上程序有所不同。在这两种情况下,适用于不同类型财产的程序规则都集中在一个单一的系统中,该系统包含一套优先权规则,并将其分配到适用于所有执行方法的分配方案中。

第三节 国际行政诉讼法的发展动态 *

一、域外行政诉讼法研究动态

2017 年,域外行政诉讼研究既有高度抽象的理论化研究,也有具体的制度性研究。

例如,有学者借用约瑟夫·拉兹的权威理论研究行政诉讼的管辖制度。该学者认为,在行政诉讼的司法审查中,"管辖权"(审查法院)和"案件案情"(行政决策人)之间的区别是造成混乱的根源。作者认为,管辖权应被理解为合法权力的范

---

[1] Ibid, Part 5. In addition, Part 6 provides "Special Seizure Mechanisms" for specified types of personal property.

[2] An agency may also collect payments due to the judgment debtor under a security agreement (ibid, s 51) and enforce payment under an instrument (ibid, s 50). Regarding the role and authority of the civil enforcement agency, see generally Dunlop & Buckwold, supra note 14 at Part 2.

[3] Ibid, s 72 (7) (a). Unless otherwise ordered by the court, an order appointing a receiver requires the receiver to deliver possession or control of property to the sheriff, and to remit to the sheriff sums collected by the receiver [see ibid, s 72 (3)].

* 本部分执笔人:中国政法大学诉讼法学研究院高家伟教授,中国政法大学法学院博士研究生杨天波协助。

围，其最佳理论是约瑟夫·拉兹的权威观。作者解释了如何确定管辖权，同时解释，合法的行政机关内部裁决决定"优先于"审查法院对案情的判决，而管辖权的概念排除了审查行政机关的任何合理性标准。[1]

这种研究目前在国内的部门法学中比较少见，借助一种高度抽象的理论框架去讨论一个部门法中的非常具体的问题，该作者的这种研究范式可以为国内行政诉讼法的研究提供一种借鉴。

还有一些理论化的研究，这种研究在目前来看非常前沿，因为是从纯理论或是抽象的层面去讨论，所以他们可能触及问题的视角是非常规的，甚至是颠覆性的想法。

例如，有学者讨论一种抽取了公共利益这一核心概念之后的行政法的状态。[2]该学者认为行政法的近期发展表明，在行政法的传统描述中，行政法被认为是核心的一些概念正在逐渐被放弃。其中公共利益的概念正在以一种特殊的方式被淡化。这种以一种新的视角去观察和重新理解行政法的做法，可能真的会为我们解决某些困难提供新的思路。

有学者以创新性的方法或视角研究，也有学者会反思这种在行政程序法研究中什么样的创新才是可行的。例如，他认为法律和创新被视为对立的观念，特别是在行政关系中。他指出基于行政程序规定的问题，因为它们代表了当代社会的核心公共行政活动，而且，它们需要在欧盟和国家层面上实施，即使仍然保留法律上的确定性，它们应该以更加灵活的方式由政党予以实施。他认为，欧洲一体化有助于行政程序法的创新，诸如替代性纠纷解决机制或一站式服务等机构。为了探索创新的潜在驱动因素和创新障碍，尤其是在东欧，斯洛文尼亚进行了一项调查和几次结构化访谈作为案例研究。结果显示，该地区的文化受法律驱动，因此阻碍了创新，即使法律中已经引入了这种创新。因此，未来需要解决的一个关键问题是公共行政的思维方式，而不是纯粹的法律变革。[3]

可以看出，对于如何推进法律的创新，有学者进行反思，他指出更重要的是对法律背后的文化因素或是思维方式进行变革和创新，而不是仅仅对法律制度进行改善。

另外，也包括对一些传统问题的研究采用了新的研究视角。例如，有学者对行政法上的合法预期保护进行研究，采用一种他所称横向的视角。他指出，传统上行政法中"保护合法期望"一词使我们注意到国家与个人之间的垂直关系。而在这

---

[1] See James A. Grant, "Reason and Authority in Administrative Law", *The Cambridge Law Journal*, 2017, Vol. 76 (3), pp. 507 – 536.

[2] SeeGiammarco Sigismondi, "Administrative Law Without Public Interest?", *Polemos*, 2017, Vol. 11 (2), pp. 283 – 298.

[3] SeePolonca Kova, "Innovative Administrative Procedure Law: Mission Impossible ?", *The Journal of NISPAcee*, 2017 – 0013.

位学者的研究中,他提出了一个关于行政法中保护合法期望问题的非传统方法。他并不是从行政机关和个人关系的角度分析问题,而是试图从参与同行关系的实体的角度来解决问题。他的分析主题是"诚信原则是保护行政法中合法期望的价值论基础"。接着他从横向角度阐述了表达对合法期望的保护的具体法律制度:行政合同合法期望保护的机构以及良好原则信任行政机关之间的关系。最后,他认为诚信原则是构成法律制度的基础,因此它适用于行政法领域,特别是在平等实体之间的关系方面。[1]

二、域外行政诉讼法实施动态

1. 匈牙利新的行政法院程序生效且通过了新的行政程序规则。新的匈牙利行政程序的实质性法案将于 2017 年 1 月 1 日生效[2]。根据该法草案,行政法院程序旨在通过一项全新的独立法案进行来规范行政法院的各项活动。1952 年第三号法案第二十章关于民事诉讼法规定了行政法院程序的特殊规定。而"民事诉讼法"的一般规定仍应作为新法案生效后的参照。

与以前的规定相比,新的程序规则就其特殊性而言更适合适用于行政争议的解决。因当事人在启动法院审判程序之前知道行政决定,因此,向行政法院提起诉讼可被视为对最终行政决定提出最终的救济请求。

(1) 创新条款:新法案包含匈牙利法律全新规定和程序规则。其中大部分服务于提高诉讼效率。在行政案件中,无论案件的复杂程度如何,主管法院都应该有 3 名法官进行审判活动,这不同于先前的法官是唯一的负责人的传统。这项规定旨在实现更好的,更专业的裁决。单独法官仍然可以审判的情况包括案件价值低的诉讼、简单案件和"遗漏诉讼"。

(2) 预备审判:这项新法案旨在使一项行政诉讼可以在一次审判中得到裁决,为实现此目的,预备性审判将被作为重要方式。在预备审判期间,法院可能要求当事人采取措施,例如可以决定证明事实以加速程序。

(3) 简易诉讼:这类诉讼的案由是行政部门的侵权行为。除积极行为外,行政机关的疏忽也可能导致行政诉讼。"遗漏诉讼"因而成为一个必要而明确的法律程序。行政法院以此简易程序作出决定,如果确定有遗漏,法院可以由单独的法官审判这一类案件。

(4) 类比诉讼:这一概念还引入了一种称为类比诉讼的新程序,该程序可以更容易地判定类似事实的诉讼。虽然它在效力方面可能有所帮助,但它的一般原则并未详细列出,因此这项新的法律文书应由法院作出。

---

[1] SeeJerzy Parchomiuk, "The Protection of Legitimate Expectations in Administrative Law:A Horizontal Perspective", *Baltic Journal of Law & Politics*, 2017 - 0010.

[2] Schoenherr, "Hungary:New Era in the Hungarian Administrative Judicial System", https://www.lexology.com/library/detail.aspx? g = 3684c580 - 51df - 4bba - 874a - 24d772c0724a.

（5）行政争议上诉：行政法律纠纷的主管法院自 2013 年起一直是行政法院和劳动法院，但没有专门的行政诉讼上诉法院，因为该制度适用于仅限于一次行政诉讼。根据以前的规则，只有那些只有一项行政决定并由上诉法院判决的行政诉讼的特殊法院判决才可以上诉。这次的新法有了重大的创新，因为它建立了一个新的分立的行政上诉法院，用于补救行政和劳动法院的决定。

新法案旨在成为一项创新的立法，在多个方面都规定了现行法没有规定的内容，因此，它的好坏很大程度上取决于其在未来几年的适用情况。就目前而言，新法的制定旨在行政诉讼数量的预期增长与提高效率之间达到一种平衡。

除此之外，2017 年 12 月，匈牙利议会通过了新的程序规则，其中包括关于行政诉讼法的 1 号法令（"CAL"）(Act I of 2017 on the Code of Administrative Litigation)，该法令将于 2018 年 1 月 1 日生效。[1]

CAL 带来了一些显著的变化。事实上，它作为一项单独法律的存在本身就是一种创新，因为目前行政诉讼规则已被纳入当前的民事诉讼法体系中。CAL 的既定目标是提供一个"完整的"司法保护体系，在大多数情况下，法院都可以对行政决定进行全面审查。CAL 还预见到一个行政机关未能执行某些行为而侵犯了法律的情况。

CAL 旨在提高行政诉讼的及时性和效率性。除此之外，它通过赋予法院更大的权力来修改行政决定（而不仅仅是将案件提交给行政机关）。

有关行政决定的救济机制的规则也发生了变化。目前，大多数行政决定都可以向上级行政机关提出申诉，并且可以向法院申请审查申诉决定。根据 CAL 和即将颁布的"行政诉讼法"，司法审查的目的是成为救济的主要形式（对于有关法律问题的一些判决，也可以进行二审司法程序）。随着最重要的实体法、程序法以及促进电子行政和诉讼的持续努力，匈牙利的法律环境在过去几年中发生了重大变化，立法者称这将有助于该国回应进入 21 世纪的要求和挑战。

2. 芬兰出台法案修改向最高行政法院提起行政上诉的权利。2017 年 4 月 27 日，芬兰政府提交了一份法案（HE 43/2017 vp），修改上诉许可范围，将其扩展至涉及环境和建筑许可决定。[2]

目前，有关当局向区域行政法院提出针对许可证决定的上诉，而行政法院对上诉的裁决可能会提交最高行政法院。迄今为止，在环境问题上只有少数类型的许可决定需要上诉才能让最高行政法院审理案件。该法案提出的对上诉程序的主要修改如下：

---

[1] Kinstellar, "New procedural rules for the 21st century, in Hungary", https：//www.lexology.com/library/detail.aspx？g＝fbe10eb6－9fcb－4135－babb－cbed6aa0f419.

[2] Roschier, "Proposed limitation on the right to bring administrative appeals before the Supreme Administrative Court", https：//www.lexology.com/library/detail.aspx？g＝6b92b7b0－78fa－4541－9ba9－a1e54664b554.

根据环境保护法、水法和土地提取法的许可，需要上诉。和在大多数涉及土地使用和建筑法的许可和分区决定以及"自然保护法"的某些许可的情况下，需要上诉。

根据上述立法，这些类型的决定不需要上诉许可。在这些情况下，上诉程序应遵循具体法案中提到的程序，或直接适用的行政司法程序法。这些决定中最值得注意的是由环境部根据土地使用和建筑法制定的决定。

如果该法案获得通过，区域行政法院就环境许可、供水许可以及规划和建筑许可等事宜作出的决定能向最高行政法院提出上诉。通过修改上诉程序的适用范围（这实质上是对芬兰最高行政法院提起上诉的权利的限制），政府期望减少最高行政法院听取的上诉数量。预计这一改变还会减少当局的工作量和程序的持续时间，从而最大限度地减少各方的费用。这些修正案不会对目前的上诉程序本身进行修改，只是修改了上诉程序的适用范围。申请上诉许可的过程和给予这种许可的要求将继续像以前一样，在"行政程序法"中加以规定。

该新法规拟于2018年1月1日生效。在2017年5月4日进行初步讨论后，该法案被提交给环境委员会，宪法法委员会和法律事务委员会发布声明。

3. 保加利亚对行政程序法作出重要修正。2017年6月22日，修订保加利亚行政程序法的法案初审通过。拟订的修正案主要是为了加速行政和司法和现代化，并在保加利亚引入电子化的司法手段。修正案的改变很重要，需要不同机构和机构采取配合。如果最终获得批准，该法案将于2019年1月1日生效。[1]

根据这些变化影响的主要机构和行政原则，可以分为以下几类：

（1）电子化手段引入诉讼活动。该法案提供了以电子方式提交和发送的行政案件和程序的投诉和通知机制。行政案件的当事方必须指定一封电子邮件地址和手机号码作为联系方式。该法案还规定了创建电子行政文件和当事方可以安全远程访问的案件。包括法院在内的所有机构都必须创建和维护一个具有搜索功能的网站，以便发布与未审结的行政诉讼相关的任何消息。

（2）完善行政合同的规定。该法案明确界定了部分行政合同的民事性质，合同法在行政合同领域的适用范围，以及行政法院处理行政合同纠纷的特殊管辖权。

（3）在某些法律中引入"沉默同意"原则而不是"沉默拒绝"原则。但是，如果特定法律中包含默许同意，则在法定期限内未能行事应被视为等同于实施行政行为的默许同意。该法案解释说，一审法院的裁决在上诉之后，最高行政法院可以对其进行撤销。

（4）提高撤销程序的效率。根据该法案，所有撤销上诉和对撤销上诉的答复都必须由律师或法律持有人签字，理论上可以改进对程序规则的遵守。该法案还为最

---

[1] ReichRohrwig Hainz, "Bulgaria: Bill makes fundamental changes in Administrative Procedure Code", https://www.lexology.com/library/detail.aspx?g=844a9b1e-559e-419e-99c6-049a7d3d41ab.

高行政法院提供了在不公开的会议上听取上诉的可能性，并在相对较短的时间内发布决定。该法案第一次规定，如果该决定违反欧洲法院的判决，可以撤销对行政案件的可执行决定，撤销上诉和撤销最终裁决的费用也相应增加。

附　录*

2017年诉讼法学期刊论文统计

作者、论文题目	期刊名称	期刊期次
朱芒：论指导性案例的内容构成	中国社会科学	2017年第4期
杜宴林：司法公正与同理心正义	中国社会科学	2017年第6期
张保生：事实、证据与事实认定	中国社会科学	2017年第8期
陈瑞华：认罪认罚从宽制度的若干争议问题	中国法学	2017年第1期
陈学权：刑事陪审中法律问题与事实问题的区分	中国法学	2017年第1期
王敏远：认罪认罚从宽制度疑难问题研究	中国法学	2017年第1期
栗峥：证据链与结构主义	中国法学	2017年第2期
章武生：我国证券集团诉讼的模式选择与制度重构	中国法学	2017年第2期
孙谦：司法改革背景下逮捕的若干问题研究	中国法学	2017年第3期
柳砚涛：构建我国行政审判"参照"惯例制度	中国法学	2017年第3期
罗丽：我国环境公益诉讼制度的建构问题与解决对策	中国法学	2017年第3期
王杏飞：对民事二审中撤回起诉的再认识	中国法学	2017年第3期

---

* 本部分资料收集人：何锋研究馆员。

续表

作者、论文题目	期刊名称	期刊期次
陈光中、邵俊：我国监察体制改革若干问题思考	中国法学	2017 年第 4 期
胡云腾：聂树斌案再审：由来、问题与意义	中国法学	2017 年第 4 期
吴泽勇：民间借贷诉讼中的证明责任问题	中国法学	2017 年第 5 期
徐靖：高校校规：司法适用的正当性与适用原则	中国法学	2017 年第 5 期
王伦刚、刘思达：基层法院审判委员会压力案件决策的实证研究	法学研究	2017 年第 1 期
杨登峰：行政行为程序瑕疵的指正	法学研究	2017 年第 1 期
龙宗智：刑事印证证明新探	法学研究	2017 年第 2 期
占善刚：民事诉讼中的程序异议权研究	法学研究	2017 年第 2 期
周长军：刑事诉讼中变更公诉的限度	法学研究	2017 年第 2 期
卜元石：重复诉讼禁止及其在知识产权民事纠纷中的应用——基本概念解析、重塑与案例群形成	法学研究	2017 年第 3 期
胡东海："谁主张谁举证"规则的历史变迁与现代运用	法学研究	2017 年第 3 期
孙谦：全面依法治国背景下的刑事公诉	法学研究	2017 年第 3 期
左卫民：认罪认罚何以从宽：误区与正解——反思效率优先的改革主张	法学研究	2017 年第 3 期
艾明：刑事诉讼法中的侦查概括条款	法学研究	2017 年第 4 期
陈卫东：中国司法体制改革的经验——习近平司法体制改革思想研究	法学研究	2017 年第 5 期
樊传明：审判中心论的话语体系分歧及其解决	法学研究	2017 年第 5 期
李本森：刑事速裁程序试点实效检验——基于 12666 份速裁案件裁判文书的实证分析	法学研究	2017 年第 5 期
欧卫安：刑事被告人答辩制度之构建	法学研究	2017 年第 6 期

续表

作者、论文题目	期刊名称	期刊期次
李浩："直接证据"真的不存在吗？与纪格非教授商榷	中外法学	2017年第1期
刘品新：电子证据的鉴真问题：基于快播案的反思	中外法学	2017年第1期
孙远："分工负责、互相配合、互相制约"原则之教义学原理：以审判中心主义为视角	中外法学	2017年第1期
李本森：刑事速裁程序试点的本地化差异：基于北京、上海、广州和西安试点的地方文本分析	中外法学	2017年第2期
严仁群：既判力客观范围之新进展	中外法学	2017年第2期
林志毅：论我国审判阶段非法证据排除规则的理论基础	中外法学	2017年第4期
牟绿叶：论非法证据排除规则和印证证明模式的冲突及弥合路径	中外法学	2017年第4期
陈鹏：行政诉讼原告资格的多层次构造	中外法学	2017年第5期
龙宗智：评聂树斌案再审判决回避王书金：兼论《刑事诉讼法》第242条之修改	中外法学	2017年第5期
刘梅湘：侦查机关实施网络监控措施的程序法规制——以域外法的相关规定为参照	法商研究	2017年第1期
李激汉：英美集团诉讼中的特别司法规制及其借鉴意义	法商研究	2017年第2期
李拥军：司法改革中的体制性冲突及其解决路径	法商研究	2017年第2期
徐阳：我国刑事诉讼证明标准适用观念之思考——从增强可操作性到增强操作过程的规范性	法商研究	2017年第2期
韩轶：人民法院变更起诉罪名行为的法律规制	法商研究	2017年第3期
黄忠顺：论应诉管辖制度的解释模式	法商研究	2017年第3期

续表

作者、论文题目	期刊名称	期刊期次
谢澍：论刑事证明标准之实质递进性——"以审判为中心"语境下的分析	法商研究	2017年第3期
周赟：错案责任追究机制之反思——兼议我国司法责任制度的完善进路	法商研究	2017年第3期
高翔：我国高级人民法院司法管理职能的改革——以法院院长会议运行状况为实践观察点	法商研究	2017年第4期
吴欢：融贯中西：民初行政审判中的规则适用——以《平政院裁决录存》为中心的考察	法商研究	2017年第4期
杨会新：论诉讼契约的适用范围与效力	法商研究	2017年第4期
詹建红：司法责任制语境下的主任检察官制度改革——以检察官的职权配置为中心	法商研究	2017年第4期
蔡元培：论法庭警察权的形态及其界限	法商研究	2017年第5期
巩固：美国环境公民诉讼之起诉限制及其启示	法商研究	2017年第5期
黄志慧：人民法院适用不方便法院原则现状反思——从"六条件说"到"两阶段说"	法商研究	2017年第6期
姚莉：认罪认罚程序中值班律师的角色与功能	法商研究	2017年第6期
占善刚：我国民事诉讼中当事人缺席规制之检讨	法商研究	2017年第6期
谭清值：公共政策决定的司法审查	清华法学	2017年第1期
孙首灿：论行政规范性文件的司法审查标准	清华法学	2017年第2期
左卫民：一场新的范式革命？——解读中国法律实证研究	清华法学	2017年第3期
王贵松：行政诉讼判决对行政机关的拘束力——以撤销判决为中心	清华法学	2017年第4期
巢志雄：民事诉权合同研究——兼论我国司法裁判经验对法学理论发展的影响	法学家	2017年第1期

续表

作者、论文题目	期刊名称	期刊期次
陈瑞华：程序性辩护的理论反思	法学家	2017年第1期
胡学军：证明责任"规范说"理论重述	法学家	2017年第1期
李浩：不予再审"管辖错误"后遗留问题研究	法学家	2017年第2期
唐丰鹤：错案是如何生产的？——基于61起刑事错案的认知心理学分析	法学家	2017年第2期
张海燕：法院不予执行公证债权文书的原因及其救济	法学家	2017年第2期
方乐：最高人民法院巡回法庭的制度功能	法学家	2017年第3期
高通：最高人民法院死刑复核全面审查原则再检视	法学家	2017年第3期
贺小军：效果与反思：公安机关刑事执法质量考评机制实证研究	法学家	2017年第3期
梁君瑜：行政程序瑕疵的三分法与司法审查	法学家	2017年第3期
张卫平：当事人文书提出义务的制度建构	法学家	2017年第3期
刘忠：从公安中心到分工、配合、制约——历史与社会叙事内的刑事诉讼结构	法学家	2017年第4期
叶必丰：基于区域合作思维的跨界污染纠纷处理	法学家	2017年第4期
罗维鹏：印证与最佳解释推理——刑事证明模式的多元发展	法学家	2017年第5期
王新清：刑事裁判文书繁简分流问题研究	法学家	2017年第5期
陈敏：证据裁判视角下刑事错案的生成与防治	法学家	2017年第6期
胡铭：认罪协商程序：模式、问题与底线	法学	2017年第1期
毋爱斌：司法拍卖无效认定程序体系论——从最高人民法院指导案例35号谈起	法学	2017年第1期
徐静村：法检两院的宪法定位与司法改革	法学	2017年第2期

续表

作者、论文题目	期刊名称	期刊期次
董坤：侦查人员出庭说明情况问题研究——从《刑事诉讼法》第57条第2款切入	法学	2017年第3期
高通：刑事速裁案件的证明模式	法学	2017年第3期
贺奇兵：行政诉讼原告资格审查机制的正当化改造	法学	2017年第4期
周长军、李军海：完善刑事速裁程序的理论构想	法学	2017年第5期
汪闽燕：电子证据的形成与真实性认定	法学	2017年第6期
周振杰：日本死刑司法控制的经验及其借鉴	法学	2017年第6期
曹志勋：论民事一审漏判的更正	法学	2017年第7期
郭华：《社区矫正法》制定中的争议问题研究	法学	2017年第7期
龙宗智：司法改革：回顾、检视与前瞻	法学	2017年第7期
孙煜华：构建与监察改革相适应的职务犯罪侦查法治模式	法学	2017年第7期
陈海锋：鉴定人出庭的认识误区与规制路径——以刑事诉讼为主要视角	法学	2017年第8期
李奋飞：司法改革的实验方法——以试点方案的类型化设计为研究对象	法学	2017年第8期
杨波：我国刑事证明标准印证化之批判	法学	2017年第8期
袁博：监察制度改革背景下检察机关的未来面向	法学	2017年第8期
占善刚：民事判决中的表示错误及其更正	法学	2017年第8期
刘泊宁：论刑事诉讼阶段之跨越式发展——刑事速裁程序构建的另一种思考	法学	2017年第9期
陈卫东：十八大以来司法体制改革的回顾与展望	法学	2017年第10期
李浩：论检察机关在民事公益诉讼中的地位	法学	2017年第11期

续表

作者、论文题目	期刊名称	期刊期次
刘涛：社会系统及其互动：刑事和解中"以钱买罪"现象新解	法制与社会发展	2017年第2期
孙倩：论中国古代的罪疑惟轻	法制与社会发展	2017年第2期
唐力：民事审限制度的异化及其矫正	法制与社会发展	2017年第2期
纪格非：刑事判决在民事诉讼中的效力——英国规则的演进与启示	法制与社会发展	2017年第3期
马勇：刑事司法解释中的证明简化对控辩平等原则的冲击——兼论司法解释制度的完善及其与案例指导制度的功能划分与衔接	法制与社会发展	2017年第3期
王彬：案例指导制度下的法律论证——以同案判断的证成为中心	法制与社会发展	2017年第3期
张斌、罗维鹏：庭审实质化的技术路径反思与政治路径证成	法制与社会发展	2017年第3期
巩固：美国原告资格演变及对公民诉讼的影响解析	法制与社会发展	2017年第4期
李平：传统中国审判机制的法理与道理——从刘锡彤断杨乃武小白菜案说起	法制与社会发展	2017年第4期
艾佳慧：制度环境、诉讼策略与民事上诉率变迁——理论模型与初步检验	法制与社会发展	2017年第5期
曹云吉：立案登记制下"当事人"的程序构造	法制与社会发展	2017年第5期
孙皓：论公诉权运行的机械性逻辑	法制与社会发展	2017年第5期
郑涛：信息公开缠讼现象的政法逻辑	法制与社会发展	2017年第5期
邹立君：司法权能：规范法官裁决的程序性思维	法制与社会发展	2017年第5期
胡思博：民事检察监督证据的运用规则	当代法学	2017年第1期
沈伟、余涛：互联网金融监管规则的内生逻辑及外部进路：以互联网金融仲裁为切入点	当代法学	2017年第1期

续表

作者、论文题目	期刊名称	期刊期次
史明洲：执行和解的法解释论展开——《民事诉讼法》第230条评注	当代法学	2017年第1期
许军珂：论涉外审判中当事人意思自治的实现	当代法学	2017年第1期
易延友：非法证据排除规则的立法表述与意义空间——《刑事诉讼法》第54条第1款的法教义学分析	当代法学	2017年第1期
卢佩："法律适用"之逻辑结构分析	当代法学	2017年第2期
宋维彬：论刑事辨认笔录的证据能力	当代法学	2017年第2期
袁琳：部分请求的类型化及合法性研究	当代法学	2017年第2期
百晓锋：中国民事执行年度观察报告（2016）	当代法学	2017年第3期
傅攀峰：单边仲裁员委任机制的道德困境及其突围——以Paulsson的提议为核心	当代法学	2017年第3期
姜保忠：我国刑事上诉利益审查制度的缺失与建构	当代法学	2017年第3期
罗恬漩：司法改革背景下送达困境与出路——以G省基层法院的送达实践为例	当代法学	2017年第3期
王亚新："人案比"二元模型与民事审前程序的优化——基于对广东省九个基层法院的调研	当代法学	2017年第3期
魏晓娜：审判中心视角下的有效辩护问题	当代法学	2017年第3期
郝振江：中国非讼程序年度观察报告（2016）	当代法学	2017年第4期
闵春雷：认罪认罚案件中的有效辩护	当代法学	2017年第4期
孙皓：论刑事证明标准的"层次化"误区	当代法学	2017年第4期
赵秀举：家事审判方式改革的方向与路径	当代法学	2017年第4期
周翠：中国民事电子诉讼年度观察报告（2016）	当代法学	2017年第4期
陈贤贵：论消极事实的举证证明责任——以《民诉法解释》第91条为中心	当代法学	2017年第5期

续表

作者、论文题目	期刊名称	期刊期次
李浩：证明责任的概念——实务与理论的背离	当代法学	2017年第5期
任重：论中国"现代"证明责任问题——兼评德国理论新进展	当代法学	2017年第5期
史立梅：认罪认罚从宽程序中的潜在风险及其防范	当代法学	2017年第5期
许尚豪：作为裁判规范的证明责任	当代法学	2017年第5期
杨波：审判中心主义视域下刑事冤错案防范机制研究	当代法学	2017年第5期
陈瑞华：有效辩护问题的再思考	当代法学	2017年第6期
黄忠顺：中国民事公益诉讼年度观察报告（2016）	当代法学	2017年第6期
熊秋红：审判中心视野下的律师有效辩护	当代法学	2017年第6期
张中：论侦查阶段的有效辩护	当代法学	2017年第6期
赵清林：类型化视野下行政诉讼目的新论	当代法学	2017年第6期
李峰：证人调查：民事庭外作证的立法向度	法律科学	2017年第1期
刘广三、李艳霞：美国对手机搜查的法律规制及其对我国的启示——基于莱利和伍瑞案件的分析	法律科学	2017年第1期
朱福勇：论合议庭的评议对象与论证表达	法律科学	2017年第1期
李昌盛："剩余疑点"下的审判模式	法律科学	2017年第2期
吴英姿：预决事实无需证明的法理基础与适用规则	法律科学	2017年第2期
许尚豪、康健：分理、分离、独立——民事抗诉特别程序的立场及路径	法律科学	2017年第2期
桑本谦、戴昕：真相、后果与"排除合理怀疑"——以"复旦投毒案"为例	法律科学	2017年第3期
杨波：审判中心下印证证明模式之反思	法律科学	2017年第3期

续表

作者、论文题目	期刊名称	期刊期次
张海燕：论法官对民事实体抗辩的释明	法律科学	2017 年第 3 期
封安波："拒不认罪、从重处罚"的证据裁判主义审视	法律科学	2017 年第 4 期
肖永平、丁汉韬：论《法律适用法》中无条件选择性冲突规范的适用	法律科学	2017 年第 4 期
谢小剑：我国羁押事实的适用现状及其规范化	法律科学	2017 年第 4 期
杨会新：当事人诉讼行为的意思表示瑕疵——基于程序安定与意思自治双重维度的考查	法律科学	2017 年第 4 期
张旭东：预防性环境民事公益诉讼程序规则思考	法律科学	2017 年第 4 期
金印：执行时效的体系地位及其规制方式——民法典编撰背景下执行时效制度的未来	法律科学	2017 年第 5 期
张淑芳：原告对行政规范性文件的请求审查权解读	法律科学	2017 年第 5 期
卞建林：监察机关办案程序初探	法律科学	2017 年第 6 期
崔玲玲：第三人撤销之诉的外部运行环境优化分析	法律科学	2017 年第 6 期
杜乐其：消费民事公益诉讼损害赔偿请求权研究	法律科学	2017 年第 6 期
冯俊伟：国家监察体制改革中的程序分离与衔接	法律科学	2017 年第 6 期
武腾：拍卖人的信息提供义务与担保责任——从居间商的法律地位出发	法律科学	2017 年第 6 期
叶青、王小光：域外监察制度发展评述	法律科学	2017 年第 6 期
赵秀举：论民事和解协议的纠纷解决机制	现代法学	2017 年第 1 期
高翔：法院院长职权结构优化论——基于《法院组织法》与《民事诉讼法》衔接的考量	现代法学	2017 年第 2 期
黄忠顺：民事执行机构改革实践之反思	现代法学	2017 年第 2 期

续表

作者、论文题目	期刊名称	期刊期次
孙长永、王彪：论刑事庭审实质化的理念、制度和技术	现代法学	2017年第2期
吴宇：德国环境团体诉讼的嬗变及对我国的启示	现代法学	2017年第2期
董坤：论疲劳审讯的认定及其所获证据之排除	现代法学	2017年第3期
庄加园：初探债权执行程序的理论基础——执行名义欠缺的质疑与收取诉讼的构造尝试	现代法学	2017年第3期
陈邦达：科学证据质证程序研究——基于中美两国的比较	现代法学	2017年第4期
张能全：论以审判为中心的刑事程序改革与刑事司法职权优化配置	现代法学	2017年第4期
揭萍：犯罪构成视野下的侦查取证新论——"以审判为中心"诉讼制度改革实践路径探索	现代法学	2017年第5期
裴苍龄：彻底清除证据问题上的盲点	现代法学	2017年第5期
赵恒：论从宽处理的三种模式	现代法学	2017年第5期
左卫民：时间都去哪儿了——基层法院刑事法官工作时间实证研究	现代法学	2017年第5期
郭松：中国刑事诉讼制度进一步改革的路径选择	现代法学	2017年第6期
黄志慧：欧盟协议管辖制度实施之保障研究	现代法学	2017年第6期
林剑锋：既判力视角下定期金判决变更之诉的解释论展开	现代法学	2017年第6期
拜荣静：辨认结论的证据属性与适用	政法论坛	2017年第1期
陈永生：冤案为何难以获得救济	政法论坛	2017年第1期
郑高键：论隐密探话	政法论坛	2017年第1期
陈佳佳：宋代录问制度考论	政法论坛	2017年第2期
陈瑞华：论侦查中心主义	政法论坛	2017年第2期

续表

作者、论文题目	期刊名称	期刊期次
崔凯：义务视阈下的被告人庭审在场问题研究	政法论坛	2017年第2期
李卫红：刑事和解的实体性与程序性	政法论坛	2017年第2期
周新：刑事申诉制度规范化研究	政法论坛	2017年第2期
胡学军：论证明责任作为民事裁判的基本方法——兼就"人狗猫大战"案裁判与杨立新教授商榷	政法论坛	2017年第3期
龙宗智：论贿赂犯罪证据的客观化审查机制	政法论坛	2017年第3期
向泽选：控辩对抗的审前模式——兼论检察机关如何因应"以审判为中心"	政法论坛	2017年第3期
孔繁华：滥用行政诉权之法律规制	政法论坛	2017年第4期
李奋飞：中国律师业的"格局"之辨——以辩护领域的定性研究为基点	政法论坛	2017年第4期
李扬：轻微刑事案件自诉效果评析与优化——基于257例轻伤自诉判决的实证分析	政法论坛	2017年第4期
刘仁文：论我国刑事法庭被告人席位的改革	政法论坛	2017年第4期
潘超正：南京国民政府时期的法庭调解：制度与实践——基于龙泉司法档案的考察	政法论坛	2017年第4期
陈光中、郑曦、谢丽珍：完善证人出庭制度的若干问题探析——基于实证试点和调研的研究	政法论坛	2017年第4期
傅郁林：民事裁判思维与方法——一宗涉及外国法查明的判决解析	政法论坛	2017年第5期
郭烁：取保候审适用的影响性因素实证研究	政法论坛	2017年第5期
左卫民：冲突与竞合：刑事诉讼的模式分析——读帕克教授的《刑事制裁的界限》	政法论坛	2017年第5期
汪海燕：监察制度与《刑事诉讼法》的衔接	政法论坛	2017年第6期
向燕："印证"证明与事实认定——以印证规则与程序机制的互动结构为视角	政法论坛	2017年第6期

续表

作者、论文题目	期刊名称	期刊期次
高一飞：美国刑事审前听证程序公开及对我国的借鉴意义	比较法研究	2017年第1期
李新、季美君：论澳大利亚检察官的职权与职业保障	比较法研究	2017年第1期
陈学权：美国刑事审判中陪审团适用法律权述评	比较法研究	2017年第2期
王贵松：信息公开行政诉讼的诉的利益	比较法研究	2017年第2期
刘计划：刑事冤错案件的程序法分析——以聂树斌案为例	比较法研究	2017年第3期
施鹏鹏：口供的自由、自愿原则研究——法国模式及评价	比较法研究	2017年第3期
汪海燕：刑事冤错案件的制度防范与纠正——基于聂树斌案的思考	比较法研究	2017年第3期
刘宇琼：在自由与规制之间的动态平衡——法国司法制度及其对我国司法改革的启示	比较法研究	2017年第5期
张骐：论中国案例指导制度向司法判例制度转型的必要性与正当性	比较法研究	2017年第5期
陈光中、姜丹：关于《监察法（草案）》的八点修改意见	比较法研究	2017年第6期
裴炜：英国认罪协商制度及对我国的启示	比较法研究	2017年第6期
唐力："法官释法"：陪审员认定事实的制度保障	比较法研究	2017年第6期
强梅梅：法院人员分类管理改革的历程、难点及其破解	政治与法律	2017年第1期
陶杨、赫欣：隐忧与出路：关于法官员额制的思考——基于A省B市C区法院员额制改革的实证分析	政治与法律	2017年第1期

续表

作者、论文题目	期刊名称	期刊期次
周永坤：有关司法改革方向的几个司法理念与实践问题	政治与法律	2017年第1期
邓刚宏：行政诉讼举证责任分配的逻辑及其制度构建	政治与法律	2017年第3期
孟融：我国法院执行公共政策的机制分析——以法院为"一带一路"建设提供保障的文件为分析对象	政治与法律	2017年第3期
周新：论从宽处理的基本原则及其类型——基于刑事速裁程序试点的分析	政治与法律	2017年第3期
刘加良：检察院提起民事公益诉讼诉前程序研究	政治与法律	2017年第5期
张美红：论已撤销的国际商事仲裁裁决在域外"复活"的理据与规则	政治与法律	2017年第5期
朱思懿："滥用职权"的行政法释义建构	政治与法律	2017年第5期
陈思融：论行政协议诉讼各类判决方式之关系	政治与法律	2017年第8期
景春兰：夫妻"忠实协议"的裁判规则解释	政治与法律	2017年第8期
马得华：我国行政诉讼规范性文件附带审查的模式与效力难题	政治与法律	2017年第8期
夏金莱：论监察体制改革背景下的监察权与检察权	政治与法律	2017年第8期
李友根：论消费者协会公益诉讼的损害赔偿请求权——对最高人民法院司法解释立场的商榷	政治与法律	2017年第9期
石春雷：前诉裁判确认事实对后诉的预决效力——环境民事公益诉讼司法解释第30条的释义及其展开	政治与法律	2017年第9期
王留一：论行政规范性文件司法审查标准体系的建构	政治与法律	2017年第9期

续表

作者、论文题目	期刊名称	期刊期次
许尚豪：如何保持中立：民事公益诉讼中法院的职权角色研究	政治与法律	2017年第9期
黄锴：行政诉讼中举报人原告资格的审查路径——基于指导案例77号的分析	政治与法律	2017年第10期
阮丽娟：环评审批的司法审查之困境与克服	政治与法律	2017年第10期
童之伟：国家监察立法预案仍须着力完善	政治与法律	2017年第10期
窦璐：刑事推定辨正	政治与法律	2017年第11期
胡云红：论我国人民陪审员选任机制的完善	政治与法律	2017年第11期
梁君瑜：行政诉权本质之辨：学术史梳理、观念重构与逻辑证成	政治与法律	2017年第11期
赵恒：论从宽的正当性基础	政治与法律	2017年第11期
周佑勇：监察委员会权力配置的模式选择与边界	政治与法律	2017年第11期
章剑生：行政机关上下级之间层级监督行为的可诉性——崔永超诉山东省济南市人民政府不履行法定职责案评析	政治与法律	2017年第12期
胡若溟：行政诉讼中"信赖利益保护原则"适用——以最高人民法院公布的典型案件为例的讨论	行政法学研究	2017年第1期
张福广：德国行政判断余地的司法审查	行政法学研究	2017年第1期
胡卫列、田凯：检察机关提起行政公益诉讼试点情况研究	行政法学研究	2017年第2期
莫于川：《行政诉讼法》修改及其遗留争议难题——以推动法治政府建设为视角	行政法学研究	2017年第2期
于立深：行政协议司法判断的核心标准：公权力的作用	行政法学研究	2017年第2期
耿宝建：行政处罚案件司法审查的数据变化与疑难问题	行政法学研究	2017年第3期

续表

作者、论文题目	期刊名称	期刊期次
石龙潭：日本行政诉讼救济范围之拓展——"行政处分性"之理论解析	行政法学研究	2017年第3期
王华伟、刘一玮：非诉行政案件裁执分离模式再思考	行政法学研究	2017年第3期
徐键：论多阶段行政行为中前阶段行为的可诉性——基于典型案例的研究	行政法学研究	2017年第3期
闫尔宝：新《行政诉讼法》中的第三人确定标准论析	行政法学研究	2017年第3期
曹淑伟：确认行政行为无效诉讼的期限研究	行政法学研究	2017年第4期
谭宗泽、陈子祯：论地方政府规章在行政诉讼中的适用	行政法学研究	2017年第4期
王万华：新中国行政诉讼早期立法与制度——对104部法律、行政法规的分析	行政法学研究	2017年第4期
闫映全：行政滥诉的构成及规制	行政法学研究	2017年第4期
黄先雄：行政首次判断权理论及其适用	行政法学研究	2017年第5期
孔祥稳、王玎、余积明：检察机关提起行政公益诉讼试点工作调研报告	行政法学研究	2017年第5期
李洪雷：检察机关提起行政公益诉讼的法治化路径	行政法学研究	2017年第5期
梁君瑜：复议机关作行政诉讼共同被告——现状反思与前景分析	行政法学研究	2017年第5期
刘艺：美国私人检察诉讼演变及其对我国的启示	行政法学研究	2017年第5期
沈开举、邢昕：检察机关提起行政公益诉讼诉前程序实证研究	行政法学研究	2017年第5期
徐全兵：检察机关提起行政公益诉讼的职能定位与制度构建	行政法学研究	2017年第5期

续表

作者、论文题目	期刊名称	期刊期次
夏新华、谢广利：论关联行政行为违法性继承的司法审查规则	行政法学研究	2017年第6期
杜文静：证据证明力评价的似然率模型	华东政法大学学报	2017年第1期
韩宁：行政协议判断标准之重构——以"行政法上权利义务"为核心	华东政法大学学报	2017年第1期
廖浩：第三人撤销诉讼实益研究——以判决效力主观范围为视角	华东政法大学学报	2017年第1期
安海涛：保证合同诉讼的程序原理——基于《民诉法解释》第66条的分析	华东政法大学学报	2017年第2期
陈海锋：跨行政区划检察组织体系研究	华东政法大学学报	2017年第2期
彭新林：论前科与死刑的限制适用	华东政法大学学报	2017年第2期
陈瑞华：论刑事诉讼的全流程简化——从刑事诉讼纵向构造角度的分析	华东政法大学学报	2017年第4期
樊崇义，李思远：认罪认罚从宽制度的理论反思与改革前瞻	华东政法大学学报	2017年第4期
姜鹏：不履行法定职责行政案件司法审查强度之检讨	华东政法大学学报	2017年第4期
秦宗文：认罪认罚从宽制度的效率实质及其实现机制	华东政法大学学报	2017年第4期
王戬：认罪认罚从宽的程序性推进	华东政法大学学报	2017年第4期
张栋：认罪认罚从宽制度再思考	华东政法大学学报	2017年第4期
张丽卿：台湾刑事医疗纠纷之课题与出路	华东政法大学学报	2017年第4期
赵恒：认罪及其自愿性审查：内涵辨析、规范评价与制度保障	华东政法大学学报	2017年第4期
周晓霞：上下级检察院办案指导关系研究	华东政法大学学报	2017年第4期
方柏兴：论刑事诉讼中的"对物之诉"——一种以涉案财物处置为中心的裁判理论	华东政法大学学报	2017年第5期

续表

作者、论文题目	期刊名称	期刊期次
侯欣一：民国时期法院民事调解制度实施状况实证研究	华东政法大学学报	2017 年第 5 期
杨会新：程序保障视角下诉讼调解既判力分析	华东政法大学学报	2017 年第 5 期
裴炜：比例原则视域下电子侦查取证程序性规则构建	环球法律评论	2017 年第 1 期
吴雨豪：论作为死刑替代措施的终身监禁	环球法律评论	2017 年第 1 期
蔡乐渭：国家监察机关的监察对象	环球法律评论	2017 年第 2 期
陈光中：关于我国监察体制改革的几点看法	环球法律评论	2017 年第 2 期
陈越峰：监察措施的合法性研究	环球法律评论	2017 年第 2 期
姜明安：国家监察法立法应处理的主要法律关系	环球法律评论	2017 年第 2 期
李忠：国家监察体制改革与宪法再造	环球法律评论	2017 年第 2 期
李红勃：现行纪检监察模式的困境及其法治化改革方向	环球法律评论	2017 年第 2 期
马怀德：《国家监察法》的立法思路与立法重点	环球法律评论	2017 年第 2 期
秦前红：监察体制改革的逻辑与方法	环球法律评论	2017 年第 2 期
王捷：秦监察官"执法"的历史启示	环球法律评论	2017 年第 2 期
王燕：国际投资仲裁机制改革的美欧制度之争	环球法律评论	2017 年第 2 期
吴建雄：加快构建中国特色社会主义国家监察理论	环球法律评论	2017 年第 2 期
熊秋红：监察体制改革中职务犯罪侦查权比较研究	环球法律评论	2017 年第 2 期
姚文胜：国家监察体制改革有关问题的思考	环球法律评论	2017 年第 2 期
翟志勇：监察委员会与"八二宪法"体制的重塑	环球法律评论	2017 年第 2 期

续表

作者、论文题目	期刊名称	期刊期次
张建伟：法律正当程序视野下的新监察制度	环球法律评论	2017 年第 2 期
赵晓耕：中国传统御史监察制度的经验教训	环球法律评论	2017 年第 2 期
郑磊：国家监察体制改革的修宪论纲	环球法律评论	2017 年第 2 期
高通：德国刑事协商制度的新发展及其启示	环球法律评论	2017 年第 3 期
李本森：美国刑事快速审判权的宪法检验与立法嬗变	环球法律评论	2017 年第 3 期
刘忠：政法委的构成与运作	环球法律评论	2017 年第 3 期
尚华：事实认定模式与我国刑事防错机制的完善	环球法律评论	2017 年第 3 期
蒋勇：基本权利干预视角下我国警察强制措施的立法完善	环球法律评论	2017 年第 4 期
刘品新：印证与概率：电子证据的客观化采信	环球法律评论	2017 年第 4 期
赵丹：强势司法的政治逻辑：匈牙利宪法法院的启示	环球法律评论	2017 年第 4 期
李训虎：变迁中的英美补强规则	环球法律评论	2017 年第 5 期
柳建龙：德国联邦宪法法院的抽象规范审查程序	环球法律评论	2017 年第 5 期
宋远升：司法责任制的三重逻辑与核心建构要素	环球法律评论	2017 年第 5 期
史立梅：庭审实质化背景下证人庭前证言的运用及其限制	环球法律评论	2017 年第 6 期
卞建林、张可：侦查权运行规律初探	中国刑事法杂志	2017 年第 1 期
刘广三、李晢：刑事诉讼法关于技术侦查措施规定中的模糊性语言及其限定研究	中国刑事法杂志	2017 年第 1 期
施鹏鹏：综合的反恐体系及检讨——以法国"新反恐法"为中心	中国刑事法杂志	2017 年第 1 期
王新清、李响：美国电子监控与情报搜集制度研究——兼论我国反恐情报与技术侦查制度的完善	中国刑事法杂志	2017 年第 1 期

续表

作者、论文题目	期刊名称	期刊期次
何挺：论附带处分于附条件不起诉之核心地位——以台湾缓起诉实践为样本的考察	中国刑事法杂志	2017年第2期
彭玉伟：办案质量终身负责制的功能反思与发展路径	中国刑事法杂志	2017年第2期
张卫彬：人民法院审判委员会制度的实践与再造——基于A省B市中院审委会案件回流与分流的样态	中国刑事法杂志	2017年第2期
樊崇义、赵培显：法律真实哲理思维	中国刑事法杂志	2017年第3期
刘方权：认罪认罚从宽制度的建设路径——基于刑事速裁程序试点经验的研究	中国刑事法杂志	2017年第3期
刘少军：认罪认罚从宽制度中的被害人权利保护研究	中国刑事法杂志	2017年第3期
秦宗文：认罪认罚从宽制度实施疑难问题研究	中国刑事法杂志	2017年第3期
卞建林：我国非法证据排除规则的新发展	中国刑事法杂志	2017年第4期
陈光中：对《严格排除非法证据规定》的几点个人理解	中国刑事法杂志	2017年第4期
陈卫东：《严格排除非法证据规定》下的检察发展新机遇	中国刑事法杂志	2017年第4期
万春、高翼飞：刑事案件非法证据排除规则的发展——《关于办理刑事案件严格排除非法证据若干问题的规定》新亮点	中国刑事法杂志	2017年第4期
汪海燕：审判中心背景下非法证据排除规则的完善	中国刑事法杂志	2017年第4期
熊秋红：检察机关在非法证据排除中的多重角色	中国刑事法杂志	2017年第4期
万毅：何为非法 如何排除？——评《关于办理刑事案件严格排除非法证据若干问题的规定》	中国刑事法杂志	2017年第4期

续表

作者、论文题目	期刊名称	期刊期次
张保生：非法证据排除与侦查办案人员出庭作证规则	中国刑事法杂志	2017年第4期
张建伟：排除非法证据的价值预期与制度分析	中国刑事法杂志	2017年第4期
John H. Blume Rebecca K. Helm："认假罪"：那些事实无罪的有罪答辩人	中国刑事法杂志	2017年第5期
马静华：庭审实质化：一种证据调查方式的逻辑转变——以成都地区改革试点为样本的经验总结	中国刑事法杂志	2017年第5期
谢小剑：司法责任制改革中检察一体化的完善	中国刑事法杂志	2017年第5期
张琳：捕后羁押必要性审查之证明规则研究——以依申请启动下的羁押必要性审查为视角	中国刑事法杂志	2017年第5期
冯俊伟：刑事司法协助所获证据的可采性审查：原则与方法	中国刑事法杂志	2017年第6期
刘品新：网络犯罪证明简化论	中国刑事法杂志	2017年第6期
么宁：检察业务考评机制新思维：美、台检察考评镜鉴及启示	中国刑事法杂志	2017年第6期
宋维彬：搜查、扣押笔录的证据能力研究——以美国法为借镜	中国刑事法杂志	2017年第6期
孙卫华：审判权运行中的相关问题及对策	中国刑事法杂志	2017年第6期
陶杨：轻罪案件非羁押化问题研究	中国刑事法杂志	2017年第6期
刘少军：司法改革语境下合议庭独立审判问题研究	法学杂志	2017年第10期
孙皓：论刑事诉讼中精神病问题的证明责任分配	法学杂志	2017年第1期
崔凯、魏建文：刑事司法精神鉴定中的矛盾分析及程序应对	法学杂志	2017年第11期
谢超：我国社区矫正现状及立法建议	法学杂志	2017年第11期

续表

作者、论文题目	期刊名称	期刊期次
冯俊伟：追诉机关违反证据保存义务的法律后果——以有利于被控方的证据为中心	法学杂志	2017年第12期
汪海燕、王宏平：跨行政区划检察院的法律地位研究——以检察院组织法修改为视角	法学杂志	2017年第12期
徐胜萍、张雪花：司法改革语境下合议制度理论的借鉴与重构	法学杂志	2017年第12期
刘仁文、陈妍茹：死刑改革的重要进展	法学杂志	2017年第2期
施鹏鹏：警察刑事交易制度研究	法学杂志	2017年第2期
王峣："以审判为中心"诉讼制度改革中的侦查工作	法学杂志	2017年第2期
纪格非：我国刑事判决在民事诉讼中预决力规则的反思与重构	法学杂志	2017年第3期
肖建国、宋春龙：责任聚合下民刑交叉案件的诉讼程序——对"先刑后民"的反思	法学杂志	2017年第3期
徐以祥、王宏：论我国环境民事公益诉讼赔偿数额的确定	法学杂志	2017年第3期
张永泉：法秩序统一视野下的诉讼程序与法律效果的多元性——以竞合型刑民交叉案件为视角	法学杂志	2017年第3期
樊崇义、白秀峰：关于检察机关提起公益诉讼的几点思考	法学杂志	2017年第5期
张伟、戴哲宇：浅析刑事涉案财物的追缴及分配	法学杂志	2017年第5期
张云霄、王高迪：《检察官法》修改若干问题之我见	法学杂志	2017年第5期
陈光中、李章仙：论庭审模式与查明案件事实真相	法学杂志	2017年第6期
刘箭：审判中心视野下的司法建议制度	法学杂志	2017年第6期

续表

作者、论文题目	期刊名称	期刊期次
时延安、王雪莲：死因查明、认定制度的构建	法学杂志	2017年第6期
张智辉：认罪认罚与案件分流	法学杂志	2017年第6期
胡思博：我国当前司法环境下民事诉讼程序价值的保障力度与限度	法学杂志	2017年第7期
胡熙瞳：对刑事速裁程序保留被告人最后陈述的反思	法学杂志	2017年第7期
刘鹏：技术侦查疑难问题研究	法学杂志	2017年第7期
邱兴隆、邢馨宇：审前程序中的律师权利及其保障与实现（上）	法学杂志	2017年第7期
姚莉、黎晓露：侦查诉讼化模式再解读及其制度逻辑	法学杂志	2017年第7期
陈卫东：司法责任制改革研究	法学杂志	2017年第8期
邱兴隆、邢馨宇：审前程序中的律师权利及其保障与实现（下）	法学杂志	2017年第8期
朱全宝：检察机关提起环境行政公益诉讼：试点检视与制度完善	法学杂志	2017年第8期
姜保忠：论刑事司法和刑事错案的成本	法学杂志	2017年第9期
李辰：认罪认罚从宽语境下职务犯罪案件协商机制的构建	法学杂志	2017年第9期
杨宇冠：我国非法证据排除规则的特点与完善	法学杂志	2017年第9期
朱孝清：认罪认罚从宽制度中的几个理论问题	法学杂志	2017年第9期
贾洛川：统一刑罚执行体制视域下完善监狱刑罚执行体系的若干思考	政法论丛	2017年第1期
江国、华张彬：中国环境民事公益诉讼的七个基本问题——从"某市环保联合会诉某化工公司环境污染案"说开去	政法论丛	2017年第2期

续表

作者、论文题目	期刊名称	期刊期次
江国华、张彬：中国环境民事公益诉讼的七个基本问题——从"某市环保联合会诉某化工公司环境污染案"说开去	政法论丛	2017年第2期
李昌超：失信被执行人名单制度施行中的问题及解决	政法论丛	2017年第2期
宋远升：刑事司法裁判中的利益衡量	政法论丛	2017年第2期
毕可军：我国行政行为形式瑕疵类型体系的迷失与重构	政法论丛	2017年第3期
陈海嵩：环境民事公益诉讼程序规则的争议与完善	政法论丛	2017年第3期
刘敏：论程序自治与审判权运行机制改革	政法论丛	2017年第3期
郭哲：渎职侵权犯罪查办之困境及化解——基于中南某地区的实证研究	政法论丛	2017年第4期
姜保忠：刑事司法裁判的方法与限制——以"于欢案"为样本的分析	政法论丛	2017年第4期
刘伟：如何实现刑事侦查的法治化	政法论丛	2017年第4期
刘超：环境行政公益诉讼受案范围之实践考察与体系展开	政法论丛	2017年第4期
张倩：英国监察专员的类型、功能及启示	政法论丛	2017年第4期
曹兴权、尚彦卿：民事执行中参与分配程序的适用条件	政法论丛	2017年第5期
谭世贵：论对国家监察权的制约与监督	政法论丛	2017年第5期
张显伟：诉讼机制不能解决行政权限争议问题之分析	政法论丛	2017年第5期
朱金高：对第三人撤销之诉的异议	政法论丛	2017年第5期
陈涛：论以审判为中心的审查起诉工作改革	东方法学	2017年第1期
孙洪坤：环境公益诉讼立法模式之批判与重构	东方法学	2017年第1期

续表

作者、论文题目	期刊名称	期刊期次
兰跃军：刑事被害人救助立法主要问题及其评析	东方法学	2017年第2期
宋远升：羁押必要性审查的改革逻辑	东方法学	2017年第2期
黄忠顺：诉讼外调解协议自愿性的司法审查标准	东方法学	2017年第3期
杨建军：法律的系统性危机与司法难题的化解——从赵春华案谈起	东方法学	2017年第3期
黄翀：以审判为中心的刑事侦诉关系的反思与重构	东方法学	2017年第4期
林喜芬：认罪认罚从宽制度的地方样本阐释——L、S、H三个区速裁试点规则的分析	东方法学	2017年第4期
邓刚宏：行政诉讼受案范围的基本逻辑与制度构想——以行政诉讼功能模式为分析框架	东方法学	2017年第5期
沈国明：拓展法治的力度和深度——以司法体制改革为切入点	东方法学	2017年第5期
苏福：民事执行中"完成财产调查"的认定标准与运用向度	东方法学	2017年第5期
王超强：论监察体制改革背景下监、检、法关系新构	东方法学	2017年第5期
谢澍：认罪认罚从宽制度中的证明标准——推动程序简化之关键所在	东方法学	2017年第5期
曾国东：刑事案件认罪认罚从宽制度的定位分析——基于检察视域的实证研究	东方法学	2017年第6期
刘军：技术侦查的法律控制——以权利保障为视角	东方法学	2017年第6期
陶建平：检察权运行的结构化逻辑	东方法学	2017年第6期
田文军：羁押必要性审查制度之检讨	交大法学	2017年第1期

续表

作者、论文题目	期刊名称	期刊期次
林竹静：独任检察官制度：理论框架与实证考察——以上海基层检察院的试点为例	交大法学	2017年第2期
沈明磊、董蕾蕾：民事诉讼专家辅助人制度适用问题研究	法律适用	2017年第1期
王海虹：以庭审实质化视角对刑事庭审中公诉人讯问环节的考察、反思与建言	法律适用	2017年第1期
王小光、李琴：被害人出庭作证的实证分析和制度构建	法律适用	2017年第1期
王忠诚、孙伟：民事庭审语言规则与策略研究——以当事人话语权表达的研判为基础	法律适用	2017年第1期
袁力、邵新：德国民事裁判文书结构与说理的关联分析	法律适用	2017年第1期
湖南省长沙市望城区人民法院行政审判庭课题组：集体土地上房屋征收过程中"一户一基"制度的困境与出路——基于长沙市望城区人民法院土地行政征收类案件的实证分析	法律适用	2017年第3期
黄伯青、伍天翼："需求侧"改革：刑事证人出庭作证实证分析	法律适用	2017年第3期
刘静坤：论司法证明实质化——以侦查人员出庭作证为切入点	法律适用	2017年第3期
陆建红、杨华：现代法治条件下"亲亲相隐"制度之构建——从历史、比较研究和现实思考出发	法律适用	2017年第3期
马龙、刘显鹏：德国逾时提出攻击防御方法之规制及其启示	法律适用	2017年第3期
章文英：关于房屋征收补偿决定行政案件的司法审查	法律适用	2017年第3期
卢君、谭中平：论审判环节被告人认罪认罚"自愿性"审查机制的构建	法律适用	2017年第5期

续表

作者、论文题目	期刊名称	期刊期次
文璞、邹海山：撤销民事执行申请的效力问题探究	法律适用	2017年第5期
郑曦：伪证罪对证言真实性的规制——基于美国联邦立法与司法适用的分析	法律适用	2017年第3期
庄绪龙：刑事拘留国家赔偿的制度漏洞与补正机制	法律适用	2017年第5期
毕玉谦：论庭审过程中法官的心证公开	法律适用	2017年第7期
刘振会：论审判委员会研究案件机制的诉讼化构建——以刑事诉讼为视角	法律适用	2017年第7期
王翼妍、满洪杰：论环境民事公益诉讼原告资格的实践扩张	法律适用	2017年第7期
吴宏耀、张亮：死刑复核程序中被告人的律师帮助权——基于255份死刑复核刑事裁定书的实证研究	法律适用	2017年第7期
金昌伟：食品安全案件"行刑衔接"程序机制的审视与重构	法律适用	2017年第9期
冉崇高、赵克：理论厘清与制度重构：关于民事送达难的实证分析	法律适用	2017年第9期
荣明潇：二审民事案件适用独任制审理的理性逻辑与进路探索	法律适用	2017年第9期
吴在存、霍振宇：跨行政区划法院设置与管辖制度研究	法律适用	2017年第9期
徐建新：死刑案件证明标准探析	法律适用	2017年第9期
赵书博、郑东梅、朱晓倩：关于基层法院入额法官履职情况的初步研究——以B市Y区法院为样本	法律适用	2017年第9期
卢祖新、贾科、欧明艳：刑事和解审判程序之现实处境与完善进路——基于新刑诉法实施后运行状况的实证考察	法律适用	2017年第11期

续表

作者、论文题目	期刊名称	期刊期次
王富博：关于《最高人民法院关于执行案件移送破产审查若干问题的指导意见》的解读	法律适用	2017年第11期
吴小军：我国值班律师制度的功能及其展开——以认罪认罚从宽制度为视角	法律适用	2017年第11期
姚宝华：论人民陪审员制度的功能定位	法律适用	2017年第11期
余庆、李梦瑶：分段集约执行机制的实证分析与反思重构	法律适用	2017年第11期
张素莲：技侦证据在刑事审判中的适用及完善建议	法律适用	2017年第11期
李长坤：论违法所得及其他涉案财物的界定——兼论对没收程序司法解释第6条的理解	法律适用	2017年第13期
刘小飞、刘慧慧、陈乾：深化环境公益诉讼理论与实务研究 提升环境公共利益法治保障水平——"环境公益诉讼理论与实务研讨会"综述	法律适用	2017年第13期
裴显鼎、王晓东、刘晓虎：违法所得没收程序重点疑难问题解读	法律适用	2017年第13期
孙盈：价值与逻辑之间：利益衡量裁判方法在民事审判中的运用	法律适用	2017年第13期
温小洁：我国刑事涉案财物处理之完善——以公民财产权保障为视角	法律适用	2017年第13期
谢丽珍、朱若苏：特别没收程序证明问题的多元化分析	法律适用	2017年第13期
叶琦、孙红日：刑事判决书针对辩护意见的"回应性说理"之提倡——以S市基层法院无罪辩护的刑事判决书为样本	法律适用	2017年第13期
胡学军：举证证明责任的内部分立与制度协调	法律适用	2017年第15期
李浩：规范说视野下法律要件分类研究	法律适用	2017年第15期

续表

作者、论文题目	期刊名称	期刊期次
任重：罗森贝克证明责任论的再认识——兼论《民诉法解释》第90条、第91条和第108条	法律适用	2017年第15期
于四伟：民事举证责任规则适用难题及其规制	法律适用	2017年第15期
张培：新西兰中间禁令与我国行为保全措施比较研究	法律适用	2017年第15期
安凤德、赵德云、陈轶：论未成年被害人与被告人权利的平衡与保护	法律适用	2017年第19期
陈爱武：论家事案件的类型化及其程序法理	法律适用	2017年第19期
郭志媛：认罪认罚从宽制度的理论解析与改革前瞻	法律适用	2017年第19期
黄伯青、王明森：认罪认罚从宽的实践演绎与路径探寻	法律适用	2017年第19期
金丽、陈雷：论我国给付诉讼受案范围的完善	法律适用	2017年第19期
李倩：德国刑事诉讼快速审理程序及借鉴	法律适用	2017年第19期
宋英辉、杨雯清：未成年人犯罪记录封存制度的检视与完善	法律适用	2017年第19期
颜茂昆：关于深化少年法庭改革若干问题的思考	法律适用	2017年第19期
姚建龙：中国少年司法的历史、现状与未来	法律适用	2017年第19期
张华、祝丽娟：未成年人审判中若干热点问题研究	法律适用	2017年第19期
陈莉：民事诉讼中受送达的义务属性及其制度建构	法律适用	2017年第21期
陈国猛：互联网时代资讯科技的应用与司法流程再造——以浙江省法院的实践为例	法律适用	2017年第21期
董暖、杨弘磊：虚假仲裁案外人权利的司法救济研究	法律适用	2017年第21期

续表

作者、论文题目	期刊名称	期刊期次
高明：错位与归位：审执分离改革中执行审查权的重构初探	法律适用	2017年第21期
史立梅 杨超：跨行政区划法院刑事案件管辖问题研究	法律适用	2017年第21期
苏福、郑荣聪：论网络司法拍卖辅助工作机构的定位及管理	法律适用	2017年第21期
余净、王庆刚：鉴定人出庭制度的实务研究——以庭审实质化为视角的分析	法律适用	2017年第21期
程琥：解决行政争议的制度逻辑与理性构建——从大数据看行政诉讼解决行政争议的制度创新	法律适用	2017年第23期
侯丹华："解决行政争议"背景下的诉前调解问题探讨	法律适用	2017年第23期
刘行：涉法行政信访诉讼化与行政审判职能定位	法律适用	2017年第23期
章志远：行政复议与行政诉讼衔接关系新论——基于解决行政争议视角的观察	法律适用	2017年第23期
季晨溦：论行政诉讼中城市规划利害关系人的判定	法学论坛	2017年第1期
李蕊：完善行政负责人应诉制度机制的理性思考——基于山东省相关实践的考察	法学论坛	2017年第1期
宋远升："定病"与"定罪"：精神病鉴定专家对刑事法官裁判权的双重挑战	法学论坛	2017年第1期
岳悍惟：意大利Knox案在美国引发的争论及其对我国的启示	法学论坛	2017年第1期
张宇：我国应诉管辖制度的反思与重构	法学论坛	2017年第1期
纵博：论刑事证据规则的规范目的	法学论坛	2017年第1期
高通：刑事速裁程序证明标准研究	法学论坛	2017年第2期

续表

作者、论文题目	期刊名称	期刊期次
洪浩，寿媛君：我国刑事速裁程序迈向理性的崭新课题	法学论坛	2017 年第 2 期
田源：刑事附带民事诉讼"两金"赔偿问题研究	法学论坛	2017 年第 2 期
张锋：环境公益诉讼起诉主体的顺位设计刍议	法学论坛	2017 年第 2 期
张浪：行政诉讼中确认无效之诉的问题探讨	法学论坛	2017 年第 2 期
胡晓霞：我国在线纠纷解决机制发展的现实困境与未来出路	法学论坛	2017 年第 3 期
马运立：审判中心视域下量刑证据相关问题探析	法学论坛	2017 年第 3 期
屈奇：非暴力方式侵犯生命权犯罪的死刑控制	法学论坛	2017 年第 3 期
王丽萍：突破环境公益诉讼启动的瓶颈：适格原告扩张与激励机制构建	法学论坛	2017 年第 3 期
朱金高：民事公益诉讼概念辨析	法学论坛	2017 年第 3 期
方旭辉：ODR——多元化解决电子商务版权纠纷新机制	法学论坛	2017 年第 4 期
吕泽华：我国瑕疵证据补正证明的实证分析与理论再构	法学论坛	2017 年第 4 期
许尚豪：公民代理民事诉讼的法理反思及制度完善	法学论坛	2017 年第 4 期
杜承秀：论民事执行检察监督制度之目的的理性界定	法学论坛	2017 年第 5 期
胡思博：论民事诉讼中当事人之主观心理状态的查明——以程序性争议的处理为分析对象	法学论坛	2017 年第 5 期
巢志雄：诉讼标的理论的知识史考察——从罗马法到现代法国法	法学论坛	2017 年第 6 期

续表

作者、论文题目	期刊名称	期刊期次
陈杭平："纠纷事件"：美国民事诉讼标的理论探析	法学论坛	2017年第6期
刘艳红：监察委员会调查权运作的双重困境及其法治路径	法学论坛	2017年第6期
卢佩：困境与突破：德国诉讼标的理论重述	法学论坛	2017年第6期
史明洲：日本诉讼标的理论再认识——一种诉讼法哲学观的转向	法学论坛	2017年第6期
韩轶：论被害人量刑建议权的实现	法学评论	2017年第1期
刘仁文：论我国法院副卷制度的改革	法学评论	2017年第1期
童之伟：对监察委员会自身的监督制约何以强化	法学评论	2017年第1期
郭航：中国古代刑事宽宥政策考察——以老弱妇幼废疾者为视角	法学评论	2017年第3期
李晓明："行政拘留"的扩张与行政刑法的转向	法学评论	2017年第3期
唐力：民事诉讼立审程序结构再认识——基于立案登记制改革下的思考	法学评论	2017年第3期
宋高初：论刑事私了行为的法律规制	法学评论	2017年第4期
张卫平：诉的利益：内涵、功用与制度设计	法学评论	2017年第4期
耿玉娟：规范性文件附带审查规则的程序设计	法学评论	2017年第5期
石晓波：司法成本控制下法官精英化的改革出路	法学评论	2017年第5期
宋智敏：论行政拒绝履行行为的司法审查——以42份行政拒绝履行案件判决书为分析样本	法学评论	2017年第5期
周新：刑事电子证据认证规范之研究	法学评论	2017年第6期
陈卫东：认罪认罚从宽制度试点中的几个问题	国家检察官学院学报	2017年第1期
孔冠颖：认罪认罚自愿性判断标准及其保障	国家检察官学院学报	2017年第1期
刘品新：电子证据的基础理论	国家检察官学院学报	2017年第1期

续表

作者、论文题目	期刊名称	期刊期次
吕天奇、贺英豪：法国庭前认罪协商程序之借鉴	国家检察官学院学报	2017年第1期
万春：《人民检察院组织法》修改重点问题	国家检察官学院学报	2017年第1期
王玄玮：检察机关司法责任制之规范分析	国家检察官学院学报	2017年第1期
肖建华、王勇：民事诉讼当事人陈述制度的正当化	国家检察官学院学报	2017年第1期
张建伟：错案责任追究及其障碍性因素	国家检察官学院学报	2017年第1期
胡卫列、迟晓燕：从试点情况看行政公益诉讼诉前程序	国家检察官学院学报	2017年第2期
林竹静：检察官司法责任豁免的规则构建	国家检察官学院学报	2017年第2期
刘艺：检察公益诉讼的司法实践与理论探索	国家检察官学院学报	2017年第2期
魏化鹏：刑事速裁程序之检视	国家检察官学院学报	2017年第2期
张艳：应诉管辖规则的中国生成史	国家检察官学院学报	2017年第2期
高家伟：检察行政公益诉讼的理论基础	国家检察官学院学报	2017年第2期
湛中乐、尹婷：环境行政公益诉讼的发展路径	国家检察官学院学报	2017年第2期
阿不都米吉提·吾买尔：附条件不起诉中的"附加条件"	国家检察官学院学报	2017年第3期
北京市海淀区人民检察院课题组：附条件不起诉实证研究报告	国家检察官学院学报	2017年第3期
宫鸣、刘太宗：检察机关保障律师执业权利救济问题研究	国家检察官学院学报	2017年第3期
何挺、李珞珈：附条件不起诉监督考察的主体：基于参与观察的研究	国家检察官学院学报	2017年第3期
宋志军：附条件不起诉社会支持的深化	国家检察官学院学报	2017年第3期
肖建国、张宝成：财产保全标的物特定化之反思	国家检察官学院学报	2017年第3期
张贤达：我国自贸区临时仲裁制度的构建	国家检察官学院学报	2017年第3期

续表

作者、论文题目	期刊名称	期刊期次
李凌：立案登记制下诉的利益判断	国家检察官学院学报	2017年第4期
宋英辉、苑宁宁：完善我国未成年人法律体系研究	国家检察官学院学报	2017年第4期
孙谦：关于建立中国少年司法制度的思考	国家检察官学院学报	2017年第4期
谢鹏程：论检察官主体地位	国家检察官学院学报	2017年第4期
杨亮、刘璐：死刑案件有效辩护中法官的作用	国家检察官学院学报	2017年第4期
蔡立东、刘国栋：司法逻辑下的"假离婚"	国家检察官学院学报	2017年第5期
刘品新、张艺贞：虚拟财产的价值证明：从传统机制到电子数据鉴定机制	国家检察官学院学报	2017年第5期
吕泽华：英国检察官培养制度及其启示	国家检察官学院学报	2017年第5期
谢登科：电子数据的鉴真问题	国家检察官学院学报	2017年第5期
李洪杰：认罪自愿性的实证考察	国家检察官学院学报	2017年第6期
陆军、杨学飞：检察机关民事公益诉讼诉前程序实践检视	国家检察官学院学报	2017年第6期
王海军：苏俄检察监督制度及其现代发展	国家检察官学院学报	2017年第6期
衡森飚：论构建相对独立的量刑程序	河北法学	2017年第1期
傅雨、熊秉元：两岸刑事判决书比较研究	河北法学	2017年第2期
张凯：检视与推进：我国社区矫正制度深化路径之探讨	河北法学	2017年第2期
陈维君：民事证据调查令制度的运行检视与完善路径	河北法学	2017年第3期
沈四宝、蒋琪：浅论仲裁员的自由裁量权	河北法学	2017年第3期
何秉群：论虚假诉讼检察监督的现状、难点与对策——以河北省检察机关虚假诉讼监督开展情况为例	河北法学	2017年第4期
白皓、杨强强：国家监察体制改革进路研究	河北法学	2017年第5期

续表

作者、论文题目	期刊名称	期刊期次
胡云红：从天津赵春华案谈我国人民陪审员制度中大合议庭陪审机制的构建	河北法学	2017年第5期
江国华、梅扬：检察人员分类管理制度改革析论	河北法学	2017年第5期
董坤、段炎里：当前检察环节律师权利的保障现状与新现问题研究——以阅卷权、会见权和检察救济权切入	河北法学	2017年第6期
窦竹君、霍建云：民间调解有效性因素刍议——历史传统与现实存在	河北法学	2017年第6期
郭雪慧、李志敏：扩散性利益保护诉讼制度研究——以诉讼保障为视角	河北法学	2017年第6期
童敏：被害人谅解影响定罪量刑的实体法分析	河北法学	2017年第7期
王晓玲：论公司诉讼审理方式的类型化建构——以非讼法理的部分适用为中心	河北法学	2017年第7期
吴伟华、李素娟：民事诉讼证据收集制度的演进与发展——兼评环境公益诉讼证明困境的克服	河北法学	2017年第7期
胡若溟、杜家明：当"预防犯罪"面对"隐私权保护"——检察机关公开性侵害未成年人犯罪人员信息的合法性分析	河北法学	2017年第8期
沙金：新《行政诉讼法》实施背景下的"双被告"制度问题研究	河北法学	2017年第8期
赵信会、林琳：论司法责任制下的检察官惩戒	河北法学	2017年第8期
曾巍：拨开"事后法"的迷雾——反思东京审判中的"事后法"争议	河北法学	2017年第9期
杨恪：论"以审判为中心"视野下的侦诉关系	河北法学	2017年第9期

续表

作者、论文题目	期刊名称	期刊期次
李拥军：司法文明化的内在逻辑——一个制度发生学的视角	河北法学	2017年第10期
宋善铭：认罪认罚从宽制度典型样态运行的实证分析——以浙江省实践为例	河北法学	2017年第10期
陈苏豪：能否在羁押场所监听律师会见——基于欧洲人权法院R.E诉英国一案的分析	河北法学	2017年第11期
黄伟文：群众路线审判方式之省察	河北法学	2017年第11期
宋建国、彭辉：非法证据排除的司法困境及对策研究	河北法学	2017年第11期
姚澍：作为证据的族谱——兼谈私文书的实质证明力	河北法学	2017年第11期
高一飞、王金建：专家证据运用的程序公正标准——欧洲人权法院的立场及与各国的比较	河北法学	2017年第12期
郭辉、杨晓辉：近代监狱改良视阈下的监狱官制度考	河北法学	2017年第12期
柯明：刑事诉讼视野下民营企业家犯罪涉案财物的处置	河北法学	2017年第12期
罗文华、孙道宁、赵力：电子数据证据评价问题研究	河北法学	2017年第12期
闫文博：错案难翻：司法纠错的历史经验与逻辑	河北法学	2017年第12期
高志刚：司法体制改革试点评估运作机制研究——兼以法院员额制试点改革为样本	北方法学	2017年第1期
杨文革：从"审被告"到"审证人"——诉讼制度改革背景下刑事庭审模式转型刍议	北方法学	2017年第1期
段厚省：程序法的内在张力	北方法学	2017年第2期
刘敏：裁判请求权保障与法院审判人员的优化配置	北方法学	2017年第2期

续表

作者、论文题目	期刊名称	期刊期次
冯建生：司法鉴定错误损害赔偿诉讼的法理基础与实证考察	北方法学	2017 年第 3 期
高勇、于逸生：论中国轻罪制度建构的必要性	北方法学	2017 年第 3 期
季晨溦：司法确定力的形成逻辑	北方法学	2017 年第 3 期
廖中洪：民事诉讼指定管辖立法规定的问题与完善	北方法学	2017 年第 3 期
刘昂：司法诚信的制约因素及实现路径——以刑事司法为视角	北方法学	2017 年第 3 期
韩宝：民事诉讼法与民法关系省思——兼及民法典的编纂	北方法学	2017 年第 5 期
李麒：刑事诉讼文化的当代变迁	北方法学	2017 年第 5 期
胡星昊：刑事速裁程序的另一种思路	北方法学	2017 年第 6 期
吕成龙：投保机构在证券民事诉讼中的角色定位	北方法学	2017 年第 6 期
马贵翔：论证据裁判主义与自由心证的衡平	北方法学	2017 年第 6 期
施鹏鹏：刑事问题列表制度研究——以完善人民陪审员事实认定机制为切入点	北方法学	2017 年第 6 期
程绍燕：被害人财产权益实现的激励机制研究	中国政法大学学报	2017 年第 1 期
刘玫：论公诉案件被害人诉讼权利的完善及保障	中国政法大学学报	2017 年第 1 期
尹洪阳：刑事"错案观"之理性解读：以王桂荣玩忽职守案为分析样本	中国政法大学学报	2017 年第 1 期
程衍：论我国法律援助制度的完善——建立公投辩护人系统	中国政法大学学报	2017 年第 2 期
覃华平：我国仲裁裁决撤销制度探析及立法完善之建议	中国政法大学学报	2017 年第 2 期
徐文鸣：证券民事诉讼制度的实证研究	中国政法大学学报	2017 年第 2 期

续表

作者、论文题目	期刊名称	期刊期次
曹骥：公诉案件被害人律师代理制度的反思与完善	中国政法大学学报	2017年第4期
郝建臻：我国设立监察委员会的宪制机理	中国政法大学学报	2017年第4期
胡云红：比较法视野下的域外公益诉讼制度研究	中国政法大学学报	2017年第4期
马腾：我国环境公益诉讼制度完善研究——对常州毒地案一审判决的法理思考	中国政法大学学报	2017年第4期
于鹏：浅议对特殊群体被害人的保护——以性犯罪被害人为主要切入点	中国政法大学学报	2017年第4期
赵珊珊：被害人陈述法庭质证程序反思——以完善对质制度为视角的分析	中国政法大学学报	2017年第4期
张凯：困境与出路：我国社区服刑人员帮困扶助工作实证研究	中国政法大学学报	2017年第6期
白宇：认罪认罚从宽制度与刑事案件分流体系构建	甘肃政法学院学报	2017年第1期
冯之东：司法改革背景下的专业法官会议制度研究	甘肃政法学院学报	2017年第1期
夏永全：审判中心主义的限度与实现的突破口	甘肃政法学院学报	2017年第1期
熊德中、韩丹：判决书充分说理的条件及其应用	甘肃政法学院学报	2017年第1期
徐静村：中国司法改革的动态、展望与挑战	甘肃政法学院学报	2017年第1期
张青：人民法院案件质量指标体系及其功能之异化	甘肃政法学院学报	2017年第1期
李潇潇：代理权是否存在问题的证明责任分配模式研究	甘肃政法学院学报	2017年第2期
秦前红、刘怡达：监察全面覆盖的可能与限度——兼论监察体制改革的宪法边界	甘肃政法学院学报	2017年第2期

续表

作者、论文题目	期刊名称	期刊期次
卞建林：统一行使死刑案件核准权：十年回顾与展望	甘肃政法学院学报	2017年第3期
王景龙：为"非法证据排除规则"正名	甘肃政法学院学报	2017年第3期
张斌、丛林：对我国检察管理体制改革的思考——以C市检察机关改革实践为样本	甘肃政法学院学报	2017年第3期
曹建军：再论我国客观证明责任：制度回归与适用考察	甘肃政法学院学报	2017年第4期
顾永忠：检察长列席审委会会议制度应当取消——写在《人民法院组织法》修改之际	甘肃政法学院学报	2017年第4期
冯源、姚毅奇：家事司法改革中调查官的角色干预	甘肃政法学院学报	2017年第5期
项焱、王佳红：法律援助与发展权：逻辑、历史与现实的互洽	甘肃政法学院学报	2017年第5期
张伟：诱惑侦查的规范解释学研究	甘肃政法学院学报	2017年第5期
陈如超：司法鉴定救助的实践性反思与制度改进	甘肃政法学院学报	2017年第6期
尹婷：预防性行政诉讼容许性问题初探	西南政法大学学报	2017年第1期
袁琳："后诉请求否定前诉裁判结果"类型的重复诉讼初探	西南政法大学学报	2017年第1期
廖中洪、蒋陆军：执行抵销若干适用问题研究	西南政法大学学报	2017年第2期
崔玲玲：案外人异议之诉与确权诉讼之先后诉关系——以所有权为例	西南政法大学学报	2017年第3期
卢桂：缺席审判中事实查明制度的问题检视与完善路径	西南政法大学学报	2017年第5期
马方、王仲羊："以审判为中心"视域下侦查预审的模式重构	西南政法大学学报	2017年第5期
王昌奎：论美英刑事法学理论中的 encouragement 概念	西南政法大学学报	2017年第6期

2017年诉讼法学著作统计

学科类别	作者、著作名称	出版社	出版年月
刑事诉讼	马明亮：作为正当程序的非法证据排除规则	中国政法大学出版社	2017年1月
刑事诉讼	朱旭光：完善诉讼中司法鉴定制度研究	人民法院出版社	2017年1月
刑事诉讼	沈德咏：严格司法与诉讼制度改革：推进以审判为中心的刑事诉讼制度改革策论	法律出版社	2017年1月
民事诉讼	张卫平：民事诉讼法学：分析的力量	法律出版社	2017年1月
刑事诉讼	罗洪启：清代刑事裁判司法论证研究——以刑部命案为中心的考察	中国政法大学出版社	2017年1月
刑事诉讼	季晓军：角色视阈下的被害人研究	中国政法大学出版社	2017年1月
刑事诉讼	［英］萨达卡特·卡德里：不公正的审判	华东师范大学出版社	2017年1月
行政诉讼	最高人民法院审判实务规范编辑小组编：最高人民法院行政审判实务规范	人民法院出版社	2017年1月
民事诉讼	樊堃：仲裁在中国——法律与文化分析	法律出版社	2017年1月
刑事诉讼	Keith Inman、Norah Rudin著，郝红霞译：刑事技术学的原则与实践：法庭科学专业知识	知识产权出版社	2017年1月
民事诉讼	刘贵祥、宋朝武：强制执行的理论与制度创新——"中国执行论坛"优秀论文集	中国政法大学出版社	2017年2月
民事诉讼	姜世明：举证责任与证明度	厦门大学出版社	2017年2月
刑事诉讼	童建明：以审判为中心视角下的公诉实务研究	中国检察出版社	2017年2月
刑事诉讼	赖早兴：刑事诉讼法视野中的犯罪构成要件研究	法律出版社	2017年2月

续表

学科类别	作者、著作名称	出版社	出版年月
刑事诉讼	吴洪淇：法律职业的危机与改革	中国政法大学出版社	2017年2月
刑事诉讼	［美］丹·西蒙著，刘方权、陈晓云译：半信半疑：刑事司法中的心理学	上海交通大学出版社	2017年3月
刑事诉讼	卞建林：诉讼法学研究（第21卷）	中国检察出版社	2017年3月
刑事诉讼	陈玺：唐代刑事诉讼惯例研究	科学出版社	2017年3月
行政诉讼	赵江风：行政处罚诉讼问题研究	法律出版社	2017年3月
刑事诉讼	卞建林：中国诉讼法判解（第10卷）	中国人民公安大学出版社	2017年3月
刑事诉讼	罗海敏：反恐怖主义犯罪诉讼程序研究：以我国反恐刑事特别程序的建构为视角	中国政法大学出版社	2017年3月
刑事诉讼	朱梦妮：证据辩护理论、制度与实践	中国法制出版社	2017年3月
刑事诉讼	王贞会：未成年人刑事司法社会支持机制研究	中国人民公安大学出版社	2017年4月
民事诉讼	吴应甲：中国环境公益诉讼主体多元化研究	中国检察出版社	2017年4月
刑事诉讼	汪海燕：刑事诉讼法解释研究	中国政法大学出版社	2017年4月
行政诉讼	张利兆：行政复议与行政诉讼的关系——个案中的法理	中国检察出版社	2017年4月
刑事诉讼	张凌、于秀峰：日本刑事诉讼法律总览	人民法院出版社	2017年4月
刑事诉讼	张能全：社会转型中的刑事司法改革与制度创新研究	中国政法大学出版社	2017年4月
刑事诉讼	张寒玉、王英：未成年人检察问题研究	中国检察出版社	2017年4月
刑事诉讼	苗生明、王洁：检察机关刑事起诉书制作要义	中国检察出版社	2017年3月
民事诉讼	殷骏：司说新语：现代民事案件新解	中国政法大学出版社	2017年4月
行政诉讼	魏建平：辩论智慧——行政诉讼中的法与理	上海交通大学出版社	2017年4月

续表

学科类别	作者、著作名称	出版社	出版年月
行政诉讼	茆荣华主编：上海法院行政诉讼案例精选	上海人民出版社	2017年5月
刑事诉讼	李玉华：证据法学专题研究	中国政法大学出版社	2017年5月
民事诉讼	张卫平：民事诉讼法研讨（一）	厦门大学出版社	2017年5月
刑事诉讼	练育强：完善行政执法与刑事司法衔接机制之反思	法律出版社	2017年5月
刑事诉讼	夏凉、黄攀峰：刑事简易程序基础理论与实战技能	中国检察出版社	2017年5月
行政诉讼	殷清利：最新行政审判实务问答	法律出版社	2017年5月
刑事诉讼	梅文娟：少年刑事政策研究	中国法制出版社	2017年5月
刑事诉讼	王进喜：苏格兰诉辩律师协会诉辩律师职业行为指引和惩戒规则	中国法制出版社	2017年5月
行政诉讼	赵勇：民国北京政府行政诉讼制度研究	中国政法大学出版社	2017年6月
刑事诉讼	陈卫东：刑事诉讼法条文及配套规定适用指引	中国法制出版社	2017年7月
刑事诉讼	卞建林：中国诉讼法治发展报告2016	中国政法大学出版社	2017年6月
行政诉讼	方颉琳：行政诉讼制度的解释学发展进路——以行政诉权为视角	中国政法大学出版社	2017年6月
刑事诉讼	邓陕峡：我国刑事庭前会议的实证研究与理论阐释	中国政法大学出版社	2017年6月
民事诉讼	龙婧婧：抗诉权研究	武汉大学出版社	2017年6月
民事诉讼	占善刚：民事诉讼证据调查研究	中国政法大学出版社	2017年6月
刑事诉讼	卞建林、杨松：推进以审判为中心的诉讼制度改革（2016年卷）	中国人民公安大学出版社	2017年6月
刑事诉讼	郑未媚：刑事复审程序中的证据规则：以问题和案例为中心	中国检察出版社	2017年7月

续表

学科类别	作者、著作名称	出版社	出版年月
民事诉讼	柯阳友：民事公益诉讼重要疑难问题研究	法律出版社	2017年7月
刑事诉讼	塔娜：刑事诉讼中的少数民族语言文字权研究——以内蒙古地区为例	中国政法大学出版社	2017年7月
民事诉讼	熊云辉：民事诉讼法修正研究——以我国台湾地区民事诉讼法修改为中心	中国政法大学出版社	2017年7月
行政诉讼	国家知识产权局专利复审委员会：专利复审无效行政诉讼手册	知识产权出版社	2017年7月
刑事诉讼	中国刑事诉讼法学研究会刑事辩护委员会：刑事司法改革热点问题研究	中国检察出版社	2017年8月
刑事诉讼	卞建林、杨宇冠：刑事诉讼庭前会议制度研究	中国政法大学出版社	2017年8月
民事诉讼	刘玫：传闻证据规则的理论与实践	中国政法大学出版社	2017年8月
行政诉讼	李秋萍：行政司法解释权的界限	人民出版社	2017年8月
刑事诉讼	李豫黔：中国刑事执行新论：监狱工作创新及变革	法律出版社	2017年8月
刑事诉讼	杨晓秋 著，张晋藩 主编：明清刑事证据制度研究	中国政法大学出版社	2017年8月
刑事诉讼	林昌炽、门金铃：刑事辩护：策略、技术与案例	法律出版社	2017年8月
行政诉讼	赵青林、彭代兵：预防性行政诉讼研究	上海大学出版社	2017年8月
刑事诉讼	敬大力、甄贞：检察改革与刑事诉讼监督"四化"建设：第七届刑事诉讼监督主题研讨会论文集	中国检察出版社	2017年8月
刑事诉讼	魏斌：司法证明的逻辑研究	中国政法大学出版社	2017年8月
民事诉讼	余斌、张芳、顾先平：完美证据：常见纠纷取证关键与操作技巧	中国法制出版社	2017年9月
民事诉讼	王翠敏：环境侵权群体性诉讼制度研究	知识产权出版社	2017年9月

续表

学科类别	作者、著作名称	出版社	出版年月
刑事诉讼	卞建林：未成年人刑事司法程序：外国刑事诉讼法有关规定	中国检察出版社	2017年9月
刑事诉讼	孙谦、卞建林 陈卫东：刑事辩护与代理制度：外国刑事诉讼法有关规定	中国检察出版社	2017年9月
刑事诉讼	孙谦、卞建林、陈卫东：涉外程序和刑事司法协助：外国刑事诉讼法有关规定	中国检察出版社	2017年9月
刑事诉讼	孙谦、卞建林、陈卫东：刑事立案与侦查（外国刑事诉讼法有关规定上下）	中国检察出版社	2017年9月
刑事诉讼	孙谦、卞建林：刑事执行程序：外国刑事诉讼法有关规定	中国检察出版社	2017年9月
刑事诉讼	孙谦、卞建林：刑事证据制度：外国刑事诉讼法有关规定	中国检察出版社	2017年9月
刑事诉讼	孙谦、卞建林：刑事诉讼原则：外国宪法刑事诉讼法有关规定	中国检察出版社	2017年9月
刑事诉讼	孙谦、卞建林：刑事审判制度：外国刑事诉讼法有关规定	中国检察出版社	2017年9月
刑事诉讼	孙谦、卞建林：刑事起诉制度：外国刑事诉讼法有关规定	中国检察出版社	2017年9月
刑事诉讼	孙谦、卞建林：刑事强制措施：外国刑事诉讼法有关规定	中国检察出版社	2017年9月
刑事诉讼	李勇：刑事证据审查三步法则	法律出版社	2017年9月
刑事诉讼	陈国庆：刑事抗诉典型案例评析	中国检察出版社	2017年9月
刑事诉讼	范登峰：刑事庭审研究	法律出版社	2017年9月
行政诉讼	郑春燕、［美］罗伯特·D. 威廉（Robert D. William）：行政指导性案例中美研讨会文集	法律出版社	2017年9月
刑事诉讼	姜起民：实然与应然：中国检察权对审判权的监督关系研究	知识产权出版社	2017年9月

续表

学科类别	作者、著作名称	出版社	出版年月
刑事诉讼	莫湘益：刑事诉讼立法技术研究	法律出版社	2017年9月
刑事诉讼	徐宗新：辩护人认为：刑事辩护观点的挖掘、提炼与运用（第二辑）	法律出版社	2017年9月
刑事诉讼	唐芳：刑事司法报道规制研究	人民出版社	2017年9月
行政诉讼	章剑生、黄锴：行政法判例研读（1）	法律出版社	2017年9月
刑事诉讼	戴长林、罗国良、刘静坤：中国非法证据排除制度：原理·案例·适用	法律出版社	2017年9月
刑事诉讼	叶青：刑事审前程序诉讼化问题研究	法律出版社	2017年10月
民事诉讼	毕玉谦：民事诉讼专家辅助人制度研究	中国政法大学出版社	2017年10月
行政诉讼	国家发展和改革委员会、"七五"普法领导小组办公室：行政复议和行政诉讼典型案例评析	中国法制出版社	2017年10月
刑事诉讼	何荣功、杨佥：毒品类死刑案件的有效辩护	中国政法大学出版社	2017年11月
刑事诉讼	陈自强、高扬：犯罪构成理论在刑事审判中的运用实证研究	四川大学出版社	2017年10月
刑事诉讼	陈严法：认罪认罚从宽制度研究	法律出版社	2017年10月
行政诉讼	肖梦奎：军事行政诉讼制度构建法理探析	法律出版社	2017年11月
行政诉讼	李大勇：行政诉讼司法政策原理论	法律出版社	2017年11月
刑事诉讼	汪腾锋：律师智胜——艺术诉讼法经典案例解析	人民法院出版社	2017年11月
刑事诉讼	张南宁：事实认定的逻辑解构	中国人民大学出版社	2017年11月
刑事诉讼	张素莲：秉法覃思：一名刑事法官的观察与探究	法律出版社	2017年11月
民事诉讼	周虹、罗恬漩：虚假诉讼防控与治理研究	中国检察出版社	2017年11月

续表

学科类别	作者、著作名称	出版社	出版年月
刑事诉讼	姜保忠：以审判为中心视角下刑事错案防范机制研究	法律出版社	2017年11月
刑事诉讼	谢望原、谢福笛：不一样的辩护：成为刑辩高手的31个经典战例	法律出版社	2017年11月
民事诉讼	熊云辉：论民事诉讼法的精神	中国政法大学出版社	2017年11月
刑事诉讼	熊焱：刑事庭审实质化改革：理论、实践、创新	法律出版社	2017年11月
刑事诉讼	潘金贵：证据刑辩散思集（第1集）	中国检察出版社	2017年11月
刑事诉讼	潘金贵：证据法学论丛（第6卷）	中国检察出版社	2017年11月
刑事诉讼	孙笑侠：程序的法理（第二版）	社会科学文献出版社	2017年11月
刑事诉讼	桑涛：决战法庭：检察官、律师庭审制胜36计	中国法制出版社	2017年12月
刑事诉讼	王艳：刑事辩护的理论探讨与制度完善	清华大学出版社	2017年12月
行政诉讼	国家法官学院、中国人民大学法学院、中国审判案例要览（2015年行政审判案例卷）	中国人民大学出版社	2017年12月
刑事诉讼	北京市律协：刑事二审再审改判案例：诉讼过程与争点剖析	法律出版社	2017年12月
行政诉讼	北京审判微阅读7：刑事、行政、执行	人民法院出版社	2017年12月
刑事诉讼	陈光中：中国古代司法制度	北京大学出版社	2017年12月
刑事诉讼	谭世贵：刑事执行制度的原理与改革	清华大学出版社	2017年12月
刑事诉讼	魏东：毒品犯罪与律师刑事辩护技巧	法律出版社	2017年12月
行政诉讼	法律出版社法规中心：中华人民共和国行政诉讼法注释本（修订版）	法律出版社	2017年12月

2017 年诉讼法学教材统计

学科类别	主编、教材名称	出版社	出版日期
刑事诉讼	马克思主义理论研究和建设工程重点教材：刑事诉讼法学	高等教育出版社	2017 年 4 月
刑事诉讼	胡士恩：刑事诉讼实务实训教程	清华大学出版社	2017 年 4 月
刑事诉讼	钱列阳、娄秋琴：刑事诉讼律师基础实务（第 2 版）	中国人民大学出版社	2017 年 11 月
刑事诉讼	吴克利：审讯心理学（第三版）	中国检察出版社	2017 年 3 月
刑事诉讼	吴克利：审讯语言学（第三版）	中国检察出版社	2017 年 3 月
刑事诉讼	叶青：刑事诉讼法学教学研究资料汇编（第三辑·2011－2015 年）	北京大学出版社	2017 年 6 月
刑事诉讼	黄捷：刑事诉讼法学研讨教学论纲	世界图书出版公司	2017 年 5 月
刑事诉讼	欧阳俊、严励、刘重兴：刑事执行学	中国法制出版社	2017 年 8 月
刑事诉讼	易延友：证据法学：原则 规则 案例	法律出版社	2017 年 11 月
刑事诉讼	吴高庆：证据法原理与案例教程	清华大学出版社	2017 年 3 月
民事诉讼	董少谋：民事诉讼法学（第三版）	法律出版社	2017 年 8 月
民事诉讼	马克思主义理论研究和建设工程重点教材：民事诉讼法学	高等教育出版社	2017 年 2 月
民事诉讼	齐树洁：民事诉讼法（第十一版）	厦门大学出版社	2017 年 7 月
民事诉讼	王亚新、陈杭平、刘君博：中国民事诉讼法重点讲义	高等教育出版社	2017 年 3 月
民事诉讼	杨秀清：民事诉讼法学	中国政法大学出版社	2017 年 8 月
民事诉讼	张艳丽：民事诉讼法（第二版）	北京大学出版社	2017 年 9 月
行政诉讼	姜明安：行政诉讼法（第三版）	北京大学出版社	2017 年 3 月
行政诉讼	林鸿潮：行政法与行政诉讼法	中国政法大学出版社	2017 年 8 月

2017 年诉讼法学项目统计

学科类别	负责人、项目名称	项目类型
刑事诉讼	卞建林：十八届四中全会以来我国刑事诉讼制度重大改革实施效果的实证研究	2017 年国家社科基金重大项目
刑事诉讼	姜伟：十八届四中全会以来我国刑事诉讼制度重大改革实施效果的实证研究	2017 年国家社科基金重大项目
行政诉讼	胡卫列：检察机关提起行政公益诉讼试点评估与对策研究	2017 年国家社科基金重点项目
刑事诉讼	闵春雷：认罪认罚从宽制度的程序理论研究	2017 年国家社科基金重点项目
行政诉讼	陈冬：基于案例的中国环境行政公益诉讼制度跟踪研究（1990—）	2017 年国家社科基金一般项目
行政诉讼	胡东：重大行政决策合法性审查制度研究	2017 年国家社科基金一般项目
行政诉讼	何海波：新《行政诉讼法》实施状况研究	2017 年国家社科基金一般项目
民事诉讼	郑金玉：诉的合法性审查制度研究	2017 年国家社科基金一般项目
民事诉讼	百晓锋："分散型"民事执行程序研究	2017 年国家社科基金一般项目
民事诉讼	孙洪坤："绿色生态文明"理念下环境公益诉讼立法完善研究	2017 年国家社科基金一般项目
民事诉讼	曲昇霞：民事诉讼当事人辩论权保障研究	2017 年国家社科基金一般项目
民事诉讼	纪格非：我国刑事判决在民事诉讼中预决效力的规则设计研究	2017 年国家社科基金一般项目
民事诉讼	占善刚：审判程序违法的类型化处理研究	2017 年国家社科基金一般项目
民事诉讼	张海燕："案多人少"背景下激活我国督促程序的实证研究	2017 年国家社科基金一般项目
司法制度	元轶：庭审实质化语境下法官认知力研究	2017 年国家社科基金一般项目
司法制度	方乐：最高人民法院巡回法庭运行状况实证考察与制度机制完善研究	2017 年国家社科基金一般项目
司法制度	魏腊云：检察官豁免权研究	2017 年国家社科基金一般项目

续表

学科类别	负责人、项目名称	项目类型
司法制度	莫良元：司法治理转型中法官职业生态的实证评价与优化机制研究	2017年国家社科基金一般项目
司法制度	施鹏鹏：人民陪审员制度的实质化改革研究	2017年国家社科基金一般项目
司法制度	殷兴东：员额制度改革中藏区双语司法人才队伍建设调查研究	2017年国家社科基金一般项目
司法制度	张伟：抗日战争时期国民政府司法改革试验研究	2017年国家社科基金一般项目
刑事诉讼	李蓉：社会组织参与农村社区矫正实证研究	2017年国家社科基金一般项目
刑事诉讼	林劲松：审判中心主义视角下侦查案卷的证据效力及其运用规则研究	2017年国家社科基金一般项目
刑事诉讼	李训虎：认罪认罚从宽制度实施中的证据问题研究	2017年国家社科基金一般项目
刑事诉讼	郑飞：基于统计分析的无罪判决证据适用问题实证研究	2017年国家社科基金一般项目
刑事诉讼	陈邦达：司法鉴定意见可采性问题实证研究	2017年国家社科基金一般项目
刑事诉讼	马方：国家监察体系下职务犯罪侦查权运行机制研究	2017年国家社科基金一般项目
刑事诉讼	穆远征：律师参与认罪认罚程序的相关问题研究	2017年国家社科基金一般项目
刑事诉讼	刘方权：认罪认罚从宽案件中律师参与问题实证研究	2017年国家社科基金一般项目
刑事诉讼	周长军：基于犯罪嫌疑人权利保障的监察委员会调查权研究	2017年国家社科基金一般项目
刑事诉讼	陈在上：审判中心主义视域下被追诉人取证能力强化机制研究	2017年国家社科基金一般项目
刑事诉讼	刘用军：监察委员会体制下职务犯罪侦查权运行与制约机制研究	2017年国家社科基金一般项目
刑事诉讼	李筱永：我国精神病人强制医疗的实证研究	2017年国家社科基金一般项目

续表

学科类别	负责人、项目名称	项目类型
刑事诉讼	孙记：中英刑事审判文化比较研究	2017年国家社科基金一般项目
刑事诉讼	郭哲：大数据时代查办腐败案件侦查模式研究	2017年国家社科基金一般项目
刑事诉讼	周新：认罪认罚从宽制度改革研究	2017年国家社科基金一般项目
刑事诉讼	孙远：刑事证明标准层次性理论之适用问题研究	2017年国家社科基金一般项目
刑事诉讼	王超：刑事程序违法的实体性制裁研究	2017年国家社科基金一般项目
刑事诉讼	刘少军：以审判为中心视角下重构侦诉审关系研究	2017年国家社科基金一般项目
民事诉讼	汪诸豪：以民商事涉外案件为视角的域外证据分类及采信标准研究	2017年国家社科基金青年项目
民事诉讼	谷佳杰：对涉税财产民事执行问题研究	2017年国家社科基金青年项目
民事诉讼	张虎："一带一路"背景下争端解决共生机制构建研究	2017年国家社科基金青年项目
民事诉讼	任重：民事诉权基础理论研究	2017年国家社科基金青年项目
民事诉讼	匡凯：基于民事二审判决书的法官裁判影响因素实证研究	2017年国家社科基金青年项目
刑事诉讼	谢步高：刑事错案中的科学证据问题实证研究	2017年国家社科基金青年项目
刑事诉讼	冯露：法律多元主义视角下刑事和解在民族地区实施的特殊性研究	2017年国家社科基金青年项目
行政诉讼	高家伟：行政争议的实质性解决与行政诉讼制度的完善研究	2017年教育部人文社会科学重点研究基地重大项目
民事诉讼	肖建华：民事诉讼证据规则重点问题研究	2017年教育部人文社会科学重点研究基地重大项目
刑事诉讼	卞建林：加强人权司法保障研究	2017年教育部人文社会科学重点研究基地重大项目
行政诉讼	徐进：南京国民政府时期行政审判法律续造研究	2017年教育部人文社会科学研究青年基金项目

续表

学科类别	负责人、项目名称	项目类型
民事诉讼	刘炳涛：晚清新疆吐鲁番地区民事纠纷及其解决机制研究——以《清代新疆档案选辑》为中心	2017年教育部人文社会科学研究青年基金项目
民事诉讼	黄忠顺：公益诉讼与私益诉讼的关系辨析及其协作机制构建	2017年教育部人文社会科学研究青年基金项目
民事诉讼	卢佩：多数人侵权纠纷共同诉讼类型研究	2017年教育部人文社会科学研究青年基金项目
民事诉讼	郭跃：行政许可裁量基准研究	2017年教育部人文社会科学研究青年基金项目
司法制度	阴赵丹：依法治藏背景下西藏司法文明状况研究	2017年教育部人文社会科学研究青年基金项目
司法制度	高礼杰：法官认知风格差异对审判影响的实证研究	2017年教育部人文社会科学研究青年基金项目
刑事诉讼	王迎龙：精神病人强制医疗解除程序的中国模式及其完善	2017年教育部人文社会科学研究青年基金项目
刑事诉讼	宋维彬：笔录证据的证据规则研究	2017年教育部人文社会科学研究青年基金项目
刑事诉讼	李岚林：法治社会背景下刑事禁止令在社区矫正中的应用研究	2017年教育部人文社会科学研究青年基金项目
刑事诉讼	陈珊珊：美国刑事诉讼革命的经验、教训与中国刑事诉讼改革的"后发优势"研究	2017年教育部人文社会科学研究青年基金项目
刑事诉讼	王贞会：审查逮捕程序的诉讼化改革研究	2017年教育部人文社会科学研究青年基金项目
民事诉讼	谢鹏远：第三方电子商务交易平台纠纷解决模式实证研究	2017年教育部人文社会科学研究规划基金项目
民事诉讼	黄毅：民事诉讼当事人具体化义务研究	2017年教育部人文社会科学研究规划基金项目
刑事诉讼	李慧英：技术侦查证据审查制度研究	2017年教育部人文社会科学研究规划基金项目

续表

学科类别	负责人、项目名称	项目类型
刑事诉讼	马明亮：速裁程序中的反悔问题研究	2017年中国法学会部级法学研究重点课题
刑事诉讼	石贤平：刑事法律援助案件质量评估体系研究——以H省500个刑事法律援助案件为样本	2017年中国法学会部级法学研究一般课题
刑事诉讼	纵博：侦查中运用大规模监控措施的法律规制研究	2017年中国法学会部级法学研究一般课题
刑事诉讼	高翔：《人民陪审员法》立法研究	2017年中国法学会部级法学研究一般课题
刑事诉讼	王利荣：未成年人社区矫正检察监督实证研究	2017年中国法学会部级法学研究一般课题
刑事诉讼	吴春妹：涉众型经济犯罪涉案财物处置问题研究	2017年中国法学会部级法学研究一般课题
行政诉讼	程琥：行政指导性案例类型化研究	2017年中国法学会部级法学研究一般课题
行政诉讼	赵静波：行政指导性案例类型化研究	2017年中国法学会部级法学研究一般课题
刑事诉讼	贾志强：刑事诉讼中庭前会议制度实施状况评估	2017年中国法学会部级法学研究一般课题
刑事诉讼	胡宇清：侦查活动中的见证人制度研究	2017年中国法学会部级法学研究一般课题
刑事诉讼	李昌盛：刑事证明的实质化研究	2017年中国法学会部级法学研究一般课题
刑事诉讼	段瑞群：1954年检察院组织法"一般监督权"研究	2017年中国法学会部级法学研究一般课题
刑事诉讼	董林涛：以审判为中心与司法职权关系研	2017年中国法学会部级法学研究自选课题
刑事诉讼	侯东亮：刑事案件电子证据规则实证研究	2017年中国法学会部级法学研究自选课题

续表

学科类别	负责人、项目名称	项目类型
刑事诉讼	宋方明：涉警死亡调查程序的中国模式及其完善	2017年中国法学会部级法学研究自选课题
刑事诉讼	李麒：以审判为中心的诉讼制度改革实证研究——以山西省为样本	2017年中国法学会部级法学研究自选课题
刑事诉讼	刘政：现代非监禁刑罚制度的比较研究与改革构想	2017年中国法学会部级法学研究自选课题
刑事诉讼	崔凯：侦查阶段公众知情权的理性定位	2017年中国法学会部级法学研究自选课题
刑事诉讼	林国强：监察委员会行使调查权问题研究	2017年中国法学会部级法学研究自选课题
刑事诉讼	虞浔：基于大数据的司法公信力指数实证研究	2017年中国法学会部级法学研究自选课题
刑事诉讼	张小玲：罪数理论视野下的一事不再理原则研究	2017年中国法学会部级法学研究自选课题
刑事诉讼	郑曦：刑事诉讼个人信息保护研究	2017年中国法学会部级法学研究自选课题
刑事诉讼	谢小剑：指定居所监视居住运行实证研究	2017年中国法学会部级法学研究自选课题
刑事诉讼	魏化鹏：被告人认罪认罚自愿性保障机制实证研究——以上海地区的试点案例为样本	2017年中国法学会部级法学研究自选课题
刑事诉讼	刘道前：基于学科维度的鉴定意见采信问题研究	2017年中国法学会部级法学研究自选课题
刑事诉讼	梁坤：纪检监察程序中的证据调查规则研究	2017年中国法学会部级法学研究自选课题
刑事诉讼	戴萍：侦查人员出庭作证制度研究	2017年中国法学会部级法学研究自选课题
刑事诉讼	周睦棋：监察委员会的职能结构与职权性质：问题、原理与路径	2017年中国法学会部级法学研究自选课题

续表

学科类别	负责人、项目名称	项目类型
行政诉讼	谭袁：检察机关提起反垄断公益诉讼问题研究	2017年中国法学会部级法学研究自选课题
行政诉讼	黄锴：行政给付诉讼的构造与适用研究	2017年中国法学会部级法学研究自选课题
行政诉讼	胡婧：我国人民法院审理行政公益诉讼案件之实证研究	2017年中国法学会部级法学研究自选课题
民事诉讼	刘君博：国家治理视角下跨行政区划法院研究	2017年中国法学会部级法学研究自选课题
民事诉讼	朱福勇：风险社会下民事纷争司法化解问题研究	2017年中国法学会部级法学研究自选课题
民事诉讼	曾令健：社会化的组织化与合意形成的规范化——特邀调解制度实证研究（2012—2017）	2017年中国法学会部级法学研究自选课题
行政诉讼	郭兵：我国行政机关负责人出庭应诉制度实证研究	2017年中国法学会部级法学研究自选课题
民事诉讼	杨巍：诉讼时效与仲裁时效衔接及体系化研究	2017年中国法学会部级法学研究自选课题
刑事诉讼	孙皓：刑事案件当庭宣判情况实证研究	2017年中国法学会部级法学研究课题青年调研项目
刑事诉讼	宫雪：执行程序中案外人权益保护实证研究——以裁执分离改革为背景	2017年中国法学会部级法学研究课题青年调研项目
刑事诉讼	张健：刑事和解制度实施状况研究	2017年中国法学会部级法学研究课题青年调研项目
刑事诉讼	杨宇冠：国家监察立法与刑事诉讼法的衔接问题研究	2017年中国法学会"阐释党的十九大精神"重点专项课题
刑事诉讼	高一飞：优化司法机关职权配置研究	司法部2017年度国家法治与法学理论研究重点项目
行政诉讼	闫尔宝：行政协议理论与审判实务问题研究	司法部2017年度国家法治与法学理论研究一般项目

续表

学科类别	负责人、项目名称	项目类型
行政诉讼	王春业：实证视角下规范性文件一并审查制度研究	司法部2017年度国家法治与法学理论研究一般项目
民事诉讼	高翔：民事诉讼中事实审与法律审的界分	司法部2017年度国家法治与法学理论研究一般项目
民事诉讼	肖建华：数据利益的民事司法保护研究	司法部2017年度国家法治与法学理论研究一般项目
刑事诉讼	廖明：侦查取证规范化研究	司法部2017年度国家法治与法学理论研究一般项目
刑事诉讼	邓立军：技术侦查措施实证研究	司法部2017年度国家法治与法学理论研究一般项目
刑事诉讼	卫跃宁：新形势下人民检察院法律监督权研究	司法部2017年度国家法治与法学理论研究一般项目
刑事诉讼	刘广三：刑事诉讼中的财产权保护	司法部2017年度国家法治与法学理论研究一般项目
刑事诉讼	杨俊：中国死刑司法限制适用路径研究	司法部2017年度国家法治与法学理论研究一般项目
行政诉讼	冯汝：政府提起生态环境损害赔偿诉讼制度研究	司法部2017年度国家法治与法学理论研究中青年项目
民事诉讼	刘丹：民事诉讼中当事人虚假陈述的规制研究	司法部2017年度国家法治与法学理论研究中青年项目
民事诉讼	邹郁卓：司法大数据背景下民事审判质效管理改革研究	司法部2017年度国家法治与法学理论研究中青年项目
刑事诉讼	陈海平：死刑的司法控制：日本经验与中国实践	司法部2017年度国家法治与法学理论研究中青年项目
刑事诉讼	裴炜：比例原则视阈下个人信息保护的刑事司法规则研究	司法部2017年度国家法治与法学理论研究中青年项目
刑事诉讼	向燕：性侵未成年人犯罪证明疑难问题研究	司法部2017年度国家法治与法学理论研究中青年项目

续表

学科类别	负责人、项目名称	项目类型
刑事诉讼	白洁：中国特色央地关系及监察体制改革下反腐败问题研究	司法部2017年度国家法治与法学理论研究中青年项目
刑事诉讼	马乐：终身监禁制度的域外经验与中国问题研究	司法部2017年度国家法治与法学理论研究中青年项目
刑事诉讼	侯艳芳：我国行政执法与刑事司法衔接问题研究	司法部2017年度国家法治与法学理论研究中青年项目
刑事诉讼	何洋：中国性犯罪法立法完善与司法适用问题研究	司法部2017年度国家法治与法学理论研究中青年项目
民事诉讼	董岩：环境民事公益侵害阻断程序研究	司法部2017年度国家法治与法学理论研究专项项目
刑事诉讼	孙延庆：狱内侦查规范化研究	司法部2017年度国家法治与法学理论研究专项项目
刑事诉讼	张崇脉：终身监禁刑罚执行研究	司法部2017年度国家法治与法学理论研究专项项目
刑事诉讼	韩宏伟：冤案视域下司法公信力与法治认同研究	司法部2017年度国家法治与法学理论研究专项项目
民事诉讼	齐树洁：域外调解制度研究	司法部2017年度国家法治与法学理论研究委托项目
刑事诉讼	敬大力：监察委员会与人民检察院办案衔接机制研究	2017年度最高人民检察院检察理论研究重大课题
行政诉讼	刘艺：检察机关提起公益诉讼工作机制研究	2017年度最高人民检察院检察理论研究重点课题
司法制度	董玉庭：检察官退出员额机制研究	2017年度最高人民检察院检察理论研究重点课题
刑事诉讼	张国轩：我国认罪认罚从宽制度研究	2017年度最高人民检察院检察理论研究重点课题
刑事诉讼	蒋永良：多元化诉讼体系下的公诉模式	2017年度最高人民检察院检察理论研究重点课题

续表

学科类别	负责人、项目名称	项目类型
刑事诉讼	李粤贵：完善财产刑执行监督机制的实务探究	2017年度最高人民检察院检察理论研究重点课题
刑事诉讼	綫杰：互联网金融犯罪的刑法规制边界研究	2017年度最高人民检察院检察理论研究重点课题
刑事诉讼	占善刚：刑事案件中电子证据的审查判断	2017年度最高人民检察院检察理论研究重点课题
刑事诉讼	胡保钢：检察机关开展重刑案件认罪认罚从宽制度改革实证研究	2017年度最高人民检察院检察理论研究重点课题
刑事诉讼	穆远征、印仕柏：检察机关开展刑事案件认罪认罚从宽制度改革实证研究	2017年度最高人民检察院检察理论研究重点课题
刑事诉讼	王祺国：侦查监督的创新完善	2017年度最高人民检察院检察理论研究重点课题
刑事诉讼	董斌：刑事审判监督政策研究	2017年度最高人民检察院检察理论研究重点课题
刑事诉讼	田丰、左卫民：以证据为核心的刑事指控体系构建	2017年度最高人民检察院检察理论研究重点课题
刑事诉讼	甄贞：完善检察监督体系研究	2017年度最高人民检察院检察理论研究重点课题
行政诉讼	王春业、杨开江：检察机关提起行政公益诉讼工作机制研究	2017年度最高人民检察院检察理论研究自筹经费课题
行政诉讼	王干：检察机关提起公益诉讼实证研究	2017年度最高人民检察院检察理论研究自筹经费课题
民事诉讼	刘辉：公益诉讼法律关系研究	2017年度最高人民检察院检察理论研究自筹经费课题
刑事诉讼	李雪强：以审判为中心视角下无罪判决案件与公诉质量关系研究	2017年度最高人民检察院检察理论研究自筹经费课题
刑事诉讼	聂峰：网络金融犯罪诉讼与刑事救济问题研究	2017年度最高人民检察院检察理论研究自筹经费课题

续表

学科类别	负责人、项目名称	项目类型
刑事诉讼	杨慧亮：完善检察监督体系研究	2017年度最高人民检察院检察理论研究自筹经费课题
刑事诉讼	李娜玲：精神病人强制医疗检察监督研究	2017年度最高人民检察院检察理论研究自筹经费课题
刑事诉讼	张建军、周新萍：财产刑执行检察监督机制完善	2017年度最高人民检察院检察理论研究自筹经费课题
刑事诉讼	彭华：财产刑执行检察监督机制完善	2017年度最高人民检察院检察理论研究自筹经费课题
刑事诉讼	田力男、谢佳：重大案件侦查终结前讯问合法性核查制度构建	2017年度最高人民检察院检察理论研究自筹经费课题
刑事诉讼	张扣华、杨宇冠：起诉标准与定罪标准关系研究	2017年度最高人民检察院检察理论研究自筹经费课题
刑事诉讼	林慧青：公安派出所刑事侦查活动监督机制研究	2017年度最高人民检察院检察理论研究自筹经费课题
刑事诉讼	董林涛：审查逮捕程序诉讼化及其适用范围研究	2017年度最高人民检察院检察理论研究自筹经费课题
刑事诉讼	董文辉：刑罚变更执行同步检察监督制度研究	2017年度最高人民检察院检察理论研究自筹经费课题
刑事诉讼	何静：检察环节实施认罪认罚从宽制度的挑战及其应对机制	2017年度最高人民检察院检察理论研究自筹经费课题
刑事诉讼	罗猛：监察委员会与人民检察院协调配合机制构建	2017年度最高人民检察院检察理论研究自筹经费课题
刑事诉讼	高恩泽：民事赔偿谅解情节对死刑适用的影响	2017年度最高人民检察院检察理论研究自筹经费课题
刑事诉讼	钟勇：财产刑执行检察监督机制完善	2017年度最高人民检察院检察理论研究自筹经费课题
刑事诉讼	何素红、秦宗文：起诉标准与定罪标准关系研究	2017年度最高人民检察院检察理论研究自筹经费课题

续表

学科类别	负责人、项目名称	项目类型
刑事诉讼	吕山：检察机关审查起诉环节补充侦查制度研究	2017年度最高人民检察院检察理论研究自筹经费课题
刑事诉讼	杨正万：检察机关审查起诉环节补充侦查制度研究	2017年度最高人民检察院检察理论研究自筹经费课题
刑事诉讼	李栋：公安派出所刑事侦查活动监督机制研究	2017年度最高人民检察院检察理论研究自筹经费课题
刑事诉讼	孟宪英：新型检律关系构建	2017年度最高人民检察院检察理论研究自筹经费课题
刑事诉讼	崔磊：刑事案件中电子证据的审查判断	2017年度最高人民检察院检察理论研究自筹经费课题
刑事诉讼	李杨：检察机关开展认罪认罚从宽制度改革实证研究	2017年度最高人民检察院检察理论研究自筹经费课题
行政诉讼	潘度文：行政执法与行政检察衔接机制研究	2017年度最高人民检察院检察理论研究一般课题
行政诉讼	林雄：检察机关提起行政公益诉讼实证研究	2017年度最高人民检察院检察理论研究一般课题
民事诉讼	吕洪涛：民事执行检察监督受理与管辖相关问题研究	2017年度最高人民检察院检察理论研究一般课题
民事诉讼	唐玉富：检察机关提起民事公益诉讼的法律地位及运作程序研究	2017年度最高人民检察院检察理论研究一般课题
刑事诉讼	王小光：完善检察机关自行补充侦查制度的路径	2017年度最高人民检察院检察理论研究一般课题
刑事诉讼	欧卫安：被害人参与下的自诉转公诉案件问题研究	2017年度最高人民检察院检察理论研究一般课题
刑事诉讼	陆侃怡：民事赔偿谅解情节对死刑适用的影响	2017年度最高人民检察院检察理论研究一般课题
刑事诉讼	于萍：民事赔偿谅解情节对死刑适用的影响	2017年度最高人民检察院检察理论研究一般课题

续表

学科类别	负责人、项目名称	项目类型
刑事诉讼	朱文波：财产刑执行检察监督机制完善	2017年度最高人民检察院检察理论研究一般课题
刑事诉讼	孙皓：无罪判决案件中的公诉质量评价	2017年度最高人民检察院检察理论研究一般课题
刑事诉讼	楼伯坤：起诉标准与定罪标准关系研究	2017年度最高人民检察院检察理论研究一般课题
刑事诉讼	蔡红伟：检察机关审查起诉环节补充侦查制度研究	2017年度最高人民检察院检察理论研究一般课题
刑事诉讼	谢登科：被告人认罪认罚自愿性保障制度体系研究	2017年度最高人民检察院检察理论研究一般课题
刑事诉讼	毕惜茜：重大案件侦查终结前讯问合法性核查制度构建	2017年度最高人民检察院检察理论研究一般课题
刑事诉讼	赵立勋：强制性侦查手段的检察监督	2017年度最高人民检察院检察理论研究一般课题
刑事诉讼	马忠红：公安派出所刑事侦查及监督机制研究	2017年度最高人民检察院检察理论研究一般课题
刑事诉讼	谢健：公安派出所刑事侦查活动监督机制研究	2017年度最高人民检察院检察理论研究一般课题
刑事诉讼	任海新：新型检律关系构建	2017年度最高人民检察院检察理论研究一般课题
刑事诉讼	林雪标：互联网金融犯罪的实体与程序问题研究	2017年度最高人民检察院检察理论研究一般课题
刑事诉讼	吴春妹：互联网金融犯罪的实体与程序问题研究	2017年度最高人民检察院检察理论研究一般课题
刑事诉讼	潘申明：刑事案件中电子证据的审查判断	2017年度最高人民检察院检察理论研究一般课题
刑事诉讼	王传红：侦查监督工作机制完善	2017年度最高人民检察院检察理论研究一般课题

续表

学科类别	负责人、项目名称	项目类型
刑事诉讼	尹吉：完善检察监督体系研究	2017年度最高人民检察院检察理论研究一般课题
民事诉讼	娄宇：北京市企业高管劳动争议解决方案研究	2017年北京市法学会市级法学研究青年课题
民事诉讼	聂卫锋：北京市宅基地使用权纠纷司法实证研究	2017年北京市法学会市级法学研究青年课题
民事诉讼	胡思博：对虚假仲裁的检察监督	2017年北京市法学会市级法学研究青年课题
刑事诉讼	检察机关内设机构改革实证研究	2017年北京市法学会市级法学研究青年课题
民事诉讼	刘双玉：京郊农村宅基地及房屋继承纠纷化解难点及对策研究	2017年北京市法学会市级法学研究一般课题
刑事诉讼	财产刑执行法律监督研究	2017年北京市法学会市级法学研究一般课题
行政诉讼	于洋：基于定性比较分析法的环境公益诉讼结果影响因素的实证研究	2017年北京市社会科学基金青年项目
行政诉讼	成协中：北京行政程序立法研究	2017年北京市社会科学基金青年项目
刑事诉讼	刑事案件的事实认定模式研究	2017年北京市社会科学基金青年项目
民事诉讼	林剑锋：京津冀协同发展下的跨行政区划法院体制研究	2017年北京市社会科学基金一般项目
民事诉讼	张艳：立案登记制背景下民事滥诉的实证研究与法律规制	2017年北京市社会科学基金一般项目
刑事诉讼	我国反腐败国际追逃追赃长效机制构建研究	2017年北京市社会科学基金一般项目
刑事诉讼	北京市监察体制改革视野下职务犯罪侦查权的法律控制	2017年北京市社会科学基金一般项目
刑事诉讼	刑事案件认罪认罚从宽制度研究	2017年北京市社会科学基金重点项目

2017 年各高校诉讼法学博士学位论文统计

北京大学				
王一鸣	男	刑事诉讼法学	汪建成	检察职能与检察机关内设机构改革研究
胡星昊	男	刑事诉讼法学	汪建成	刑事程序性上诉机制研究
吉冠浩	男	刑事诉讼法学	陈瑞华	刑事庭审实质化研究
李曼	女	民事诉讼法学	傅郁林	美国中间禁令制度研究——兼及我国行为保全制度的构建
李潇潇	男	民事诉讼法学	潘剑锋	民事撤诉制度研究
北京师范大学				
赵瑞罡	男	民事诉讼法学	刘荣军	我国司法改革背景下合议制度研究
徐淑琳	女	民事诉讼法学	冷罗生	美国环境诉讼中禁止令适用研究
李晓	男	刑事诉讼法学	刘广三	涉众型经济犯罪案件审判程序问题研究——以复杂诉讼形态下的权利保障为视角
浙江大学				
自正法	男	刑事诉讼法学	胡铭	未成年人刑事诉讼程序的理论架构与实证研究
冯姣	女	刑事诉讼法学	胡铭	互联网电子证据论
清华大学				
王怡蘋	女	民事诉讼法学	章程	民事诉讼诚信原则之比较研究
曹云吉	男	民事诉讼法学	章程	民事诉讼正当当事人基础理论问题研究
安海涛	男	民事诉讼法学	王亚新	论被执行人的变更、追加
中国人民公安大学				
陆栋	男	刑事诉讼法学	刘万奇	刑事诉讼程序补正研究
杨亮	男	刑事诉讼法学	李玉华	侦审关系论

续表

姓名	性别	专业	导师	论文题目
杨瑷华	女	刑事诉讼法学	樊学勇	刑事诉讼中财务会计资料证据研究
雷鑫洪	女	刑事诉讼法学	樊学勇	公安刑事立案权的程序性控制研究
四川大学				
吕国凡	男	刑事诉讼法学	左卫民	审判委员会制度实证研究
袁继红	女	刑事诉讼法学	左卫民	司法运作视域下破产法与公共政策融合机制研究
李文军	男	刑事诉讼法学	左卫民	"刑事庭审调查实质化改革研究——基于对成都市两级法院试点案件的分析"
罗苟新	男	司法制度	左卫民	徘徊的困惑：R区行政诉讼率变迁（1987-2016）
郑高建	男	司法原理	万毅	量刑规范化理论与实务研究
张古哈	男	民事诉讼法学	顾培东	凉山彝区社会纠纷解决机制研究
莫红	女	证据学	龙宗智	刑事二审程序改革相关问题研究
刘洋	男	刑事申诉法学	龙宗智	行政执法证据的刑事诉讼运用规则研究
王波	男	行政诉讼法学	周伟	社交媒体公民表达权研究
王梓	男	证据科学与哲学	张斌	英美法业务文书证据研究
西南政法大学				
吴杨泽	男	刑事诉讼法学	孙长永	刑事抗诉权运行实证研究
汪友海	男	刑事诉讼法学	高一飞	暂予监外执行程序研究
莫湘益	男	刑事诉讼法学	高一飞	刑事诉讼立法技术研究
李冉毅	男	刑事诉讼法学	潘金贵	刑事庭审实质化研究
武小琳	女	刑事诉讼法学	孙长永	刑事拘留制度研究
何永福	男	刑事诉讼法学	高一飞	刑事涉案财物处置程序研究
高翔	男	民事诉讼法学	唐力	陪审员参与民事案件事实认定研究
陈磊	男	民事诉讼法学	汪祖兴	共有物分割诉讼研究
张宇	男	民事诉讼法学	汪祖兴	类似必要共同诉讼制度研究
范卫国	男	民事诉讼法学	廖中洪	民事诉讼中间上诉制度研究

续表

娄必县	男	民事诉讼法学	马登科	法院人员分类改革研究
陶婷	女	民事诉讼法学	唐力	执行文制度研究
王艳	女	民事诉讼法学	廖中洪	法国商事诉讼程序研究
中南财经政法大学				
黎晓露	女	刑事诉讼法学	姚莉	刑事程序分流制度研究
李棠洁	女	民事诉讼法学	蔡虹	诉讼上的抗辩研究
中国人民大学				
杨鹏	男	宪法学与行政法学	胡锦光	我国公民基本权利法律保留研究
庄真真	女	宪法学与行政法学	胡锦光	澳门基本法审查机制研究
曹伟	男	宪法学与行政法学	莫于川	柔性公安行政方式法治化研究
田丽霞	女	刑事诉讼法学	陈卫东	刑事速裁程序研究
乔鹏	男	刑事诉讼法学	王新清	精神障碍患者强制医疗制度系统化研究
刘岑岑	女	刑事诉讼法学	陈卫东	刑事庭前会议制度研究
陈建军	男	刑事诉讼法学	甄贞	公民参与审判制度研究
孔冠颖	女	刑事诉讼法学	陈卫东	涉罪未成年人非监禁化研究
李响	男	刑事诉讼法学	王新清	惩治恐怖主义犯罪的程序法规制——以美国反恐立法和司法实践为借鉴
周文	女	民事诉讼法学	邵明	我国涉未成年人家事事件程序研究
杨子强	男	民事诉讼法学	汤维建	民事诉讼中的言词原则研究
亢晶晶	女	刑事诉讼法学	陈卫东	认罪认罚从宽制度研究
乔宇	男	刑事诉讼法学	甄贞	刑事涉案财物处置程序问题研究
张宝成	男	民事诉讼法学	肖建国	民事行为保全制度研究
欧元捷	男	民事诉讼法学	邵明	民事诉讼证明责任研究——以中德机动车交通事故损害赔偿案件为分析对象

续表

中国政法大学				
莫诒文	男	民事诉讼法学	宋朝武	知识产权案件行为保全制度研究——以台湾地区为视角
林柏勋	男	民事诉讼法学	宋朝武	涉外商事仲裁基本制度研究
江钜星	男	民事诉讼法学	宋朝武	集团诉讼制度问题研究
邱星美	女	民事诉讼法学	杨荣馨	执行权与审判权之界域研究
耿慧茹	女	刑事诉讼法学	顾永忠	以审判为中心的刑事诉讼制度改革研究
林柏瑞	男	民事诉讼法学	宋朝武	商事仲裁制度研究
李婷	女	刑事诉讼法学	陈光中	司法改革背景下的审判委员会制度研究
刘太宗	男	刑事诉讼法学	卞建林	职务犯罪举报制度研究
张杰	女	刑事诉讼法学	陈光中	刑事庭审证据调查程序研究
桂梦美	男	刑事诉讼法学	卞建林	刑事诉讼管辖制度研究
杨依	女	刑事诉讼法学	杨宇冠	逮捕的中国问题及其程序控制
霍艳丽	女	刑事诉讼法学	卞建林	公诉裁量权研究
程衍	男	刑事诉讼法学	刘玫	美国公设辩护人制度研究
韩瀚	男	刑事诉讼法学	刘玫	刑事审级制度研究
张袁	女	刑事诉讼法学	顾永忠	德国证据禁止规则研究——法典与判例的有效融合
步洋洋	男	刑事诉讼法学	陈光中	刑事庭审重点问题研究
李庚强	男	刑事诉讼法学	李本森	刑事扣押制度研究
李思远	男	刑事诉讼法学	樊崇义	庭审质证权与质证规则研究
张自超	男	刑事诉讼法学	樊崇义	口供中心主义研究——以职务犯罪侦查实践为主要视角
王绍佳	男	刑事诉讼法学	李本森	刑罚执行检察监督制度研究
黄鑫淼	女	民事诉讼法学	占善刚	民事诉讼发回重审制度研究